内容简介

　　没有源头、胚胎，一个事物不可能产生；只有源头、胚胎，没有灌注、孕育，这个事物很可能被扼杀在萌芽之中。源头及其灌注、胚胎及其孕育，正是一个事物的发生过程。本书进行的中国古代小说发生研究，涉及小说的起源、孕育、滋养，以及在这个过程中哪些文体、哪些因素对小说的产生起到了哪些作用。读者可以通过这些研究，了解上古神话、《山海经》与小说的起源，"说体"与小说的孕育，《左传》叙事的准小说笔法，《战国策》拟托文的准小说创作，还可以了解《庄子》寓言的小说成分，《史记》纪传体与传纪小说，汉代杂说、杂史、杂传与"说体"余响，怪话、仙话与志怪小说的发生以及汉代故事赋与讲诵文学、话本小说等。

作者简介

　　廖群，文学博士。现为山东大学文学院教授，博士生导师，副院长，山东省古典文学学会常务副会长，中国诗经学会、中国屈原学会常务理事。著有《先秦两汉文学考古研究》《诗经与中国文化》《神话寻踪》《中国审美文化史　先秦卷》《先秦两汉文学的多维研究》等，发表论文近百篇，获得教育部人文社科优秀成果一等奖一项、三等奖一项，山东省社科优秀成果重大成果奖一项、二等奖三项、三等奖一项等。主持国家社科基金项目两项。

丛书主编 马瑞芳

中国古代小说发展研究丛书

中国古代小说发生研究

廖群 著

山东教育出版社

图书在版编目(CIP)数据

中国古代小说发生研究/廖群著. —济南:山东
教育出版社,2015
(中国古代小说发展研究丛书/马瑞芳主编)
ISBN 978－7－5328－9091－0

Ⅰ.①中… Ⅱ.①廖… Ⅲ.①古典小说—小说史
—研究—中国 Ⅳ.①I207.409

中国版本图书馆CIP数据核字(2015)第235129号

中国古代小说发展研究丛书

马瑞芳 主编

中国古代小说发生研究

廖 群 著

主　管:山东出版传媒股份有限公司

出版者:山东教育出版社

　　　　(济南市纬一路 321 号 邮编:250001)

电　话:(0531)82092664 传真:(0531)82092625

网　址:www. sjs. com. cn

发行者:山东教育出版社

印　刷:山东临沂新华印刷物流集团有限责任公司

版　次:2016 年 4 月第 1 版第 1 次印刷

规　格:710mm×1000mm 16 开本

印　张:26.5 印张

字　数:368 千字

书　号:ISBN 978－7－5328－9091－0

定　价:78.00 元

(如印装质量有问题,请与印刷厂联系调换)
印厂电话:0539－2925659

总　序

　　2005 年我担任山东大学古代文学学科学术带头人后，考虑到学科自身优势和发展需要，拟组织本学科教授撰写一套中国古代小说发展研究丛书。山东教育出版社对此选题很感兴趣，并申报国家"十一五"规划出版重点项目，获得批准。我们特别邀请山东师范大学王恒展教授加盟。历经十年，这套丛书的九部书稿终于集体亮相于读者面前。

　　为什么选择撰写这样一套丛书？因为此前学术界对于中国古代小说的研究多侧重于"史""论"，侧重于思想艺术分析，对小说作为中国古代文学重要文体，如何萌芽、产生、发展、壮大，直到蔚为大观，对各类小说的发展过程、阶段、特点，研究得似乎还不太够。有必要采用多角度、多侧面对中国古代小说发展脉络做一下梳理和开掘，总结出一些可以称之为规律性或中国特色的东西。

　　那么，这套丛书涉及并试图总结出中国古代小说发展过程中哪些规律和特色？

　　一曰中国古代小说的概念、范围、分类。今存文献中，"小说"这个词语最早见于《庄子·杂篇·外物论》：

"饰小说以干县令,其于大达亦远矣。"①小说研究者早就认识到这里的"小说"是指琐屑的言论,指与"大达"形成对比的小道,还不具备文体"小说"的含义。小说在汉代之前尚缺乏独立的文体意义。在漫长的文学发展长河中,随着小说题材的拓展和小说创作艺术的渐渐成熟,"小说"才成为以散文叙述虚构故事的文学体裁的专称。中国古代"小说"一词内涵、外延都相当复杂,既有文学性文体部分又有非文学性文体部分。各朝各代学者对小说做出了各种分类。16世纪胡应麟《少室山房笔丛》将小说分为六类:志怪、传奇、杂录、丛谈、辩订、箴规。后三类就属于非文学性文体。后世学者对文学性小说文体的分类通常按语言形式做文言和白话之分;按篇幅做长篇和短篇之分(中篇小说通常被包含在短篇小说之内);按内容做志怪和传奇之分,还有更具体的历史演义、英雄传奇、人情小说之分……不一而足。本丛书着眼于文学性文体小说的研究和分门别类的细致考察。

二曰中国古代小说的起源、孕育、滋养过程。考察哪些文体、哪些因素对小说的产生起作用,这一研究较多地集中在先秦两汉语言文学中。先秦两汉并没有产生典型的小说文体,但此时的多种文体如神话传说、历史散文及诸子散文、史传文学甚至《诗经》《楚辞》都给小说的产生以或大或小、或远或近的影响。其中,神话的原型人物、典故、构思,史传文学的叙事笔法和杂史杂传,诸子中的"说体"故事和寓言故事……对中国古代小说的产生起到决定性作用。本丛书对中国古代小说产生做了全面深入探讨,提出一系列新见解。如庄子对中国古代小说家的决定性影响,《诗经》《楚辞》对小说创作的开宗作祖意义等。

三曰中国古代小说唐前史料学探究。研究中国古代小说,史料是基础,是理清小说产生年代、成就、特点的必备资料,是进行理论分析的前提。汉前小说史料依附于历史、诸子,从魏晋南北朝开始,小说作为独立的文体跻身于众多文体之中,产生大量小说作品。程毅中先生在《古代小说史料简论》一书中提出:小说作品本身和版本、目录、作者

①《庄子集解》,《诸子集成》本,第177页,上海书店出版社,1986。

生平、评论等,都是重要的小说史料。本丛书在对中国古代小说各种发展阶段的重要作品进行探究时,注重考证,注重重要作家生平对小说创作影响的考察,注重第一手资料的收集和剖析,力求"言必有据""知人论事"。需要说明的是,唐后小说史料十分繁富,由于小说是"小道"的观念,唐后一些极其重要的作家如兰陵笑笑生、曹雪芹的生平往往不易弄清。因而对作家生平的考订应该成为小说史料学的重要内容,如与红学并列的曹学,就是专门研究《红楼梦》作者曹雪芹及其祖辈的学问。而用一本书探讨整部小说史史料问题几乎不可能,故本丛书对唐后小说史料的必要性、兼顾性研究体现在有关书中,小说史料的专门性探究暂时截止于唐前,唐后小说史料的专门性探究,留待此后有条件时增补。

四曰文言小说和白话小说的发展轨迹和写作特点。中国古代两类最主要的小说文言小说和白话小说都经历了萌芽、成长、繁荣、鼎盛、衰落阶段,并在各阶段产生了彪炳史册的名著。我们采用通常意义的文言和白话区分法,其实严格地说,不能用"文言或白话"截然区分中国古代许多小说,典雅的《聊斋志异》里有许多生动活泼的民间口语,通俗的《金瓶梅》中也出现台阁对话,《三国演义》则采用既非纯粹文言亦非纯粹白话的浅显文言。中国古代文言小说如《搜神记》、《幽明录》、唐传奇、《聊斋志异》等,具有明显诗化和写意性特点,人物描写带一定类型化、"扁平"性,故事叙述、情节结构较为简约明快。中国古代白话小说,不管是短篇小说《三言二拍》,还是长篇小说《三国演义》《水浒传》《金瓶梅》《西游记》《红楼梦》《儒林外史》,重在描写情节完整、曲折生动、感人悦人的故事,或着眼悲欢离合,或着眼社会问题,人物栩栩如生,风貌复杂多样,长篇小说更具有一定的史诗品格。文言小说以志怪成就最著,白话小说描写人生成就最高。不管文言还是白话小说,在人物描写、情节布局、构思艺术上,在诗意化和寓意性上,既借力于古代文化特别是古代文学其他样式如诗词辞赋散文戏剧,小说之志怪和传奇、文言与白话,又互相融汇、互相补充、互相借鉴,共同构成中国小说特有的人物创造、构思方法、描写格局、民族特点。

　　五曰对小说民俗的选择性考察。中国古代小说是中国民俗文化的重要载体,而民俗具有鲜明的地域性、民族性、时代性特点。因为中国古代小说所反映的民俗太复杂,涉及面太广,时间跨度太大,难以专门用一本书进行既细致又全面的研究。本丛书在剖析中国小说发展若干问题时,顺带对小说中的民俗进行综合考究,并选择跟山东有明确关系的几部名著如《水浒传》《金瓶梅》《聊斋志异》《醒世姻缘传》等,对小说所反映的民间信仰、饮食服饰、祭祀占卜、婚嫁丧葬、灵魂狐妖迷信、神佛道观念……进行专门考察,研究这些人生礼俗对刻画人物、组织情节起到的重要作用。作为与汉族民俗的对照,选择《红楼梦》作为满族民俗的载体进行研究。除与汉族类似的饮食服饰、神佛观念外,侧重考察《红楼梦》反映的满族游艺习俗、骑射教育以及满族的蓄奴风俗和与汉族不同的姑娘为尊的重女风俗。通过这个新角度对几部古代小说名著的解读,说明古代小说特别是明清小说中表现的民族风俗是其他任何文学作品和文化典籍都不能替代的。

　　六曰对小说传播的选择性考察。文言小说的主要传播途径不外乎史家和目录家的著录、读者传抄、类书和丛书收录、戏剧改编。白话小说的传播途径要广泛得多,在传播上也更有代表性和广泛性。印刷取代传抄成为主要传播方式,为嘉靖本《三国志通俗演义》作"引"的修髯子、刻印《水浒传》的武定侯郭勋等是小说印刷传播先驱。书坊为降低成本、扩大印刷推出的"简本"小说和短篇小说的选本如《今古奇观》,成为推动小说传播的重要因素。明清两代的文人士大夫成为白话小说的重要接受和传播者,"评点"变成自娱悦人兼推动小说销售的手段,白话小说改编成戏曲也很多见,三国戏、水浒戏、西游戏、封神戏、杨家将戏等广受欢迎。而与广泛传播形成强烈对比、引起尖锐矛盾的是统治者的"禁毁"。其实,中国古代小说很早就传播到欧洲引起世界文豪的赞誉。《歌德谈话录》多次谈到在中国只能算做二流的小说《好逑传》《玉娇梨》等,歌德说:在他们(中国人)那里一切都比我们这里更明朗、更纯洁,也更合乎道德。值得注意的是,歌德对中国古代几部二流小说跟《红与黑》等欧美名著持类似欣赏态度。拉美文学两位当代文学巨匠马尔克斯和博尔赫斯都崇拜曹雪芹和蒲松龄，博尔赫斯曾给阿根廷版《聊斋志异》写序并大加赞扬。

七曰古代小说理论发展研究。刘勰《文心雕龙》被认为是非常重要的文艺理论著作，偏偏没有关于小说的内容，这固然因为当时小说还处于萌芽时期，也说明小说从产生伊始，就没法取得与传统文学如诗词散文平起平坐的地位。小说被列入"子"部，算做"杂家"。"小说"者，小家珍说，雕虫小技也。小说长期处于被歧视的地位，在强大的传统文化笼罩下，小说家总想羽翼信史、向历史学家靠拢，蒲松龄自称"异史氏"，就是司马迁"太史公"的模仿秀。中国古代没有独立的小说理论，也没有系统的小说理论著作，小说理论常以序跋或评点形式依附于小说本身，主要起诱导和愉悦读者的作用，不像经学家说经，诗词学家说诗词，起到写作指导作用。因此中国古代小说评点家对小说创作经验的总结常是"捎带性"的副产品，且多需后世学者加以进一步综合阐释。古代小说理论极力与散文理论、史传文学理论相对接，以取得合法性，其核心理念、内在思路、观念表述多借鉴经史理论，特别是"文以载道""良史之才"等观念经常被运用。金圣叹、毛宗岗、张竹坡、脂砚斋等古代小说评点家对小说具体人物、情节东鳞西爪的评点有鲜明的中国特色，部分吉光片羽的观点甚至可与 20 世纪文论家媲美。

八曰中国古代小说构思特点。中国古代小说从萌芽到繁荣，经历两千多年，无数作家付出辛勤劳动，它们形成了哪些富有中国特色的构思方法？哪位作家是哪类构思方式的开创者？哪位作家是哪类构思的集大成者？这些构思方法是如何萌芽、成长，并长成一株株小说名作的参天大树？这些形态各异的参天大树又如何共居华夏一园，形成中国古代小说构思千姿百态、摇曳生风的美景？……

这套丛书的写作目的，既想尽古代文学研究者职责，在古代小说研究中拓出新路子，完成新命题，又想古为今用、研以致用，希望通过对中国古代小说发展研究的比较全面的检视，使得中国古代小说与西方小说学概念、理论在纸面上接轨、"比武"，让辉煌的古代小说以崭然如新的面貌走向读者，走向世界，引导当代读者阅读，给当代小说创作者参考。

因为文出众手，每位作者都是此方面默默耕耘多年的专家，各有自认为必须说明之处，故可能本丛书对某些话题和观念，如"小说"词语的历史演变，或有重复涉及，乃或有此书与彼书抵牾之处，读者方家慧眼鉴识之。

古代文化典籍版本复杂，本丛书择善而从，所引用经、史、诗词、小说原文，基本采用权威通行本并在页下加以详注。

众擎群举，十年搏书，敬请读者方家指点。

马瑞芳

2015 年 6 月 12 日于山东大学

目　录

引 言

　　发生，是一个过程；产生，是经过发生的过程而最终得出的结果。先秦两汉时期，是中国古代小说的发生阶段。一个事物的发生，有它的起因、萌芽、苗头，也有过程的酝酿。没有源头、胚胎，这个事物根本不可能产生，只有源头、胚胎，没有灌注、孕育，这个事物很可能被扼杀，消失在萌芽之中。源头及其灌注，胚胎及其孕育，正是一个事物产生的发生过程。中国古代小说发生研究，涉及的就是小说的起源、孕育、滋养，在这个过程中，哪些文体、哪些因素对小说的产生起到了作用，因此，中国古代小说的发生研究自然也就较多集中在先秦两汉时期的各种语言文字作品上面。

　　小说发生研究属于中国小说史研究中的一个题目。小说史，是与诗歌史、戏剧史、散文史、寓言史等等并列的文学史研究中梳理文体发展历史的一个题目。将文学分类为诗歌、散文、小说、戏剧等，这是近现代文学研究的事情，那么，这里所谓小说史中的"小说"，自然是特指近现代意义上的文学中的小说文体概念。小说史要梳理和辨析的就是这种文学性小说的来龙去脉、生成发展、在不同历史时期的存在状态和表现形式。

　　之所以强调这里的"小说"是专指文学中的小说文体，是因为中国古代"小说"一词还有非文学的涵义。

就"小说"这个词语概念而言,今知最早见于《庄子·杂篇·外物》:"饰小说以干县(悬)令,其于大达亦远矣。"①一般认为,此"小说"与"大达"相对而言,指琐屑的言谈、小道,并不具有文体性质。②据笔者考察,先秦时代已存在讲述故事的"说体",《汉书·艺文志》所谓"小说家"也是对先秦学派著作的分类,《庄子》中此"小说"不排除包含着小说文体的可能,但从整段文字的语境和当时学派论争的背景来看,似仍以指"小道"为宜。

汉代出现了"小说家"的说法。桓谭《新论》称"小说家合残丛小语,近取譬论,以作短书,治身理家,有可观之辞"③,班固《汉书·艺文志》称"小说家者流,盖出于稗官,街谈巷语,道听途说者之所造也。孔子曰,'虽小道,必有可观者焉,致远恐泥',是以君子弗为也,然亦弗灭也,闾里小知者之所及,亦使缀而不忘,如或一言可采,此亦刍荛狂夫之议也"④。

小说家,既然称"家",就如同儒家、道家、墨家等等,是就学派而言;而且,《艺文志》所列九流十家,皆述源自先秦的诸子学派及其著作,小说家自不例外。所以,这里的"小说家"并不是一个文学性的归类界说,是可以肯定的。不过,这些"小说家"的所为与其他诸子不同,并不是自作文以言理,而是搜集编撰小说,用来近取譬论,所搜集的小说,应该就具有文体的性质了。

根据班固所称,这些先秦两汉时期的小说家所搜集编撰的小说,差不多相当于民间传闻故事、杂说,因此有文学成分在里面。"街谈巷语","道听途说","造",便是不可坐实的,其中可能有虚构,有添枝加叶,民间传说往往十分生动形象;"小"除了篇幅小之外,还指它们的无关宏旨,那么就不是政论、不是说理,只是说者痛快,听者好玩,这就带有审美愉悦的性质。将这些传说采集来以闻于天子,或用来立说,是学者借用文艺,就像采风一样。而风、传说本身更带有文艺的性质。

然而,这个概念还包括不入正体的丛残小语,"道听途说"也并不

---

① 《庄子集解》,《诸子集成》本,第177页,上海书店出版社,1986。
② 鲁迅:《中国小说史略》:"乃谓琐屑之言,非道术所在,与后来所谓小说者固不同。"见《鲁迅全集》第8卷,第5页,北京:人民文学出版社,1957。
③ 李善注《文选》卷三一引《新论》。见《文选》,第444页,北京:中华书局,1977。
④ 《汉书》,第1745页,北京:中华书局,1962。

都是完整的故事,所以,它又并非全部是指文艺性作品。

这种以琐屑丛杂为其特征的"小说"概念在中国古代目录学的著述中一直沿用。唐代史学家刘知幾把"小说家"的著述分为偏记、小录、逸事、琐言、郡书、家史、别传、杂记、地理书、都邑簿十类(《史通》卷一〇《杂述》),明代胡应麟把"小说"分为志怪、传奇、杂录、丛谈、辩订、箴规六类(《少室山房笔丛》),清代的《四库全书总目》分小说为叙述杂事、记录异闻、缀辑琐语三派,内容博杂可谓包罗万象,但话本、演义等通俗叙事文学作品,却又不涵盖在内。

与此同时,自唐宋以后,中国古代又有借用"小说"一词来称谓宋以来平话、演义、拟话本等通俗叙事文学作品的另一条线索。唐代段成式的《酉阳杂俎》中有"市人小说"一语,有学者认为此即指"说话"一类通俗叙事。① 南宋耐得翁的《都城纪胜》把当时盛行的说话艺术按题材分为"小说""说铁骑儿""说经""讲史"四类,所谓"小说"已涵盖了烟花粉黛、神灵怪异、传奇公案等大部分说话艺术的题材内容。宋末,在罗烨的《醉翁谈录》中,"小说"一词开始作为说话艺术的通称而使用。明桃源居士《唐人小说序》称"唐三百年,文章鼎盛,独诗律与小说,称绝代之奇",把唐传奇称为小说,而与诗歌并列;明洪楩编刊《六十家小说》,小说成了话本总的称谓,不再是"说话"的隶属性称谓。

可见,中国古代"小说"一词,内涵、外延比较复杂,其中有文学性文体的部分,也有非文学性文体的部分。

那么,什么是近现代意义的小说? 或者说,什么是文学性的小说?

关于文学性的小说,许多中外文学理论家和小说研究者都曾有过一些论述,有各种不同的概括。有的称其为"用散文写的具有某种长度的虚构故事"②,有的称它所"表现的现实,即它的对现实的幻觉"③,有的将它概括为"是作家虚构的人和人的生活的描述"④,还有的将它概括为"以散体文摹写虚拟人生幻象的自足的文字语言艺术"⑤。《中国大百科全书·中国文学》关于小说的表述是:"文学体裁之一。以散

---

① 萧相恺:《宋元小说史》,第 3 页,杭州:浙江古籍出版社,1997。
② 〔英〕爱德华·福斯特:《小说面面观》,第 3 页,广州:花城出版社,1984。
③ 〔美〕韦勒克·沃伦:《文学理论》,第 238 页,北京:生活·读书·新知三联书店,1984。
④ 胡尹强:《小说艺术》,第 16 页,上海文艺出版社,1993。
⑤ 马振方:《小说艺术论》,第 11 页,北京大学出版社,1999。

体文的形式表现叙事性的内容,通过一定的故事情节对人物的关系、命运、性格、行为、思想、情感、心理状态以及人物活动的环境进行具体的艺术描写,是小说的基本特征。""散体文或以散体文为主的形式使小说区别于诗歌;描写内容不受舞台时间和空间的限制,使它区别于戏剧文学;而艺术的虚构则又使它区别于纪实散文和传记文学。"①尽管具体表述不一,但都将其指向虚构创作的散文化语言的叙事艺术作品,除书面散文体这一基本形式外,其主要因素包含:虚构性、叙事性、情节性、描摹性。

这样看来,中国近现代用"小说"一词统称以叙述虚构性故事为基本特征的文学样式,应该更多的是借用了唐宋以后特别是作为话本总称的"小说"概念。除此之外,还与西方文学观的传入和外来语的翻译有关。据介绍,英国传教士马礼逊《华英字典》(1822 年)最早借助中国古代固有的"小说"一词对译西方文艺性叙事文体"novels",日本坪内逍遥《小说神髓》(1885 年)则把中国的"小说"概念和日本戏作文学(江户后期的通俗小说)统一到"ノベル"(novel)这一西方的新概念上来。梁启超东渡日本,受其影响,回国后创办《新小说》,倡导"小说界革命",现代小说概念由此流行开来。②

从此,文学史研究中,出现了诗歌、散文、戏剧、小说等文体的分野,小说成为以散文体叙述虚构性故事的体裁的专称。

按照这一文学性小说的界定,应该说,就总体来看,整个先秦两汉时期都还没有产生典型、完备的小说文体。不过,这个时期出现的许多文体或文学种类,诸如神话、传说、先秦历史散文、先秦诸子散文、汉代史传文学、汉赋、汉代杂说杂传及先秦两汉仙话志怪等等,都与这种文学性小说的发生有着或多或少、或近或远、或直接或间接的关系。有的已经十分接近小说,有的包含有小说的某些成分,有的其中的某些部分具有小说的某种特征,还有的为小说的成熟积累着经验或奠定了基础。

具体考察先秦两汉文学中的小说因素,梳理先秦两汉时期中国古代小说发生的脉络,就是本书的主旨。

---

① 《中国大百科全书·中国文学》,第 1085 页,中国大百科全书出版社,1988。
② 何华珍:《"小说"一词的变迁》,载《语文建设通讯》(香港)第 70 期。

第一章
上古神话、《山海经》与中国
古代小说的起源问题

研究小说史,首先需要面对的就是小说史的源头问题。

小说起源与小说产生不是一个概念,与小说的孕育也不是一个概念。小说的产生,是指已经完全具备小说特征的作品的出现;小说孕育,指的是小说产生的所有前因素;而小说起源,则如同一个婴儿所由生的胚胎,一条河流所由淌的源头,一棵大树所由生的根基,是导致小说文体出现的最初的因子。

说到小说的起源,学界一直众说异辞,迄今没有定论。归纳起来,主要有四种观点:

一是稗官说。余嘉锡《小说家出于稗官说》据班固"小说家者流"说,指出"小说家所出之稗官,为指天子之士",认为"古时庶人不得进言于君,天子为察民之好恶,便使士采传言于市而问谤誉于路,士所传民语便谓之小说"①。

二是方士说。该说据张衡《西京赋》"小说九百,本自

---

① 《余嘉锡论学杂著》,第 268 页,北京:中华书局,1962。

虞初"的说法及《汉书·艺文志》的著录,认为小说起源于汉武帝时的方士。《汉书·艺文志·小说家》著录《虞初周说》九百四十三篇,而虞初即是汉武帝时的方士。"方士说"认为方士们将各种行术方法、方术故事及有关科学文化资料记录下来形诸文字便是最初的小说作品。王瑶《小说与方术》一文即持此说①。

三是神话说。鲁迅《中国小说史略·神话与传说》称中国小说"探其本根,则亦犹他民族然,在于神话与传说"。② 郭箴一《中国小说史》也说:"古代神话为后来小说的滥觞,无论中国外国都是如此。"③

四是史传说。认为小说是从史传文学演化而来。冯梦龙《古今小说》"叙言"的第一句话即是:"史统散而小说兴。"④马端临也说:"传记之作,而通之于小说。"(《文献通考》)黄钧《中国古代小说起源和民族传统》:"中国小说脱胎于史传文学。"⑤

上述诸种说法,角度不尽相同,其中有的是从中国古代泛小说的涵义出发的。若从本书所界定的文学性小说的角度,从理论上说,上古神话的确是小说的源头。不过,由于中国古代神话的流传保存情况比较特殊,中国古代小说与上古神话的源流关系还需要进行具体梳理。

第一节　上古神话与小说的天然契合关系

我们同意神话是小说的源头的说法,并不是从神话是人类最早的文学现象这个终极原因的意义上承认的,原始诗歌并不比神话产生的晚,甚至还要早一些;也不是从它是小说产生之前的散体叙事文本这个原因上考虑的,甲骨卜辞、铜器铭文、《尚书》《春秋》等历史载记文字,也是小说产生之前的散体叙事文本,我们就不说它们是小说的源

---

① 王瑶:《小说与方术》,见《中古文学史论集》,第 85～110 页,上海古典文学出版社,1956。
②《鲁迅全集》第 8 卷,第 11 页,北京:人民文学出版社,1957。
③ 郭箴一:《中国小说史》,第 40 页,上海书店,1984。
④ 冯梦龙:《古今小说》,第 1 页,北京:人民文学出版社,1958。
⑤ 黄钧:《中国古代小说起源和民族传统》,载《文学遗产》1987 年第 5 期。

头。史传文学也是叙事文本，而且是具有文学性的叙事文本，但我们不能说整个史传文学作品是小说的源头，只能说其中的"说体"部分与小说有关，而"说体"只能算是神话传说的流，神话传说仍然是源头。

上古神话与小说的直接因缘在于"话"，它们是关于神的"话"。"话"就是口头讲说，把流传的关于神灵故事的说话记录下来，就是神话文本。

当然，关于神话，马克思曾有过一个科学定义，即神话是"通过人民的幻想用一种不自觉的艺术方式加工过的自然和社会形式本身"①。这个定义全面概括了神话的内容（自然和社会）、形式（幻想艺术）、思维特征（不自觉）和表述方式及社会性质（人民）几个方面。具体来说，神话是原始人类对他们所接触、所了解的自然、社会乃至人类历史的认识和反映；这种认识和反映因基于神灵观念而呈现为一种幻想形式，因而具有超现实的、人格化的或神力化的艺术特征。原始人类创造这些"艺术品"并非有意虚构，而是基于幼稚认识和天然形象化表述的真诚述说。神话产生在氏族群体的口耳相传之中，因而具有集体口头性。

其实，上述这些因素综合起来所形成的神话文本，就是一个个讲述各种神祇的各种活动的故事。这样，文学性小说所应具备的几个要素——叙事性、虚构性、情节性、描摹性和散体文本，恰恰在神话中天然具备。

神话是形象的。一方面，由于原始人思维能力的低下，还不能把自身与自然界分开，万物有灵，天地自然万物都成了活生生的有名有姓的人格形象，如，日神羲和、月神常羲、风神飞廉、水神应龙、火神祝融……另一方面，原始人的抽象思维还不发达，他们也只能用一个个具体的形象说话。为了表示硬的，他们会说"像石头一样"；为了表示长的，他们会说"像大腿"，等等。这就使当时的说话充满了形象的表述。

神话是叙事的。原始人的综合、概括能力极其有限，他们还不会通过归纳总结，表述自己对自然、对社会的分析把握和总体认识，因

---

①《马克思恩格斯选集》第二卷，第29页，北京：人民出版社，1995。

此,他们只能用一个个具体的事件说话。于是,抵御洪水灾涝的斗争,在神话中叙述的是女娲用石头去补天的事迹,是鲧窃帝之息壤的壮举和"鲧复(腹)生禹"前仆后继的情节;抗击酷热旱灾的情形,在神话中叙述的是夸父一次追逐太阳的经历和一根手杖化为邓林的情景,是后羿张开满弓射落九个太阳的故事。

神话是"虚构"的。这里所谓虚构,指的是神话所述并非真实的存在。原始人还处在人类的童年时代,对于大千世界,还有太多的不知。然而,他们对于这个世界,又充满了好奇,总是试图去猜想。于是,他们便凭借对自身和近在眼前的事物的有限认识去推想辽远未知的事物。于是,在关于"女娲补天"故事的叙述中,天是一个大盖子,地是一个大舢板,天有四根柱子支撑,石头可用来弥补苍天。

这样,其中有些情节比较复杂的叙述,看起来还真有些小说的味道。

当然,神话不是小说。

神话的虚构是不自觉的。原始人并非有意无中生有,并非有意创作虽非真实存在却真实反映生活的艺术化作品,而是真的以为就是如此。

神话是散体语言的,但不是散体文字的。上古神话产生在还没有文字出现的时代,它们都是当时人口耳相传,是口头述说的。至于后来被记录、被引述,那属于神话的流传,而非神话的创作。

所以,神话还不是小说,它只是小说的源头。源头之水需要流淌才会导致小说的产生。

神话流向小说的渠道一般有三种:

一种是经过记录、加工,经由书面文本的流传,或直接演化出小说,或为后代小说创作提供素材。十分可惜,迄今为止,就中国古代而言,我们还没有发现记录神话的专书,更没有整理、加工神话的著作。中国古代神话多是被后代各种著作偶然提及、附带记录下来的,由此造成神话的大量佚失,并使得幸存的部分零散、多元,难以形成神话故事系统。因此,这个渠道基本处于断流的状态,诸如女娲补天、夸父追日、精卫填海、嫦娥奔月、后羿射日、鲧禹治水、黄帝与蚩尤之战等几则还算有些情节的神话片段,在后代文学创作中多被诗歌、散文作为典故而使用,在小说创作中最多只是作为故事被提及,本身没有生成直接的神话小说。

一种是虽未经记录,或记录文本失传,但同时继续以口耳相传的方式流传、增饰、变异、丰富,最终形成神话怪异小说,再次被记录下来。这种渠道,有一部分属于民间传播,年代久远,考索起来有一定难度。但种种迹象表明,中国古代神话的确有一部分赖这种渠道得以流传,转向小说,魏晋南北朝时期涌现的大量志怪小说文集中,就包含这样的小说。还有一部分经仙道神教的改造,演变为仙话怪话,也在魏晋南北朝志怪小说文集中得以体现。

还有一种是述说神话故事的方式演变为述说人间故事,即传说或说体,由说体发展为说话艺术,由说话艺术发展出话本小说。如果说上古神话是小说的源头,最重要的其实就是这种述说形式。小说体裁的基本特征是虚构性散体叙事,上古神话正是散体叙事,只不过叙述的是神灵的故事。神灵的虚幻性被想象虚构置换,神灵的故事被人间故事置换,就演化为传说。神话时代之后,先秦两汉时期实际上一直存在传说、说话艺术,先秦两汉的诸子寓言、史传文学、故事集锦等都因借助它们而增添了文学成分,从而成为演化为历史小说、话本小说的母体。

总之,上古神话的确是小说的源头。那么,中国上古神话的存在方式究竟是怎样的,流传情形又是怎样的,这些都需要作出具体的考索。

第二节 《山海经》中的神话记录

《山海经》不是一部神话书,但其中有关于神话的零星记录。

中国古代没有记录神话的专书。比较而言,《山海经》算是今见年代较早、记录神怪最多的一部著作。然而,通观全书,我们只能遗憾地说,它确是一部记录神怪的书,却不是一部记录神话的书。

一、《山海经》的记录时间与编定时间

今见《山海经》全书的编定已至汉代。

　　《山海经》著录于《汉书·艺文志》"数术"类中的"形法"部分,称"十三篇"。今见《山海经》十八卷(篇)。西汉刘秀(歆)《上〈山海经〉表》云:"所校《山海经》凡三十二篇,今定为一十八篇。"①多出的五篇疑为刘歆校书后所增补。据编次顺序,《山经》五篇和《海经》(海内、海外)八篇为前十三篇,后五篇为《大荒经》四篇和《海内经》一篇,或许所补正是《大荒经》和《海内经》。

　　关于《山海经》的作者,刘歆《上〈山海经〉表》称:"禹别九州,任土作贡。而益等类物善恶,著《山海经》。"②上古之事,了无证明,无非想当然之词,近世学者多不据信。就像大多先秦古书,作者不详,而且显非一人所作。对于具体作者,几乎已是不可考。至于作者所属地域,学界有多种说法。蒙文通推测《海内经》四篇可能是古蜀国的作品,《大荒经》以下五篇可能是巴国的作品,《五藏山经》和《海外经》四篇可能是接受了巴蜀文化以后的楚国的作品。③袁珂认为它们的作者都是楚国或楚地人。④近年更有学者结合三星堆出土文物提出《山海经》是移居蜀地的楚人后裔所作。⑤对此,我们只能说,一切都还在探讨中。

　　就本章所要涉及的问题而言,这里值得注意和需要探讨的是《山海经》中具体信息的流传和记录时间。司马迁在《史记》中曾说"至《禹本纪》《山海经》所有怪物,余不敢言",据此可知西汉前期司马迁已经见过《山海经》,此前将各篇汇集成册并冠以现有书名的《山海经》已经编定成书。而根据书中信息,学者一般都将该书各篇的写作时间定在先秦时期。具体来说,蒙文通判定《大荒经》以下五篇的写作时代最早,大约在西周前期;《海内经》四篇较迟,但也在西周中叶;《五藏山经》和《海外经》四篇最迟,是春秋战国之交的作品。⑥袁珂虽也分出这样三个部分,但认为《大荒经》四篇和《海内经》一篇大约写定于战国初年或中期;《五藏山经》和《海外经》四篇稍迟,是战国中期以后的作品;

　　①②袁珂:《山海经校注》附录,第 477 页,上海古籍出版社,1980。本章所引《山海经》均见袁珂《山海经校注》,上海古籍出版社 1980 年,本章下引《山海经》文字不再出注。
　　③⑥蒙文通:《略论〈山海经〉的写作时代及其产生地域》,载《中华文史论丛》第 1 辑,第 43~70 页,北京:中华书局,1962。
　　④袁珂:《〈山海经〉写作的时地及篇目考》,见《神话论文集》,第 1~25 页,上海古籍出版社,1982。
　　⑤唐世贵:《〈山海经〉成书时地及作者新探》,载《辽宁师范大学学报》2006 年第 4 期。

《海内经》四篇最迟，当成于汉代初年。①

其实，种种迹象表明，《山海经》中有些内容或信息，可能流传、记录于更早的时代；或者，很可能是远古文化信息的遗存。

其中有些内容可证很可能是殷商时的记录。

比如《大荒经》中提到一些方位之名和来风之名，所谓"东方曰折，来风曰俊"（《大荒东经》）、"北方曰鹓，来之风曰狭"（《大荒东经》）、"南方曰因乎，夸风曰乎民"（《大荒南经》）、"来风曰韦"（《大荒西经》），颇为费解。值得庆幸的是近世出土的殷商甲骨卜辞中，有的恰恰记有东南西北四方神及四方风名，②特别是武丁时一块大牛甲骨刻字四行：

东方曰析，凤曰劦。

南方曰□，凤曰𤓪。

西方曰□，凤曰彝。

北方曰勹，凤曰阪。

尽管有些文字难以释读，有些地方有残缺，但一看便知，它们与《山海经》所述恰相对应（"凤"通"风"）。不难断定，《山海经》中关于四方风神的记述已经见于殷人刻骨，乃是殷商人信仰的反映。

再比如《大荒东经》中有一条关于王亥被有易所杀的故事："有困民国，勾姓而食。有人曰王亥，两手操鸟，方食其头。王亥托于有易、河伯仆牛，有易杀王亥，取仆牛。"郭璞注引《竹书》曰："殷王子亥宾于有易而淫焉，有易之君绵臣杀而放之。是故殷主甲微假师于河伯以伐有易，灭之，遂杀其君绵臣也。"依此，知王亥乃是与殷商历史事件有关的人物，然《山海经》称王亥，《竹书》称王子亥。今本《纪年》又称"侯子亥"。《楚辞·天问》也有一段提及此事，所谓"该秉季德，厥父是臧，胡终弊于有扈，牧夫牛羊"，则又称此人为"该"。王国维在考察殷墟卜辞时发现，卜辞中确见王亥之名，而且与《山海经》相同，屡称"王亥"，有时又称"高祖亥"：

贞之于王亥四十牛辛亥用（《殷墟书契前编》卷四第八页）

贞于王亥求年（《殷墟书契后编》卷上第一页）

---

① 袁珂：《〈山海经〉写作的时地及篇目考》，见《神话论文集》，第1～25页，上海古籍出版社，1982。

② 胡厚宣：《释殷代求年于四方和四方风的祭祀》，载《复旦学报》1956年第1期。

　　贞之于王亥三百牛(《殷墟书契后编》卷上第十八页)

　　……高祖亥……(《晋戈寿堂所藏殷墟文字》第一页)

王国维据卜辞判断此人必殷先公先王,也可见《山海经》所记王亥之名乃是本字:"……卜辞作王亥,正与《山海经》同。又祭王亥皆以亥日,则亥乃其正字。"①这个例证也显示了《山海经》中该则记述要较许多战国秦汉史料更为古老和原始。

　　又比如《大荒西经》记述有夏后开(启)乘龙登天事:"西南海之外,赤水之南,流沙之西,有人珥两青蛇,乘两龙,名曰夏后开。开上三嫔于天,得《九辩》与《九歌》以下。此天穆之野,高二千仞。开焉得始歌《九招》。"夏后开即夏后启。夏启得《九辩》《九歌》事亦见于楚辞,《离骚》称"启《九辩》与《九歌》兮,夏(下)康娱以自纵";《天问》称"启棘(亟)宾商(帝),《九辩》《九歌》"。按照《天问》此说,则是夏后启多次到天帝那里去做客(宾),这样,《山海经》中的"嫔"应通作"宾"。但楚辞未提乘龙事,或许是省文,因为在楚辞神话中升天确是乘龙御凤的,且以乘龙者为多。除此之外夏后启乘龙登天的传说再不见于其他传世典籍。唯在后人所辑的佚书《归藏》中提及此事:"夏后启筮,乘飞龙而登于天。"②《归藏》传为殷商筮书,而且由近年秦简《归藏》的出土得到了佐证。而《山海经》中的许多神话,恰与该书所提相同,特别是夏后启乘飞龙登天事,独见于这两部著作,应该不是巧合,这说明《山海经》中的这条材料,也是本于殷商人的传说。

　　值得注意的是,这些可证是殷商记录的内容,恰恰都见于《大荒经》,或许这批资料,有其特殊的来源?

　　除此之外,《山海经》中还有一些内容,就其性质而言,很可能产生在更早的时代。

　　比如《山海经》中有大量关于征兆信仰的记述,相对集中在《山经》部分,其基本句式为"有××,见则×××","见"读为"现",表示某种特定事物的出现,必定预示某种特定的后果。诸如:

　　　　有蛇一首两身,名曰肥遗,见则其国大旱。

　　　　　　　　　　　　　　　　　　　　　　　　　　　(《北山经》)

---

① 《殷卜辞中所见先公先王考》,见《观堂集林》,第415页,北京:中华书局,1959。

② 马国翰:《玉函山房辑佚书·经编易类》(拼缩影印本),上海古籍出版社,1990。

有鸟焉,其状如枭,而一翼一目,相得乃飞,见则天下大水。

(《西山经》)

有兽焉,其状如菟而鸟喙,鸱目蛇尾,见人则眠,名曰犰狳,其鸣自詨,见则螽蝗为败。

(《东山经》)

在这里,蛇、鸟、兽是被视为征兆物而加以记述的。此类记述,共计五十余则。具体考察会发现,它们具有典型的原始征兆信仰特征。首先,作为征兆物的自然物全部为动物,属于"动物兆"。其中异兽二十一条,鸟十六条,蛇六条,鱼六条,"天神"三条。"天神"一曰"其状如牛"(《西山经》),一曰"人身而羊角"(《东山经》),一曰"赤犬"(《大荒西经》),也都是动物之身。当然,在这些动物中,有近十处提到"如人""人面""人身""人手""人足",诸如"有鸟焉,其状如枭,人面四目而有耳,其名曰颙,其鸣自号也,见则天下大旱"(《南山经》),"有兽焉,其状如龟而人面,黄身而赤尾,其名曰合窳,其音如婴儿,是兽也,食人,亦食虫蛇,见则天下大水"(《东山经》)等等,不排除其中有的可能是对戴着图腾饰物的野人的描述,但当时这些野人与动物是浑然莫辨的,讲述者称他们为"兽",正反映了时人人兽不分的原始观念,而且还把这些人面"兽"也列入了征兆观察的范围。从这个意义上说,这些人面"兽"就也应该算作"动物兆"之一了。动物的特征就在于"动",出没不定,与某些后果的发生容易有偶然的巧合,原始人直观类比的认识惯性使他们自然而然误把这种巧合视为预示后果出现的必然先兆,这些偶然出现的事物和现象,也就成了预测吉凶的征兆。因此,动物征兆表现为先民最初发生征兆信仰的原始特征,《山海经》中的征兆信仰全部为动物征兆,应属征兆信仰的原始状态。至于其中的"异兽"占最大比重,这不难理解,天天见的事物,与各种现象都相伴随,也就不存在与某种特定后果巧合的问题,久而久之,也就不可能再被视为某种特定现象的征兆了。其次,《山海经》中的动物兆还不见有归类整合的迹象。所谓归类整合,亦即将某类动物固定为特定的吉兆,将另一类动物固定为特定的凶兆,这一般应是征兆信仰发展到一定阶段的情形。《山海经》中只有具体的吉兆凶兆物和具体的吉凶结果,散漫不定,无法归类。比如同为鸟类,有的出现兆示吉祥,有的出现又兆示凶灾;凶

灾中有的是大水,有的又是大旱:

> 有鸟焉,其状如翟而五采文,名曰鸾鸟,见则天下安宁。
>
> 　　　　　　　　　　　　　　　　　　　　　　　　　　　(《西山经》)
>
> 有鸟焉,其状如鸮,而一足彘尾,其名曰跂踵,见则其国大疫。
>
> 　　　　　　　　　　　　　　　　　　　　　　　　　　　(《中山经》)
>
> 有鸟焉,其状如凫,而一翼一目,相得乃飞,名曰蛮蛮,见则天
> 下大水。
>
> 　　　　　　　　　　　　　　　　　　　　　　　　　　　(《西山经》)
>
> 有鸟焉,其状如鸡而鼠毛(尾),其名曰螫鼠,见则其邑大旱。
>
> 　　　　　　　　　　　　　　　　　　　　　　　　　　　(《东山经》)

很显然,这些内容是很难从中找到什么规律性的东西的。这说明,《山海经》的征兆信仰还处于偶然、自发、随机的阶段,人们还缺乏总结归纳。再次,就《山海经》中征兆物所兆示的结果而言,除个别提到"多放士""有大繇""多狡客"(各一次)等较晚时代的社会内容外,其余多是十分宽泛的群体攸关的自然现象和社会现象,其中大旱十三次,大水九次,大兵八次,大疫四次,大穰三次,有恐二次,土功二次,天下安宁二次。比起后代占卜求兆所涉及的丰富复杂的生活内容,《山海经》征兆信仰所关心的问题,显然还十分单纯、笼统,也十分沉重(吉象只有大穰、天下安宁两种),更带有原始氏族、部落时期的文化特征。这表明,《山海经》中的征兆信仰大多具有远古的性质,乃是原始先民最初认识世界的真实记录。

　　更进一步说,这些征兆信仰,就其最初形成而言,应该早在占卜文化出现之前,既是占卜的前奏,也是占卜的"依据"。可以想象,原始人最初是把鸟、兽、鱼、蛇等现成的自然物作为征兆来预知吉凶的,然而,这些征兆作为诉诸人们直观感觉的、自然发生的现象形式,其出现并不都是经常的和有规律的,尤其是并不是在人们需要预测吉凶时就能出现的。但是,随着人类活动范围的不断拓宽,频率的提高,再被动等待自然呈示的征兆已经不能适应行动的需要,这时,人类便进而想到主动向神灵请求兆象,并在实践中依据种种原始心理和思维,"摸索"出一套又一套求兆的操作办法,这便是占卜的诞生。当年被视为神启的征兆物,本身自然也带上了神秘色彩,此时便往往"顺理成章"地成了发现兆象的最好对象(占卜材料)。《山海经》中作为征兆物的动物

除异兽外,出现最多的是鸟,计十六次,其次为鱼、蛇,各六次。异兽究其基本形体,实又可分出猪、犬、猴、牛、马、羊、狐、鼠、兔等。奇怪的是,殷商以降曾十分普遍使用的龟卜中的龟,竟一次也没有出现。不过,这并不妨碍我们考察征兆物与卜物的对应关系。因为就占卜而言,龟卜既不是唯一的,也不是最早的。古代除龟甲占卜外,实还有兽骨卜,比如新石器时代的龙山文化遗址中就出土有鹿卜骨、猪卜骨、羊卜骨、牛卜骨等等,有学者已经指出,通过对出土的卜骨和卜甲的时代分析,原始卜骨的起源可能比龟卜要早些①;另据民俗材料,在民间尚遗留有诸如牛肝卦、打鸡卜、鸟卜、狗占、蛇蜕皮兆、猪胆卦等以各种动物为卜物的占卜习俗②。这些动物,就恰恰与《山海经》中的征兆物多相对应,应非偶然。《山海经》中记有大量征兆信仰,却无一次占卜记录,又不见与龟卜的直接承续关系,这是不是正好说明,它的文化远在卜筮文化之前,更早于龟卜时代呢?

由上述几点可以推知,《山海经》中有些记载相当古老,起码不迟于殷商时代,确是当时神话、传说、文化习俗较为原始的记录。是我们追溯文化起源、寻觅上古神话不可多得的宝贵资料。

二、《山海经》对神怪的记录

《山海经》内容离奇驳杂,包含地理、历史、神话、宗教、民族、动物、植物、矿产、医药等多方面的内容。因此,这究竟是一部什么书,历来定性归属不一。《汉书·艺文志》归在"数术"(根据天象、时历、地理、面相、阴阳五行等占卜预测吉凶)中的"形法"(相面、看风水)中;《隋书·经籍志》等将它改入史部中的地理类;《宋书·艺文志》又归到子部的五行类,实又回复到近于《汉书》的定位。明代胡应麟在《四部正讹》中将它称之为"古之语怪之祖"。清代《四库全书》则把它列入子部的小说家类,《提要》称它是小说之最古者。鲁迅先生认为它是"古之巫书"③,与汉人、宋人的归类颇相近似。近年有学者提出"《山海经》到

① 刘玉建:《中国古代龟卜文化》,桂林:广西师范大学出版社,1992。
② 参见《中国风俗辞典》,上海辞书出版社,1990。
③《中国小说史略》,《鲁迅全集》第 8 卷,第 13 页,北京:人民文学出版社,1957。

底是'语怪之祖',还是'信史'"的问题,①认为当代学术界把该书定位为"语怪之祖"是不正确的,应视为"信史"。

其实,所谓信史或语怪,是从不同时代的视角来说的。原始人肯定不是在有意"语怪",而是在认真地记录"信史",但限于当时的思维水平,物我不分,类比联想,记录中有些部分又必定是在"语怪",后代的人们看起来就是"语怪"。顺带说一句,称"信史"也不准确,因为这部书并非记录历史之作,从认真记述这一点来说,或许应称"实录"。

所以,鉴于《山海经》包罗万象,尚没有后世学科分类的迹象,我们不妨就简单视之为一种"志",四方之志,博物之志。而由于它的远古时期特点,这又是一部有许多"语怪"内容的"志",千奇百怪纷至沓来,让人目不暇接。

《山海经》记录、描述了各种各样的"怪",具体说来,可分为以下几类:

其一,神灵之怪。

《山海经》中记录了各方各地的各种神灵。作者直称"其神"如何如何,既然称之为"神",自然超出凡人的形态和能力,从而突显出其怪异色彩。比如:

> 凡鹊山之首,自招摇之出,以至箕尾之山……。其神状皆鸟身而龙首。
>
> (《南山经》)
>
> 凡南次二经之首,自柜山至于漆吴之山……。其神状皆龙身而鸟首。
>
> (《南山经》)
>
> 凡南次三经之首,自天虞之山以至南禺之山……。其神皆龙身而人面。
>
> (《南山经》)
>
> 凡西次二经之首,自钤山至于莱山……。其十神者,皆人面而马身。其七神皆人面牛身,四足而一臂,操杖以行,是为飞兽之神。
>
> (《西山经》)

---

① 韩湖初:《〈山海经〉到底是'语怪之祖',还是'信史'》,载《汕头大学学报》2004年第1期。

又西二百里，曰长留之山，其神白帝少昊居之。……实惟员神魂氏之宫。是神也，主司反景。

（《西山经》）

……英水出焉，而西南流注于汤谷。有神焉，其状如黄囊，赤如丹火，六足四翼，浑敦无面目，是识歌舞，实为帝江也。

（《西山经》）

又西二百九十里，曰泑山，神蓐收居之。……是山也，西望日之所入，其气员，神红光之所司也。

（《西山经》）

凡西次三经之首，崇吾之山至于翼望之山……其神状皆羊身人面。

（《西山经》）

凡北山经之首，自单狐之山至于隄山……其神皆人面蛇身。

（《北山经》）

凡北次三经之首，自太行之山以至于无逢之山……其神状皆马身而人面者廿神。……其十四神状皆彘身而载玉。……其十神状皆彘身而八足蛇尾。

（《北山经》）

凡东山经之首，自樕䖞之山以至于竹山……其神状皆人身龙首。

（《东山经》）

凡东次三经之首，自尸胡之山至于无皋之山……其神状皆人身而羊角。

（《东山经》）

《山海经》中这部分关于神灵的记录，有的只提到了名称，诸如"其神白帝少昊""神魂氏""神蓐收""神红光"等等，有的只提到了形体，诸如鸟身龙首、龙身鸟首、龙身人面、马身人面、牛身人面、羊身人面、蛇身人面、人身龙首、人身羊角、鸟身人面、四足一臂、六足四翼、彘身八足等等，并没有提及他们的神力，更没有记述其故事。不过，从中可见这里还是一个神异的世界。

其二，人兽合体之怪。

《山海经》中还有一部分记录,虽未称"神",但称兽同时又称"人面"、"人首",或者称人同时又称"兽身""兽角",与上述神灵龙身人面、马身人面等等怪异的形体十分近似,我们姑且视之为人兽合体的怪物。比如:

又西七十里,曰翰次之山……有鸟焉,其状如枭,人面而一足,曰橐𢙏,冬见夏蛰,服之不畏雷。

(《西山经》)

又西三百五十里,曰玉山,是西王母所居也。西王母其状如人,豹尾虎齿而善啸,蓬发戴胜,是司天之厉及五残。

(《西山经》)

西南三百八十里,曰皋途之山……有兽焉,其状如鹿而白尾,马脚人手而四角,名曰玃如。有鸟焉,其状如鸱而人足,名曰数斯,食之已瘿。

(《西山经》)

毕方鸟在其东,青水西,其为鸟人面一脚。

(《海外南经》)

讙头国在其南,其为人人面有翼,鸟喙,方捕鱼。

(《海外南经》)

南方祝融,兽身人面,乘两龙。

(《海外南经》)

轩辕之国……人面蛇身,尾交首上。

(《海外西经》)

北方禺强,人面鸟身,珥两青蛇,践两青蛇。

(《海外北经》)

奢比之尸在其北,兽身、人面、大耳,珥两青蛇。

(《海外东经》)

东方句芒,鸟身人面,乘两龙。

(《海外东经》)

昆仑南渊深三百仞。开明兽身大类虎而九首,皆人面,东向立昆仑上。

(《海内西经》)

从极之渊深三百仞，维冰夷恒都焉，冰夷人面，乘两龙。

（《海内北经》）

又有黑人，虎首鸟足，两手持蛇，方啗之。

（《海内经》）

上述人兽合体之怪，有些已知本身就是神灵，南方祝融、北方禺强、东方句芒、河神冰夷、天神开明兽等等即是。"西王母"是人的称谓，却豹尾虎齿，显然非常人所能有。其他虽是泛泛称兽、称国，但人兽合体本身，也已经突显出其超现实的色彩。

其三，奇形之怪。

这种"怪"主要也是怪在形体的怪异。只不过并非人兽合体那样明显具有神异色彩，而是怪在形体本身的不可思议。需要说明的是，这里所谓怪异，也并非是指那种"四不像"之类的描述，比如"有鱼焉，其状如牛……蛇尾有翼"（《南山经》），用了"鱼""牛""蛇"还有"鸟"的"翼"来形容。这只是对其形状的类比性描述。大千世界无奇不有，人们只能用已知动物的某个部位的征象来形容描绘它。这种动物只是奇特，但并不怪异。而这里所谓奇形之怪，是指超常、变异的形状。要么多出，要么少有，从而也带有神奇、超凡的想象色彩。比如：

有兽焉，其状如羊，九尾四耳，其目在背，其名曰猼訑，佩之不畏。有鸟焉，其状如鸡而三首、六目、六足、三翼，其名曰鸧鸺，食之无卧。

（《南山经》）

有兽焉，其状如羊而无口，不可杀也，其名曰䰷。

（《南山经》）

有兽焉，其状如狐，而九尾、九首、虎爪，名曰蠪侄，其音如婴儿，是食人。

（《东山经》）

三首国在其东，其为人一身三首。

（《海外南经》）

三身国在夏后启北，一首而三身。

（《海外西经》）

奇肱之国在其北。其人一臂三目，有阴有阳，乘文马。

（《海外西经》）

一目国在其东,一目中其面而居。一曰有手足。

(《海外北经》)

有人焉三面,是颛顼之子,三面一臂。

(《大荒西经》)

犲诡九尾四耳,眼睛长在背上;鹚鹕三首六目,还有三副翅膀;耦如羊却无口,蠪侄如狐却九首;三首国是一个身子三个脑袋,三身国又是一个脑袋三个身子;奇肱国一只胳膊三只眼睛,一目国手足齐全但只有一目。颛顼之子也是一臂,又不是三只眼睛而是三张面孔。

其四,奇名之怪。

《山海经》中还有一些"怪",本身形态虽不怪异,但名称含有神怪色彩,或者其命名中含带着某些神话故事。比如:

……曰阴山。……有兽焉,其状如狸而白首,名曰天狗,其音如榴榴,可以御凶。

(《西山经》)

……曰马成之山……有兽焉,其状如白犬而黑头,见人则飞,其名曰天马,其鸣自诮。

(《北山经》)

……曰休与之山。其上有石焉,名曰帝台之棋,五色而文,其状如鹑卵……

(《中山经》)

……曰宣山。……其上有桑焉,大五十尺,其枝四衢,其叶大尺余,赤理黄华青柎,名曰帝女之桑。

(《中山经》)

又东南五十里,曰凤伯之山……

(《中山经》)

河水出东北隅……入禹所导积石山。

(《海内西经》)

西北海之外……有禹攻共工国山。

(《大荒西经》)

有神十人,名曰女娲之肠,化为神,处栗广之野;横道而处。

(《大荒西经》)

有池,名孟翼之攻颛顼之池。

(《大荒西经》)

有金门之山……有赤犬,名曰天犬,其所下者有兵。

(《大荒西经》)

有鲧攻程州之山。

(《大荒北经》)

丘南帝俊竹林在焉。

(《大荒北经》)

"天狗""天马""天犬"等,带有天神色彩;"帝台之棋""帝女之桑""凤伯之山""女娲之肠""帝俊竹林"蕴含着天神的某个故事;"禹所导积石山""禹攻共工国山""孟翼之攻颛顼之池""鲧攻程州之山"更是对某次事件的直接反映。

其五,神功之怪。

本身形体虽不怪异,也没有奇特的命名,但具有怪异奇特的功能,或具有常人所不具有的本领,从而也成为一怪。

……末涂之水出焉,而东南流注于沔,其中多儵庸,其状如黄蛇,鱼翼,出入有光,见则其邑大旱。

(《东山经》)

……曰太山……有兽焉,其状如牛而白首,一目而蛇尾,其名曰蜚,行水则竭,行草则死,见则天下大疫……。

(《东山经》)

鹐鸟、鹕鸟,其色青黄,所经国亡。

(《海外西经》)

舜妻登比氏生宵明、烛光,处河大泽,二女之灵能照此所方百里。

(《海内北经》)

有人名曰石夷,来风曰韦,处西北隅,以司日月之长短。

(《大荒西经》)

有寿麻之国。……寿麻正立无景,疾呼无响。爰有大暑,不可以往。

(《大荒西经》)

有互人之国。炎帝之孙名曰灵恝，灵恝生互人，是能上下于天。

（《大荒西经》）

北海之内，有蛇山者，蛇水出焉，东入于海。有五采之鸟，飞蔽一乡，名曰翳鸟。

（《海内经》）

这些神怪之物，有的"出入有光"，有的"所经国亡"，有的"行水则竭，行草则死"，有的"正立无景，疾呼无响"，有的能光照百里，有的能上下于天，还有的能"飞蔽一乡"，无疑都呈现出超凡的色彩。

其六，神怪之所。

《山海经》中还记录了一些会聚各种神灵物怪的"帝宫""帝都"，集中提到了一些神人、神物。诸如"汤谷""昆仑之虚""女和月母之国""峚山""巫山""灵山""附禺之山""都广之野""九嶷山""九丘"等等即是。比如：

又西北四百二十里，曰峚山……是有玉膏，其原沸沸汤汤，黄帝是食是飨。是生玄玉。玉膏所出，以灌丹木，丹木五岁，五色乃清，五味乃馨。黄帝乃取峚山之玉荣，而投之钟山之阳。瑾瑜之玉为良，坚粟精密，浊泽而有光。五色发作，以和柔刚。天地鬼神，是食是飨；君子服之，以御不祥。

（《西山经》）

海内昆仑之虚，在西北，帝之下都。昆仑之虚，方八百里，高万仞。上有木禾，长五寻，大五围。而有九井，以玉为槛。面有九门，门有开明兽守之，百神之所在。在八隅之岩，赤水之际，非仁羿莫能上冈之岩。

（《海内西经》）

有灵山，巫咸、巫即、巫盼、巫彭、巫姑、巫真、巫礼、巫抵、巫谢、巫罗十巫，从此升降，百药爰在。

（《大荒西经》）

综上可知，《山海经》的确是一部"语怪"之书，记录了当时各种神怪。其基本笔法是对神怪形体、命名、功能等等的描述，而不是以叙事为线索。因此，这不是一部神话故事书，而是一部"神怪志"。

三、《山海经》中的神话传说

尽管《山海经》不是一部以讲述神话故事为主线的文学著作，不过它在记录各种神怪时，偶尔也提到关于某个神怪的来龙去脉，掌故传说，其中有些叙述已经具备一定的形象性、情节性、故事性，可以算作神话了。

《山海经》中的神话，按照题材内容，大致可分为以下几类：

其一，化身神话。

《山海经》作为"博物志"，记录了许多草木禽兽，其中有些被传说为由人变化而来，于是就有了它们如何化身而来的故事；有些与人相关共处，于是就有了物我不分的世界。比如：

> 又北二百里，曰发鸠之山，其上多柘木。有鸟焉，其状如乌，文首、白喙、赤足，名曰精卫，其鸣自詨。是炎帝之少女名曰女娃，女娃游于东海，溺而不返，故为精卫。常衔西山之木石，以堙于东海。漳水出焉，东流注于河。

（《北山经》）

这是著名的"精卫填海"故事，其矢志不渝的精神历百代而不泯。不过，叙述者本意是记录发鸠之山上的精卫鸟。这里首先描绘了精卫鸟的形态，然后开始叙述精卫的来历。精卫乃炎帝少女，原名女娃，游历东海时为大海吞没，化身为鸟。当然，这则神话更为人所称道的是补叙了这只鸟不同寻常的举动，这就是"常衔西山之木石，以堙于东海"。由此使它超出了一般化身神话的范畴，此是后话。

化身神话比较典型的是"帝女化草"故事：

> 又东二百里，曰姑媱之山。帝女死焉，其名曰女尸，化为䔄草，其叶胥成，其华黄，其实如菟丘，服之媚于人。

（《中山经》）

这是一段关于䔄草的记述。姑媱山上有一种开黄花的草，佩戴在身上就能媚惑人。原来，这种草是天帝的女儿女尸死后化身变来的。

> 西王母梯几而戴胜杖。其南有三青鸟，为西王母取食。在昆仑虚北。

（《海内北经》）

三青鸟为西王母取食，很像是西王母的仆从，这里面必定蕴藏着西王母与三青鸟的瓜葛故事。

> 犬封国曰犬戎国,状如犬。有一女子,方跪进柸食。有文马,缟身朱鬣,目若黄金,名曰吉量,乘之寿千岁。

(《海内北经》)

"犬封国"这个名称本身,就标识着犬被封国的事件;而一女子跪着进奉食物,更是显示了女子与犬封国的某种关系。只可惜这里的叙事没有展开,具体情节单从《山海经》中尚无法得知。

其二,抗争神话。

这里所谓"抗争",限定在人类与恶劣的自然现象的抗衡、斗争。当然,在神话中,人与自然的界限是不那么确定的,人类常常化身为自然,自然也常常以人的面孔出现。所以,这里所谓人与自然,是就神话形象所代表的成分而言的。

"精卫填海"故事中就带有人与自然抗衡的意味。东海没有变身,就是自然现象本身;精卫虽已是禽鸟,但她是炎帝少女女娃所变,分明代表着人类。于是,她"常衔西山之木石,以堙于东海"的举动,无疑带有与大海抗争的意思。

这种抗争自然、救灾治害的内容,在《山海经》中还集中体现在夸父追日、鲧禹治水两则神话中。

"夸父追日"在《山海经》中有两处记述:

> 聂耳之国在无肠国东……。夸父与日逐走,入日。渴欲得饮,饮于河渭,河渭不足,北饮大泽。未至,道渴而死。弃其杖,化为邓林。博父国在聂耳东,其为人大,右手操青蛇,左手操黄蛇。邓林在其东,二树木。一曰博父。

(《海外北经》)

> 大荒之中,有山名曰成都载天。有人珥两黄蛇,把两黄蛇,名曰夸父。后土生信,信生夸父。夸父不量力,欲追日景,逮之于禺谷。将饮河而不足也,将走大泽,未至,死于此。应龙已杀蚩尤,又杀夸父,乃去南方处之,故南方多雨。

(《大荒北经》)

此外,《中山经》中提到有"夸父之山","其北有林焉,名曰桃林,是广员三百里",那么《海外北经》所提"博父国","邓林在其东",推算起来,应该是博父即夸父,邓林即桃林。由此也可知夸父神话流传颇广。

其实,这则神话也有化身神话的部分,方圆三百里的桃林,原来是夸父的手杖变化而来。不过,这则神话的重心部分是叙述夸父与日逐走、终于在太阳就要落山时追上太阳的事迹。虽然夸父最终道渴而死,但手杖化林,意味着仍要与太阳一争高下。《大荒北经》最后提到应龙杀蚩尤与夸父,应该是另外一则故事,在此因记述夸父而连带提及,被应龙所杀的也应该是另外一个夸父,因为追日的夸父已经道渴而死,怎么会又被应龙所杀?

"鲧禹治水"在《山海经》中也有多处记述:

> 洪水滔天。鲧窃帝之息壤以堙洪水,不待帝命。帝命祝融杀鲧于羽郊。鲧复生禹。帝乃命禹卒布土以定九州。
>
> (《海内经》)

> 柔利国在一目东……共工之臣曰相柳氏,九首,以食于九山。相柳之所抵,厥为泽溪。禹杀相柳,其血腥,不可以树五谷种。禹厥之,三仞三沮,乃以为众帝之台。在昆仑之北,柔利之东。相柳者,九首人面,蛇身而青。
>
> (《海外北经》)

> 共工臣名曰相繇,九首蛇身,自环,食于九土。其所欻所尼,即为源泽,不辛乃苦,百兽莫能处。禹湮洪水,杀相繇,其血腥臭,不可生谷;其地多水,不可居也。禹湮之,三仞三沮,乃以为池,群帝因是以为台。在昆仑之北。
>
> (《大荒北经》)

《海内经》的一段记述十分扼要而全面。面对滔天洪水,伯鲧迫不及待盗走天帝息壤以救灾,因此招来杀身之祸。伯鲧身死不腐,精魂不散,又孕育出一代英雄大禹,最终得以完成治水的大业。《海外北经》与《大荒北经》记述的完全是一个故事,个别表述有些差异。这则神话应该是鲧禹神话中的个案,具体讲述了大禹治水过程中制服共工之臣相柳(《大荒经》称"相繇")的一次行动。共工是半人半兽的水神,在某些神话讲述中大洪水就是由他发动的(《淮南子》:"舜之时,共工振滔洪水,以薄空桑。"),《山海经》中也曾提到"西北海之外……有禹攻共工国山"(《大荒西经》),显示出治水英雄与共工的冲突,那么,他的臣属也是水害的化身。"九首蛇身","其所欻所尼,即为源泽,不辛乃苦",意味着它们是多条泛滥的污水沼泽。大禹在与相柳几经较量之后,因地制宜,开掘水域,显示出较之伯鲧更为灵活多变的治水攻略。

其三,杀戮神话。

这里所谓"杀戮神话",相对集中限定于反映人与人之间的冲突。正如上面提到由于神话时代的人兽合体,人与自然莫辨,在上述反映人类抗争自然的神话中,其实已经有神神杀戮的情节,禹攻共工之国,共工之臣被杀,表征上就带有部落之战和人与自然之争的双重内容。只是从具体情节中可见更多显示了人抗争自然的性质。同样,这里的杀戮神话,主人公也常常是人兽合体,看上去像是自然之争,其实,它们更多具有部落之争、人与人之争的性质。

比较难以分辨的是羿杀凿齿的故事。《海内经》记述天神羿是奉帝俊之命降临人间降妖除魔、赈灾救难的:

> 帝俊赐羿彤弓素矰,以扶下国,羿是始去恤下地之百艰。

(《海内经》)

这个神羿还有著名的射日神话(《天问》:"羿焉彃日?乌焉解羽?"《淮南子》:"上射十日而下杀猰貐。"),其神话的重心内容应该是反映人与自然的斗争。不过,《海外南经》记述的羿与凿齿的冲突,因凿齿更多带有人的特征,我们姑且将其归于杀戮神话:

> 昆仑虚在其东,虚四方。一曰在歧舌东,为虚四方。羿与凿
> 齿战于寿华之野,羿射杀之。在昆仑虚东。羿持弓矢,凿齿持盾。
> 一曰戈。

(《海外南经》)

羿与凿齿的冲突称"战",凿齿持盾,或持戈,这似乎更像是一场部落之战。看来,神羿在下国的救难,既包括与自然灾害的抗争,也包括与恶人的较量。

《西山经》记述的帝杀鼓和钦䲹的故事,则是比较典型的杀戮神话:

> 又西北四百二十里,曰钟山。其子曰鼓,其状如人面而龙身,
> 是与钦䲹杀葆江于昆仑之阳,帝乃戮之钟山之东曰崷崖。钦䲹化
> 为大鹗,其状如雕而黑文白首,赤喙而虎爪,其音如晨鹄,见则有

大兵；鼓亦化为鵔鸟，其状如鸱，赤足而直喙，黄文而白首，其音如鹄，见即其邑大旱。

（《西山经》）

这则故事也含有化身神话的内容。鼓乃钟山神之子，原本人面龙身，因与钦䲹杀了葆江，遭到帝的杀戮，死后化身，变成了鵔鸟。不过故事充满了血腥的气氛。鼓与钦䲹杀戮葆江，天帝又杀戮鼓和钦䲹。其中我们看不出人与自然的分野，因此我们只能说这则神话表现的是神与神之间的杀戮。只是两神为什么要杀掉葆江，葆江又是什么神怪，这则记录并没有交代。所以，我们还无法确定这是不是一则战争神话。

此外，贰负臣故事、形天故事，也含有浓重的杀戮内容：

贰负之臣曰危，危与贰负杀窫窳。帝乃梏之疏属之山，桎其右足，反缚两手与发，系之山上木。在开题西北。……开明东有巫彭、巫抵、巫阳、巫履、巫凡、巫相，夹窫窳之尸，皆操不死之药以距之。窫窳者，蛇身人面，贰负臣所杀也。

（《海内西经》）

奇肱之国在其北。……形天与帝至此争神，帝断其首，葬之常羊之山。乃以乳为目，以脐为口，操干戚以舞。

（《海外西经》）

与鼓和钦䲹的故事一样，贰负臣被天帝惩处，也在于先是与贰负一起杀戮了窫窳。那么，这些杀戮神话有一个共同特点，即臣、臣相残，然后是主神的治罪，表现的是神与神之间、主神与臣属神之间的冲突，以及神界等级秩序的建立，反映了当时部落与部落、人与人之间的矛盾，以及人类等级阶层的形成。形天故事则表现了臣与主神的直接冲突，形天向主神挑衅，结果被主神砍掉了头颅。与"精卫填海"故事相通的是，形天被治罪后仍不善罢甘休，"乃以乳为目，以脐为口"，仍"操干戚以舞"。

《山海经》中的杀戮形成战争规模的是黄帝与蚩尤之战：

有系昆之山者，有共工之台，射者不敢北乡（向）。有人衣青衣，名曰黄帝女魃。蚩尤作兵伐黄帝，黄帝乃令应龙攻之冀州之野。应龙畜水。蚩尤请风伯雨师，纵大风雨。黄帝乃下天女曰魃，雨止，遂杀蚩尤。魃不得复上，所居不雨。叔均言之帝，后置之赤水之北。叔均乃为田祖。魃时亡之，所欲逐之者，令曰："神北行！"先除水道，决通沟渎。

（《大荒北经》）

从"蚩尤作兵伐黄帝"来看，这应该是一场部落战争，但接下来的战争完全演化为一场自然神的大战。应龙用水，蚩尤请来风伯雨师纵大风雨。黄帝又启用旱神女魃，止住风雨。终于蚩尤被杀，黄帝获胜。战争的尾声，或者战争后的遗留，也产生了一些小故事。旱神女魃因耗尽体力，未能回到天庭，反而给下界带来旱灾。叔均因通报有功，并妥善安置了女魃，得了个田祖的头衔。女魃不时偷跑出来，人们见到她就唱着诅咒的巫歌赶快驱逐。

这场战争的余续，《山海经》中另外还有两处记述：

大荒东北隅中，有山名曰凶犁土丘。应龙处南极，杀蚩尤与夸父，不得复上，故下数旱。旱而为应龙之状，乃得大雨。

（《大荒东经》）

有宋山者，有赤蛇，名曰育蛇。有木生山上，名曰枫木。枫木，蚩尤所弃其桎梏，是为枫木。

（《大荒南经》）

原来"不得复上"的不只是女魃，应龙也无法回到天庭，天上少了下雨的神，下界同样遭遇旱灾。大旱之时，只要跳起模仿应龙的巫舞，就能求来大雨。至于被杀戮的蚩尤，倒下时遗弃的桎梏，居然化为一片枫林。

《山海经》中真正记述到部族战争的是"夏耕之尸"一节：

有人无首，操戈盾立，名曰夏耕之尸。故成汤伐夏桀于章山，克之，斩耕厥前。耕既立，无首，走厥咎，乃降于巫山。

（《大荒西经》）

这里涉及到的是历史上成汤攻克夏桀、建立商王朝的著名战争，已经超出神话，进入历史传说系列。不过，夏耕之尸头都没了，还操戈盾立在那里，后来还逃到巫山成了山神，的确还是一则神话故事。

其四，制作神话。

《山海经》中，有些器物的来源，也被赋予神话故事色彩。

东海中有流波山，入海七千里。其上有兽，状如牛，苍身而无角，一足，出入水则必风雨，其光如日月，其声如雷，其名曰夔。黄帝得之，以其皮为鼓，橛以雷兽之骨，声闻五百里，以威天下。

（《大荒东经》）

炎帝之孙伯陵，伯陵同吴权之妻阿女缘妇，缘妇孕三年，是生鼓、延、殳。始为侯，鼓、延是始为钟，为乐风。

（《海内经》）

原来"声闻五百里"的大鼓是黄帝擒住兴风作雨的夔牛、用它的皮做成的，那么这黄帝能用此鼓"以威天下"，既是因其声音的巨响，也是因其降妖除魔的战绩吧！而钟和乐风的来历则缘于一次不寻常的婚恋和孕育，已为人妻的阿女缘妇遭遇炎帝之孙伯陵而怀孕，一孕就是三年，一生就是三胞胎，而钟和乐风就是三胞胎中的两个创造的。

四、《山海经》神话的小说因素

如前所述，神话与小说有天然契合关系，《山海经》中的神话传说也包含了一定的小说因素。

一是反映生活。

《山海经》中的这些神话，主旨是在认真记述生活，认真讲述对环境、对世界的认知，认真记录关于眼前之物的说法和故事，因此，它们不是议论，不是抒情，而是再现生活。只是由于神话时代原始人类还处于物我不分的混沌状态，神话这种对生活的反映往往夹杂着某些荒诞的成分，有些让人感到不可思议的部分。其实，即使其中尚有许多我们无法解开的谜团，但大致还是能看到当时的生活状态乃至具体的生活内容。女娃溺而不返，可见大海的发威；精卫衔木填海，彰显出时人的精神；夸父追日，可能是抗旱的主题；伯鲧盗土，是救涝的反映。神界一次次杀戮，显示出部落间、人与人之间的矛盾冲突，钟鼓歌乐等制作神话，更是当时文明进程的反映。

二是有叙事成分。

《山海经》作为"方物志"，基本体式是对各地各处神、怪、物的记录和描绘。神话是附带于所记之神、怪、物而保存下来的。不过，当提及某个神、怪、物的来龙去脉及其传闻故事时，文本便进入了叙事。

这样，《山海经》中的神话叙事大多采用插叙手法，先交待处所及所有神、怪、物，即事件的结果，然后插入叙述事情原委，最后再补叙该神、怪、物的有关情况、表现乃至故事。比较典型的如《北山经》中叙述"精卫填海"，首先描述发鸠山上的精卫鸟，然后开始插入关于炎帝少女女娃化为精卫事件的叙述，最后交待这个精卫鸟常衔西山之木石以填东海的举动。它如《大荒北经》中所记述的"夸父追日"一则、"黄帝与蚩尤之战"一则，《大荒西经》中记述"夏耕之尸"一则，《大荒南经》记述的枫木故事，也都是如此。

不过，这种插叙还有一种变通的写法，即开始只是提及某处所或某神怪，并不提及事件的结果，然后开始顺叙事件经过，引出结果，最后再补叙有关情况。比如《中山经》关于"蕃草"的叙述，开始只是提及姑媱山，然后开始顺述帝女死于此，化为草，最后补叙这种草的神功，"服之媚于人"。它如《西山经》记述的帝杀鼓和钦䲹故事（先提及钟山，然后叙述钟山之子鼓的故事，再补叙鼓化为鸟后的情形）、《海内西经》记述的贰负臣故事（首先提及贰负之臣曰危，然后叙述贰负臣危与贰负一起杀窫窳受到天帝惩罚之事，最后补叙众巫救窫窳之事）、《海外西经》记述的形天故事（首先提及奇肱之国，然后记述形天与帝在此争神）、《大荒东经》记述的应龙杀蚩尤及夸父故事（首先提及凶犁土丘，然后叙述应龙在其南极杀蚩尤与夸父）、《大荒西经》记述的夏耕之尸故事（首先提及有一无首人夏耕之尸，然后开始叙述成汤伐夏桀，斩夏耕，最后补叙夏耕后来逃往巫山）、《大荒东经》记述的黄帝制作夔鼓故事（首先描述夔，然后叙述黄帝以夔皮制鼓，最后补叙黄帝威震天下），也都是这种叙事结构。

这种变通还有一种情况，即在记录完一处所在之后，先直接叙述一个事件，得出结果，然后再揭示该结果与上一处所在的关系，与上一记录连接起来。比如《海外北经》记述的"夸父追日"一则，记录完聂耳之国后，讲述了夸父追日的故事，落脚点在"化为邓林"上。然后记录"博父国在聂耳东"，邓林又在博父国东。《海外南经》记述的羿战凿齿故事，先提及昆仑虚，叙事后补叙羿杀凿齿在昆仑虚东，也是这种叙事。

当然，《山海经》中也出现了单纯叙事的片段。诸如《大荒北经》中记述的禹杀相繇一则,《海内经》中记述的鲧禹治水一则、帝俊使羿一则,然而《大荒北经》仍缀以"在昆仑之北"的文字,应该也属于系于物的记述;《海内经》没有统一体例,其记述大多属于拾遗性质,也就失去了前后联系。

总之,《山海经》中绝大部分叙事的共同特点是叙事夹在对神、怪、物(包括山水草木国)的描绘中间,叙事是作为对神、怪、物的补充或丰富而出现的。这样,追求的并非事件的联系,或事件与事件的前后因果关系,而是围绕着具体的神、怪、物形成了一个个相对集中、独立的叙事片段,从而突显了一个个的形象,形成了一个个神话典故。

三是有虚构想象,富于神奇色彩。

这一点是神话与后世小说艺术最近似之处。《山海经》中的神话充满离奇的想象。

其一,神奇变化。炎帝少女女娃化为精卫鸟,帝女女尸化为䔄草,夸父手杖化为邓林,钦䲹化为大鹗,鼓亦化为鵕鸟,蚩尤桎梏化为枫木。此外,《中山经》还提到"又东十里,曰青要之山,实惟帝之密都。……南望埒渚,禹父之所化",《大荒西经》还提到"有神十人,名曰女娲之肠,化为神","有鱼偏枯,名曰鱼妇。颛顼死即复苏。风道北来,天及大水泉,蛇乃化为鱼,是为鱼妇",人化为物,此物化为彼物,这是只有在艺术世界里才会有的景观。

其二,超常举动。夸父居然追太阳,伯鲧能够生大禹。形天断头,乃以乳为目,以脐为口,仍操干戚以舞;夏耕无首,还能直立而走,并降临巫山成了山神。

其三,极度夸张。精卫衔西山木石以堙东海,突显的是其志向;䔄草服之能媚人,不凡的是其神功;夸父饮河渭而不足,体魄多么庞大;息壤能够定九州,超绝的是其生长;女魃止风雨,所到即大旱,其干热能量何其烈尔;黄帝以夔皮为鼓,声闻五百里,其主神威风何其大也。

第三节　上古神话的流传变异与后世神话小说创作

我们肯定上古神话是小说的源头,不仅在于它本身所具有的某些小说因素,还在于在长期流传过程中,它的许多成分已经作为一些基本元素汇入到后世小说的创作中。

上古神话中怪异的想象,作为重要因素之一,催生了先秦两汉怪话、仙话的出现。怪话、仙话虽然仍还不能称之为小说,但其中相当一部分已经是在以小说笔法叙述神仙鬼怪故事。进一步便是魏晋六朝志怪小说的形成。关于怪话、仙话与志怪小说的承续关系问题,我们将另章探讨,这里要涉及的是从后世小说创作看上古神话的流传变异及其对后世小说创作的影响,其中尤以神话小说最为明显。

一、神话情节被演绎,形成更为曲折动人的故事

如上所述,《山海经》并非一部神话书。此外,中国古代记录或提及神话较多的如《楚辞·天问》《淮南子》等,也都不是神话书。因此,中国古代各种著作记录、提及了许多怪神怪物,记述到的富于戏剧性情节故事的神话却并不多。这阻碍了由神话直接生发出戏剧、小说等纯文学的叙事文本。尽管如此,《山海经》等著作偶尔记述到的一些比较曲折、有一定情节因素的神话,还是被后世演绎出了生动的故事。

(一)犬封国与槃瓠故事

《山海经》中提到一个犬封国,或曰犬戎国,本无故事,但描述中似乎蕴含了特别的意义:

> 犬封国曰犬戎国,状如犬。有一女子,方跪进柸食。有文马,缟身朱鬣,目若黄金,名曰吉量,乘之寿千岁。
>
> (《海内北经》)

> 大荒之中。有山名曰融父山,顺水入焉。有人名曰犬戎。黄帝生苗龙,苗龙生融吾,融吾生弄明,弄明生白犬,白犬有牝牡,是为犬戎,肉食。有赤兽,马状无首,名曰戎宣王尸。
>
> (《大荒北经》)

这是个很奇怪的邦国,其人状皆如犬。更奇异的是特别提到"有一女子,方跪柸食"。此外还有一具马状无头的尸体,被称作"戎宣王尸"。这些看似没有关联的形象放在一起,应该潜藏着一个离奇的故事。

多扼要记述神话仙话的唐前著作《玄中记》(旧题《郭氏玄中记》,

宋罗泌《路史》以为晋郭璞撰）中有盘护、狗民国故事，应该是这一神话的流传：

> 狗封氏者：高辛氏有美女，未嫁。犬戎为乱，帝曰，有讨之者，妻以美女，封三百户。帝之狗名盘护，三月而杀犬戎，以其首来。帝以为不可训民，乃妻以女流之，会稽东南二万一千里，得海中土。方三千里，而封之，生男为狗，生女为美女。封为狗民国。①

这样说来，《山海经》中提到的犬封国开国首领叫做盘护，那个跪进杯（杯）食的女子，应该正是高辛氏之女，盘护之妻。那个马状无首的"戎宣王尸"，正是盘护"以其首来"之后遗弃的犬戎之尸，这个掉脑袋者必定是犬戎首领，因为他被叫作"戎宣王"。

东晋干宝《搜神记》卷十四中便出现了一篇完整、曲折的关于槃瓠国的志怪小说：

> 高辛氏，有老妇人居于王宫，得耳疾，历时，医为挑治，出顶虫，大如茧。妇人去，后置以瓠篱，覆之以盘，俄尔顶虫乃化为犬。其文五色。因名盘瓠，遂畜之。时戎吴强盛，数侵边境，遣将征讨，不能擒胜。乃募天下有能得戎吴将军首者，赠金千斤，封邑万户，又赐以少女。后盘瓠衔得一头，将造王阙。王诊视之，即是戎吴。为之奈何？群臣皆曰："盘瓠是畜，不可官秩，又不可妻。虽有功，无施也。"少女闻之，启王曰："大王既以我许天下矣。盘瓠衔首而来，为国除害，此天命使然，岂狗之智力哉。王者重言，伯者重信，不可以女子微躯，而负明约于天下，国之祸也。"王惧而从之。令少女从盘瓠，盘瓠将女上南山，草木茂盛，无人行迹。于是女解去衣裳，为仆竖之结，着独力之衣，随盘瓠升山，入谷，止于石室之中。王悲思之，遣往视觅，天辄风雨，岭震，云晦，往者莫至。盖经三年，产六男，六女。盘瓠死，后自相配偶，因为夫妇。织绩木皮，染以草实。好五色衣服，裁制皆有尾形，后母归，以语王，王遣使迎诸男女，天不复雨。衣服褊裋，言语侏僈，饮食蹲踞，好山恶都。王顺其意，赐以名山，广泽，号曰蛮夷。……今即梁汉、巴蜀、武陵、长沙、庐江郡夷是也。用糁，杂鱼肉，叩槽而号，以祭盘

---

① 《鲁迅古小说研究著作四种·古小说钩沉》，济南：齐鲁书社，1997。

瓠,其俗至今。故世称"赤髀,横裙,盘瓠子孙"。①

整个故事构架,并无多少演绎,然增加了人物对话和心理描写,犬由顶虫化来的细节,增加了盘瓠的神异色彩,少女主动请缨的形象得以突显。最后交待祭祀槃瓠,更是明确了该故事与图腾神话的源流关系。

(二) 帝女之桑、欧丝之野与蚕马故事

《山海经》中有两处记述涉及桑蚕与女子的瓜葛,分别见于《中山经》和《海外北经》,虽无情节,但将人名、地名及形象描绘几个点联系起来,应该蕴含着某种故事:

> 又东五十五里,曰宣山。沦水出焉,东南流注于视水,其中多蛟。其上有桑焉,大五十尺,其枝四衢,其叶大尺余,赤理黄华青柎,名曰帝女之桑。

(《中山经》)

> 欧丝之野大踵东,一女子跪据树欧丝。三桑无枝,在欧丝东,其木长百仞,无枝。

(《海外北经》)

一棵桑树本不奇怪,奇怪的是它叫"帝女之桑",那么它或许是由帝女变化而来,或者与帝女有密切的关系。一片原野也不奇怪,奇怪的是它叫"欧丝之野",欧通呕,即吐丝,偏偏是一女子靠着一株大树在吐丝;这幅画面的旁边,就有一株三桑树。那么,桑树、女子、像蚕一样吐丝,就是这段神话的基本情节。

《搜神记》卷十四中,就又有一篇情节曲折的蚕马故事:

> 旧说:太古之时,有大人远征,家无余人,唯有一女。牡马一匹,女亲养之。穷居幽处,思念其父,乃戏马曰:"尔能为我迎得父还,吾将嫁汝。"马既承此言,乃绝缰而去。径至父所。父见马,惊喜,因取而乘之。马望所自来,悲鸣不已。父曰:"此马无事如此,我家得无有故乎!"亟乘以归。为畜生有非常之情,故厚加刍养。马不肯食。每见女出入,辄喜怒奋击。如此非一。父怪之,密以问女,女具以告父:"必为是故。"父曰:"勿言。恐辱家门。且莫出

---

① 《搜神记》,第168～169页,北京:中华书局,1979。

入。"于是伏弩射杀之。暴皮于庭。父行,女与邻女于皮所戏,以足蹙之曰:"汝是畜生,而欲取人为妇耶!招此屠剥,如何自苦!"言未及竟,马皮蹶然而起,卷女以行。邻女忙怕,不敢救之。走告其父。父还求索,已出失之。后经数日,得于大树枝间,女及马皮,尽化为蚕,而绩于树上。其茧纶理厚大,异于常蚕。邻妇取而养之。其收数倍。因名其树曰桑。桑者,丧也。……故今世或谓蚕为女儿者,是古之遗言也。①

马皮卷着女子挂到树上,化为蚕,蚕于树上吐丝结茧,树因女子之丧而称桑。那么吐丝者自然就是那个女子。无疑这篇小说与《山海经》中的"帝女之桑""女子跪据树欧丝"是一个故事。这里的叙述者强调是"旧说",是"古之遗言",那么说不定早在先秦时代《山海经》所提及的已经有神话故事在。神话在追溯桑蚕起源时,掺杂了远古时代物灵、图腾、化身等原始文化成分。不过,《搜神记》中的这篇故事已经脱离了这种原始意味,是根据神话而演绎出的一篇新小说,因为马欲与女成婚已经被视为辱门之事,女子斥责马为畜牲,也远远超出神话时代人兽合体、图腾崇拜的文化范畴。

(三) 瑶草、瑶姬、神女与人妖之恋

如前所述,《山海经》中记有一则帝女瑶草的片断:

> 又东二百里,曰姑媱之山。帝女死焉,其名曰女尸,化为䔄草,其叶胥成,其华黄,其实如菟丘,服之媚于人。

(《中山经》)

这段神话的基本情节为天帝之女死,死后化为䔄草,佩这种草就想或者就能取媚于人。虽然极其简略,但由女子变为花草,其身份为天帝之女,还有取媚于人的性能,这些都为后人留下了演绎、生发的极大空间。

于是,后世出现了以女子主动献媚为基本结构的神女传说和人妖恋故事。

比如战国末宋玉作《高唐赋》,云:"昔者楚襄王与宋玉游于云梦之台,望高唐之观。其上独有云气,崒兮直上,忽兮改容,须臾之间,变化

_____

① 《搜神记》,第172~173页,北京:中华书局,1979。

无穷。王问玉曰:'此何气也?'玉对曰:'所谓朝云者也。'王曰:'何谓朝云?'玉曰:'昔者先王尝游高唐,怠而昼寝,梦见一妇人曰:"妾巫山之女也,为高唐之客。闻君游高唐,愿荐枕席。"王因幸之。去而辞曰:"妾在巫山之阳,高丘之阻,旦为朝云,暮为行雨。朝朝暮暮,阳台之下。"旦朝视之,如言。故为立庙,号曰朝云。'"①这个"愿荐枕席"的妇人或者说"巫山之女"显然是神女,因为她能"旦为朝云,暮为行雨"。《文选·高唐赋》注引东晋习凿齿《襄阳耆旧传》云:"赤帝(炎帝)女曰姚姬,未行而卒,葬于巫山之阳,故曰巫山之女。楚怀王游于高唐,昼寝,梦见与神遇,自称是巫山之女。王因幸之。遂为置观于巫山之南,号为'朝云'。后至襄王时,复游高唐。"②这样,巫山之女分明就是《山海经》中的帝女,现在,她被确定为炎帝之女,不但化身为服之可以媚惑人的蕃草,其精魂还可以忽而化为云雨,忽而化为美女,而且还有一段高唐遇怀王、自荐枕席的浪漫故事。只是不知将蕃草与巫山女联系起来是战国固有的传说还是魏晋小说的演绎。《文选·别赋》有"惜瑶草之徒芳",注引《高唐赋》记巫山女之言云:"我帝之季女,名曰瑶姬,未行而亡,封于巫山之台,精魂为草,实曰灵芝。"③惜今本无此文。若这段对话确系《高唐赋》的佚文,而不是后代注文的妄加,那么宋玉在创作《高唐赋》时,或者根据当时已有的传说加以润色,或者根据《山海经》的神话加以演绎,于是产生了这段美丽的故事。

魏晋时期,更出现了天上玉女下嫁从夫的志怪故事。比如《搜神记》中的一则故事称,魏时济北郡从事掾弦超,一日中夜独宿,梦有神女来从之。自称:"天上玉女,东郡人,姓成公,字知琼,早失父母,天帝哀其孤苦,遣令下嫁从夫。"后来果然有一女子乘车前来,即是梦中玉女知琼,两人遂为夫妻。家人皆不知。七八年后,父母为弦超娶妻,神女遂与之"分日而燕,分夕而寝,夜来晨去,倏忽若飞","辄闻人声,常见踪迹,然不睹其形"。有人感到奇怪,弦超无意中泄露了事情,神女怅然离去。五年后,弦超奉使前往洛阳,在济北鱼山下望见前方有一马车,追上去果然是玉女知琼。两人遂又复好如初。"但不日日往来,

---

① 《文选》,第264~265页,北京:中华书局,1977。
② 《文选》,第265页,北京:中华书局,1977。
③ 《文选》,第238页,北京:中华书局,1977。

每于三月三日，五月五日，七月七日，九月九日旦，十五日辄下，往来经宿而去。""张茂先为之作神女赋。"①这里虽然完全脱离了《山海经》帝女、蓍草神话的影子，但同样是一个神女自荐枕席、人神相恋的故事，而情节则曲折、细腻了许多，已经具有小说的性质。

《玄中记》所记姑获鸟的故事也与帝女蓍草神话若即若离，脉络相承。姑获鸟"衣毛为飞鸟，脱毛为女人"。一日，豫章一男子"见田中有六七女人"，"匍匐往，先得其毛衣，取藏之"，然后前去接近这些女子。"诸鸟各去就毛衣，衣之飞去。一鸟独不得去，男子取以为妇。生三女。其母后使女问父，知衣在积稻下，得之，衣而飞去。后以衣迎三女，三女儿得衣亦飞去。"值得一提的是，这六七女子其一名叫"天帝少女"，想必也都是天上神女。后世仙女下凡、天仙配等传说，应该都是帝女蓍草这一神话原型更为曲折的演绎。

《搜神记》中著名的"董永妻"故事，或者说织女故事，也应该是这一神话结构，只不过更多添加了后世生活内容：

> 汉，董永，千乘人。少偏孤，与父居肆，力田亩，鹿车载自随。父亡，无以葬，乃自卖为奴，以供丧事。主人知其贤，与钱一万，遣之。永行，三年丧毕，欲还主人，供其奴职。道逢一妇人曰："愿为子妻。"遂与之俱。主人谓永曰："以钱与君矣。"永曰："蒙君之惠，父丧收藏，永虽小人，必欲服勤致力，以报厚德。"主曰："妇人何能？"永曰："能织。"主曰："必尔者，但令君妇为我织缣百匹。"于是永妻为主人家织，十日而毕。女出门，谓永曰："我，天之织女也。缘君至孝，天帝令我助君偿债耳。"语毕，凌空而去，不知所在。②

此外，魏晋志怪小说中，人妖之恋是主要题材之一。妖女与神女的区别在于前者多是兽类的化身，后者多是天女下凡，但基本结构也是神怪之女自荐枕席，与凡间男子结为夫妻，应该也是帝女蓍草之类神话的流衍。比如《搜神记》中有狐仙阿紫的故事：

> 后汉建安中，沛国郡陈羡为西海都尉，其部曲王灵孝无故逃去。羡欲杀之。居无何，孝复逃走。羡久不见，因囚其妇，妇以实对。羡曰："是必魅将去，当求之。"因将步骑数十，领猎犬，周旋于

---

① 《搜神记》，第16~18页，北京：中华书局，1979。
② 《搜神记》，第14~15页，北京：中华书局，1979。

城外求索。果见孝于空冢中。闻人犬声，怪遂避去。美使人扶孝以归，其形颇象狐矣。略不复与人相应，但啼呼"阿紫"。阿紫，狐字也。后十余日，乃稍稍了悟。云："狐始来时，于屋曲角鸡栖间，作好妇形，自称'阿紫'，招我。如此非一。忽然便随去，即为妻，暮辄与共还其家。遇狗不觉。"云乐无比也。道士云："此山魅也。"《名山记》曰："狐者，先古之淫妇也，其名曰'阿紫'，化而为狐。"故其怪多自称"阿紫"。①

妖狐本由女子变化而来，其魂又化为女子媚惑男人。尽管具体情节、背景已经变化很大，但其结构内核仍属于帝女蓍草神话系列。阿紫与帝女、化狐与化草、狐女与瑶姬，都还可以一一对应。

更远一些说，《白蛇传》《聊斋志异》中的蛇仙、狐仙故事等等，应该也都是沿着这一叙事模式演化而来的。

二、神话人物、典故被用来作为新构思的基础

由于我国流传下来的上古神话富于戏剧性情节的并不多，多为对一位大神的描述，因此，上古神话对后世小说创作的影响，更多的是一些著名的神话人物、典故及其特征，被借用来作为新构思的起点，或成为某个具体情节中的一个因素或部分。

（一）西王母、三青鸟

西王母是《山海经》中多处提及的大神：

又西北三百五十里，曰玉山，是西王母所居也。西王母其状如人，豹尾虎齿而善啸，蓬发戴胜，是司天之厉及五残。

（《西山经》）

西王母梯几而戴胜杖。其南有三青鸟，为西王母取食。在昆仑虚北。

（《海内北经》）

西海之南，流沙之滨，赤水之后，黑水之前，有大山，名曰昆仑之丘。有神，人面虎身，有文有尾，皆白，处之。其下有弱水之渊环之，其外有炎火之山，投物辄然。有人戴胜，虎齿，有豹尾，穴

---

① 《搜神记》，第222～223页，北京：中华书局，1979。

处,名曰西王母。此山万物尽有。

(《大荒西经》)

　　西有王母之山……有三青鸟,赤首黑目,一名曰大鹫,一曰少
鹫,一名曰青鸟。

(《大荒西经》)

　　西王母居住在昆仑虚或称昆仑之丘北边的一座神山上。这座山
有称"玉山",有称"炎火之山",有称"王母之山"。她的形象是蓬发戴
胜,豹尾、虎齿,她的职掌是司理天界恶神及各种灾异。在昆仑之丘与
王母山之间,有三青鸟专管为王母取食。

　　《山海经》中这些关于西王母的材料,都只是描述,没有故事,但它
们为后世构思新的情节提供了素材。

　　战国秦汉之间,随着仙话小说的盛行,西王母已经被塑造为大仙,
我们将另章阐述,这里只涉及后世小说创作中对西王母神话的汲取。
其中最典型的如《搜神记》中的"衔环以报":

　　　　汉时,弘农杨宝,年九岁时,至华阴山北,见一黄雀,为鸱枭所
　　搏,坠于树下,为蝼蚁所困。宝见,愍之,取归置巾箱中,食以黄
　　花,百余日,毛羽成,朝去,暮还。一夕,三更,宝读书未卧,有黄衣
　　童子,向宝再拜曰:"我西王母使者,使蓬莱,不慎,为鸱枭所搏。
　　君仁爱,见拯,实感盛德。"乃以白环四枚与宝曰:"令君子孙洁白,
　　位登三事,当如此环。"[1]

　　这个知恩图报的故事,既不是神话,也不是仙话。但前有三青鸟
为西王母取食,才会有受伤的黄雀是西王母使者;前有人鸟变化的神
话,才会有黄雀变为黄衣童子;前有玉山及西王母的神力,才会有黄雀
衔白色玉环能令恩公子孙飞黄腾达。神话典故素材在整个构思中起
到了十分关键的作用。

　　比较而言,《搜神记》中另一则"蛇胆医嫂"故事,虽未直接提及西
王母,但"青鸟"的出现,似乎也与西王母神话有些瓜葛:

　　　　颜含,字弘都,次嫂樊氏,因疾失明,医人疏方,须蚺蛇胆,而
　　寻求备至,无由得之。含忧叹累时,尝昼独坐,忽有一青衣童子,

<hr />

[1]《搜神记》,第238页,北京:中华书局,1979。

年可十三四，持一青囊授含，含开视，乃蛇胆也。童子逡巡出户，化成青鸟飞去。得胆，药成，嫂病即愈。

青衣童子化为青鸟飞去，这不免使人联想到西王母神话中的三青鸟；能独得凡人"寻求备至，无由得之"的蚰蛇胆，并药到病除，如此神力无比，这恐怕也非西王母使者不能为也。

（二）水都、冰夷与河伯

正如原始人想象天上有天神帝宫，那么地底也自有河神水都，《山海经》中就有个叫冰夷的河神居住在三百仞以下的深渊水都中。

> 从极之渊深三百仞，维冰夷恒都焉，冰夷人面，乘两龙。
>
> （《海内北经》）

这个冰夷，又被称为河伯。郭璞注《山海经》云："冰夷，冯夷也。《淮南》云：'冯夷得道，以潜大川。'即河伯也。《穆天子传》所谓'河伯无夷'者，《竹书》作冯夷，字或作冰也。"其中所引《穆天子传》见卷一："阳纡之山，河伯无夷之所都居。"所提《竹书》，《水经注》引《竹书纪年》有云："洛伯用与河伯冯夷斗"[1]，知冰夷（又记作冯夷或无夷）乃河神之名，当时即又被称为河伯。

《楚辞·九歌》中有《河伯》一篇，唱的是美人与河伯携手游昆仑的经历，其中还颇有对河伯及其水都的描写，所谓"与女游兮九河，冲风起兮横波。乘水车兮荷盖，驾两龙兮骖螭。登昆仑兮四望，心飞扬兮浩荡。日将暮兮怅忘归，惟极浦兮寤怀。鱼鳞屋兮龙堂，紫贝阙兮朱宫。灵何为兮水中？乘白鼋兮逐文鱼。与女游兮河之渚，流澌纷兮将来下。［与］子交手兮东行，送美人兮南浦。波滔滔兮来迎，鱼邻邻兮媵予"[2]。这无疑是由河神传说演化出的人神恋爱的神话剧目。其中或许潜含着沉人祭河的古巫俗，因为《庄子·人间世》有"牛之白额者，与豚之亢鼻者，与人有痔病者，不可以适河"[3]的说法，根据楚国有沉马祭河的记载，这"适河"应该就是沉物以祭，其中就包含了沉人。准此，《史记·滑稽列传》中褚少孙所补的魏文侯时西门豹巧治"河伯娶妇"的故事，应该不是无源之水。

---

① 袁珂：《山海经校注》，第316~317页，上海古籍出版社，1980。
② 《楚辞补注》，第76~78页，北京：中华书局，1983。
③ 《庄子集解》（《诸子集成》本），第29页，上海书店，1986。

此外，相传河伯还有雒神女为嫔妃，只不过后来被夷羿夺去。《楚辞·天问》就曾就此问道："帝降夷羿，革孽夏民，胡射夫河伯而妻彼雒嫔？"关于羿射河伯，汉代王逸注云："河伯化为白龙，游于水旁，羿见射之，眇其左目。河伯上诉天帝，曰：'为我杀羿。'天帝曰：'尔何故得见射？'河伯曰：'我时化为白龙出游。'天帝曰：'使汝深守神灵，羿何从得犯？汝今为虫兽，当为人所射，固其宜也，羿何罪欤？'"①这应该是引用了河伯被射的传说。

正因为有河伯、水都乃至河伯娶妇、河伯嫔妃等等的神话和传说，后世小说中便多有以河伯、水都为重要人物和场景构思出的新的情节和故事。

《搜神记》中就有"胡母班传书河伯"的故事：

> 胡母班，字季友，泰山人也。曾至泰山之侧，忽于树间，逢一绛衣驺呼班云："泰山府君召。"班惊楞，逡巡未答。复有一驺出，呼之。遂随行数十步，驺请班暂瞑，少顷，便见宫室，威仪甚严。班乃入阁拜谒，主为设食，语班曰："欲见君，无他，欲附书与女婿耳。"班问："女郎何在？"曰："女为河伯妇。"班曰："辄当奉书，不知缘何得达？"答曰："今适河中流，便扣舟呼青衣，当自有取书者。"班乃辞出。昔驺复令闭目，有顷，忽如故道。遂西行，如神言而呼青衣。须臾，果有一女仆出，取书而没。少顷，复出。云："河伯欲暂见君。"婢亦请瞑目。遂拜谒河伯。河伯乃大设酒食，词旨殷勤。临去，谓班曰："感君远为致书，无物相奉。"于是命左右："取吾青丝履来！"以贻班。班出，瞑然忽得还舟。遂于长安经年而还。②

当然，这只是故事的前半部分。故事的后半部分，也是重心部分，是胡母班返回后又前往泰山府君处，在阴间见到已故父亲，为之求情免去苦役，让父亲做了社公，没想到父亲因思念子孙而将他们召到阴间，致使一个个纷纷死去，胡母班只好又求泰山府君让别人取代了父亲的位置。因此，这完全是一则与上古神话无关的新的故事，但传书河伯是胡母班得见父亲的契机，河伯神话成为新构思中重要的一环。

---

① 《楚辞补注》，第 99 页，北京：中华书局，1983。
② 《搜神记》，第 44～45 页，北京：中华书局，1979。

此外,《搜神记》中还有"河伯嫁女"的故事:

> 吴余杭县南,有上湖,湖中央作塘。有一人乘马看戏,将三四人,至岑村饮酒,小醉,暮还时,炎热,因下马,入水中枕石眠。马断走归,从人悉追马,至暮不返。眠觉,日已向晡,不见人马。见一妇来,年可十六七,云:"女郎再拜,日既向暮,此间大可畏,君作何计?"因问:"女郎何姓?那得忽相闻?"复有一少年,年十三四,甚了了,乘新车,车后二十人至,呼上车,云:"大人暂欲相见。"因回车而去。道中绎络,把火见城郭邑居。既入城,进厅事,上有信幡,题云:"河伯信。"俄见一人,年三十许,颜色如画,侍卫烦多,相对欣然,敕行酒,笑云:"仆有小女,颇聪明,欲以给君箕帚。"此人知神,不敢拒逆。便敕:备办会就郎中婚。承白:已办。遂以丝布单衣,及纱袷绢裙,纱衫裈履屐,皆精好。又给十小吏,青衣数十人。妇年可十八九,姿容婉媚,便成。三日,经大会客拜阁,四日,云:"礼既有限,发遣去。"妇以金瓯麝香囊与婿别,涕泣而分。又与钱十万,药方三卷,云:"可以施功布德。"复云:"十年当相迎。"此人归家,遂不肯别婚,辞亲出家作道人。所得三卷方:一卷脉经,一卷汤方,一卷丸方。周行救疗,皆致神验。后母老,兄丧,因还婚宦。①

这个故事,已经由河伯娶妇变成河伯嫁女,主要情节已经是余杭人与河伯女的婚配别离。然而,河伯及其水都的神话传说,无疑也是整个构思的基础,河伯水都的排场被描画得栩栩如生。

(三) 少昊、娥皇、白帝子、穷桑

晋王嘉撰的《拾遗记》卷一中有一则皇娥生少昊的故事:

> 少昊以金德王,母曰皇娥,处璇宫而夜织,或乘桴木而昼游,经历穷桑沧茫之浦。时有神童,容貌绝俗,称为白帝之子,即太白之精,降乎水际,与皇娥宴戏,奏便娟之乐,游漾忘归。穷桑者,西海之滨,有孤桑之树,直上千寻,叶红椹紫,万岁一实,食之后天而老……

> 帝子与皇娥并坐,抚桐峰梓瑟,皇娥倚瑟而清歌曰:"天清地

---

① 《搜神记》,第47页,北京:中华书局,1979。

旷浩茫茫，万象回薄化无方，浛天荡荡望沧沧，乘桴轻漾著日傍，当其何所至穷桑，心知和乐悦未央。"俗谓游乐之处为桑中也，《诗》《卫风》云"期我乎桑中"，盖类此也……及皇娥生少昊，号曰穷桑氏，亦曰桑丘氏。至六国时，桑丘子著阴阳书，即其余裔也……①

这个故事，乃是综合使用《山海经》中神话人物、典故重新构思的小说情节。

《大荒南经》中有娥皇的记述，所谓"大荒之中，有不庭之山，荣水穷焉。有人三身，帝俊妻娥皇，生此三身之国"。《西山经》中，提到了少昊："又西二百里，曰长留之山，其神白帝少昊居之。"《北山经》《东山经》中，都曾提到空桑之山："又北二百里，曰空桑之山，无草木，冬夏有雪。""东次二经之首，曰空桑之山。"《大荒东经》中，提到少昊之国："东海之外大壑，少昊之国。少昊孺帝颛顼于此，弃其琴瑟。有甘山者，甘水出焉，生甘渊。"娥皇、皇娥，两字颠倒，即便不是一人，也必定有关；白帝少昊，与白帝之子生少昊，完全可以理解为袭帝号之称；空桑、穷桑，也完全是一个意思。无疑，《拾遗记》中的这则浪漫故事，与《山海经》中的人物、典故有密切的关联。《山海经》中的这些记述，尚无法见出故事，也见不到彼此之间的联系，《拾遗记》则把它们串连了起来。当然，可能故事早已存在，只不过《山海经》的体例破坏了故事。但即便如此，《拾遗记》显然已经不单纯是记述固有传说，而是进行了很大的演绎，已经是一篇有声有色的动人故事。

（四）王母、瑶姬、羲皇与大禹治水

《山海经》中有西王母已如前述，有蓄草在后世故事演化中化为瑶姬也如前述。羲皇不见于《山海经》，却是后世升格为三皇之首的伏羲氏，也就是《易传》所称"仰则观象于天，俯则观法于地，观鸟兽之文，与地之宜，近取诸身，远取诸物，于是始作八卦"的包羲氏。此外，大禹治水则是《山海经》中多处提及的著名神话。

洪水滔天。鲧窃帝之息壤以堙洪水，不待帝命。帝命祝融杀鲧于羽郊。鲧复生禹。帝乃命禹卒布土以定九州。

（《海内经》）

① 引文见鲁迅《中国小说史略》，见《鲁迅全集》第8卷，第44页，北京：人民文学出版社，1957。

共工臣名曰相繇，九首蛇身，自环，食于九土。其所歍所尼，即为源泽，不辛乃苦，百兽莫能处。禹湮洪水，杀相繇，其血腥臭，不可生谷；其地多水，不可居也。禹湮之，三仞三沮，乃以为池，群帝因是以为台。在昆仑之北。

（《大荒北经》）

西北海之外……有禹攻共工国山。

（《大荒西经》）

大荒之中，有山名曰先槛大逢之山，河济所入，海北注焉。其西有山，名曰禹所积石。

（《大荒北经》）

根据这些材料，知大禹乃是在与共工的战争中治理洪水，其方法有"布土"，有"为池"，有"积石"（开山疏河）。关于开山，秦汉间史料中还有禹遇塗山女的传说。《吕氏春秋·音初篇》云："禹行功，见塗山之女，禹未之遇，而巡省南土。塗山氏之女乃令其妾候禹于塗山之阳。女乃作歌，歌曰：'候人兮猗！'实始作为南音。"[1]《淮南子》中更有塗山女化石的传说："禹治鸿水，通镮辕山，化为熊。谓塗山氏曰：'欲饷，闻鼓声乃来。'禹跳石，误中鼓，塗山氏往，见禹方作熊，惭而去。至嵩高山下，化为石，方生启。禹曰：'归我子！'石破北方而启生。"（《汉书·武帝纪》颜师古注引《淮南子》）

于是，后世小说中，围绕着大禹治水，演绎出一个个新的故事。

东汉《吴越春秋·越王无余外传》有大禹娶塗山女的情节：

禹三十未娶，恐时之暮，失其制度。乃辞云："吾娶也，必有应矣。"乃有白狐九尾，造于禹。禹曰："白者吾之服也，其九尾者，王者之证也。塗山之歌曰：'绥绥白狐，九尾庞庞。我家嘉夷，来宾为王。成家成室，我造彼昌。天人之际，于兹则行。'明矣哉！"禹因娶塗山，谓之女娇。[2]

晋王嘉撰的《拾遗记》卷二有羲皇赐八卦图、又赐玉简使量度天地的故事：

禹凿龙关之山，亦谓之龙门，至一空岩，深数十里，幽暗不可

---

[1]《吕氏春秋》（《诸子集成》本），第58页，上海书店，1986。
[2]《吴越春秋》，第81～82页，南京：江苏古籍出版社，1986。

复行,禹乃负火而进。有兽状如豕,衔夜明之珠,其光如烛。又有青犬,行吠于前。禹计可十里,迷于昼夜。既觉渐明,见向来豕犬,变为人形,皆著玄衣。又见一神,蛇身人面。禹因与语,神即示禹八卦之图,列于金板之上。又有八神侍侧。禹曰:"华胥生圣子,是汝耶?"答曰:"华胥是九河神女,以生余也。"乃探玉简授禹,长一尺二寸,以合十二时之数,使量度天地。禹即执持此简,以平定水土。蛇身之神,即羲皇也。①

唐末杜光庭的《墉城集仙录》更有大禹在巫山遇王母女瑶姬的画面:

> 云华夫人,王母第二十三女,太真王夫人之妹也。名瑶姬……尝东海游还,过江上,有巫山焉,峰岩挺拔,林壑幽丽,巨石如坛,留连久之。时大禹理水,驻山下。大风卒至,崖振谷损不可制。因与夫人相值,拜而求助。即敕侍女,授禹策召鬼神之书,因命其神狂章、虞余……童律等,助禹斫石疏波,决塞导厄,以徇其流。禹拜而谢焉。禹……后往诣焉,忽见云楼玉台……夫人宴坐于瑶台之上。禹稽首问道……因命侍女陵容华出丹玉之笈,开上清宝文以授,禹拜受而去,又得庚辰、虞余之助,遂能导波决川,以成其功,奠五岳,别九州,而天锡玄珪。以为紫庭真人。其后楚大夫宋玉,以其事言于襄王,王不能访道要以求长生,筑台于高唐之馆,作阳台之宫以祀之,宋玉作《神仙赋》以寓情,荒淫秽芜。高真上仙,岂可诬而降之也? 有祠在山下,世谓之大仙,隔岸有神女之石,即所化也……②

在这里,原为炎帝女䔄草所变的瑶姬又变成了西王母的第二十三女,宋玉《高唐赋》中所云与瑶姬相遇的楚先王(楚怀王)变成了大禹,大禹故事中化为石的塗山女变成了巫山神女。上古神话就这样在后世创作中作为基因不断地裂变增生,从而与小说形成了绵延不断的复杂联系。

---

① 袁珂:《古神话选释》,第303页,北京:人民文学出版社,1979。
② 《太平广记》第一册,第713~715页,天津古籍出版社,1994。

三、采用神话构思方式和艺术手法进行全新创作

神话对后世神话小说的影响,更重要的是其天然神奇、超凡的情节构思和自然形成的拟人、夸张等艺术手法,被后世小说家借用来作为有意运用的方法进行全新的小说创作。这些小说不再有神话的原型情节、人物、典故,但仍能从中见到神话般离奇的色彩。兹举东晋干宝《搜神记》、南朝刘义庆《幽明录》中的几例如下。

(一)《幽明录》中的"石鸡山"

晋永嘉之乱郡县无定主,强弱相暴。宜阳县有女子,姓彭名娥,父母昆弟十余口,为长沙贼所攻。时娥负器出汲于溪,闻贼至,走还,正见坞壁已破,不胜其哀,与贼相格,贼缚娥驱出溪边,将杀之。溪际有大山,石壁高数十丈,娥仰天呼曰:"皇天宁有神不?我为何罪,而当如此。"因奔走向山,山立开,广数丈,平路如砥,群贼亦逐娥入山,山遂隐合,泯然如初,贼皆压死山里,头出山外,娥遂隐不复出。娥所舍汲器化为石,形似鸡;土人因号曰石鸡山,其水为娥潭。①

这则小说中的神话构思表现在:其一,人神感应,物我感应,天为应,山为开,这就如同《山海经》应龙神话中所谓"旱而为应龙之状,乃得大雨"(《大荒东经》);其二,化身化物,所谓"娥所舍汲器化为石,形似鸡",这就如同《山海经》夸父手杖化为邓林(《海外北经》),蚩尤桎梏化为枫木(《大荒南经》),属于此物化为彼物。

(二)《搜神记》中的"金龙池"

晋怀帝永嘉中,有韩媪者,于野中见巨卵。持归育之,得婴儿。字曰撅儿。方四岁,刘渊筑平阳城,不就,募能城者。撅儿应募。因变为蛇,令媪遗灰志其后,谓媪曰:"凭灰筑城,城可立就。"竟如所言。渊怪之,遂投入山穴间,露尾数寸,使者斩之,忽有泉出穴中,汇为池,因名金龙池。②

这则小说的神话构思表现在:其一是化身化物。其中有人物之化,即巨卵所出婴儿乃蛇所化,或者蛇乃撅儿所化,这就如同《山海经》

---

① 《鲁迅古小说研究著作四种·古小说钩沉》,第158页,济南:齐鲁书社,1997。
② 《搜神记》,第171~172页,北京:中华书局,1979。

中的女娃化为精卫鸟(《北山经》);其中还有物物之化,即蛇尾寸断,化为泉池,这就如同《山海经》中的蛇身相繇被杀后其地多水,大禹因以为池(《大荒北经》)。其二是超凡神功,即"凭灰筑城,城可立就",这就如同《山海经》中大禹布土,可定九州(《海内经》)。

(三)《幽明录》中的"采菱女"

> 东平吕球,丰财美貌,乘船至曲阿湖,值风不得行,泊菰际。见一少女,乘船采菱,举体皆衣荷叶。因问:"姑非鬼邪,衣服何至如此?"女则有惧色,答云:"子不闻荷衣兮蕙带,倏而来兮忽而逝乎?"然有惧容,回舟理棹,逡巡而去。球遥射之,即获一獭,向者之船,皆是萍繁蕴藻之叶。见老母立岸侧,如有所候,望见船过,因问云:"君向来不见湖中采菱女子邪?"球云:"近在后。"寻射,复获老獭。居湖次者咸云:湖中常有采菱女,容色过人,有时至人家,结好者甚众。①

这则小说的情节属于典型的化身神话构思。其中有人物之化,即水獭化身女子;其中又有物物之化,即萍繁蕴藻化为舟船。

(四)《搜神记》中的"火神天使"

> 麋竺,字子仲,东海朐人也。祖世货殖,家赀巨万。常从洛归,未至家数十里,见路次有一好新妇,从竺求寄载。行可二十余里,新妇谢去,谓竺曰:"我天使也。当往烧东海麋竺家,感君见载,故以相语。"竺因私请之。妇曰:"不可得不烧。如此,君可快去。我当缓行,日中,必火发。"竺乃急行归,达家,便移出财物。日中,而火大发。②

这则小说的情节其实介于运用神话典故和借助神话构思之间,因为故事中的人物直称自己是天使,这是《山海经》神话中已经出现过的称谓,只不过这里没有明确究竟是哪位天帝的使者,而且,她化身新妇,这也是固有神话中没有的。就构思而言,这里借助的是神话中的超凡神功,新妇应该是个火神,因为她的使命就是"往烧东海麋竺家",偏巧路上载她的就是麋竺,她才待麋竺移出财物后使其家"火大发"。这就如同《山海经》中女魃能止住大风雨,能使"所居不雨"(《大荒北

---

① 《鲁迅古小说研究著作四种·古小说钩沉》,第181页,济南:齐鲁书社,1997。
② 《搜神记》,第54页,北京:中华书局,1979。

经》),作为神灵,都有其神功。

(五)《搜神记》中的"龙蛇水神"

邓都县下有一老姥,家贫,孤独,每食,辄有小蛇,头上戴角,在床间,姥怜而饲之。食后稍长大,遂长丈余。令有骏马,蛇遂吸杀之,令因大忿恨,责姥出蛇。姥云:"在床下。"令即掘地,愈深愈大,而无所见。令又迁怒,杀姥。蛇乃感人以灵言,瞋令:"何杀我母? 当为母报仇。"此后每夜辄闻若雷若风,四十许日,百姓相见,咸惊语:"汝头那忽戴鱼?"是夜,方四十里,与城一时俱陷为湖,土人谓之为陷湖,唯姥宅无恙,讫今犹存。渔人采捕,必依止宿,每有风浪,辄居宅侧,恬静无他。风静水清,犹见城郭楼橹昈然。今水浅时,彼土人没水,取得旧木,坚贞光黑如漆。今好事人以为枕,相赠。①

这篇小说的情节实亦介于运用神话典故和借助神话构思之间,《山海经》中的水神应龙就有蓄水、呼风唤雨的神功。这个故事中的小蛇正同于此。只不过小蛇并不叫应龙。其神话构思就在于小蛇不但能化为人格开口说话,还能响雷兴风,尤其是一夜之间让方圆四十里地和县城一起陷为湖泊。

---

① 《搜神记》,第 243 页,北京:中华书局,1979。

第二章
"说体"与中国古代小说的孕育

　　"说体"的存在，是中国古代小说孕育过程中一个十分重要的文学现象，如果说上古神话作为中国古代小说的源头其流淌有些断断续续的话，那么"说体"实际上一直浸润在先秦两汉叙事、说理各种散文中滋养、孵化着小说，并决定了中国古代这种虚构叙事的艺术被称为"小说"，更决定了中国古代小说之所以是这样而不是那样的形态。只是正因为就后世所见作品而言，它只是浸润在各种历史散文、诸子散文、史传文学之中，没有作为独立对象被专门认识的机会，也就不免被忽略，而要研究中国古代小说的发生，对于"说体"的存在及其与古代小说孕育的关系，正应该作出专门的考察和把握。

　　"说体"与一般所说的"传说"十分接近，但属于两个概念。就像上古神话的口耳相传，传说也属于口头传闻，没有固定的作者，没有确定的文本；"说体"则特指形成书面文本的作品，其中有对传说的记录，也有用传说笔法记述事件的文字，是像"说"故事一样的文"体"。

第一节　"说""传""语":先秦"说体"考索

　　这里要考索的先秦"说体"散文,大都已经埋没于历史沉积中,但在传世的史书和子书中留下了痕迹,在有关记载中留下了消息,在新出土的文献中获得了佐证。本节即是要通过这些痕迹、消息和佐证,考察"说"这种文体在先秦的存在,它的特征,它与小说的关系。

一、《说林》《储说》"说"为故事辨

　　《韩非子》中有《说林》《储说》等短篇集锦式作品,即《说林》上下、《储说》内外上下左右共八篇。"林""储"都是汇集、归总、储备之义,那么就篇题看,所汇总的就是"说"。

　　"说"字为多义词,西周春秋时多用为"悦""脱"之义,但已有"说话"之义,《论语·阳货》"道听而涂(途)说"即是。"说"至战国更多用为"辨说""说辞"之义,《战国策·秦策一》中的"王曰:'请闻其说'"、《战国策·齐策三》中的"善说者,陈其势,言其方"等等即是;《韩非子》本身就又有《说难》,全面论述说服人主之种种障蔽,即"劝说"之"难"。那么,《说林》《储说》是不是巧妙辞说的汇集?

　　《说林》《储说》中的确记载有巧妙辞说的故事。以《说林上》为例,其中的"子胥出走""温人之周",皆因巧妙辞说,一个被放行,一个被接纳。诸如此类,在《说林上》的三十四则故事中,有三十则。尽管如此,却不能说《说林上》就是巧妙辞说的汇集,因为其中毕竟还有四则没有说辞,或者突出的不是说辞,"纣为象箸而箕子怖""老马识途"等即是。此外,《说林下》及《储说》中更有许多没有说辞的记述。比如《说林下》:"宋之富贾有盐止子者,与人争买百金之璞玉,因佯失而毁之,负其百金,而理其毁瑕,得千溢焉。"《内储说上》:"齐宣王使人吹竽,必三百人。南郭处士请为王吹竽,宣王说之,廪食以数百人。宣王死,湣王立,好一一听之,处士逃。""韩昭侯握爪,而佯亡一爪,求之甚急,左右因割其爪而效之。昭侯以此察左右之诚不。"

　　由此可知,《说林》《储说》的"说"并非人物说辞之义。那么"说"究

竟是指什么？

上述记载，或记述人物说辞，或记述人物行径，有一点是共通的，即它们都属于"述"，是叙事体，而且都有情节，有描写，属于故事类。因此，"说林"就是故事集林，"储说"就是故事储备。

其实，《说林》之"说"是故事，已有学者提出此说，①这里只是通过辨析，更加确定这一说法。不过，需要指出的是，在《韩非子》中，《说林》《储说》显然不是一般的故事集，而是韩非阐发理论学说的组成部分。《储说》最为明显，已经被韩非分门别类，每一类又明确分为经、说两个部分。"经"是观点提要和内容提示，"说"则是"经"中提及的一系列故事的具体内容。比如《内储说上·七术》开篇列出"七术"纲目："一曰众端参观，二曰……"，其次陈述"七术"论点，即七"经"，比如"经一"为"参观"："观听不参则诚不闻，听有门户则臣壅塞。其说在侏儒之梦见灶……"。"说一"中的第一个故事即"侏儒之梦见灶"：

> 卫灵公之时，弥子瑕有宠，专于卫国。侏儒有见公者曰："臣之梦践矣。"公曰："何梦？"对曰："梦见灶，为见公也。"公怒曰："吾闻见人主者梦见日，奚为梦见灶？"对曰："夫日兼烛天下，一物不能当也。人兼烛一国，一人不能拥也。故将见人主者梦见日。夫灶，一人炀焉，则后人无从见矣。今或者一人有炀君者乎？则臣虽梦见灶，不亦可乎！"②

"侏儒之梦见灶"的故事恰恰可以用来作为"听有门户则臣壅塞"的譬喻。

《说林》看上去完全是短小故事汇集，没有分门别类，也似无统筹安排。但其中大部分内容显然是经过韩非有意挑选摘抄或积累下来的，都可以用来印证或佐证韩非理论。有的可揭示人性中趋利避害的本能，有的可说明应该怎样立法，有的属于用术。比如《说林下》的"杨布打狗"：

> 杨朱之弟杨布，衣素衣而出，天雨，解素衣，衣缁衣而返，其狗不知而吠之。杨布怒，将击之。杨朱曰："子毋击也，子亦犹是。

---

① 徐克谦：《论先秦"小说"》，载《社会科学研究》1998年第5期。
② 《韩非子集解》，《诸子集成》本，第161～162页，上海书店出版社，1986。

囊者使女狗白而往,黑而来,子岂能毋怪哉!"①

这个故事能说明什么?《说林》没有讲。但韩非在许多文章中都强调"法不可数易",即不能朝令夕改,让老百姓无所适从。这个故事正可以用来说明这个道理。

总之,韩非集"说"是为了说理,《说林》《储说》因此而具有了寓言性质。只不过所集、所用之"说"本身是故事,而非说辞。这里关注的是,韩非所集所用之"说"是自编,还是另有来源?

二、"说"体故事考索

《说林》《储说》中的许多故事同时见于他书。比如上举"侏儒梦见灶",亦见于《战国策·赵策三》,只不过文字略有差异;上举"杨布打狗"故事,亦见《列子·说符》。

似这般大致相同的故事既见于《韩非子》中的《说林》或《储说》又见于其他著作的情况还有很多。其中与《左传》相似的,如《说林下》的"蹶融犒于荆师"亦见《左传·昭公五年》,《外储说左上》的"蔡姬荡舟"亦见《左传·僖公三年》;与《战国策》相似的,如《说林下》的"靖郭君将城薛"亦见《战国策·齐策一》,《内储说上》的"三人言而成虎"亦见《战国策·魏策二》;与《庄子》相似的,如《说林上》的"鲁人身善织屦"亦见《庄子·逍遥游》,《说林上》的"杨子过于宋东之逆旅"亦见《庄子·山木》;与《吕氏春秋》相似的,如《说林下》的"知伯将伐仇由"亦见《吕氏春秋·慎大览》,《内储说上》的"吴起为魏武侯西河之守"亦见《吕氏春秋·似顺论》,《内储说下》的"胥僮长鱼矫谏厉公"亦见《吕氏春秋·恃君览》,《外储说左上》的"王登为中牟令"亦见《吕氏春秋·审分览》,《外储说左下》的"夔一足"亦见《吕氏春秋·慎行论》等等。

说起来,《左传》以及《庄子》中的一些篇目应该先于《韩非子》而存在,《战国策》具体篇目的成文难以确考,其中有些篇目也很可能早于《韩非子》。那么,《说林》《储说》中的故事是不是就是来源于这些史书或子书,其不同之处乃是韩非做了改动?

现以《左传》为例。《韩非子·外储说左上》的"宋襄公与楚人战"

---

① 《韩非子集解》,《诸子集成》本,第138页,上海书店出版社,1986。

亦见《左传·僖公二十二年》。《外储说左上》的文字为：

> 宋襄公与楚人战于涿谷上。宋人既成列矣，楚人未及济。右司马购强趋而谏曰："楚人众而宋人寡，请使楚人半涉未成列而击之，必败。"襄公曰："寡人闻君子曰：'不重伤，不擒二毛，不推人以险，不迫人于阨。不鼓不成列。'今楚未济而击之，害义。请使楚人毕涉成阵而后鼓士进之。"……楚人已成列撰阵矣，公乃鼓之。宋人大败，公伤股，三日而死。①

《左传·僖公二十二年》的文字为：

> 冬十一月己巳朔，宋公及楚人战于泓。宋人既成列，楚人未既济。司马曰："彼众我寡，及其未既济也请击之。"公曰："不可。"既济而未成列，又以告。公曰："未可。"既陈而后击之，宋师败绩。公伤股，门官歼焉。国人皆咎公。公曰："君子不重伤，不禽二毛。古之为军也，不以阻隘也。寡人虽亡国之余，不鼓不列。"②

比较两段文字，会发现它们其实有所不同，最大的不同在于《储说》中宋襄公"不禽二毛"的话在战前，《左传》中这段话则是在战后。过去凡属类似情况，都以《左传》为准，判定韩非对历史事实有所改动。

1973 年，继长沙马王堆一号汉墓发掘之后，考古学家又在一号墓旁发掘了马王堆二、三号墓，出土了一批帛书，共十二万多字，大多没有标明篇题，根据内容，整理者为之一一编目。其中（戊）"与《左传》类似的佚书"，记载春秋历史，存九十七行，约四五千字，整理小组题为《春秋事语》，计分十六章③。马王堆三号墓在西汉中期以前，该书成书自当在西汉前期，甚或战国时代。值得庆幸的是，该书恰恰有宋襄公与楚人战一章，其文字为：

> 荆人未济，宋司马请曰："宋人寡而荆人众，及未济，击之，可破也。"宋君曰："吾闻[之]，君子不击不成之列，不童（重）伤，不禽（擒）二毛。"

很显然，《事语》中宋襄公"不禽二毛"的话也在战前，与《韩非子》叙事甚近，而与《左传》不同。这说明《储说》中的这段故事并非源于

---

① 《韩非子集解》，《诸子集成》本，第 211～212 页，上海书店出版社，1986。
② 《春秋左传正义》，《十三经注疏》本，第 1813～1814 页，北京：中华书局，1980。
③ 《马王堆汉墓出土帛书〈春秋事语〉释文》，载《文物》1977 年第 1 期。

《左传》而自作改动，而是另有来源。需要指出的是，它的来源也不会是《春秋事语》，因为《春秋事语》重在史论，多是在简要叙述史事后加上时人或后人的评论，本身并非以记载历史为主旨，它的故事也有其来源。从这一故事看，《储说》与《春秋事语》很可能共同来源于今见《左传》之外的另一种记载。

这个发现为我们提供的信息非常重要，这就是《说林》《储说》中与他书所载同一个故事而又有较大差异的情况，大多应属来源不同所致。也就是说，在这些史书、子书之外，应该还有另外的记载，这些史书、子书中的故事都还有其最初的来源。

更能说明问题的是《吕氏春秋》。《韩非子》与《吕氏春秋》成文、成书的时间相差不远，就时间判断，韩非应该看不到《吕氏春秋》。那么仅仅同时见于这两部著作中的故事，显然不会是《说林》《储说》源自《吕氏春秋》，而应该是两书都另有所本。

那些不见于其他传世文献而仅见于《说林》《储说》中的故事，会不会是韩非杜撰？

《韩非子·内储说下》讲了这样一段故事：

> 文公之时，宰臣上炙，而发绕之。文公召宰人而谯之。曰："女欲寡人之哽邪？奚为以发绕炙？"宰人顿首再拜曰："臣有死罪三。援砺砥刀，利犹干将也，切肉肉断，而发不断，臣之罪一也……。堂下得微有疾臣者乎？"公曰"善"。乃召其下而谯之，果然，乃诛之。[1]

此事除《韩非子》之外，不见于其他传世文献，是否真有其事，就十分难以判断。诸如此类，在《韩非子》中还有很多。

1983 年考古学家在江陵张家山清理出三座西汉初年古墓，据推断年代上限为西汉初年，下限不会晚于景帝。三墓共出土竹简一千余枚。其中有《奏谳书》一部，乃当时议罪案例的汇集。值得注意的是其中附有两条春秋案例。其中一条记卫君宰人进炙（炮肉），炙中有发长三寸，同时夫人的养婢进食，饭中有蔡（杂草）长半寸，史鰌为他们辨冤。[2] 这一发现充分印证了《内储说下》所收的绕发故事原来也非凭空

---

[1]《韩非子集解》，《诸子集成》本，第 189 页，上海书店出版社，1986。
[2]《江陵张家山汉简概述》，载《文物》1985 年第 1 期。

编造。而这一印证的重要性在于，它使我们有理由相信，《说林》《储说》中那些揭示人性丑恶一面的多不见于其他著作的故事，也都很可能是收集而来的。

既然《说林》《储说》所集、所储之"说"多非创作，而是收集而来，而且，其来源又并非今见史书、子书，那么，先秦时代，是否存在一种被韩非称为"说"的叙事文体，记载各种传闻故事，包括历史事件的详情，也包括各种民间传说、轶闻趣事，从而为各种史书、子书所取材？

"说"之被用来称谓传闻故事，还可以在《墨子》中得到印证。《明鬼下》云：

> 昔者燕简公杀其臣庄子仪而不辜，庄子仪曰："……死人毋知亦已，死人有知，不出三年，必使吾君知之。"期年，……日中，燕简公方将驰于祖涂，庄子仪荷朱杖而击之，殪之车上。……诸侯传而语之曰："凡杀不辜者，其得不祥，鬼神之诛，若此其憯速也！"以若书之说观之，则鬼神之有，岂可疑哉！①

这里讲述了一段关于被冤杀的庄子仪化为厉鬼以杖击杀燕简公的奇特传闻，然后称："以若书之说观之，则鬼神之有，岂可疑哉！"那么这个"说"字，分明指的是这段传闻故事。

这可以用来佐证，先秦确有一种负载传闻故事的文体，这种文体就称为"说"。

三、"说"体又称"传""语"

需要指出的是，这种叙述传闻故事的文体不一定都被称为"说"，有时还称为"传"或"语"。

直接引发我们这一猜想的是《孟子》。《孟子》一书中两次提到"于传有之"：

> 齐宣王问曰："文王之囿方七十里，有诸？"孟子对曰："于传有之。"②

> 齐宣王问曰："汤放桀，武王伐纣，有诸？"孟子对曰："于传有

---

① 《墨子间诂》，《诸子集成》本，第142～143页，上海书店出版社，1986。
② 《孟子注疏》，《十三经注疏》本，第2674页，北京：中华书局，1980。

之。"①

齐宣王所问都是他听说的关于上古时代的历史情况,孟子不直接回答有或无,而称"于传有之",玩其语气,"传"显然是负载历史传闻的一种文体,也就是说,《传》是讲史的。更为明显的是,孟子还曾直接引用《传》文,而这段文字正是关于孔子的一种描述,属于记事文体:

> 周霄问曰:"古之君子仕乎?"孟子曰:"仕。《传》曰:'孔子三月无君,则皇皇如也,出疆必载质。'"②

《韩非子》本身有时就将这种叙事之体称为"传"或"传言":

> 上古之传言,《春秋》所记,犯法为逆以成大奸者,未尝不从尊贵之臣也。③

> 今世儒者之说人主,不善今之所以为治,而语已治之功;不审官法之事,不察奸邪之情,而皆道上古之传,誉先王之成功。④

讲述历史故事的文体称"语"在先秦两汉著作中也能找到印证。记载西周春秋历史的《国语》以"语"名书似乎最为明显,但因较之《左传》,《国语》偏于记言,"语"也可以理解为人物语言,就还无法完全以此说明"语"本身即叙事之体。《墨子·公孟》有这样一段文字:

> 有游于子墨子之门者,身体强良,思虑徇通,欲使随而学。子墨子曰:"姑学乎,吾将仕子。"劝于善言。而学其(朞)年,而责仕于子墨子。子墨子曰:"不仕子。子亦闻夫鲁语乎?鲁有昆弟五人者,亓父死,亓长子嗜酒而不葬,亓四弟曰:'子与我葬,当为子沽酒。'劝于善言而葬。已葬,而责酒于其四弟。四弟曰:'吾未予子酒矣。子葬子父,我葬吾父,岂独吾父哉?子不葬,则人将笑子,故劝子葬也。'今子为义,我亦为义,岂独我义也哉?"⑤

文中墨子所说的"鲁语",从下面的引述看,显然指的是鲁国的传说故事。再看《孟子·万章上》:

> 咸丘蒙问曰:"语云:盛德之士,君不得而臣,父不得而子。舜

---

① 《孟子注疏》,《十三经注疏》本,第2680页,北京:中华书局,1980。
② 《孟子注疏》,《十三经注疏》本,第2711页,北京:中华书局,1980。
③ 《韩非子集解》,《诸子集成》本,第85页,上海书店出版社,1986。
④ 《韩非子集解》,《诸子集成》本,第356页,上海书店出版社,1986。
⑤ 《墨子间诂》,《诸子集成》本,第278~279页,上海书店出版社,1986。

南面而立,尧帅诸侯北面而朝之,瞽瞍亦北面而朝之。舜见瞽瞍,其容有蹙。……不识此语诚然乎哉?"孟子曰:"否!此非君子之言,齐东野人之语也。"①

这里孟子所谓"齐东野人之语",更是指民间传说故事。而从咸丘蒙直称"语云"来看,传闻故事即可称"语"。

还有,《国语·郑语》中提到一部《训语》:

> 《训语》有之曰:"夏之衰也,褒人之神化为二龙,以同于王庭,而言曰:'余,褒之二君也。'夏后卜杀之与去之与止之,莫吉。卜请其漦而藏之,吉。乃布币焉而策告之,龙亡而漦在,椟而藏之,传郊之。"②

这条材料更是直接以语体文本证明了传闻故事可以称"语"。按,《汉书·艺文志》在"道家者流"中提到《周训》十四篇,颜师古注称:"刘向《别录》云人间小书,其言俗薄。"③看来正是民间传闻之属。不知此《周训》是否即《训语》。

值得注意的是,有时"说"与"传"与"语",还被对举或连用,比如《荀子·正论》:"是浅者之传,陋者之说也。"《墨子·非命中》:"然则胡不尝考之诸侯之传言流语乎?"《庄子·盗跖》:"此上世之所传,下世之所语。"

这说明,先秦时代存在着记述历史故事或传闻的文本,它们或被称为"说",或被称为"传",或被称为"语"。作为遗存,这一点在汉代典籍中还有痕迹。比如《淮南子·修务训》"盖闻传书曰:'神农憔悴,尧瘦癯,舜霉黑,禹胼胝'",《史记·滑稽列传》"褚先生曰:臣幸得以经术为郎,而好读外家传语","武帝时,齐人有东方生名朔,以好古传书,爱经术,多所博观外家之语",其中提到的"传书""外家传语""古传书"应该就是负载古代传闻故事的文本。至于"书缺有间矣,其轶乃时时见於他说"(《史记·五帝本纪》)、"幽厉以往,尚矣。……是以孔子论六经,纪异而说不书"(《史记·天官书》)等等,几个"说"字,也都为名词,具体指"轶闻""传说"。

---

① 《孟子注疏》,《十三经注疏》本,第 2735 页,北京:中华书局,1980。
② 《国语》,第 519 页,上海古籍出版社,1988。
③ 《汉书》,第 1732 页,北京:中华书局,1962。

对于这些"说""传""语",鉴于《韩非子》将选辑它们的文章命名为"说林""储说",鉴于它们与先秦"小说家"及后来小说文体的关系,我们姑且将它们总称为"说体"。

四、故事杂抄简:"说体"的考古印证

上述论证先秦"说体"("说""传""语")存在的材料,都属于史书、子书的引述、引用和提及,那么,有没有今见的纯粹的"说"书呢?

就传世文献来看,诸史书所本、诸子书所引的原说体故事文本今天已经不复存在,比如《国语·郑语》提到的《训语》,很可能是专记传闻故事之书,就早已失传。不过,地下出土文献中有一类故事杂抄简,却很可能是史书、子书之外的"说书"。

首先值得一提的是历史上的一次地下出土,即晋武帝太康二年出土的"汲冢书"中的《琐语》(又称《汲冢琐语》或《古文琐语》)。虽然该书后来又佚,但就辑佚所存的一些片段看,均属于篇幅短小、一事一记的传闻故事,很可能就属于专记"说"和"语"的故事书(详后)。

近年出土的一些故事简及相关信息,也可以用来为先秦存在的"说体"(或《传》《语》)做个实物印证。

前面在考证韩非《说林》《储说》故事来源时,提到江陵张家山西汉初年墓竹简《奏谳书》中所附两条春秋案例,其一是史鰌为卫君宰人辩冤的故事。据介绍,《奏谳书》简二百二十八枚,属于案例汇编,都是完整的司法文书,为秦汉司法诉讼程序和文书格式的具体记录。唯有这两条春秋案例只是事例的记述①。联系到它们与韩非《内储说下》所收集的"说"极其类似的关系,可以推断这两条案例,毋宁说是断案故事,不如说是从春秋战国时代的传闻故事记录中杂抄而来。

再比如阜阳汉墓简牍。这批简牍于 1977 年在发掘安徽阜阳县双古堆一号汉墓时发现。考古学家据该墓出土器物上有"女(汝)阴侯"铭文及漆器铭文纪年最长为"十一年"等资料,确认墓主是西汉第二代汝阴侯夏侯灶。夏侯灶是西汉开国功臣夏侯婴之子,卒于文帝十五年(前 165 年)。阜阳汉墓简牍的下限不得晚于这一年。该墓出土有

---

① 张家山二四七号汉墓竹简整理小组编:《张家山汉墓竹简[二四七号墓]》,北京:文物出版社,2001。

竹简、木简和木牍,已清理出《苍颉篇》《诗经》《周易》《年表》《大事记》《杂方》《作务员程》《行气》《相狗经》《刑德》《日书》等十多种古籍及一些辞赋残简。

这里值得特别注意的是其中还有书籍篇题木牍三块。一块较完整,二块已残,皆为书籍中的篇题。完整的一件,正、背两面各分三行书写,今存篇题四十六条,内容多与孔子及其门人有关,如《子曰北方有兽》《孔子临河而叹》《卫人醯子路》等等。这些篇题的内容大多能在今本《孔子家语》中见到。另一块木牍也是两面书写,现存较完整的篇题二十多条,如《晋平公使叔嚣聘于吴》《吴人入郢》《赵襄子饮酒五日》,包括春秋、战国故事,在刘向纂集的《说苑》《新序》中可以见到。而阜阳简中恰恰有若干属于这些篇题的简片。①

阜阳简残缺严重,已经很难将这些简片拼接出完整的篇章。现录出刘向所辑相应故事如下:

> 晋平公使叔向聘于吴,吴人拭舟以逆之,左五百人,右五百人;有绣衣而豹裘者,有锦衣而狐裘者,叔向归以告平公,平公曰:"吴其亡乎!奚以敬舟?奚以敬民?"叔向对曰:"君为驰底之台,上何以发千兵?下何以陈钟鼓?诸侯闻君者,亦曰'奚以敬台,奚以敬民?'所敬各异也。"于是平公乃罢台。②

> 吴人入荆,召陈怀公,怀公召国人曰:"欲与荆者左,欲与吴者右。"逢滑当公而进曰:"吴未有福,荆未有祸。"公曰:"国胜君出,非祸而奚?"对曰:"小国有是犹复,而况大国乎?楚虽无德,亦不斩艾其民,吴日弊兵,暴骨如莽,未见德焉?天其或者正训楚也!祸之适吴,何日之有?"陈侯从之。③

> 赵襄子饮酒五日五夜,不废酒,谓侍者曰:"我诚邦士也。夫饮酒五日五夜矣,而殊不病。"优莫曰:"君勉之,不及纣二日耳。纣七日七夜,今君五日。"襄子惧,谓优莫曰:"然则吾亡乎?"优莫

① 《阜阳汉简简介》,载《文物》1983 年第 2 期。
② 《说苑·正谏》,见《说苑校证》(向宗鲁校证),第 223 页,北京:中华书局,1987。
③ 《说苑·善说》,见《说苑校证》(向宗鲁校证),第 268 页,北京:中华书局,1987。

曰:"不亡。"襄子曰:"不及纣二日耳,不亡何待?"优莫曰:"桀纣之
亡也遇汤武,今天下尽桀也,而君纣也,桀纣并世,焉能相亡,然亦
殆矣。"①

现仅就阜阳简的这些篇题,再参以刘向所辑故事,大致可以看出,
其一,篇题显示它们都是叙事体,且以开篇第一句为题,不属于诸如以
"劝学""天论""说难"等为题的说理类文章;其二,它们大都是小故事,
而且是以单篇故事为单位;其三,就这批故事简的内容来说,它们都属
于历史故事,但不属于系统的编年体史书。

如前所述,根据出土器物上有"女(汝)阴侯"铭文及漆器铭文纪年
最长为"十一年"等资料,考古学家已确认阜阳汉墓的墓主是卒于文
帝十五年(前165年)的西汉第二代汝阴侯夏侯灶。就这个时间来说,
这批故事简所抄文本应是春秋战国时的传闻故事体。

据刘向《说苑叙录》,《说苑》《新序》乃刘向校书时所辑,其底本原
就有称《说苑》者:"所校中书《说苑》《杂事》,及臣向书,民间书,诬(忨,
兼)校雠,其事类众多,章句相混,或上下谬乱,难分别次序,除去与《新
序》复重者,其余者浅薄不中义理,别集以为《百家》。后令以类相从,
一一条别篇目,更以造新事十万言以上,凡二十篇,七百八十四章,号
曰《新苑》,皆可观。"②这说明汉王朝中祕馆藏原有《说苑》一类的杂记
故事书,刘向又拿民间流传书来参照校正,于是先编成《新序》,剩下的
又编成一部《新苑》,或原称《新说苑》,即今本《说苑》。由此可知今本
《说苑》中多有先秦传闻故事,这些故事原本就都是"说体"。

五、"说体"探源

叙述传闻故事的文体为什么会称为"说"? 这涉及到对"说"体的
溯源探究,弄清楚其来龙去脉,将有助于对这种文体的准确把握,进而
更实在地探索中国早期叙事艺术乃至小说的发生发展脉络。

前面已经指出,先秦时代"说"字虽多借为"悦""脱",但早已有"说
话"之义。那么,"说"所记述的传闻故事,应该与"说话"有关。也就是
说,它们最初会不会是"说"出来的,是讲史而不是记载? 有趣的是,

---

① 《新序·刺奢》,见《新序详注》(赵仲邑注),第184页,北京:中华书局,1997。
② 《全上古三代秦汉三国六朝文》第一册,第603~604页,石家庄:河北教育出版社,1997。

"语"正好也是"说话";至于"传",《墨子·经说上》云"或告之,传也"①,应该不是巧合。

回答"说"或"传""语"最初是否讲史、讲故事,最重要的材料是《国语·周语》《召公谏弭谤》中关于天子听政的说法:

> 天子听政,使公卿至于列士献诗,瞽献曲,史献书,师箴,瞍赋,矇诵,百工谏,庶人传语,近臣尽规,亲戚补察,瞽、史教诲,耆、艾修之,而后王斟酌焉,是以事行而不悖。②

对于这段文字,过去人们注意的是周有"献诗"之制。其实,下面还有"瞍赋"、"矇诵"、"庶人传语"几条。古有"不歌而诵谓之赋"之说,赋、诵都指口头念诵,"传语"之"传"是转告之意,所传之"语"也是口头表述。联系到《左传》曾提到"士传言",所谓"史为书,瞽为诗,工诵箴谏,大夫规诲,士传言,庶人谤……",可知在天子听政之时,除了有歌唱,还有"说话""讲诵"的项目。就这些文字而言,不能直接肯定的是"瞍赋""矇诵""庶人传语""士传言"的文本是什么。议政、规劝、教诲等等内容另有他人,所谓"师箴""近臣尽规,亲戚补察,瞽、史教诲"等等,那么,用上面提及的"语"即传闻故事来印证,"瞍赋""矇诵""庶人传"的或许就是史事、传闻、故事之类?

先秦确有讲说之职。有学者在考察小说之所出之"稗官"时,指出其与《周礼》中的"土训""诵训""训方氏"职掌相近。③ 关于"训方氏",《周礼·夏官》曰:"训方氏掌道四方之政事与其上下之志,诵四方之传道"。注云"道,说也"。原来,训方氏专管讲述四方各诸侯国发生的事件及君臣上下的政治态度、思想情绪,还要告诉各地的"传道(说)"。这训方氏原来就是传闻讲事的。巧的是,上面提到《国语·郑语》中恰恰引到一部《训语》,里面讲的正是某一方关于夏衰之时褒氏化为二龙的"传道",即传说。那么,这《训语》,无疑就是训方氏之语,也可以说是训方氏之说。《汉书·艺文志》列到的《周训》,注称刘向说它是"人间小书",也旁证了它的传说性质。此外,《国语·楚语》还提到"有左史倚相,能道《训典》,以叙百物,以朝夕献善败于寡君,使寡君无忘先

---

① 《墨子间诂》,《诸子集成》本,第 211 页,上海书店出版社,1986。
② 《国语》,第 9~10 页,上海古籍出版社,1988。
③ 潘建国:《稗官说》,载《文学评论》1999 年第 2 期。

王之业",这《训典》应该就是《训语》之类,左史倚相之"献善败","使寡君无忘先王之业",其中所讲应该正是传闻留下来的先王故事。

至于"传",后来用的最多的是"经传",《春秋》三传即是。"传"是对经的讲解和注释。现在看来,最初的"经传"之"传"应该不是对具体字词的注解,而是具体讲述"经"所提到的某一件史事。"经"只是纲目,"传"则是对于纲目的具体展开。"三传"中《左氏传》以详尽叙述史实为《春秋》作传最为明显,《公羊传》《穀梁传》虽有义理阐发,但叙史成分也占了更大的比重。这就是说,"传"也是得名于讲史说事的。《史记·伯夷列传》很可能保留了这种经传体:

> 孔子曰:"伯夷、叔齐,不念旧恶,怨是用希。""求仁得仁,又何怨乎?"余悲伯夷之意,睹轶诗可异焉。其传曰:伯夷、叔齐,孤竹君之二子也。父欲立叔齐,及父卒,叔齐让伯夷。伯夷曰:"父命也。"遂逃去。①

孔子之言可谓"经",下面的"传"即是用讲史诠释孔子之言。可以想象,经言如此简略,应该是载于竹帛的,而"传"的部分当年很可能是口说的。

上面提到的口头讲史,无论是"说""传"还是"语",所用材料,都只限于宫廷,限于为王讲史,带有惩戒之义,所以有时称"训典";经传体一般用于国学或私学,也与王政德教有关。现在还需要考察的是,有没有宫廷之外民间讲史讲故事的情况存在。

首先,从《说林》《储说》看,大多属于历史故事,但也有一些是民间故事,比如:"卫人有夫妻祷者而祝曰:'使我无故,得百束布。'其夫曰:'何少也?'对曰:'益是,子将以买妾。'"②"郑县人卜子妻之市,买鳖以归。过颍水,以为渴也,因纵而饮之,遂亡其鳖。"③

这些故事,是发生在细民中的一些趣事,如果没有民间传播渠道,是难以被韩非子收集到的。其实上面提到"庶人传语""士传言",应该就像"采风"一样,是要把来自民间的传闻故事也"以闻于天子"。《吕氏春秋·慎行论》就记载了一件后来"闻之于宋君"的传言故事:

---

① 《史记》,第2122~2123页,北京:中华书局,1959。
② 《韩非子集解》,《诸子集成》本,第183页,上海书店出版社,1986。
③ 《韩非子集解》,《诸子集成》本,第207页,上海书店出版社,1986。

宋之丁氏,家无井而出溉汲,常一人居外。及其家穿井,告人曰:"吾穿井得一人。"有闻而传之者曰:"丁氏穿井得一人。"国人道之,闻之于宋君。宋君令人问之于丁氏,丁氏对曰:"得一人之使,非得一人于井中也。"①

前面所引《史记·滑稽列传》,提到东方朔"多所博观外家之语",褚先生"好读外家传语","外家"应该就属于正统之外的别家。

此外,还可能有在民间专门讲故事的情况。《荀子·正论》提到"世俗之为说者","世俗"即有别于宫廷、官学还有诸子之学;《史记·伯夷列传》则提到关于上古时代君王传位正史与俗说的两种说法:"诗书虽缺,然虞夏之文可知也。尧将逊位,让于虞舜……。而说者曰尧让天下于许由,许由不受,耻之逃隐。"②这所谓"说者",有可能就是指官方史官之外讲说传闻故事者。

后来出现"传记"一词,比如《史记·三代世表》:"张夫子问褚先生曰:'《诗经》言契、后稷皆无父而生,今案诸传记咸言有父,父皆黄帝子也,得无与《诗》谬乎?'"③顾名思义,应该是指将讲史、口头传说等记录下来,遂成书面"说体"之文本。

六、"说体"与先秦小说

对"说体"的考察,直接关系到对中国早期叙事艺术的把握。

与西方文学比较,华夏民族早期没有留下史诗已经成为文学史界的一个遗憾,以至于曾出现中国人长于抒情而拙于叙事的说法。当然,这只是从纯文学角度讲的,如果将视野拓展到历史领域,就会发现,中国人的叙事能力并不逊色,因为先秦时代已经出现极具可读性的大部头叙事之作《国语》《左传》和《战国策》等等。我们完全可以将它们纳入文学的范畴,这并非单纯因为从溯源角度讲它们是叙事文学的前身,而是因为它们本身的确富于文学描写性。比如《左传·隐公三年》《郑伯克段于鄢》,不但具体描述了郑伯出生"惊其母"的情景、其母姜氏对其弟公子段的宠爱、郑伯放纵其弟"多行不义"进而于鄢地攻

---

① 《吕氏春秋》,《诸子集成》本,第294页,上海书店出版社,1986。
② 《史记》,第2121页,北京:中华书局,1959。
③ 《史记》,第504页,北京:中华书局,1959。

克其弟的过程,还描述了母子"隧而相见"、复合如初的戏剧性场面:

> 遂置姜氏于城颍,而誓之曰:"不及黄泉,无相见也。"既而悔
> 之。颍考叔……对曰:"君何患焉?若阙地及泉,隧而相见,其谁
> 曰不然?"公从之。公入而赋:"大隧之中,其乐也融融!"姜出而
> 赋:"大隧之外,其乐也泄泄!"遂为母子如初。①

为什么会出现这种情况?过去我们忽略了"说体"的存在。现在
看来,这些著作借用了许多说体故事,才使得叙事绘声绘色。

先秦时代,由于条件的限制,书写与讲说会有极大差异。当时书
写材料以简牍为主,无论就刻写还是就存放而言,都不宜长篇大论,所
以史官所记往往极其简略,只叙述事件结果,口说却无此限制,自然可
以娓娓道来,详细描述;史官所记是为了留下史料,以备观鉴,口说无
论是面对君王还是面对普通听众,都要求有较强的吸引力;史官所记
均为有资格载入史册的国家大事,口说则可以事无巨细,不妨说一些
闺房隐私、小道传闻。这便决定了"说体"富于故事性、戏剧性、可读
性。上面提到的《郑伯克段于鄢》,史书其实就只有六个字即"郑伯克
段于鄢",《左传》却"说"了六百多言。再比如《崔杼弑君》,据《左传·
襄公二十五年》记述,当时太史所记更只有"崔杼弑其君"五个字,今见
孔子修订的《春秋》也只有"夏五月乙亥,齐崔杼弑其君光"十二个字,
《左传》却详尽记述崔杼娶棠姜、齐庄公强行私通棠姜、棠姜与崔杼合
谋杀庄公等事件的来龙去脉。

这样看来,"说体"应该就是"准史诗",是早期叙事文学的一种。
前引《国语·周语》提到"瞍赋矇诵",赋、诵就是用"乐语"讲故事,这不
就具有了史诗声韵方面的特征吗?

这里,更需要涉及的是"说"与先秦"小说"的关系。

先秦"说"与先秦"小说",后者多出一个"小"字作为限定,"说"应
该包含着"小说","小说"属于"说"中之小者。"小"相对于"大"而言,
属于小道、小事,无关宏旨,小家、个人、细节、琐事,近乎"外"相对于
"内","街巷"相对于"宫廷"。"小说"一词今见最早出现在《庄子·外
物》中,所谓"饰小说以干县(悬)令,其于大达亦远矣"②。过去学界基

---

① 《春秋左传正义》(《十三经注疏》本),第 1716~1717 页,北京:中华书局,1980。
② 《庄子集解》(《诸子集成》本),第 177 页,上海书店出版社,1986。

本认定它与文体性的"小说"没有关系。现在看来,《庄子》中的这个"小说"含义比较模糊,也可能相当宽泛,既包括小的见识,恐怕也包括小道传闻。

据班固《汉书·艺文志》所称的九流十家,先秦已经出现小说家,所谓"小说家者流,盖出于稗官。街谈巷语,道听途说者之所造也。孔子曰:'虽小道,必有可观者焉,致远恐泥,是以君子弗为也。然亦弗灭也。闾里小知者之所及,亦使缀而不忘。如或一言可采,此亦刍荛狂夫之议也。'"①

关于"小说家"所出之"稗官",颜师古注引如淳曰:"细米为稗,街谈巷说,其细碎之言也,王者欲知闾巷风俗,故立稗官使称说之。"颜注:"稗官,小官,汉名臣奏'唐林请省置吏,公卿大夫都官稗官,各减什三'是也。"②余嘉锡《小说家出于稗官说》以为"如淳以'细米为稗,街谈巷说细碎之言'释稗官,是谓因其职在称说细碎之言,遂以名其官,不知唐林所言都官稗官,并是通称,实无此专官也。师古以稗官为小官,深合古训。《周礼》'宰夫掌小官之戒令',注云'小官,士也',此稗官即士之确证也"③。

值得注意的是,继湖北云梦睡虎地十一号秦墓发掘大批秦简之后,1989年云梦龙岗六号秦墓又出土一百五十枚竹简,时代略晚于睡虎地秦简。这批竹简同属于秦的法律文书。其中有一简出现了"稗官":"取传书乡部稗官。其田及□作务勿以论。"(编号185)④有学者由此指出,"稗官确实是小官,但是并非'无此专官',而是乡里专职人员"⑤。那么,如淳所说"王者欲知闾巷风俗,故立稗官使称说之"还是有所凭据的。更值得一提的是,这支提到"乡部稗官"的简恰恰又提到"取传书",与前面的考证正合符契。

就此看来,先秦小说家所传的文本当属于"说体"中来自乡里民间"传语"的部分,"街谈巷语""道听途说""闾里小知""刍荛狂夫",都不

---

① 《汉书》,第1745页,北京:中华书局,1962。
② 同上。
③ 《余嘉锡论学杂著》,第268页,北京:中华书局,1962。
④ 《云梦龙岗秦简》,第23页,北京:科学出版社,1997。
⑤ 刘跃进:《秦汉简帛中的文学世界》,载《忻州师范学院学报》2001年第2期。

属于宫廷中的讲史说事。

民间传闻的特点是一传十、十传百，在流传过程中往往被添枝加叶，越传越奇，这也就是孔子所说的"致远恐泥"，上引《吕氏春秋》提到的"穿井得一人"、《国语·郑语》所引《训语》讲的"褒氏化为二龙"等等，都属于离奇传说。前面提到《汉书·艺文志》著录"《周训》十四篇"，颜师古注称"刘向《别录》云人间小书，其言俗薄"，"人间"即民间，"小书"则与"小说"近似，"其言俗薄"大概就指"褒氏化为二龙"之类怪诞不经之语。据此可知先秦确有记录民间传闻的近于"小说"的"说体"著作。

《汉书·艺文志》著录了小说家的著作十五种，除其中明确可知属于汉代著述的之外，尚有九种可能产生在先秦时代：

《伊尹说》二十七篇。其语浅薄，似依托也。

《鬻子说》十九篇。后世所加。

《周考》七十六篇。考周事也。

《青史子》五十七篇。古史官记事也。

《师旷》六篇。见《春秋》，其言浅薄，本与此同，似因托之。

《务成子》十一篇。称尧问，非古语。

《宋子》十八篇。孙卿道宋子，其言黄老意。

《天乙》三篇。天乙谓汤，其言非殷时，皆依托也。

《黄帝说》四十篇。迂诞依托。①

遗憾的是，这些著作均已亡佚，已很难据此考察先秦小说家文本的特点。不过就班固极其简略的自注看，动辄说它们"似依托也""后世所加""非古语""迂诞依托"，想必多是怪诞离奇、想象虚构，与正史所载有较大的出入。需要注意的是《青史子》，注称"古史官记事也"，史官所记，何以入了小说家？由上面的种种材料推知，这些篇章当是史官对"庶人传语"或"士传语"的笔录，执笔者虽属史官，所记之事则来自"街谈巷语"。不过从明确说它们是"记事"看，倒是进一步证实了"说体"确为叙事之体、故事之体。

正如《引言》中已经指出的，《艺文志》所著录之"小说家"，既然称

---

① 《汉书》，第 1744 页，北京：中华书局，1962。

"家",就如同儒家、道家、墨家等等,乃是就学派而言;而且,其中所列九流十家,说的都是源自先秦的诸子学派及其著作,小说家自然也不例外。所以,"小说家"并不是一个文学性的归类界说。不过,这些"小说家"与其他诸子不同的是,他们并不是自作文以言理,而是搜集编撰小说,用来近取譬喻,所搜集的"小说",应该就具有文艺的性质了。

总之,种种迹象告诉我们,先秦有"说体"的存在,"说体"特别是其中的"小说"与后来纯文学分类中的小说文体,在许多特征方面已经十分接近。可惜,先秦纯粹的"说体"文本,几乎都失传了。好在失而复得、得而复失的《汲冢琐语》尚有辑佚可见,先秦史传书中有的较多收录了传闻佚事;先秦诸子书中有些因援引说理附带保存下来一些说体故事;汉代故事书中也有对先秦之"说"之"语"的转述。通过对它们的检索、爬梳和考察,应该也还可以大致呈现先秦"说体"的某些特点及其在中国古代小说发生过程中扮演的"角色"和所处的"位置"。

第二节 《国语》《晏子春秋》与"说体"的关系

《国语》《晏子春秋》是两部归类不同的先秦著作,前者涉及多国史事,在古代目录书中多归于"经部·春秋"类,《四库全书总目》改入"史部·杂史"类,今人亦多以国别体史书目之;后者又称《晏子》,主要记述一人言行,旧多归入"子部·儒家类",《郡斋读书志》归入"子部·墨家类",《四库全书总目》改入"史部·传记类",今人亦或以思想著作目之,或视为个人传记。所以,迄今为止,似乎还没有将它们放在一起进行论述的先例。其实,若就书中单篇章节考察,会发现它们的文体十分接近,且都与本章所论及的"说体"有着若即若离的关系。

一、《国语》《晏子春秋》是不是"说体"著作

《国语》乃西周春秋时代多国之"语"的汇编,其中包括《周语》《鲁语》《齐语》《晋语》《郑语》《楚语》《吴语》《越语》,八"语"中除去《周语》,只涉及到当时众多列国中的七个,但其范围已经远远超出一人所能讲、所能记、所能作,所以,太史公说"左丘失明,厥有《国语》",只能说

这部著作最初的汇总、编辑乃至传授与左丘明有关,而不太可能篇篇皆是左氏亲作。而所谓诸国之"语",实为诸国之记,单篇记述发生在诸国历史人物身上的事情,尽管大量记述的是人物说话之事,但毕竟是记述,其文体是记叙文,而非说理文,因此,这里"语"的字义恰恰就是前面已经论及的包括"说""传""语"在内的"说体"中的"语"的含义,即故事。

仅以《周语上》为例。该卷总共含有十四则记述,即《祭公谏穆王征犬戎》《密康公母论小丑备物终必亡》《邵公谏厉王弭谤》《芮良夫论荣夷公专利》《邵公以其子代宣王死》《虢文公谏宣王不籍千亩》《仲山父谏宣王立戏》《穆仲论鲁侯孝》《仲山父谏宣工料民》《西周三川皆震伯阳父论周将亡》《郑厉公与虢叔杀子颓纳惠王》《内史过论神》《内史过论晋惠公必无后》《内史兴论晋文公必霸》,均为单篇记述,涉及到不同时期中不同人物的言论行事,大致按时间先后编排,但各则记事独立成章,事与事之间没有关联。

说起来,《国语》原书中的篇章并无标题,上述十四则记事的标题乃是采用了上海古籍出版社 1988 年版《国语》校点本所加的标题,其中有些标题如《密康公母论小丑备物终必亡》《芮良夫论荣夷公专利》《内史过论神》等容易使人误以为是论说文章,其实这些篇章也都是记述人物因事进行议论、对话的事情。如《内史过论神》[①]:

> 十五年,有神降于莘,王问于内史过,曰:"是何故? 固有之乎?"对曰:"有之。国之将兴……神飨而民听,民神无怨,故明神降之,观其政德而均布福焉。国之将亡……民神怨痛,无所依怀,故神亦往焉,观其苛慝而降之祸……"王曰:"今是何神也?"对曰:"……若由是观之,其丹朱之神乎?"王曰:"其谁受之?"对曰:"在虢土。"王曰:"然则何为?"对曰:"臣闻之,道而得神,是谓逢福,淫而得神,是谓贪祸。今虢少荒,其亡乎?"王曰:"吾其若之何?"对曰:"使太宰以祝、史帅狸姓,奉牺牲、粢盛、玉帛往献焉,无有祈也。"王曰:"虢其几何?"对曰:"……今虢公动匮百姓以逞其违,离民怒神而求利焉,不亦难乎!"十九年,晋取虢。

---

① 本章所引《国语》,均见《国语》,上海古籍出版社,1988,下引《国语》文字不再出注。

该篇记述的是听说"有神降于莘"后周王与内史过关于虢国莘地降神一事的评说问答，内史过断定此次神降是降祸，虢必不保，结果四年后虢国为晋所灭。因此，这是一段记事文字。

还有，《国语》中的篇章有些显然有传说成分，并非尽是史官所录。如《晋语五·宁赢氏论貌与言》：

> 阳处父如卫，反，过宁，舍于逆旅宁赢氏。赢谓其妻曰："吾求君子久矣，今乃得之。"举而从之，阳子道与之语，及山而还。其妻曰："子得所求而不从之，何其怀也！"曰："吾见其貌而欲之，闻其言而恶之。夫貌，情之华也；言，貌之机也。身为情，成于中。言，身之文也。言文而发之，合而后行，离则有衅。今阳子之貌济，其言匮，非其实也。若中不济，而外强之，其卒将复，中以外易矣。若内外类，而言反之，渎其信也。夫言以昭信，奉之如机，历时而发之，胡可渎也！今阳子之情谲矣，以济盖也，且刚而主能，不本而犯，怨之所聚也。吾惧未获其利而及其难，是故去之。"朞年，乃有贾季之难，阳子死之。

晋大夫阳处父出使卫国返回途中路过宁地，在赢氏旅舍住了一晚。赢氏见阳处父是个人物，于是举家随从阳处父而去。路上与阳处父交谈一番后，当即决定回家。妻子问他终于遇到自己想追随的人，干吗恋乡而不再随从，他对妻子讲了一番关于貌和言的大道理，最后断言以阳处父的为人恐怕很快就要遭殃，还是别跟着他倒霉的好。果然，第二年阳处父就因擅自变更贾季的主帅位置而被贾季杀掉了。有人跟随阳处父走了一段又原路折回，这件事或许有之，但这人与妻子的私下对话不会有史官记述，因此，这段记事应该是据传闻演绎而成。

如此看来，宽泛地讲，《国语》似乎可以算是一部记述历史故事的"说体"著作。

然而，具体考察，会发现《国语》虽然以"语"名篇，但与本章所界定的与"小说"文体有关的"说体"还有较大的差距。

如上一节所述，包括"说""传""语"在内的所谓"说体"，其重要特征就是它们的叙事性、故事性、传说性，这种文体的主旨即在于说事，因为是"说"，所以可以绘声绘色详尽交待事情的来龙去脉；所说的是"事"，所以可以满足人们的好奇心。又因为所"说"的"事"往往不是史官的现场记录,而是经过了转述,那么一方面这种事或事中的人一定有其让人们感兴趣的亮点在,才会让人们传来传去;另一方面又会在人们传来传去的过程中越传越让人们感兴趣。

《国语》中诸国之"语"的主旨并不在说事,而在事情发生前、发生中、发生后产生的人们的"言"。也就是说,它们大都是以记言为主,而非以叙事为主,其中或有对事的叙述,或有对事的描述,但多只是作为言论所由生的前因而出现,或只是为了用来印证言论而缀加。

即以《周语上》为例,其中《邵公谏厉王弭谤》就很典型。文章很明显可分为三个部分。开篇是前因,叙述国人对厉王暴虐表示不满,厉王让卫巫监视"谤者",并大开杀戒,于是"国人莫敢言,道路以目"。中间主体部分是记言,厉王如此弭谤引发了邵公关于"防民之口,甚于防川"的一大段说辞,占了整篇文章的大部分篇幅。邵公断言如果不改变这种"障之"的办法,将不能久。末尾是后果,"王不听"的结果是"三年,乃流王于彘"。

《芮良夫论荣夷公专利》更加明显:

> 厉王说荣夷公,芮良夫曰:"王室其将卑乎!夫荣公好专利而不知大难。夫利,百物之所生也,天地之所载也,而或专之,其害多矣。天地百物,皆将取焉,胡可专也?所怒甚多,而不备大难,以是教王,王能久乎?夫王人者,将导利而布之上下者也,使神人百物无不得其极,犹日怵惕,惧怨之来也,故《颂》曰:'思文后稷,克配彼天。立我蒸民,莫匪尔极。'《大雅》曰:'陈锡载周。'是不布利而惧难乎?故能载周,以至于今。今王学专利,其可乎?匹夫专利,犹谓之盗,王而行之,其归鲜矣。荣公若用,周必败。"既,荣公为卿士,诸侯不享,王流于彘。

一篇二百余字的记述,叙事部分前后加起来只有二十四个字,开篇"厉王说荣夷公"是引发芮良夫长篇说辞的因,末尾"既,荣公为卿士,诸侯不享,王流于彘"是对芮良夫所说"荣公若用,周必败"的印证,中间一百八十余字的说辞才是该篇的重心之所在。

似这般大段记述人物说辞的篇章在《国语》中占有相当大的比重。

上举《晋语五·甯嬴氏论貌与言》就素材而言,原本是可以描述得更曲折生动的一篇,但文章重心仍是嬴氏的大段说辞,其中随阳处父而去又中途折回的情节乃是为了引出说辞,阳处父被杀的结果又是对说辞的印证。

因此,总体而言,《国语》的故事性、情节性不强,较少对事件发展过程的具体描写。而就涉及的题材而言,《国语》所记述的人物言辞,大多是针对政治得失发表评说,所记述的事件,主要是诸国兴衰成败,较少民间传闻,缺少生活化、趣味性的东西。这些方面都使《国语》与本章所界定的"说体"颇有距离,与"说体"中的"小说"相距更远。

《晏子春秋》有两个称谓,太史公称为"晏子春秋"(《史记·管晏列传》),《汉书·艺文志》著录时称"晏子",且归于"子部"。缀以"春秋"盖因为它的文章全部为记述体,与史书相类;而按诸子书称谓习惯单称"晏子",无疑是因为它的文章全部围绕晏子展开,记述的是晏子的言论行事,与《孟子》全部记述孟子言行在行文体式方面如出一辙。

不过,这里之所以要将《晏子春秋》放在本节与《国语》一并考察,而没有将它列入诸子书的考察范围中,乃是因为它与《孟子》等诸子之类又有明显不同。《孟子》乃孟子与其弟子共同述作、弟子笔录而成,孟子参与了文章的写作,《孟子》一书的确是孟子思想的展示载体;就文体而言,《孟子》仿《论语》仍为语录体,也有记述成分,但仅以"孟子曰:……"开篇、单纯记录孟子言论的章节已经在书中占有相当大的比重。《晏子春秋》则是大概成书于战国时代的据晏子传说演绎成文的晏子故事的汇编。

关于《晏子春秋》的作者,宋代之前的目录书均题晏婴撰,唐宋之后开始有人怀疑此是后人假托。种种迹象表明,该书不可能是晏婴亲作。其一,就时间看,晏婴乃春秋后期人,而该书有些篇的作者分明已知进入战国后田氏代齐的事件。如《内篇谏上·景公欲废适子阳生而立荼晏子谏第十一》记述晏子劝景公不要"废公子阳生而立荼",景公不听。文章最后称"景公没,田氏杀君荼,立阳生;杀阳生,立简公;杀简公而取齐国"①,晏子死于公元前500年,十一年后(前489)田氏杀荼立阳生,是为齐悼公;十五年后(前485)田氏杀悼公立简公;十九年后(前481)田氏杀简公,立平公。真正"取齐国"则是晏子去世百余年

---

① 本章所引《晏子春秋》,均见《晏子春秋校注》,《诸子集成》本,上海书店出版社,1986,下引《晏子春秋》文字不再出注。

之后(前386)了。这些事件都是晏子没有见到的。还有,有的篇分明提到了"晏子卒",如《内篇谏上·景公游公阜一日有三过言晏子谏第十八》记述一日之内晏子三驳景公,使之"忿然作色",最后提到:"及晏子卒,公出,背而泣曰:'呜呼!昔者从夫子而游公阜,夫子一日而三责我,今谁责寡人哉!'"其二,就篇目看,《晏子春秋》一书中的篇章分明不会是一人所作。其中有不少近乎重复、大同小异或小同大异的记述,比如《内篇谏上·景公饮酒酣愿诸大夫无为礼晏子谏第二》与《外篇第七·景公饮酒命晏子去礼晏子谏第一》,同为记述晏子劝景公放弃"饮酒去礼"之事,前者描述晏子以故为无礼之举进行劝谏,后者记述晏子的说辞及为礼的示范;《内篇谏上·景公登牛山悲去国而死晏子谏第十七》《内篇谏上·景公游公阜一日有三过言晏子谏第十八》《外篇第七·景公置酒泰山四望而泣晏子谏第二》《外篇第七·景公问古而无死其乐若何晏子谏第四》四篇均记述到景公恐去国而悲、希望古而无死、晏子规劝的内容,只不过或地点不同,或情节有异,或说辞有别,这些篇显见得不是出自一人之手。

既然不同的作者会演绎同一件事情,说明这些演绎往往据有关晏子事迹的记述或传说而为,有那么一点历史的影子。既然同一件事会出现不同地点、情节、对话的描述,又说明这些篇并非历史事件的实录,而有编派、演绎的部分。因此,《晏子春秋》就体裁而言,大致也类似于"说体"故事。

然而,正如《国语》是典型的以"说体"中的"语"字名篇却与"说体"特征相去颇远一样,《晏子春秋》是典型的"说体"创制和"说体"体式却也缺少"说体"的味道。

其一,与"说体"的说事有别,《晏子春秋》其实也是以记言为主,有些篇与《国语》的记言模式如出一辙。如《内篇谏上·景公欲废适子阳生而立荼晏子谏第十一》:

> 淳于人纳女于景公,生孺子荼,景公爱之。诸臣谋欲废公子阳生而立荼,公以告晏子。
> 晏子曰:"不可。夫以贱匹贵,国之害也;置大立少,乱之本也。夫阳生,生而长,国人戴之,君其勿易!夫服位有等,故贱不陵贵;立子有礼,故尊不乱宗。愿君教荼以礼而勿陷于邪,导之以

义而勿湛于利。长少行其道,宗尊得其伦。夫阳生敢毋使茶餍粱肉之味,玩金石之声,而有患乎?废长立少,不可以教下;尊尊卑宗,不可以利所爱。长少无等,宗尊无别,是设贼树奸之本也。君其图之!古之明君,非不知繁乐也,以为乐淫则哀,非不知立爱也,以为义失则忧。是故制乐以节,立子以道。若夫恃谀谀以事君者,不足以责信。今君用谀人之谋,听乱夫之言也,废长立少;臣恐后人之有因君之过以资其邪,废少而立长以成其利者。君其图之!"

公不听。景公没,田氏杀君茶,立阳生;杀阳生,立简公;杀简公而取齐国。

整篇记述前后两段简要叙述乃晏子劝谏言辞的前因和未被听从的后果,中间一大部分为记言。还有的重心只是记述景公与晏子的问答、对话,如《内篇谏下·景公春夏游猎兴役晏子谏第八》:

景公春夏游猎,又起大台之役。晏子谏曰:"春夏起役,且游猎,夺民农时,国家空虚,不可。"景公曰:"吾闻相贤者国治,臣忠者主逸。吾年无几矣,欲遂吾所乐,卒吾所好,子其息矣。"晏子曰:"昔文王不敢盘于游田,故国昌而民安。楚灵王不废乾溪之役,起章华之台,而民叛之。今君不革,将危社稷,而为诸侯笑。臣闻忠臣不避死,谏不违罪。君不听臣,臣将逝矣。"景公曰:"唯唯,将弛罢之。"未几,朝韦囹解役而归。

该篇记述前后也只有极少的叙述文字,晏子因景公"春夏游猎,又起大台之役"而劝谏,中间是景公与晏子的对话,最后一句"未几,朝(召)韦囹解役而归"是晏子劝谏的效果。

其二,正因为《晏子春秋》重在记言,因此该书中富于故事性、情节性的篇章并不多,一篇之中几乎没有多少人物和场景的变化,描写的部分极少,大多只是叙述甚至是概述。

其三,《晏子春秋》的文章应该不是口头传闻和讲说的记录,而像是在传闻基础上的演绎写作,因为所模拟的晏子言辞往往长篇大论,说理性、书面语的色彩较浓,风格不一,有的说理平板生涩,宽泛肤浅,缺乏个性,更缺乏日常言谈中的生活气息。

基于以上几个因素,结果是《晏子春秋》二百一十五篇中,只能择出二十五篇比较生动有趣的类小说的"说体"故事作品。

总之,《国语》《晏子春秋》是两部比较特殊的著作,就其体式而言,似乎应该归于"说体"著作,但又缺乏"说体"故事的诸多特征。因此,它们与小说创作相去较远,我们只能从中找出一些类小说的"说体"故事。

二、《国语》中近小说的"说体"故事

《国语》乃各列国之"语"的汇编,列国之"语"亦非一人所作,因此文章风格不尽相同。总体而言,长篇记言占据文章重心,缺少情节的展开,与小说特征相去较远;但也有些国"语"中的某些"语",如《鲁语》《晋语》中的某些篇,较多叙事描摹成分,颇有故事性,读来生动有趣,印象深刻,具体考察会发现它们往往在某一方面或某些方面颇具小说色彩,可以算得上近乎小说的"说体"故事。

1. 故事奇、巧

《国语》中有些类小说的篇章妙在故事的奇和巧。所谓"奇书共欣赏",所谓"无巧不成书",小说艺术追求引人入胜的审美效果,其中有一个很重要的手段即在于构思巧妙,以其神奇、巧合、称绝等等不同凡响,动人心弦。《国语》中的记事作为历史故事,并不凭空构思,但特别记述那些颇有些称奇的事件,所述重心已不在言辞中的说理,而在故事情节本身的奇妙,便具有了"说体"的魅力。

《鲁语下·孔丘论楛矢》就既奇且巧:

> 仲尼在陈,有隼集于陈侯之庭而死,楛矢贯之,石砮其长尺有咫。陈惠公使人以隼如仲尼之馆问之。仲尼曰:"隼之来也远矣!此肃慎氏之矢也。昔武王克商,通道于九夷、百蛮,使各以其方贿来贡,使无忘职业。于是肃慎氏贡楛矢、石砮,其长尺有咫。先王欲昭其令德之致远也,以示后人,使永监焉,故铭其栝曰'肃慎氏之贡矢',以分大姬,配虞胡公而封诸陈。古者,分同姓以珍玉,展亲也;分异姓以远方之职贡,使无忘服也。故分陈以肃慎氏之贡。君若使有司求诸故府,其可得也。"使求,得之金椟,如之。

一只被箭矢射中的飞鸟落在陈侯的庭院里死掉了,孔子据鸟身上的箭矢判断这只鸟是从遥远的肃慎氏那边飞来,因为当年肃慎氏所贡楛矢

正是"石砮，其长尺有咫"，刚好这只楛矢被赐给嫁到陈国来的大姬，应该就在陈国的府库里。陈侯找来一看，果然与鸟身上的箭矢一模一样。这段故事之令人称奇首先在于伤鸟带着楛矢居然飞越崇山峻岭来到陈国才气绝而亡，其次更在于孔子之博学多知，不但对于武王克商后肃慎氏所贡楛矢的特征了如指掌，对上面的铭文记忆犹新，还清晰地记得此贡矢被分给嫁到陈国来的大姬，因此陈国府库正有此矢。这段故事之巧就在于刚好陈国金椟藏有肃慎氏楛矢，由此恰恰印证了孔子的判断。

《晋语五·车者论梁山崩》中伯宗遇到的那位绛人则颇有些扑朔迷离的神秘味道：

> 梁山崩，以传召伯宗，遇大车当道而覆，立而辟之，曰："避传。"对曰："传为速也，若俟吾避，则加迟矣，不如捷而行。"伯宗喜，问其居，曰："绛人也。"伯宗曰："何闻？"曰："梁山崩而以传召伯宗。"伯宗问曰："乃将若何？"对曰："山有朽壤而崩，将若何？ 夫国主山川，故川涸山崩，君为之降服、出次，乘缦、不举，策于上帝，国三日哭，以礼焉。虽伯宗亦如是而已，其若之何？"问其名，不告；请以见，不许。伯宗及绛，以告，而从之。

晋国境内的梁山崩坏，伯宗因此被诏往绛都，途中所乘驿车被一辆翻覆的大车挡住了去路。伯宗让那位车者马上让开，车者不紧不慢地回答，与其等我这翻覆的车子让开道，你还不如绕道来得更快些。伯宗一听有理，觉得这人颇有见识，于是与对方搭起话来。当得知对方是"绛人"时，便问在都城听到什么消息没有，对方竟然知道伯宗因梁山崩而被诏，而且对伯宗针对梁山崩应该从事的活动如数家珍。这究竟是个什么人？ 他既不告知名姓，也不肯去见晋君，越发让人觉得有点神道。

伯宗的妻子也有令人称绝之处。《晋语五·伯宗妻谓民不戴其上难必及》就显示了她的见识和先见之明：

> 伯宗朝，以喜归，其妻曰："子貌有喜，何也？"曰："吾言于朝，诸大夫皆谓我智似阳子。"对曰："阳子华而不实，主言而无谋，是以难及其身。子何喜焉？"伯宗曰："吾饮诸大夫酒，而与之语，尔试听之。"曰："诺。"既饮，其妻曰："诸大夫莫子若也。然而民不能

> 戴其上久矣，难必及子乎！盍亟索士整庇州犁焉。"得毕阳。

> 及栾弗忌之难，诸大夫害伯宗，将谋而杀之。毕阳实送州犁于荆。

伯宗因在朝上被诸大夫夸其智似阳子（阳处父）而沾沾自喜，其妻却不以为然，伯宗要让妻子看看虚实，于是将大夫们请到家中喝酒，言语间可见伯宗确在诸人之上。想不到这反而让为妻的更加忧虑，因为她知道"民不能戴其上久矣"，谁在人上谁就会遭到嫉恨，所以恐怕伯宗很快就要大难临头了。于是她劝伯宗赶快物色可靠之士保护儿子。果然，伯宗被杀，而所得毕阳护送伯宗之子伯州犁去了楚国，终免一死。至于这个故事中夫妻所言乃不可告人之语，如何得被人知，自不必考证，有些传言自然是越传越奇。

《晋语八·郑子产来聘》一段之奇则更带有某种神话传奇色彩：

> 郑简公使公孙成子来聘，平公有疾，韩宣子赞授客馆。客问君疾，对曰："寡君之疾久矣，上下神祇无不遍谕，而无除。今梦黄熊入于寝门，不知人杀乎，抑厉鬼邪！"子产曰："以君之明，子为大政，其何厉之有？侨闻之，昔者鲧违帝命，殛之于羽山，化为黄熊，以入于羽渊，实为夏郊，三代举之。夫鬼神之所及，非其族类，则绍其同位，是故天子祀上帝，公侯祀百辟，自卿以下不过其族。今周室少卑，晋实继之，其或者未举夏郊邪？"宣子以告，祀夏郊，董伯为尸，五日，公见子产，赐之莒鼎。

晋平公久病不愈，还梦到黄熊入寝门，来访的郑国子产一听便意识到这是禹父鲧在作怪。因为神话传说中鲧窃帝之息壤以埋洪水不待帝命，被帝杀之于羽山，鲧化为黄熊入于羽渊，后来成为夏人郊祀的对象，三代延续不断。眼下周朝没落，晋为盟主，郊祀的任务理应落在晋人的头上，晋不祭祀，鲧当然有意见。果然，晋祀夏郊，平公就能起身见子产了，岂不神奇？

2. 人、事特异

《国语》中还有一些篇章，所述之事并不神奇，但却特异，属于非常之人所做非常之事，往往出人意料，却又入乎情理，读来也让人兴味盎然，拍手叫绝。

《鲁语上·里革更书逐莒太子仆》中的里革胆子够大，居然敢擅自改动鲁宣公的命令：

> 莒太子仆弑纪公，以其宝来奔。宣公使仆人以书命季文子曰："夫莒太子不惮以吾故杀其君，而以其宝来，其爱我甚矣。为我予之邑。今日必授，无逆命矣。"里革遇之，而更其书曰："夫莒太子杀其君而窃其宝来，不识穷固又求自迩，为我流之于夷。今日必通，无逆命矣。"明日，有司复命，公诘之。仆人以里革对。公执之，曰："违君命者，女亦闻之乎？"对曰："臣以死奋笔，奚啻其闻之也！臣闻之曰，'毁则者为贼，掩贼者为藏，窃宝者为宄，用宄之财者为奸'，使君为藏奸者，不可不去也。臣违君命者，亦不可不杀也。"公曰："寡人实贪，非子之罪。"乃舍之。

莒太子杀其父莒纪公后携着国宝前来投奔鲁国，鲁宣公让仆人带文书给季文子，命其马上赐太子采邑，里革遇到后将文书改为命季文子马上将太子流放，第二天已经照办的官员向宣公报告，事情大白，里革被拘捕。犯了杀头之罪的里革毫不畏惧，冷静以对，他原本就是冒着必死之心奋笔更书，因为他不愿眼见宣公因为庇护弑君窃宝的莒太子而成为藏奸之人。于是，事情发生了转机，鲁宣公听里革一番说辞之后，反而承认了自己的错误。

《晋语四·郑叔詹据鼎耳而疾号》中叔詹的一声"疾号"也使命运发生了急转：

> 文公诛观状以伐郑，反其陴。郑人以名宝行成，公弗许，曰："予我詹而师还。"詹请往，郑伯弗许，詹固请曰："一臣可以赦百姓而定社稷，君何爱于臣也？"郑人以詹予晋，晋人将烹之。詹曰："臣愿获尽辞而死，固所愿也。"公听其辞。詹曰："天降郑祸，使淫观状，弃礼违亲。臣曰：'不可。夫晋公子贤明，其左右皆卿才，若复其国，而得志于诸侯，祸无赦矣。'今祸及矣。尊明胜患，智也。杀身赎国，忠也。"乃就烹，据鼎耳而疾号曰："自今以往，知忠以事君者，与詹同。"乃命弗杀，厚为之礼而归之。郑人以詹伯为将军。

当年晋文公重耳还是流亡公子时，郑伯曾经像曹伯观其裸状那般对其无礼，叔詹力劝郑伯礼待，不然一旦重耳返国，必得志于诸侯，郑国必定遭殃。在郑伯不听劝的情况下，叔詹只好主张那就不如杀掉重耳，免得日后麻烦。郑伯也没有听从。重耳或许没有听说叔詹劝郑伯礼遇之语,却分明得知他劝郑伯杀己之事,眼下成为晋文公的他便以得到叔詹作为停止攻打郑国的条件。而叔詹的特别之处就在于不但晓事如神,而且大义凛然,明知此去凶多吉少,却甘愿以自己的生命换取"赦百姓而定社稷"。当然,在"晋人将烹之"之时,他也得把话说明白,当年我曾劝郑伯礼待你重耳,现在果如我所说,这证明我还算聪明("知"),眼下我以一命抵郑国之难,这说明我忠心为国("忠")。接下来,正当他要被投进鼎中"就烹"的时候,出人意料的是他抓着鼎耳大喊了一声:"自今以往,知忠以事君者,与詹同。"文公一听,马上感到大事不好,"知忠"以事君者若都像叔詹一样得个被烹的下场,他文公还能有"知忠"之臣吗?于是,叔詹奇迹般地捡回了一条命。

《晋语七·悼公始合诸侯》中魏绛的为人、举止和命运的变化也颇不寻常:

> 四年,会诸侯于鸡丘,魏绛为中军司马,公子扬干乱行于曲梁,魏绛斩其仆。公谓羊舌赤曰:"寡人属诸侯,魏绛戮寡人之弟,为我勿失。"赤对曰:"臣闻绛之志,有事不避难,有罪不避刑,其将来辞。"言终,魏绛至,授仆人书而伏剑。士鲂、张老交止之。仆人授公,公读书曰:"臣诛于扬干,不忘其死。日君之使,使臣狃中军之司马。臣闻师众以顺为武,军事有死无犯为敬,君合诸侯,臣敢不敬,君不说,请死之。"公跣而出,曰:"寡人之言,兄弟之礼也。子之诛,军旅之事也,请无重寡人之过。"反役,与之礼食,令之佐新军。

身为中军司马的魏绛公子扬干违反军纪之时,没有顾忌他是晋悼公之弟,按律斩了扬干之仆。悼公一气之下命羊舌赤去拘捕魏绛,不要让他跑了。羊舌赤说依他魏绛的为人,不用去抓,他会自己送上门来的。话音刚落,魏绛已至门下,递给悼公仆人一书即行伏剑,多亏被人拦住。悼公见魏绛绝笔信后光脚追出,好在没有酿成悲剧。

《晋语九·中行穆子伐狄》一篇,狄人中两个对晋合离态度截然不同的人却让中行穆子采取了与常情相悖的不同态度,看似奇怪,却不奇怪:

> 中行穆子帅师伐狄,围鼓。鼓人或请以城叛,穆子不受,军吏曰:"可无劳师而得城,子何不为?"穆子曰:"非事君之礼也。夫以

城来者,必将求利于我。夫守而二心,奸之大者也;赏善罚奸,国之宪法也。许而弗予,失吾信也;若其予之,赏大奸也。奸而盈禄,善将若何?且夫狄之憾者以城来盈愿,晋岂其无?是我以鼓教吾边鄙贰也。夫事君者,量力而进,不能则退,不以安贾贰。"令军吏呼城,儆将攻之,未傅而鼓降。中行伯既克鼓,以鼓子苑支来。令鼓人各复其所,非僚勿从。

　　鼓子之臣曰夙沙釐,以其孥行,军吏执之,辞曰:"我君是事,非事土也。名曰君臣,岂曰土臣?今君实迁,臣何赖于鼓?"穆子召之,曰:"鼓有君矣,尔心事君,吾定而禄爵。"对曰:"臣委质于狄之鼓,未委质于晋之鼓也。臣闻之,委质为臣,无有二心,委质而策死,古之法也。君有烈名,臣无叛质。敢即私利以烦司寇而乱旧法,其若不虞何!"穆子叹而谓其左右曰:"吾何德之务而有是臣也?"乃使行。既献,言于公,与鼓子田于河阴,使夙沙釐相之。

晋大夫中行穆子师师包围狄之鼓城,城中明明有人表示合作,可以让晋师不战而得鼓,中行穆子却不接受;拿下鼓城后,明明下令城中之人不许随被捕的鼓君离开,却遇到一位执意随从鼓君的夙沙釐,中行穆子反而放行,还感叹我要怎样努力才能也得到这种大臣。这真是特别之人的特别之举,但仔细揣摩其间彼此的话语,却自有它们的缘故。从两国的角度讲,是有亲晋亲鼓之分,但从人性角度看,则见出忠奸之别,他中行穆子当然不能鼓励奸臣拒绝忠臣,道理很简单,晋国不也同样需要"赏善罚奸"吗?

　　《晋语九·邮无正谏赵简子无杀尹铎》一篇中的两位也让人颇感意外:

　　赵简子使尹铎为晋阳,曰:"必堕其垒培。吾将往焉,若见垒培,是见寅与吉射也。"尹铎往而增之。简子如晋阳,见垒,怒曰:"必杀铎也而后入。"大夫辞之,不可,曰:"是昭余仇也。"邮无正进,曰:"……夫尹铎曰'思乐而喜,思难而惧,人之道也。委土可以为师保,吾何为不增?'是以修之,庶曰可以鉴而鸠赵宗乎!若罚之,是罚善也。罚善必赏恶。臣何望矣!"简子说,曰:"微子,吾几不为人矣!"以免难之赏赏尹铎。初,伯乐与尹铎有怨,以其赏如伯乐氏,曰:"子免吾死,敢不归禄。"辞曰:"吾为主图,非为子也。怨若怨焉。"

晋阳乃晋大夫赵简子的采邑,此前晋大夫荀寅、范吉射与赵氏发生冲突,曾包围晋阳,后来失败逃亡。眼下赵简子要回晋阳,遂命尹铎先行前往除掉当时所建的壁垒,免得让他想起仇人。想不到尹铎不但没有照办,反而增土加固了壁垒,气得赵简子发誓必杀掉尹铎才入晋阳,大夫们谁劝也不管用。后来伯乐邮无正的一番说辞让他幡然醒悟,反而赏赐了尹铎。有意思的是,邮无正与尹铎竟然结过怨。于是尹铎将所得赏赐送去给邮无正,以感谢他的救命之恩。更让人想不到的是邮无正的回答,我这样做是为君,并不是为你尹铎,咱们该有什么仇还有什么仇。就这样,尹铎的忤逆和邮无正的抢白都给人留下了深刻的印象。

3. 妙趣横生

《国语》中还有一些篇章的类小说效果,并不在事件的惊心动魄或出人意料,却缘于故事的巧妙风趣,以另一种风格给人以审美享受。

《鲁语下·孔丘论大骨》一篇事件本身有些神话传奇色彩,孔子的博学多知同样惊人,但更有趣的是吴使的巧问:

> 吴伐越,堕会稽,获骨焉,节专车。吴子使来好聘,且问之仲尼,曰:"无以吾命。"宾发币于大夫,及仲尼,仲尼爵之。既彻俎而宴,客执骨而问曰:"敢问骨何为大?"仲尼曰:"丘闻之:昔禹致群神于会稽之山,防风氏后至,禹杀而戮之,其骨节专车。此为大矣。"客曰:"敢问谁守为神?"仲尼曰:"山川之灵,足以纪纲天下者,其守为神;社稷之守者,为公侯。皆属于王者。"客曰:"防风何守也?"仲尼曰:"汪芒氏之君也,守封、隅之山者也,为漆姓。在虞、夏、商为汪芒氏,于周为长狄,今为大人。"客曰:"人长之极几何?"仲尼曰:"僬侥氏长三尺,短之至也。长者不过十之,数之极也。"

吴人攻下越国的会稽,得到了一节足以占满车箱的长骨头。当吴使到鲁国访问之机,吴君特意让使者请教孔子关于骨节之事,但不能让孔子知道是他的旨意。于是吴使当宴饮之时,借着手中的骨头似乎是漫不经心地问孔子像这种骨节谁的最大,孔子果真无所不知,张口就来,原来当年大禹治水时召集群神到会稽山,曾杀掉迟到的防风氏,"其骨节专车",孔子认为这应该算是最大的骨节了。不用说,吴使立马明白了他们所得骨节的来历,因为事发地点、骨节长度都正好吻合。不过吴使关于防风氏还想多知道一些,于是顺着话题,又问了"谁守为神""防风何守""人长之极几何"等几个问题,由此知道了防风氏乃汪芒氏之君,所守封山、隅山,其长三丈等等。这段对话的过程被描写得十分具体生动,吴使拐弯抹角地掏话,孔子毫无保留地回答,其对话颇富于戏剧效果。

《晋语八》《晋语九》中关于叔向的两篇记述更富于喜剧效果。一篇为《叔向谏杀竖襄》:

> 平公射鴳,不死,使竖襄搏之,失,公怒,拘将杀之。叔向闻之,夕,君告之。叔向曰:"君必杀之。昔吾先君唐叔射兕于徒林,殪,以为大甲,以封于晋。今君嗣吾先君唐叔,射鴳不死,搏之不得,是扬吾君之耻者也。君其必速杀之,勿令远闻。"君忕悦,乃趣赦之。

另一篇为《董叔欲为系援》:

> 董叔将娶于范氏,叔向曰:"范氏富,盍已乎!"曰:"欲为系援焉。"他日,董祁诉于范献子曰:"不吾敬也。"献子执而纺于庭之槐,叔向过之,曰:"子盍为我请乎!"叔向曰:"求系,既系矣;求援,既援矣。欲而得之,又何请焉?"

这两篇的妙处都在于巧对。前者晋平公自己射鴳不死,让鴳跑了,却要杀死没有替他抓住鴳的竖襄,叔向故意劝平公"必速杀之",免得使你平公射鴳不死的事情张扬出去,平公再蠢也能听出其话里有话,杀掉竖襄,岂不是招人都来议论他射鴳不死的糗事吗?后者董叔不听叔向之劝,要娶范宣子之女为妻,图的是有个"系援",也就是找个靠山;哪知千金小姐难伺候,被她向她兄弟范献子告了一状,于是被绑在庭院中的树干上,只好请路过的叔向去求求情,叔向可没忘了当时董叔不听劝时说过的"欲为系援"这话,这时正好拿来挖苦他,你现在不是要"系"被系(捆绑),要"援"被援(牵引)了吗,你想要的都得到了,还要我去求什么情? 一词多义的巧用,在这里产生了幽默风趣的效果。

《晋语九》中的《阎没、叔宽谏魏献子无受贿》和《史黯谏赵简子田于蝼》两篇则都属于巧谏的故事：

> 梗阳人有狱，将不胜，请纳赂于魏献子，献子将许之。阎没谓叔宽曰："与子谏乎！吾主以不贿闻于诸侯，今以梗阳之贿殃之，不可。"二人朝，而不退。献子将食，问谁在庭，曰："阎明、叔褒在。"召之，使佐食。比已食，三叹。既饱，献子问焉，曰："人有言曰：唯食可以忘忧。吾子一食之间而三叹，何也？"同辞对曰："吾小人也，贪。馈之始至，惧其不足，故叹。中食而自咎也。曰：岂主之食而有不足？是以再叹。主之既已食，愿以小人之腹，为君子之心，属餍而已，是以三叹。"献子曰："善。"乃辞梗阳人。

> 赵简子田于蝼，史黯闻之，以犬待于门。简子见之，曰："何为？"曰："有所得犬，欲试之兹圃。"简子曰："何为不告？"对曰："君行臣不从，不顺。主将适蝼而麓不闻，臣敢烦当日。"简子乃还。

阎没、叔宽两位大夫希望魏献子不要因为收了梗阳人的贿赂毁了一生清名，其办法是找机会与魏献子一起吃饭，席间总是饱啊、不饱啊说个不停，献子自然听出了其中的话外音。史黯劝赵简子不要擅自到晋侯之圃蝼地去田猎的办法更绝，他牵条狗等在门外，说是想进去遛狗。当赵简子问为何不事先请示时，他说我当臣的应该仿效你当君的，你要到晋侯之圃田猎没有告诉晋侯田官，我怎么敢不学你而事先通报？

这些故事中的人物往往正话反说，正事反做，微言相感，不但产生了奇特的效果，也使行文幽默风趣，兴味盎然。

4. 生活描摹

《国语》中还有的篇章与说体相近，在于其对事件中人物情感、心理、对话、举动的描摹已经比较细腻、逼真，呈现出生活本相，从而颇具有小说创作的味道。

最值得一提的是《晋语一》中的《优施教骊姬远太子》《优施教骊姬谮申生》和《晋语二》中的《骊姬谮杀太子申生》几篇。它们原本应该是一篇完整的叙事，详尽描述了晋献公时期骊姬谗害诸公子的历史事件。而这篇描述应该是据事件过程中的各种事实、传说加以揣摩、演绎而成，因为其中有些细节，诸如优施与骊姬的阴谋密语、骊姬夜半对献公的床第哭诉等，都不可能被史官记录，也不可能由当事人亲口招认。因此,这些篇具有虚构创作成分,而它们对整个事件的描摹,对人物对话的模仿,就惟妙惟肖,情态毕现。

如《优施教骊姬谮申生》中优施教骊姬用激将法让献公动心废太子一段:

> 优施教骊姬夜半而泣谓公曰:"吾闻申生甚好仁而强,甚宽惠而慈于民,皆有所行之。今谓君惑于我,必乱国,无乃以国故而行强于君。君未终命而不殁,君其若之何? 盍杀我,无以一妾乱百姓。"公曰:"夫岂惠其民而不惠于其父乎?"骊姬曰:"妾亦惧矣。吾闻之外人之言曰:为仁与为国不同。为仁者,爱亲之谓仁;为国者,利国之谓仁。……"公惧曰:"若何而可?"骊姬曰:"君盍老而授之政。彼得政而行其欲,得其所索,乃其释君。且君其图之,自桓叔以来,孰能爱亲? 唯无亲,故能兼翼。"公曰:"不可与政。我以武与威,是以临诸侯。未殁而亡政,不可谓武;有子而弗胜,不可谓威。我授之政,诸侯必绝;能绝于我,必能害我。失政而害国,不可忍也。尔勿忧,吾将图之。"

骊姬明明知道献公舍不得自己,却摆出一副可怜相,夜半而泣,请求不如杀了自己,免得太子申生以自己被宠幸为借口乱国制君,这就逼着献公在她和太子之间作出选择,她知道献公当然会选择她而不是太子;当献公对太子是否会对父亲不仁仍有些怀疑时,骊姬又假称"闻之外人之言"讲了一通"为国者,利国之谓仁"的大道理,终于使献公感到问题的严重性;当献公考虑究竟该怎么办时,骊姬又给一激,故意劝献公不如退位,让太子"得政而行其欲",或者可以放过父亲,这当然是献公所不能答应的,那就只有废掉太子一步棋了。就这样,在优施的教唆下,骊姬一步步成功地说动了献公的废太子之心,十分鲜活、逼真地呈现了骊姬谗害太子的一幕。

又如《骊姬谮杀太子申生》中优施为骊姬之事诱使大臣里克就范一节:

> 骊姬告优施曰:"君既许我杀太子而立奚齐矣,吾难里克,奈何!"优施曰:"吾来里克,一日而已。子为我具特羊之飨,吾以从之饮酒。我优也,言无邮。"骊姬许诺,乃具,使优施饮里克酒。中饮,优施起舞,谓里克妻曰:"主孟啗我,我教兹暇豫事君。"乃歌

> 曰："暇豫之吾吾，不如鸟乌。人皆集于苑，己独集于枯。"里克笑
> 曰："何谓苑？何谓枯？"优施曰："其母为夫人，其子为君，可不谓
> 苑乎？其母既死，其子又有谤，可不谓枯乎？枯且有伤。"
>
> 优施出，里克辟莫，不飧而寝。夜半，召优施，曰："曩而言戏
> 乎？抑有所闻之乎？"曰："然。君既许骊姬杀太子而立奚齐，谋既
> 成矣。"里克曰："吾秉君以杀太子，吾不忍。通复故交，吾不敢。
> 中立其免乎？"优施曰："免。"

这部分对于情节过程的描述十分具体、细腻，骊姬的禀告和担忧，优施
的主意和办法，优施在里克家中起舞而歌，用"人皆集于苑，己独集于
枯"话中藏话，用"其母为夫人，其子为君，可不谓苑乎？其母既死，其
子又有谤，可不谓枯乎？枯且有伤"的解释，让里克去悟自己的处境，
里克"不飧而寝"，忍不住"夜半召优施"，足见其内心的波澜，终因既不
忍杀太子，又不敢通报太子，而表示要"中立"以免祸，正如优施所言，
"吾来里克，一日而已"。读这段描述，已经与读小说几无区别。

《晋语六·栾书发郤至之罪》同样是一篇描述谗害阴谋的文字，对
于其中害人的伎俩和过程的交代也很详尽：

> 既战，获王子发钩。栾书谓王子发钩曰："子告君曰：'郤
> 至使人劝王战，及齐、鲁之未至也。且夫战也，微郤至王必不免。'吾归
> 子。"发钩告君，君告栾书，栾书曰："臣固闻之，郤至欲为难，使苦
> 成叔缓齐、鲁之师，己劝君战，战败，将纳孙周，事不成，故免楚王。
> 然战而擅舍国君，而受其问，不亦大罪乎？且今君若使之于周，必
> 见孙周。"君曰："诺。"栾书使人谓孙周曰："郤至将往，必见之！"郤
> 至聘于周，公使觇之，见孙周。是故使胥之昧与夷羊午刺郤至、苦
> 成叔及郤锜……

"既战"之"战"，乃晋厉公六年晋楚鄢陵之战。据《晋语六·晋败楚师
于鄢陵》，该战缘于晋伐郑，楚共王帅东夷救郑，当时晋已派人去兴齐
鲁之师，未等师到，楚已半阵，厉公命晋师击之，栾书主张再等待一时，
郤至反对，并大论楚有五处可乘之机，击之必败，结果厉公采纳了郤至
的意见，"于是败楚师于鄢陵，栾书是以怨郤至"。另据《晋语六·郤至
勇而知礼》，此战役中，郤至曾与楚王相遇，下车致以军礼，楚王则"使
工尹襄问之以弓"。这一切，便都成了该篇中栾书谗害郤至的动机和

托辞。而栾书的"聪明"还在于他并不亲自出马,而是以放归楚国为条件,让被俘的楚王子发钩来说。于是郤至成了与楚王约好故意在齐鲁师未至时开战,郤至还故意放走了楚共王。而栾书则在晋厉公对他言及此事后在旁"火上浇油"。更阴毒的是,他又分析了郤至此举的动机在于待晋师此战溃败后将另立孙周为晋侯,并断言如果派郤至使周,他必见孙周。而当厉公印证此说时,栾书早已做足了文章,只要派人去对孙周说应该见见郤至就够了。于是,一切都变得那么真实可信,郤至自然难逃被杀的结局了。读完这一篇章,你不得不感叹栾书害人之举技法的高超,更不得不感叹作者对人性的描摹何其到位。

《晋语五》中记述范武子教训、数落儿子范文子的两篇,即《范武子杖文子》和《师胜而范文子后入》,则属于对日常琐事的描摹,颇富于生活气息:

> 范文子暮退于朝。武子曰:"何暮也?"对曰:"有秦客廋辞于朝,大夫莫之能对也,吾知三焉。"武子怒曰:"大夫非不能也,让父兄也。尔童子,而三掩人于朝。吾不在晋国,亡无日矣。"击之以杖,折委笄。

> 鄢笄之役,郤献子师胜而返,范文子后入。武子曰:"燮乎,女亦知吾望尔也乎?"对曰:"夫师,郤子之师也,其事臧。若先,则恐国人之属耳目于我也,故不敢。"武子曰:"吾知免矣。"

前一则老子上火打儿子,"击之以杖",下手够重,敲断了发笄,是他见儿子在朝中不懂得谦让,压人一头,生怕他日后不得好下场,一时气急;后一则老子责备儿子打完仗不早点回家,就不知道老父亲一直在担着心,当听到儿子不愿抢人风头的一番说辞后,又放下心来。两则表现不同,都见出父亲对儿子深切的关爱,情真意切,十分动人,其间也蕴含了颇为耐人寻味的人生哲理。

三、《晏子春秋》中近小说的"说体"故事

前面提到,《晏子春秋》大多以平板的记言为主,因此缺少与小说相近的"说体"特征,只能从中拣出一些"说体"故事。说起来,这些"说体"故事也都有记言成分,甚至主要是记言,但不同的是,这些篇章中

的记言都有相对复杂曲折一些的情节描述为依托,而且人物之言之行颇为精彩妙绝,因此生出了近乎小说的审美效果。而作为以集中记述一个人物的事迹为其特色的一部著作,这种效果主要便产生于对于晏子独特言行的记述中。

1. 风趣巧妙之对

晏子是一位十分聪明睿智的大臣,《晏子春秋》作为一部以记言为主的著作,用笔最多的自然是表现晏子的会说话方面,其中有些篇将晏子的这个特点加以凸显,于是出现了不少巧说妙说的故事。

作为辅国大臣,晏子会说话的才能常常用在巧谏上。如《内篇谏上·景公饮酒七日不纳弦章之言晏子谏第四》:

> 景公饮酒,七日七夜不止。弦章谏曰:"君欲饮酒七日七夜,章愿君废酒也!不然,章赐死。"晏子入见,公曰:"章谏吾曰:'愿君之废酒也!不然,章赐死。'如是而听之,则臣为制也;不听,又爱其死。"晏子曰:"幸矣章遇君也!令章遇桀纣者,章死久矣。"于是公遂废酒。

弦章遇到您景公真是大幸,如果眼下是桀纣之世,像他这样以死相劝,早死多时了。晏子如此一说,他景公若再不听劝,甚或敢杀弦章,岂不成了桀纣之流?这是巧用"表扬"来劝谏。再如《内篇谏下·景公以抟治之兵未成功将杀之晏子谏第四》:

> 景公令兵抟治,当腊冰月之间而寒,民多冻馁,而功不成。公怒曰:"为我杀兵二人。"晏子曰:"诺。"少间,晏子曰:"昔者先君庄公之伐于晋也,其役杀兵四人,今令而杀兵二人,是师杀之半也。"公曰:"诺!是寡人之过也。"令止之。

当景公因腊月天土功不成下令处决两名士兵之时,晏子老老实实答应"诺",稍过片刻又在那里嘟囔当年庄公伐晋,一场战役下来死了四位士兵,这次杀两个,相当于战役死亡的一半了,景公恍然收回了成命。这是巧用"微言"以劝谏。又如《外篇第七·景公使烛邹主鸟而亡之公怒将加诛晏子谏第十三》:

> 景公好弋,使烛邹主鸟而亡之,公怒,诏吏杀之。晏子曰:"烛邹有罪三,请数之以其罪而杀之。"公曰:"可。"于是召而数之公

前,曰:"烛邹!汝为吾君主鸟而亡之,是罪一也;使吾君以鸟之故杀人,是罪二也;使诸侯闻之,以吾君重鸟以轻士,是罪三也。"数烛邹罪已毕,请杀之。公曰:"勿杀!寡人闻命矣。"

你烛邹让鸟跑了不说,还让咱君以鸟之故杀人,更可恶的是还让诸侯都知道咱君重鸟胜于重士,真是该杀。晏子如此数落烛邹的罪过,景公自然听得出话外之音。这又是巧用"反话"以劝谏。

作为要应对诸侯的大臣,晏子的会说话有时还用在回应上。这就是《内篇杂下》中著名的"晏子使楚"时的两段,即《晏子使楚楚为小门晏子称使狗国者入狗门第九》和《楚王欲辱晏子指盗者为齐人晏子对以橘第十》:

> 晏子使楚,以晏子短,楚人为小门于大门之侧而延晏子。晏子不入,曰:"使狗国者,从狗门入;今臣使楚,不当从此门入。"傧者更道从大门入,见楚王。王曰:"齐无人耶?"晏子对曰:"临淄三百闾,张袂成阴,挥汗成雨,比肩继踵而在,何为无人?"王曰:"然则子何为使乎?"晏子对曰:"齐命使,各有所主,其贤者使使贤王,不肖者使使不肖王。婴最不肖,故直使楚矣。"

> 晏子将至楚,楚闻之,谓左右曰:"晏婴,齐之习辞者也,今方来,吾欲辱之,何以也?"左右对曰:"为其来也,臣请缚一人,过王而行,王曰:'何为者也?'对曰:'齐人也。'王曰:'何坐?'曰:'坐盗。'"晏子至,楚王赐晏子酒,酒酣,吏二缚一人诣王,王曰:"缚者曷为者也?"对曰:"齐人也,坐盗。"王视晏子曰:"齐人固善盗乎?"晏子避席对曰:"婴闻之,橘生淮南则为橘,生于淮北则为枳,叶徒相似,其实味不同。所以然者何?水土异也。今民生长于齐不盗,入楚则盗,得无楚之水土使民善盗耶?"王笑曰:"圣人非所与熙也,寡人反取病焉。"

这两个故事的共同点都是楚王欲借机贬低或侮辱晏子和齐国,反被晏子嘲讽羞辱了一番,而晏子的说辞妙就妙在并不另起炉灶,都是接着对方的话茬顺势回应。你搭个矮门想笑我晏子短小,我说出使狗国才从狗门入,看你还敢不敢让我从小门走;你用齐国怎么派你来这种话想拐弯抹角地笑我其貌不扬,我就说正因为我最不肖才出使最不肖王的国家;你故意捆个自称齐人的小偷来说齐人善盗,我就说齐人跑到你楚国才变成了小偷,岂不是楚国"使民善盗"? 这下楚王真的领教了晏子的厉害。说起来,这两个故事虽也涉及到齐、楚关系,但总体来说并不属于多么严肃的话题,不过都赚个嘴上便宜,多少带有调侃的味道,正因为此,它们具有了某些轻喜剧的色彩。

更具有游戏色彩的是《外篇第八·景公谓晏子东海之中有水而赤晏子详(佯)对第十三》:

> 景公谓晏子曰:"东海之中,有水而赤,其中有枣,华而不实,何也?"晏子对曰:"昔者秦缪公乘龙舟而理天下,以黄布裹烝枣,至东海而捐其布,彼黄布,故水赤;烝枣,故华而不实。"公曰:"吾详(佯)问子,何为对?"晏子对曰:"婴闻之,详(佯)问者,亦详(佯)对之也。"

这个故事的趣点在景公胡诌一通提问,晏子像模像样胡诌一通回答,而且立马就说,张口就来,眼睛都不待眨一眨,诌出来的故事还有鼻子有眼,什么秦穆公用黄布裹蒸枣游东海云云。黄布丢在水里,当然水变成了橘红色;枣已被蒸熟,当然不再发芽结果。顺口编出的故事也这般无懈可击,天衣无缝。

2. 聪明睿智之举

《晏子春秋》中还有的篇目显示的是晏子点子多,遇事能想出奇妙的办法。因所施之举的特别,自然也使情节生出跌宕。最典型的当然是《内篇谏下·景公养勇士三人无君臣之义晏子谏第二十四》,也就是著名的"二桃杀三士"。三位大力士仗着勇力过人,毫无君臣上下之礼,乃"危国之器",应该"去之",但景公拿他们没有办法,因为"搏之恐不得,刺之恐不中也"。晏子却深知这种士人最在乎的是脸面,最不忍的是羞愧,最不怕的是丢命,于是让景公用两个桃子为三位力士"计功而食桃",这就势必引起三人内争,他们并不在乎吃不吃桃子,却不能不争功劳和能耐,于是第三位没有取到桃子的"抽剑而起",先行取桃的两位因其功不及第三位却先取桃而羞愧自杀,第三位因让两位自杀也自杀。说起来,晏子这招足够阴毒,但你不得不承认,他这办法真的很绝。

《内篇谏上·景公饮酒酣愿诸大夫无为礼晏子谏第二》仍属于对

景公进行劝谏，因为景公"饮酒酣"，居然说"今日愿与诸大夫为乐饮，请无为礼"，只不过这回劝谏的成功不是用说的而是用做的。这也是没有办法的办法，因为晏子说了一通景公不听，于是：

> 少间，公出，晏子不起，公入，不起；交举则先饮。公怒，色变，抑手疾视曰："向者夫子之教寡人无礼之不可也，寡人出入不起，交举则先饮，礼也？"晏子避席再拜稽首而请曰："婴敢与君言而忘之乎？臣以致无礼之实也。君若欲无礼，此是已！"公曰："若是，孤之罪也。夫子就席，寡人闻命矣。"

你不是要"无为礼"吗，我就"无礼"给你看看，于是景公进出，晏子起都不起，大家举杯，晏子便先一饮而尽，让也不让，这下让景公感到了从未有过的不舒服，原来若果真"无为礼"，还真让人受不了。

《内篇杂下·景公病水瞢与日斗晏子教占瞢者以对第六》一篇晏子的劝慰也是用说，只不过不是自己说，而是教占梦者去说，于是也属于有办法：

> 景公病水，卧十数日，夜瞢与二日斗，不胜。晏子朝，公曰："夕者瞢与二日斗，而寡人不胜，我其死乎？"晏子对曰："请召占瞢者。"立于闺，使人以车迎占瞢者。至，曰："曷为见召？"晏子曰："夜者，公瞢与二日斗，不胜。公曰：'寡人死乎？'故请君占瞢，是所为也。"占瞢者曰："请反具书。"晏子曰："毋反书。公所病者，阴也，日者，阳也。一阴不胜二阳，公病将已。以是对。"占瞢者入，公曰："寡人瞢与二日斗而不胜，寡人死乎？"占瞢者对曰："公之所病，阴也，日者，阳也。一阴不胜二阳，公病将已。"居三日，公病大愈，公且赐占瞢者。占瞢者曰："此非臣之力，晏子教臣也。"公召晏子，且赐之。晏子曰："占瞢者以占之言对，故有益也。使臣言之，则不信矣。此占瞢之力也，臣无功焉。"公两赐之，曰："以晏子不夺人之功，以占瞢者不蔽人之能。"

病之轻重缓急，常常作用在心理，假如景公将梦中"与二日斗，不胜"理解为自己将死的征兆，这病肯定难愈。于是晏子想出了说辞，你的病是阴，二日是阳，阳胜阴，说明病将除。应该说这种解释的确很妙，而晏子的聪明更在于他让这话从占梦者的口中说出来，这就越发增加了它的可信度。

3. 广博深邃之识

《晏子春秋》中还有些篇章在于表现晏子的博学多知、见识深邃，而这个特点往往是在遇到奇特之事时显示出来，这些篇因此也具有了颇为曲折离奇的情节和故事。

《内篇谏上·景公将伐宋瞢二丈夫立而怒晏子谏第二十二》奇在景公所梦，晏子的博识在于比占瞢者更知其所梦：

> 景公举兵将伐宋，师过泰山，公瞢见二丈夫立而怒，其怒甚盛。公恐，觉，辟门召占瞢者，至。公曰："今夕吾瞢二丈夫立而怒，不知其所言，其怒甚盛，吾犹识其状，识其声。"占瞢者曰："师过泰山而不用事，故泰山之神怒也。请趣召祝史祠乎泰山则可。"公曰："诺。"明日，晏子朝见，公告之如占瞢之言也。……晏子俯有间，对曰："占瞢者不识也，此非泰山之神，是宋之先汤与伊尹也。"公疑，以为泰山神。晏子曰："公疑之，则婴请言汤伊尹之状也。汤皙而长，颐以髯，兑上丰下，倨身而扬声。"公曰："然，是已。""伊尹黑而短，蓬而髯，丰上兑下，偻身而下声。"公曰："然，是已。今若何？"晏子曰："夫汤、太甲、武丁、祖乙，天下之盛君也，不宜无后。今惟宋耳，而公伐之，故汤伊尹怒，请散师以平宋。"景公不用，终伐宋。……军进再舍，鼓毁将殪。公乃辞乎晏子，散师，不果伐宋。

过泰山梦见二丈夫发怒，按理说理解为泰山神挡路的确更顺理成章，难怪景公坚持相信占瞢者所说。晏子神就神在他不但想到这是宋之先人在阻拦景公伐宋，而且他对汤与伊尹的长相和声音都了如指掌。恰好景公梦醒后还"犹识其状，识其声"，于是当晏子描述一番后景公不得不认可梦中二丈夫乃宋之先人的说法。但他却没有采纳晏子的建议停止伐宋，结果"鼓毁将殪"，看来违逆神意还真是不行。说起来，这段记述带有神话传奇色彩，这更是小说虚构创作的特征之一。

《内篇杂下·景公瞢五丈夫称无辜晏子知其冤第三》所述之事同样缘于景公一次做梦，只不过这次所梦不是什么先王的神灵而是平民的冤魂，而这事晏子同样知晓：

> 景公畋于梧丘，夜犹早，公姑坐睡，而瞢有五丈夫北面韦庐，称无罪焉。公觉，召晏子而告其所瞢。公曰："我其尝杀不辜，诛

无罪邪?"晏子对曰:"昔者先君灵公畋,有五丈夫来骇兽,故并断其头而葬之,命曰'五丈夫之丘',此其地邪?"公令人掘而求之,则五头同穴而存焉。公曰:"嘻!"令吏厚葬之。……

景公一声"嘻",是惊叹晏子料事如神,因为晏子猜想景公所梦应是当年灵公杀的五个男子,这里应是"五丈夫之丘",结果是真的发现了五头之穴。如果不是知之如此之多,晏子不可能作出如此准确的判断。

《内篇杂下·柏常骞禳枭死将为景公请寿晏子识其妄第四》所述,又是晏子以其多知戳穿柏常骞骗君的伎俩,而篇章前半部分描述柏常骞欺骗景公的情节本身就颇曲折生动:

　　景公为路寝之台,成,而不踊焉。柏常骞曰:"君为台甚急,台成,君何为而不踊焉?"公曰:"然! 有枭昔者鸣,声无不为也,吾恶之甚,是以不踊焉。"柏常骞曰:"臣请禳而去。"公曰:"何具?"对曰:"筑新室,为置白茅焉。"公使为室,成,置白茅焉。柏常骞夜用事。明日,问公曰:"今昔闻枭声乎?"公曰:"一鸣而不复闻。"使人往视之,枭当陛,布翌,伏地而死。公曰:"子之道若此其明也,亦能益寡人之寿乎?"对曰:"能。"公曰:"能益几何?"对曰:"天子九,诸侯七,大夫五。"公曰:"子亦有征兆之见乎?"对曰:"得寿,地且动。"公喜,令百官趣具骞之所求。

柏常骞明明是把那只讨厌的枭杀死了,却假装用禳灾之法令其毙命,结果使景公对他刮目相看,又问他既然如此神明,能不能让自己多活几年。柏常骞只得继续骗下去,并称如果作法益寿成功,"地且动"就是证明。于是大家忙忙活活为他准备作法之具,这时他在路上遇到了晏子,遂告知将主持大祭为景公祈寿。晏子听后也问了同景公所问差不多同样的一个问题:"然则福兆有见乎?"柏常骞作出的是同样的回答:"得寿,地将动。"晏子一听,马上明白了这家伙的把戏,因为他也从种种迹象看到"地将动"的征兆,这与益不益寿毫无关系:

　　晏子曰:"骞! 昔吾见维星绝,枢星散,地其动,汝以是乎?"柏常骞俯有间,仰而对曰:"然。"晏子曰:"为之无益,不为无损也。汝薄敛,毋费民,且[无]令君知之。"

被晏子说中的柏常骞只得承认的确是根据"维星绝,枢星散"判断了"地且动"才拿来懵景公。按说他这是犯了欺君的死罪,不过晏子心善,并不打算告他让他丢命,而是让他自己主动停止这骗人的勾当,并主动去对景公说明原委。

《内篇杂上·景公游纪得金壶中书晏子因以讽之第十九》所述事情本身有些奇异,对此事的解读则显出晏子不一般的见识:

> 景公游于纪,得金壶,发而视之,中有丹书,曰:"无食反鱼,勿乘驽马。"公曰:"善哉! 如若言;食鱼无反,则恶其鳋也;勿乘驽马,恶其不远取道也。"晏子对曰:"不然。食鱼无反,毋尽民力乎!勿乘驽马,则无置不肖于侧乎!"公曰:"纪有书,何以亡也?"晏子对曰:"有以亡也。婴闻之,君子有道,悬之间。纪有此言注之壶,不亡何待乎!"

景公游历已经归于齐的纪国故地,不但捡到了一个金壶,金壶中还有一片竹简,竹简上还用红笔写着莫名其妙的两句话,八个字,这真是一次奇遇。问题是"无食反鱼,勿乘驽马"究竟是什么意思。景公没有多想,吃鱼只吃一面,不就是嫌它腥吗,不要乘笨马,当然是嫌它走不远。晏子却感到不会这么简单,一定有其寓意,于是作了深层的解读,不要将鱼吃光,隐含的是"毋尽民力",不要乘笨马,显然是要任人唯贤。当然,晏子这也是借题发挥,给景公提个醒。景公心里承认晏子之说比他高出一筹,但仍质疑,如果纪国真有这种意思的丹书,怎么还会亡国? 晏子的回答更加耐人寻味,正因为这种丹书只能藏在金壶中,所以纪国不亡国才怪呢!

总之,《国语》《晏子春秋》总体而言有"语体""说体"的故事体制,却因长篇记言而缺乏"说体"味道,但其中都有一些近乎小说的篇章,因此,它们在小说发生过程中的作用还是值得关注的。

第三节 《汲冢琐语》与先秦杂史"小说"

一、《汲冢琐语》谁给题的名

《汲冢琐语》是西晋出土的战国中后期魏王墓"汲冢书"中的一种,因原书用战国科斗文字书写,故又称《古文琐语》,《晋书》著录时称为

《琐语》。"琐语"是出土时竹简原题书名,还是整理者为之命名,这对于我们考察先秦"小说"文体本是一条十分重要的信息,可惜遍索当时有关著录、记述和提及,却难以得出肯定或否定的结论。

关于汲冢书的出土与整理,记述最详者当属《晋书·束皙传》:

> 初,太康二年,汲郡人不准盗发魏襄王墓,或言安釐王冢,得竹书数十车。其《纪年》十三篇……盖魏国之史书,大略与《春秋》皆多相应。……其《易经》二篇,与《周易》上下经同。《易繇阴阳卦》二篇,与《周易》略同,《繇辞》则异。《卦下易经》一篇,似《说卦》而异。《公孙段》二篇,公孙段与邵陟论《易》。《国语》三篇,言楚、晋事。《名》三篇,似《礼记》,又似《尔雅》《论语》。《师春》一篇,书《左传》诸卜筮,"师春"似是造书者姓名也。《琐语》十一篇,诸国卜梦妖怪相书也。《梁丘藏》一篇,先叙魏之世数,次言丘藏金玉事。《缴书》二篇,论弋射法。《生封》一篇,帝王所封。《大历》二篇,邹子谈天类也。《穆天子传》五篇,言周穆王游行四海,见帝台、西王母。《图诗》一篇,画赞之属也。又杂书十九篇:《周食田法》《周书》《论楚事》《周穆王美人盛姬死事》。大凡七十五篇,七篇简书折坏,不识名题。……漆书皆科斗字。初发冢者烧策照取宝物,及官收之,多烬简断札,文既残缺,不复诠次。武帝以其书付秘书校缀次第,寻考指归,而以今文写之。皙在著作,得观竹书,随疑分释,皆有义证。迁尚书郎。①

这段文字提到"汲冢书"中十九部书的书名,没有明确交待这些书名是固有的还是整理者题识的。但从有些书名或有些说法看,似乎可以理解为原有书名。比如其中提到"《名》三篇,似《礼记》,又似《尔雅》《论语》",如果不是原书称"名",整理者似乎不会用"名"来题书;其中又说"《师春》一篇,书《左传》诸卜筮,'师春'似是造书者姓名也",这对"师春"的猜测,不知是猜测原书为何以"师春"为题,还是猜测整理者为何以"师春"为书名? 特别是"大凡七十五篇,七篇简书折坏,不识名题"几句,很容易让人理解为七篇之外其他书名都是被辨识出来的结果。还有,关于对这批书的整理,也只提到"校缀次第,寻考指归,而以

---

① 《晋书》,第 1432～1433 页,北京:中华书局,1974。

今文写之","随疑分释,皆有义证",没有提到题写书名。

然而,参照东晋王隐《晋书·束皙传》的说法,就会发现问题并不如此简单。王隐《晋书》已佚,孔颖达在为杜预《春秋左传集解后序》作疏时转述其中有关记述云:

> 王隐《晋书》……《束皙传》云:太康元年,汲郡民盗发魏安釐王冢,得竹书漆字科斗之文。……大凡七十五卷,《晋书》有其目录。其六十八卷皆有名题,其七卷折简碎杂,不可名题。有《周易》上下经二卷,《纪年》十二卷,《琐语》十一卷,《周王游行》五卷,说周穆王游行天下之事,今谓之《穆天子传》。此四部差为整顿。汲郡初得此书,表藏秘府,诏荀勖、和峤以隶字写之。①

关于书名的出入,最明显者是《晋书·束皙传》所称《穆天子传》,王隐《晋书》却称"《周王游行》",并说"今谓之《穆天子传》",只此一条便足以说明,《晋书·束皙传》所提书名,不一定都是原书所题。至于王隐所称《周王游行》是原书所题还是当时著录所题,也很难确定。还有,《晋书·束皙传》所谓"七篇简书折坏,不识名题",王隐《晋书》的说法却是"其七卷折简碎杂,不可名题",很容易让人理解为因七卷已无法辨识内容,故无法为它们确定篇题或书名。

今见《晋书》乃唐代房玄龄等所撰,比较而言,似当以东晋人王隐所撰《晋书》更为可靠。

如此说来,"琐语"究竟是该书原题还是西晋整理者所题,还在两可之间。

"琐",琐屑、细小也;"语",即"说体"之一称;"琐语"也就相当于"小说"。这样一来,如果"琐语"是该书原题,是写作者或编辑者所题,也就意味着时当战国中期已经出现以"琐语"("小说")作为传说、故事总称的专书,意味着说体中"小说"意识的自觉。如果"琐语"是西晋文献整理者所题,则意味者整理者通过对全书内容和文体特点的把握,终以"小说"目之,由此也可见该书确有"细语""小说"的特征。

二、《汲冢琐语》所记何人何事

《晋书》称"《琐语》十一篇",王隐《晋书》称"十一卷",前者当是指

---

① 《十三经注疏》,第 2188 页,北京:中华书局,1980。

出土时科斗古文竹简的篇数,后者当是指经整理校正并用当时文字写定后的卷数。该书公之于世后得以在文人学者中传播,至唐宋仍见于书目著录,然《隋书·经籍志》称"《古文琐语》四卷",自注"《汲冢书》",《旧唐书·经籍志》《新唐书·艺文志》均称"《古文锁语》四卷","琐"写作"锁"。"十一卷"变为"四卷",不知是篇卷整合所致,还是传世中篇章散佚所致;"琐"写作"锁",则应是抄写时音同致误。该书可能至南宋后亡佚不传,晁公武《郡斋读书志》、陈振孙《直斋书录解题》、《宋史·艺文志》均不再见到对它的著录。马国翰《玉函山房辑佚书》、王仁俊《玉函山房辑佚书续编》、严可均《全上古三代文》等据《水经注》《春秋左传注疏》《北堂书抄》《初学记》《艺文类聚》《文选注》《事类赋注》《太平广记》《太平御览》《史通》等所引辑其佚文,仅得二十余则。

今据严可均《全上古三代文》所辑录①,二十余则中,完整的仅十五六条,相对于原书十一卷,不能说挂一漏万,也算得上挂十漏百,现在我们关于该书的总结,只能是睹一斑而说全豹。

首先,二十几则涉及到的人物,知名的有大舜、伊尹、周宣王、周幽王、太子宜臼(臼)、晋平公、子产、齐景公、师旷、晏子、范献子、宋景公、知伯等;而"冶氏女"条,实为讲述晋大夫荀林父出生故事;"宋景公问于刑史子臣"条、"刑史子臣谓宋景公"条,刑史子臣虽不见于《左传》《国语》,但与宋景公相关,应是宋国刑史无疑;唯"蒲且子见双凫过之"条中的蒲且子不知何许人也。据此推之,该书所述当以历史人物的事迹为主,而且主要是王公贵族诸侯大夫之事,应该没有虚构人物。

其次,关于该书所述内容,《晋书·束皙传》有"《琐语》十一篇,诸国卜梦妖怪相书也"的说法,今考之佚文,其说大致可信,但还不能说这是一部记异语怪的专书。

二十几则中可见故事者十八则,记述卜梦、解梦、预言、怪异、遥知等事件或事迹者有十五则。其中有的语怪色彩十分明显。如《师旷御晋平公》条②:

① 严可均:《全上古三代秦汉三国六朝文》第一册,第 205～206 页,石家庄:河北教育出版社,1997。
② 本章所引《琐语》,均见《汲冢琐语》(《全上古三代秦汉三国六朝文》本),石家庄:河北教育出版社,1997。下引《琐语》文字不再出注。

师旷御晋平公,鼓瑟,辍而笑曰:"齐君与其嬖人戏,坠于床而伤其臂。"平公命人书之曰:"某月某日,齐君戏而伤。"问之于齐侯,齐侯笑曰:"然,有之。"

在晋国鼓瑟的师旷居然能遥知此时此刻齐国国君发生了"与其嬖人戏,坠于床而伤其臂"的好笑事,后来晋平公按照当时"命人书之"的日期问齐侯,齐侯的回答果如师旷所言,师旷之神已非常人所能。再如"刑史子臣谓宋景公"条:

初,刑史子臣谓宋景公曰:"从今已往五祀五日,臣死。自臣死后五年,五月丁亥,吴亡。已后五祀,八月辛巳,君薨。"刑史子臣至死日,朝见景公,夕而死。后吴亡,景公惧,思刑史子臣之言,将至死日,乃逃于瓜圃,遂死焉。求得,已虫矣。

刑史子臣不但预言到五年后自己的死日、十年后吴国的亡日,还预言了十五年后宋景公的死期,当宋景公看到刑史子臣果如其言而死、吴国果如其言而亡后,开始担心下一个会果如其言就是自己的死日了,但他还是想逃避死亡,于是私自离开宫廷,"逃于瓜圃",奇的是仍未逃出死神的魔爪,反而弄得大家都不知其去向,待大臣们终于找到他时,尸体已经爬满了虫子。

有的并非如此神算,但也属怪异之事。如《宣王之元妃生子不恒》条:

宣王之元妃生子不恒,期月而生,后弗敢举。天子召问群臣及元史,史皆答曰:"若男子也,身体有不全,诸骨节有不备者,则可;身体全,骨节备,不利于天子也,将必丧邦。"天子曰:"若而不利余一人,命弃之。"仲山甫曰:"天子年长矣,而未有子,或天将以是弃周,虽弃之,何益?且卜筮言,何必从?"天子乃弗弃之。

这件事只是涉及到宣王该不该抛弃早产小王子的问题,众史劝弃,仲山甫反对。但小王子的早产有点太过离谱,只满一个月便出生了,的确是"不恒"。又如《周王欲杀王子宜咎》条:

周王欲杀王子宜咎,立伯服。释,虎将执之,宜咎叱之,虎弭耳而服。

周幽王宠幸褒姒,欲去太子宜咎而立褒姒之子伯服,这本是很一般的宫廷废太子事件;欲假虎杀之,也是一般的做法;奇的是宜咎一声大

吼,老虎居然止步不前,服服贴贴,就有些不同寻常了。还有《蒲且子见双凫过之》条:

> 蒲且子见双凫过之,其不被弋者亦下。

野鸭被弋者射中,没入水中,称奇的是另一与之并游的并未被射中的野鸭,也跟着没入水中。这几则与所谓"卜梦妖怪相书"有一定出入,但也都是颇为奇特之事,故也可被列入记异语怪的范畴。

十八则中,另有三则所述事件没有任何怪异性。但其中有两则过简,可能只是摘引:

> 舜囚尧于平阳,取之帝位。今见有囚尧城。

> 仲壬崩,伊尹放太甲,乃自立四年。

完整故事中有没有怪异的细节,今已不得而知。而《周宣王夜卧而晏起》一条则完全可以肯定不是语怪内容:

> 周宣王夜卧而晏起,后夫人不出于房。姜后既出,乃脱簪珥,待罪于永巷,使其傅母通言于宣王曰:"妾之淫心见矣,至使君王失礼而晏起,以见君王之乐色而忘德也。乱之兴,从婢子起,敢请罪。"王曰:"寡人不德,实自生过,非夫人之罪也。"遂复姜后而勤于政事,早朝晏退,卒成中兴之名。

周宣王晚起,耽误了早朝,于是夫人主动待罪永巷,宣王自知这并非夫人过错,于是恢复了夫人之位,并再也不敢贪恋床笫。

只此一条,便不能说《琐语》是卜梦占筮语怪的专书,再加上无法确定是否语怪的两条,以及仅是记述奇特现象的几条,更可支持这一判断。

综合来看,这部书所记偏于异说怪语,奇闻轶事,宫廷私密,多不必进入正史,却可满足人们的好奇心。而在当时,卜梦占筮,预测吉凶,神灵怪异,自然会在这类记述中占有较大比重。

三、《汲冢琐语》属于哪种"小说"

《琐语》在《隋书·经籍志》《旧唐书·经籍志》和《新唐书·艺文志》中皆被列在"史部·杂史类",明代之后,则多以"小说"视之,如元末明初杨维桢《说郛序》在述及小说源流时说:"孔子述土虆、萍实于童谣,孟子证瞽叟朝舜之语于齐东野人,则知《琐语》《虞初》之流,博雅君子所不弃也。"明胡应麟在《少室山房笔丛·二酉缀遗》中称:"古今志怪小说,率以祖《夷坚》《齐谐》。然《齐谐》即《庄》,《夷坚》即《列》耳。二书固极诙谐,第寓言为近,纪事为远。《汲冢琐语》十一篇,当在《庄》《列》前。《束皙传》云诸国卜梦妖怪相书,盖古今小说之祖。惜今不传。"

如前所述,"小说"有先秦"小说家"所采"小说"与文学性"小说"之分,它们既有联系又有差异,那么,如果将《琐语》视为"小说",它究竟属于哪种"小说"呢?

首先可以肯定的是,《琐语》应该就是上一节所考索的包含"说""传""语"在内的"说体"故事著作。据东晋王隐《晋书》、唐代《晋书》等的介绍及二十几则佚文可知,该书中的文字大多篇幅不长,但全部为叙事体,一事一则,主旨便是叙事,没有据事说理的内容。而且其写法属于描述式,佚文中比较完整的篇章大多有情节,有故事,有人物对话、表情等的描写,与后世小说已经有些接近。其中《晋冶氏女徒》一则的描述就比较生动、具体:

> 晋冶氏女徒病,弃之。舞嚚之马僮饮马而见之。病徒曰:"吾良梦。"马僮曰:"汝奚梦乎?"曰:"吾梦乘水如河汾,三马当以舞。"僮告,舞嚚自往视之,曰:"尚可活,吾买汝。"答曰:"既弃之矣,犹未死乎?"舞嚚曰:"未。"遂买之。至舞嚚氏,而疾有间,而生荀林父。

这则故事讲述的是晋大夫荀林父之母的一段遭遇。其母原为晋冶氏家的女仆,因生病而被抛弃在河边,昏迷中梦见随水漂到河汾,有三匹马对着自己舞蹈,醒来后恰恰碰到舞嚚家的马僮前来饮马,便将这个梦告诉马僮。马僮颇感神奇,因为自己的主人正姓舞,于是便赶回去告诉主人。舞嚚亲自前来查看,发现此女子还能活过来,便将该女买下带回。后来这个女子生下了荀林父。这段描写中情节一波三折,女徒被弃、马僮饮马、女徒告梦、马僮回告、舞嚚往视、买女带回、女徒生子,事件过程叙述得完整详尽。这段描写中的对话尤为富于现场描摹性,先是女徒一见马僮开口只说我做了个吉利的梦,马僮反问"汝奚梦乎",女徒才对他描述了梦中的情景;后来舞嚚对女徒说"尚可活,吾买汝",女徒反问"难道我真的还没死吗",舞嚣十分肯定地回一句"没有",女徒昏病中将信将疑的状态,舞嚣的安慰,鲜活可见,已经颇有些戏剧对白的味道。

表情描写则以前面已经引到的《师旷御晋平公》一则最为典型。师旷鼓瑟,突然停了下来,"笑曰":"齐君与其嬖人戏,坠于床而伤其臂。"这个"笑"字,表现的是师旷因齐君是在与宠妃戏耍时跌下床伤了臂而感到好笑,忍不住笑了出来。后来当晋平公问齐侯是否有此事时,"齐侯笑曰'然,有之'",这个"笑"字,表现的则是齐侯因私事被人得知而感到不好意思,是一种自我解嘲的笑。两个"笑"字,使整篇叙事富于生活的气息。

此外,《琐语》中甚至还有心理描写的部分,如前面引到的《刑史子臣谓宋景公》条,宋景公眼见被刑史子臣预言的事情一一发生,下面该轮到自己的死期,便私自逃到瓜圃,对此,作者描写道:"后吴亡,景公惧,思刑史子臣之言,将至死日,乃逃于瓜圃,遂死焉。求得,已虫矣。"景公私自逃亡,没有对任何人讲起,待人们找到他时,已死多日,尸体上已爬满虫子,那么逃亡前他的"惧",他的"思",更多的应是作者对人物心理活动的揣摩。

其次,就题材、篇幅、规模来看,与"说体"中的先秦"小说"十分接近又略有不同。

关于题材,上面在述及《琐语》"所记何人何事"时已经可见,其内容多为不必纳入正史的异说怪语、奇闻轶事、宫廷私密,其来源或许出于小道传闻、史家别说,流传中不免生发演绎,往往难以坐实。比如其中关于"齐景公伐宋"一事的描述出现了两则,其说法就有出入:

> 齐景公伐宋,至曲陵,梦见大君子,甚长而大,大下而小上,其言甚怒,好仰。晏子曰:"若是,则盘庚也。夫盘庚之长九尺有余,大下小上,白色而髯,其言好仰而声上。"公曰:"是也。""是怒君师,不如违之。"遂不伐宋也。

> 齐景公伐宋,至曲陵,梦见有短丈夫宾于前。晏子曰:"君所梦何如哉?"公曰:"其宾者甚短,大上而小下,其言甚怒,好俯。"晏子曰:"如是,则伊尹也。伊尹甚大而短,大上小下,赤色而髯,其

言好俯而下声。"公曰:"是矣。"晏子曰:"是怒君师,不如违之。"遂不果伐宋。

这两则分明记述的是同样一件事,晏子以齐景公梦到宋之先人"其言甚怒"为由,劝其放弃伐宋。但两则在对所梦人物的描写上颇有出入,甚至刚好相对。前一则所梦为盘庚,后一则所梦为伊尹;前者为"大君子,甚长而大",后者为"甚短";前者"大下而小上",后者"大上而小下";前者"好仰",后者"好俯";前者"声上",后者"下声"。如此恰巧一一相对,颇带有民间说书人描绘演绎的色调;而一为盘庚,一为伊尹,哪一个属于历史事实,已经难以定夺。关于此事,《晏子春秋》中也有记述,又是另一个"版本",景公同时梦到了汤和伊尹,可见这些故事的传说性质。

齐景公伐宋虽属于正史题材,但这篇文字记述的重心不在政治和军事,而在做梦释梦,事之有无、事之究竟都在两可之间。

而据《晋书》及后来文献的介绍,该书的体例、规模却非先秦"小说"而像是国别体史书。该书出土时十一篇(卷),《晋书·束皙传》称"诸国卜梦妖怪相书也",从佚文看,所记有周王朝事,也有晋、齐、楚、宋等国事,的确是"诸国"之事。另据《史通》称,"《汲冢琐语》记太丁时事,以为《夏殷春秋》","《琐语》又有《晋春秋》,即献公十七年事","《琐语春秋》载鲁国闵公时事,言之最详"。① 可知其内容是按诸国分别编排的。这样,这部著作又较多带有历史著作的色彩。

再次,与后世文学性小说相比,《琐语》确有许多虚幻成分,但尚未达到有意虚构创作的程度。

《琐语》被称为"小说之祖",主要原因即在于它有许多"卜梦妖怪"的内容,诸如晋冶氏女被弃后梦"三马当以舞"而恰遇舞器马僮,师旷在晋鼓瑟却能知齐景公伤臂之事,宋的先人会现梦阻止齐景公伐宋,刑史子臣能准确预言五年后自己的死、十年后吴国的亡和十五年后宋景公的死,其神奇都超出了寻常能令人置信的程度,应该有传者或作者生发、演绎的成分。

不过,《琐语》的虚幻仍还限定在历史叙事的范畴中。所述事件多

---

① 亦见《全上古三代秦汉三国六朝文》第一册,第 207 页,石家庄:河北教育出版社,1997.

属发生在历史上实有人物身上的故事,其卜梦、占筮、预言、征兆等更多的仍属于人类文化发展早期的普遍现象,这种虚幻与神话思维更为接近,其中不少掺杂着对神话的讲述。比如《晋平公梦见赤熊窥屏》和《晋平公与齐景公乘》条:

> 晋平公梦见赤熊窥屏,恶之而有疾。使问子产,子产曰:"昔共工之卿曰浮游,既败于颛顼,自没沉淮之渊。其色赤,其言善笑,其行善顾,其状如熊,常为天王祟。见之堂,则王天下死;见之堂下,则邦人骇;见之门,则近臣忧;见之庭,则无伤。今窥君之屏,病而无伤。祭颛顼共工,则瘳。"公如其言而病间。

> 晋平公与齐景公乘,至于浍上,见人乘白骖八驷,以来平公之前。公问师旷曰:"有犬狸身而狐尾者乎?"师旷有顷而答曰:"有之。首阳神,其名曰者来。首阳之神饮酒霍太山而归其居,而于浍乎见之,甚善,君有喜焉。"

共工、颛顼是《山海经》中神话系列中的大神,首阳山神在《山海经》中也有提及,子产、师旷的描述,只不过是在已有神灵基础上的演绎,与文学性小说"无中生有"地虚构人物和情节尚有一定的距离。

基于上述种种特征,《琐语》大致可归于杂史小说的范畴。所述均为王公大臣等历史人物的事迹,按国别编排的体例,可归为"史";所述事迹多为不入正史的轶事、琐事、私事,可归为"杂";据传闻,有演绎,多奇幻,难考信,可归为"小说家"之"小说"。

关于《琐语》之后的"杂史",《隋书·经籍志》列出了《战国策》《楚汉春秋》《越绝》《吴越春秋》等,指出"其属辞比事,皆不与《春秋》《史记》《汉书》相似,盖率尔而作,非史策之正也",并称它们"又有委巷之说,迂怪妄诞,真虚莫测",[①]与《琐语》确乎有相近之处,而《越绝书》《吴越春秋》正是汉代杂史杂传的代表性著作,广义地看,有些文学史则已经将它们视为汉代小说了。

当然,《琐语》作为战国时期的著作,文体分体意识还没有形成,其中多记杂史,杂史中又有占相当大比重的志怪内容,因此,它又被视为

---

① 《隋书》,第962页,北京:中华书局,1973。

"纪异之祖",明胡应麟除称其为"小说之祖"外,又说"《束皙传》所云诸国卜梦妖怪相书者,推此可见,盖古今纪异之祖,出《虞初》前"。① 考察其后形成的志怪小说,与《琐语》中有些记述也确乎有十分相近的部分。

总之,《琐语》兼有杂史、志怪小说的特征。不过,由于该书战国末即已亡佚,西晋出土后至宋又亡,很难看到后代小说创作与该书直接的源流关系。这部书的价值在于,它让我们看到了先秦时期确实已经出现了"说体"著作,其中蕴含着杂史小说、志怪小说孕育生长的成分,汉代之后志怪小说、杂史小说的出现不是偶然的,乃是先秦说体散文发展的必然结果。

第四节 《韩非子》《吕氏春秋》中近小说的"说体"故事

先秦散文中,诸子散文以说理为主,是与小说文体相去较远的一个部分。然而,正如第一节在论证"说体"时,开篇即以《韩非子》中的《说林》《储说》为凭据,诸子喜援引"说体"故事以立论,在其篇章中,便保存了许多先秦固有的"说体"材料,其中不乏一些接近小说的故事,因此也可以作为考察中国古代小说发生的重要对象。其中尤以《韩非子》《吕氏春秋》中的"说体"故事最为集中和丰富。

一、《说林》《储说》中近小说的"说体"故事

如前所述,《韩非子》中《说林》《储说》中的"说"即"说体"故事,这两部作品乃是对先秦"说体"故事的集中收录。不过,由于《韩非子》本身是一部说理著作,收录"说体"故事也是为说理而备,《储说》甚至已经将"说体"故事分门别类,专为证说某一论点而被选择和安排,因此,这些"说体"故事大多更具有寓言性质,相对来说具体描摹生活细节的近小说的"说体"故事并不占有很大比重。

值得注意的是,与韩非对人性的反省、对社会的剖析有关,《说林》《储说》所收录的近小说的"说体"故事,在揭示生活内容方面,对于人

---

① [明]胡应麟:《少室山房笔丛》(《四库全书》本)卷二十九。

情冷暖、人性善恶、人类生存的方方面面有更广泛、更深刻的反映。

《子圉见孔子于商太宰》写的是人性中偏狭的嫉妒心理①：

> 子圉见孔子于商太宰。孔子出，子圉入，请问客。太宰曰："吾已见孔子，则视子犹蚤虱之细者也。吾今见之于君。"子圉恐孔子贵于君也，因谓太宰曰："君已见孔子，亦将视子犹蚤虱也。"太宰因弗复见也。
>
> （《说林上》）

子圉因太宰见到孔子后就看不起自己而生恐，而该篇妙就妙在他也以同样的下场威胁太宰，你若将孔子推荐给君王，君王也会"视子犹蚤虱也"，于是太宰也放弃了推荐孔子的打算。两个人乃同一个心理，难怪人材常受压抑。

因嫉妒而阻塞、而压抑也就罢了，更有甚者，则是因此而生的害人之举：

> 费无极，荆令尹之近者也。郤宛新事令尹，令尹甚爱之。无极因谓令尹曰："君爱宛甚，何不一为酒其家？"令尹曰："善。"因令之为具于郤宛之家。无极教宛曰："令尹甚傲而好兵，子必谨敬，先亟陈兵堂下及门庭。"宛因为之。令尹往而大惊，曰："此何也？"无极曰："君殆去之！事未可知也。"令尹大怒，举兵而诛郤宛，遂杀之。
>
> （《内储说下》）

费无极残害郤宛的手段极其高明，不露声色，只是"好意"劝令尹饮酒郤家、劝郤宛陈兵堂下，便挑起一场兵戈相见的大误会，其结局极其惨烈，而起因仅仅是因为费无极嫉恨郤宛得新宠。

《晋中行文子出亡》写了晋大夫中行文子对所谓"故人"的准确判断，同时也写出了那般趋炎附势的小人嘴脸：

> 晋中行文子出亡，过于县邑。从者曰："此啬夫，公之故人。公奚不休舍，且待后车？"文子曰："吾尝好音，此人遗我鸣琴；吾好佩，此人遗我玉环：是振我过者也。以求容于我者，吾恐其以我求容于人也。"乃去之。果收文子后车二乘而献之其君矣。
>
> （《说林下》）

---

① 本章所引《韩非子》，均见《韩非子集解》，《诸子集成》本，上海书店出版社 1986 年版，本章下引《韩非子》文字不再出注。

　　说到趋炎附势，《鸱夷子皮事田成子》一则更是以近乎喜剧的情节和描写揭示了这一社会现象：

　　　　鸱夷子皮事田成子。田成子去齐，走而之燕，鸱夷子皮负传而从。至望邑，子皮曰："子独不闻涸泽之蛇乎？泽涸，蛇将徙。有小蛇谓大蛇曰：'子行而我随之，人以为蛇之行者耳，必有杀子者。子不如相衔负我以行，人必以我为神君也。'乃相衔负以越公道而行。人皆避之，曰：'神君也。'今子美而我恶。以子为我上客，千乘之君也；以子为我使者，万乘之卿也。子不如为我舍人。"田成子因负传而随之。至逆旅，逆旅之君待之甚敬，因献酒肉。

　　　　　　　　　　　　　　　　　　　　　　　　　　（《说林上》）

鸱夷子皮原本是田成子的跟班，他却让田成子假装成自己的跟班，这样一来，他的身价立马见长，因为像田成子这般一表人才、气度非凡的人只能做他的跟班，那他该有多大的权势？这一招还真灵，所到逆旅果然对他们另眼相看，还白搭上了酒和肉。

　　《隰斯弥见田成子》则写出了一种十分微妙的处世心机，也见出了暗藏杀机的政治环境和人际关系：

　　　　隰斯弥见田成子，田成子与登台四望。三面皆畅，南望隰子家之树蔽之。田成子亦不言。隰子归，使人伐之。斧离数创，隰子止之。其相室曰："何变之数也？"隰子曰："古者有谚曰：'知渊中之鱼者不祥。'夫田子将有大事，而我示之知微，我必危矣。不伐树，未有罪也；知人之所不言，其罪大矣。"乃不伐也。

　　　　　　　　　　　　　　　　　　　　　　　　　　（《说林上》）

隰斯弥回到家中的第一反应是伐树，因为他知道自家的树挡住了田成子的视线，这惹田氏不高兴了；第二反应是停下来，因为他转而一想，不伐树最多是惹他不高兴，总不至于丢命，而伐树则意味着自己能看透田氏的心思，这却有可能招来杀身之祸，因为田氏正酝酿着代齐的"大事"，被人猜到这还了得！我们不得不佩服隰子的智慧，我们更看到了政治的险恶。

　　《齐中大夫有夷射者》写的又是人性中可怕的报复心理：

　　　　齐中大夫有夷射者，御饮于王，醉甚而出，倚于郎门。门者刖跪请曰："足下无意赐之余隶乎？"夷射叱曰："去！刑余之人，何事乃敢乞饮长者!"刖跪走退。及夷射去,刖跪因捐水郎门霤下,类溺者之状。明日,王出而呵之,曰:"谁溺于是?"刖跪对曰:"臣不见也。虽然,昨日中大夫夷射立于此。"王因诛夷射而杀之。

(《内储说下》)

每个人都有自尊,受刑而残之人这种自尊更为强烈,而中大夫夷射醉醺醺口不择言,所伤的正是刖跪的自尊,他万万想不到这刖跪并不好惹,你瞧不上刑余之人,而刑余之人自有职掌,我是看门人,我就能说昨天晚上是谁站在这像泡溺的水旁边的。一件不起眼的小事却酿出一条人命,怎不让人一声叹息。

《燕人李季好远出》演绎了一场闹剧,让人们看到的是夫妻之间的背叛和骗局:

　　　　燕人李季好远出,其妻私有通于士,季突至,士在内中,妻患之。其室妇曰:"令公子裸而解发,直出门,吾属佯不见也。"于是公子从其计,疾走出门。季曰:"是何人也?"家室皆曰:"无有。"季曰:"吾见鬼乎?"妇人曰:"然。""为之奈何?"曰:"取五牲之矢浴之。"季曰:"诺。"乃浴以矢。

(《内储说下》)

"燕人惑易,故浴狗矢"(《内储说下》),此乃燕国风俗。然而燕人李季这盆狗屎浴却十分冤枉,因为他的"惑易"(幻觉)、"见鬼"完全是他那与人私通的老婆造出来的。真难为她这女管家竟然想出如此损招,让其相好披头散发、赤裸着身子从她丈夫眼皮底下走过去,而一大家子人都跟着睁眼说瞎话,硬说什么都没看见,可怜这丈夫只能自认见鬼了。这也是没有办法的办法,做妻子的不想让丈夫发现自己的私情,偏偏他又突然撞上了,只好骗他一骗了。这就是百态人生。

不难发现,在这里,似乎更多显示了人性中邪恶、丑陋、劣根的方面,但我们又不得不承认,这确是生活中实际存在的现象,只不过在这里得到了比较集中、凸显的展示。正因为涉及到了每个个体人性的多个层面,才使得这些"说体"故事越出了一般历史记事的范畴,更带有小说的意味。

二、《吕氏春秋》中近小说的"说体"故事

在今见先秦诸子著作中,《吕氏春秋》的成书是被记述得最明确的。

《史记》两次提及，一见于《十二诸侯年表》："吕不韦者，秦庄襄王相，亦上观尚古，删拾《春秋》，集六国时事，以为八览、六论、十二纪，为《吕氏春秋》"[①]；一见于《吕不韦列传》："当是时，魏有信陵君，楚有春申君，赵有平原君，齐有孟尝君，皆下士喜宾客以相倾。吕不韦以秦之强，羞不如，亦招致士，厚遇之，至食客三千人。是时诸侯多辩士，如荀卿之徒，著书布天下。吕不韦乃使其客人人著所闻，集论以为八览、六论、十二纪，二十余万言。以为备天地万物古今之事，号曰《吕氏春秋》。布咸阳市门，悬千金其上，延诸侯游士宾客有能增损一字者予千金。"[②]

据此可知，《吕氏春秋》成书于秦灭六国之前吕不韦仍在当政之际（公元前 237 年秦王政十年吕不韦免相），书由吕不韦门客集体撰著、吕氏主编而成，是一部体系完备的囊括"天地万物古今"的巨著。

值得斟酌的是该书的文体性质。《十二诸侯年表》是在概述《春秋》源流及承续传统时提到吕氏撰书的，并称其"删拾《春秋》，集六国时事"，《吕不韦列传》也强调"人人著其所闻"，并认为之所以"号曰《吕氏春秋》"，乃在于"备天地万物古今之事"。这显示了《吕氏春秋》从书名到内容的记事特点。然而，就其"八览、六论、十二纪"的构篇特别是具体篇目的行文来看，该书又分明是以论带事，具有说理文的特征，吕氏撰书的动因，也是鉴于"是时诸侯多辩士，如荀卿之徒，著书布天下"，而"荀卿之徒"所撰的正是说理文。《汉书·艺文志》列《吕氏春秋》在"诸子略·杂家"类，后世哲学史、文学史也都视之为诸子著作。这又显示了《吕氏春秋》的论说性质。

因此，这是一部比较特别的著作，在说理、持论的通体结构之中，每一览、每一论、每一纪中的每一点中又都分门别类充斥着大量掇拾、听闻而来的说体故事。又因为著作者众多，视角不同，所采不限，保留下来的故事也就既多且广，差不多可以算得上"说体"集锦。

《吕氏春秋》中的"说体"故事有的已见于此前各种史书、子书，如《孟冬纪·异宝》中"司城子罕辞玉"事、《贵直论·过理》"沮麛触槐而死"事、《慎行论·慎行》中"费无忌谗害忠良最终亦被诛"事已分别见载于《左传·襄公十五年》《左传·宣公二年》《左传·昭公十九年、二

---

① 《史记》，第 510 页，北京：中华书局，1959。
② 《史记》，第 2510 页，北京：中华书局，1959。

十年、二十七年》,《似顺论·似顺》中"尹铎为晋阳"事已见载于《国语·晋语九》,《季冬纪·士节》中"北郭骚以死报晏子"事已见于《晏子春秋·内篇杂上》,《开春论·爱类》中"墨子止公输般攻宋"事已见于《墨子·公输》等等;有的同时亦见载或见引于它书,如《季秋纪·知士》"静郭君善剂貌辨"事亦见《战国策·齐策》,《慎大览·权勋》"竖谷阳进酒而司马子反诛"事亦见《韩非子·十过》等等,可知《吕氏春秋》中的故事确为"删拾"而来。不过,其中还有更多的故事为今见先秦各书所不载。毕竟今见先秦典籍已经是历经沧桑、劫后余生的极小的部分了,而战国末年的秦国,会聚了来自各列国的博闻多识之士,作为力求"备天地万物古今之事"的杂家著作,《吕氏春秋》著述的视角又不限于一家一说,这些士人广泛采录各种听闻记载,因此许多见于各种典籍的故事被引用,后来这些典籍陆续亡佚,故事却赖《吕氏春秋》得以保存,其中很可能包括"小说家"著述中的某些部分。

　　集中梳理《吕氏春秋》中的"说体"故事,会发现该书毕竟是以论带事,以事证论,不以讲说故事为旨归,其中的"说体"故事大多具有寓言性质,其笔法多是概要叙述式,对于原本属于描写式的故事,也多做了变描写为叙述的简化处理,诸如晋国"骊姬谗害诸公子"事件,在《国语》《左传》中都有生动描绘,而在《吕氏春秋·离俗览》中仅以几百字概言之即是。尽管如此,该书毕竟采录驳杂,为我们留下了一些出自"百家"甚至可能出自"小说家者言"的颇近小说的记事片段,且因为视角亦驳杂,这些故事的内容较之《韩非子》要更丰富一些。

　　1. 神异

　　有的故事仍带有神异、虚幻的内容和因素,颇富于传奇色彩。《孝行览·本味》中关于伊尹出生空桑的描述几乎就是一篇神话小说①:

　　　　有侁氏女子采桑,得婴儿于空桑之中,献之其君。其君令烰人养之,察其所以然。曰:"其母居伊水之上,孕,梦有神告之曰:'臼出水而东走,毋顾!'明日,视臼出水,告其邻,东走十里而顾,其邑尽为水,身因化为空桑。故命之曰伊尹。"此伊尹生空桑之故也。长而贤。汤闻伊尹,使人请之有侁氏,有侁氏不可。伊尹亦

────────────

① 本章所引《吕氏春秋》,均见《吕氏春秋》,《诸子集成》本,上海书店出版社 1986 年版,本章下引《吕氏春秋》文字不再出注。

欲归汤,汤于是请取妇为婚。有侁氏喜,以伊尹媵女。

　　伊尹作为辅佐商汤取天下的名臣,是一位传奇人物,《楚辞·天问》就有针对他事迹的提问,所谓"成汤东巡,有莘爰极。何乞彼小臣,而吉妃是得?水滨之木,得彼小子。夫何恶之,媵有莘之妇?"《墨子·尚贤下》也有"昔伊尹为莘氏女师仆,使为庖人"的说法,可见关于他出身、来历的传说一定十分丰富。《吕览》中的这一段即详尽、生动地描述了伊尹之母化身为空桑的离奇情节。就今见典籍来说,这一故事的具体描述始见于此,但从《楚辞·天问》所问来看,其情节在此前已经完备,那么作者必定有所凭依,只是不知作者所采所本。《汉书·艺文志》"小说家"列有"《伊尹说》二十七篇",已佚,其中应该就包含有诸如此类的传说,或许这段故事就出自《伊尹说》之类"小说家"的著作也未可知。

　　《仲冬纪·至忠》中"楚申公劫随兕疾而死"的故事虽重在表现主人公的至忠,但其中的应验也颇具神秘色彩:

　　　　荆庄哀王猎于云梦,射随兕,中之。申公子培劫王而夺之。王曰:"何其暴而不敬也?"命吏诛之。左右大夫皆进谏曰:"子培,贤者也,又为王百倍之臣,此必有故,愿察之也。"不出三月,子培疾而死。荆兴师,战于两棠,大胜晋,归而赏有功者。申公子培之弟进请赏于吏曰:"人之有功也于军旅,臣兄之有功也于车下。"王曰:"何谓也?"对曰:"臣之兄犯暴不敬之名,触死亡之罪于王之侧,其愚心将以忠于君王之身,而持千岁之寿也。臣之兄尝读故记曰:'杀随兕者,不出三月。'是以臣之兄惊惧而争之,故伏其罪而死。"王令人发平府而视之,于故记果有,乃厚赏之。

　　说起来,这段故事的叙事也颇值得称道,事情一开始就让人有些吃惊,贤者申公居然毫无道理地将楚王射中的随兕抢了过去,难怪气得楚王要杀掉他,在左右的劝解下才饶他一命;接下来,不出三月,申公居然莫名其妙地"疾而死",也有些出人意料。对此,作者没有给以任何解释。直到后来楚师大胜晋师、楚王赏有功时,作者才让申公之弟站出来为其兄"请赏",原来古书上有"杀随兕者不出三月"的说法,申公是怕楚王因射杀随兕遭天谴才将随兕抢过去的。这个说法是耶非耶?楚王让人从书库中找出那本书来,上面果真是这么写着的。这下终于揭开了谜底,读者在为申公的忠心感叹的同时,也为书中所记如此神算而惊异,抢了随兕的申公不正是不出三月疾而死的吗?

《至忠》篇紧接着记到的"文挚怒齐王"同样是为君而死的故事,不同的是这次真的是被君所杀,而最终的死亡又同样具有神异的色彩:

> 齐王疾痏,使人之宋迎文挚,文挚至,视王之疾,谓太子曰:"王之疾必可已也。虽然,王之疾已,则必杀挚也。"太子曰:"何故?"文挚对曰:"非怒王则疾不可治,怒王则挚必死。"太子顿首强请曰:"苟已王之疾,臣与臣之母以死争之于王。王必幸臣与臣之母,愿先生之勿患也。"文挚曰:"诺。请以死为王。"与太子期,而将往不当者三,齐王固已怒矣。文挚至,不解屦登床,履王衣,问王之疾,王怒而不与言。文挚因出辞以重怒王,王叱而起,疾乃遂已。王大怒不说,将生烹文挚。太子与王后急争之,而不能得,果以鼎生烹文挚。爨之三日三夜,颜色不变。文挚曰:"诚欲杀我,则胡不覆之,以绝阴阳之气?"王使覆之,文挚乃死。

要为齐王治愈疾病,就必须激怒他;要激怒他,又势必被他所杀,这段故事一开始就设置了这样一个极其富于戏剧性的特定情境,主人公最终选择了后者才使故事得以展开。接下来描写文挚激怒齐王的表现颇为形象,"不解屦登床,履王衣,问王之疾",如此大不敬,齐王当然会"怒而不与言"。之后是如何"出辞以重怒王"的,作者没写,可见又是概述,但"王叱而起,疾乃遂已"的情景还能给人以如临其境之感。病愈的齐王非但不领情,还执意要生烹文挚,这次太子与王后的劝谏没起作用。于是奇迹发生了,在大鼎中被煮了三天三夜的文挚不但颜色不变,居然还能开口说话,告诉齐王你若果真要杀我,不如将鼎打翻,绝了阴阳之气。文挚最终就是这样死去的。谁都看得出,这不可能是历史叙事,无疑是小说家者言。

《慎行论·疑似》中描写的"喜效人之状"的奇鬼的故事活脱脱已经像是一篇志怪小说:

> 梁北有黎丘部,有奇鬼焉,喜效人之子侄昆弟之状。邑丈人有之市而醉归者,黎丘之鬼效其子之状,扶而道苦之。丈人归,酒醒,而诮其子曰:"吾为汝父也,岂谓不慈哉?我醉,汝道苦我,何故?"其子泣而触地曰:"孽矣!无此事也。昔也往责于东邑,人可

问也。"其父信之,曰:"嘻! 是必夫奇鬼也! 我固尝闻之矣。"明日
端复饮于市,欲遇而刺杀之。明旦之市而醉,其真子恐其父之不
能反也,遂逝迎之。丈人望其真子,拔剑而刺之。

这真是让奇鬼给闹的,人们已经真假难辨,邑丈人将捣蛋的假儿子当
成真儿子,真儿子平白挨了一顿训;其后又将真儿子当成了假儿子,真
儿子更加倒霉,好心去迎护父亲却被他"拔剑而刺之"。故事的支点在
于人死为鬼以及鬼能扮人的奇幻想象,而该篇构思的妙处在于真假的
颠倒,造成情节的跌宕变化和人物遭遇的乖舛悖论,其间蕴含的意味
也让人咀嚼。

2. 奇绝

还有的故事虽不神怪虚幻,但人物情节奇绝超常,有的给人以惊
心动魄之感,有的令人拍案称绝,因而能生出夺人耳目的阅读效果。

《仲冬纪·忠廉》中要离为吴王刺王子庆忌的惊人之举就被给以
充分的展示:

吴王欲杀王子庆忌而莫之能杀,吴王患之。要离曰:"臣能
之。"吴王曰:"汝恶能乎? 吾尝以六马逐之江上矣,而不能及;射
之矢,左右满把,而不能中。今汝拔剑则不能举臂,上车则不能登
轼,汝恶能?"要离曰:"士患不勇耳,奚患于不能? 王诚能助,臣请
必能。"吴王曰:"诺。"明旦加要离罪焉,挚执妻子,焚之而扬其灰。
要离走,往见王子庆忌于卫。王子庆忌喜曰:"吴王之无道也,子
之所见也,诸侯之所知也。今子得免而去之,亦善矣。"要离与王
子庆忌居有间,谓王子庆忌曰:"吴之无道也愈甚,请与王子往夺
之国。"王子庆忌曰:"善。"乃与要离俱涉于江。中江,拔剑以刺王
子庆忌。王子庆忌掉之,投之于江,浮则又取而投之,如此者三。
其卒曰:"汝天下之国士也,幸汝以成而名。"要离得不死,归于吴。
吴王大说,请与分国。要离曰:"不可。臣请必死!"吴王止之,要
离曰:"夫杀妻子,焚之而扬其灰,以便事也,臣以为不仁。夫为故
主杀新主,臣以为不义。夫掉而浮乎江,三入三出,特王子庆忌为
之赐而不杀耳,臣已为辱矣。夫不仁不义,又且已辱,不可以生。"
吴王不能止,果伏剑而死。

王子庆忌力大无比,吴王几次欲杀之而不能,"拔剑则不能举臂,上车

则不能登轼"的要离却主动请缨,此其不同寻常一也;为取得王子的信任,要离居然让吴王焚毁自己的妻儿而扬其灰,此其不同寻常二也;假意劝庆忌返吴夺国,中途拔剑刺庆忌而不得,几番被庆忌投入江中又几番沉浮,此其不同寻常三也;被庆忌放归后吴王表示要"请与分国",却自认不仁不义被辱,执意"伏剑而死",此其不同寻常四也。如此非常之人其事迹自然会不胫而走,《战国策·魏策》《唐且不辱使命》一章中唐且就有"要离之刺庆忌也,仓鹰击于殿上"的说辞,而要离故事的前前后后和一个个令人震撼的举动却是赖《吕览》的这一篇为我们所能见,其后邹阳在《狱中上梁王书》提到"要离之烧妻子",不知就是读了这一篇还是别有所本。

《忠廉》篇另外记述的一段故事,前一节是人们非常熟知的,这就是见载于《左传》的卫懿公好鹤而丢国,接下来发生的事情就是人们闻所未闻、不敢置信的了:

> 卫懿公有臣曰弘演,有所于使。翟人攻卫,其民曰:"君之所予位禄者,鹤也;所贵富者,宫人也。君使宫人与鹤战,余焉能战?"遂溃而去。翟人至,及懿公于荣泽,杀之,尽食其肉,独舍其肝。弘演至,报使于肝,毕,呼天而啼,尽哀而止,曰:"臣请为襮。"因自杀,先出其腹实,内懿公之肝。桓公闻之曰:"卫之亡也,以为无道也。今有臣若此,不可不存。"于是复立卫於楚丘。

懿公被杀,寻常;翟人"尽食其肉,独舍其肝",不知寻常不寻常,春秋之时或许真的会吃人肉,喝人血,或许有什么忌讳而不吃人肝?懿公之臣弘演出使归来,向懿公之肝禀报,可以理解,如果其肝真的就在那里的话;不寻常的是弘演自杀前居然掏出自己的内脏,将懿公之肝装了进去,用自己的身体作懿公肝脏的外裹。

应该说,这种"忠廉"已经夸张至极。说到夸张,《仲冬纪·当务》"齐之好勇者"和《孝行览·必己》"孟贲过於河"两个故事更值得一提:

> 齐之好勇者,其一人居东郭,其一人居西郭。卒然相遇于途,曰:"姑相饮乎?"觞数行,曰:"姑求肉乎?"一人曰:"子,肉也;我,肉也;尚胡革求肉而为? 于是具染而已。"因抽刀而相啖,至死而止。

孟贲过于河，先其五。船人怒，而以楫虓其头，顾不知其孟贲也。中河，孟贲瞋目而视船人，发植，目裂，鬓指，舟中之人尽扬播入于河。

因为相互较劲，两个人居然你一刀我一刀自食其肉而死，这种"好勇"不要也罢；孟贲的"好勇"在战国相当知名，《墨子·亲士》有"比干之殪，其抗也；孟贲之杀，其勇也"的说法，《孟子·公孙丑上》有拿孟子之"不动心"与孟贲相比的段落；《战国策·齐策》苏秦说齐闵王引"语曰"是"骐骥之衰也，驽马先之；孟贲之倦也，女子胜之"等等，不一而足，但它们都只是拿这个名字当典故用，而这里，我们却看到了他威猛的表现，一个怒目而视，竟使一船人跌入河中。人们都注意到《三国演义》中张飞长坂坡呵退追兵的描写是受了《史记·项羽本纪》中"项王瞋目而叱之，赤泉侯人马俱惊"的影响，殊不知《吕览》这里已经是"瞋目而视船人，发植，目裂，鬓指，舟中之人尽扬播入於河"，它们都属于小说创作所允许的夸张渲染的笔法。

《审应览·重言》中"齐桓公与管仲谋伐莒，谋未发而闻于国"一段，并没有像上面的描写那么夸张，但整个事情想来堪称妙绝：

齐桓公与管仲谋伐莒，谋未发而闻于国，桓公怪之，曰："与仲父谋伐莒，谋未发而闻于国，其故何也？"管仲曰："国必有圣人也。"桓公曰："嘻！日之役者，有执跖痌而上视者，意者其是邪！"乃令复役，无得相代。少顷，东郭牙至。管仲曰："此必是已。"乃令宾者延之而上，分级而立。管子曰："子邪言伐莒者？"对曰："然。"管仲曰："我不言伐莒，子何故言伐莒？"对曰："臣闻君子善谋，小人善意。臣窃意之也。"管仲曰："我不言伐莒，子何以意之？"对曰："臣闻君子有三色：显然喜乐者，钟鼓之色也；湫然清静者，衰绖之色也；艴然充盈、手足矜者，兵革之色也。日者臣望君之在台上也，艴然充盈、手足矜者，此兵革之色也。君呿而不唫，所言者'莒'也；君举臂而指，所当者莒也。臣窃以虑诸侯之不服者，其惟莒乎！臣故言之。"

原本只是天知地知你知我知的尚在谋划中的伐莒之意，却被传得满城风雨，这件事本身就很奇怪，难道齐地真有未卜先知之人？齐桓公也不简单，马上想到了当时与管仲在台上谋议时有个人从下面向上张望。问题是他又不是顺风耳,根本听不到他们的谈话呀!的确,这件事绝就绝在这个东郭牙的所知并不是听来的,而是看来的。他看到齐桓公脸上的"兵革之色",他注意到齐桓公的嘴形"呿而不唫",是在说一个"莒"字,他还看到齐桓公手指的方向也正是莒之所在,于是他有了君将伐莒的判断。

平淡如生活本身只是生活,不是小说,将生活中那些不寻常的人和事突显出来,才有了反映生活的供人欣赏的小说。

3. 曲折

《吕氏春秋》中还有的故事是以情节的曲折、巧妙、跌宕取胜,与小说关联的是写作笔法。

上面"齐桓公与管仲谋伐莒,谋未发而闻於国"一段其实也可以从情节的曲折方面作些分析。其描述并没有直接从东郭牙一方叙述开来,而是先叙消息走漏,再来追踪、追问,这便构成了悬念,从而产生了引人入胜的效果。此外,《审应览·具备》中"宓子贱治亶父"一段也很有意思:

> 宓子贱治亶父,恐鲁君之听谗人,而令己不得行其术也,将辞而行,请近吏二人于鲁君,与之俱至于亶父,邑吏皆朝。宓子贱令吏二人书。吏方将书,宓子贱从旁时掣摇其肘,书之不善,则宓子贱为之怒。吏甚患之,辞而请归。宓子贱曰:"子之书甚不善,子勉归矣!"二吏归报于君,曰:"宓子不可为书。"君曰:"何故?"吏对曰:"宓子使臣书,而时掣摇臣之肘,书恶而有甚怒,吏皆笑宓子。此臣所以辞而去也。"鲁君太息而叹曰:"宓子以此谏寡人之不肖也。寡人之乱子,而令宓子不得行其术,必数有之矣。微二人,寡人几过。"遂发所爱而令之亶父,告宓子曰:"自今以来,亶父非寡人之有也,子之有也。有便于亶父者,子决为之矣。五岁而言其要。"宓子敬诺,乃得行其术于亶父。三年,巫马旗短褐衣弊裘而往观化于亶父,见夜渔者,得则舍之。巫马旗问焉,曰:"渔为得也,今子得而舍之,何也?"对曰:"宓子不欲人之取小鱼也。所舍者小鱼也。"

到底不是小说,这段一开始叙述就很明确交底,宓子贱担心鲁君听信谗言,干扰他治理亶父。好在接下来描述宓子贱的做法又饶有兴味了,他干吗一定要让鲁君派两位大臣跟他一起前往,特别是他干吗让二人做记录又总是在后面捣乱,"从旁时掣摇其肘",故意使吏"书之不善"? 当把二吏气得待不下去回去禀报时,谜底才被鲁君的"太息而叹"揭开,原来宓子贱这是在使用"行为艺术",是在告诉鲁君,如果总是在后面"掣肘",大臣们是无法治理好一方的。而这段叙述的曲折、完整还在于后面仍用一段故事来表现宓子贱用自己的方法治理亶父的效果,这就是三年之后"巫马旗短褐衣弊裘而往观化于亶父",大有点微服私访的味道,那么夜渔者面对这个"褐衣弊裘"者的回答应该没有任何演道的成分,在不被人看到的夜晚也能舍小鱼而不网是自觉的,宓子贱已经将他的理念深入到亶父子民的内心。要知道,宓子贱是孔子的弟子,这套理念是孔子给的,所以故事最后又曲折了一笔:

> 巫马旗归,告孔子曰:"宓子之德至矣,使民暗行若有严刑于旁。敢问宓子何以至于此?"孔子曰:"丘尝与之言曰:'诚乎此者刑乎彼。'宓子必行此术于亶父也。"

《慎大览·贵因》中"武王入殷"一段没有这么复杂,文字也少很多,但同样曲折有致,而且意味深长,还留下了些许悬疑:

> 武王入殷,闻殷有长者,武王往见之,而问殷之所以亡。殷长者对曰:"王欲知之,则请以日中为期。"武王与周公旦明日早要期,则弗得也。武王怪之,周公曰:"吾已知之矣。此君子也。取不能其主,有以其恶告王,不忍为也。若夫期而不当,言而不信,此殷之所以亡也,已以此告王矣。"

武王伐纣灭殷商,往见殷之长者,询问殷纣亡国的原因,没想到长者弄个玄虚,还要等到明天日中才告之所以。这也罢了,偏偏第二天他又没来。对此,周公的理解是这位长者不忍心直接告他君主的罪状,其实又已经用他的举止报告了殷之所以亡的原因,这就是"期而不当,言而不信"。然而,这只是周公的解读,是耶? 非耶? 这段叙事给读者留下了回味、想象的余地。

《先识览·乐成》中"魏攻中山乐羊将"一段给人的感觉则是跌宕:

> 魏攻中山,乐羊将。已得中山,还反报文侯,有贵功之色。文侯知之,命主书曰:"群臣宾客所献书者,操以进之。"主书举两箧以进。令将军视之,书尽难攻中山之事也。将军还走,北面再拜

曰:"中山之举,非臣之力,君之功也。"

身为大将,能够率兵攻下中山,大功告成,乐羊的得意是可想而知的,也是颇为自然的,居功自傲虽不应该,但功总还是摆在那里的。接下来的事情让乐羊没了脾气,也让读者颇有些意外,魏文侯让主书者抬来两箱子简书,竟全部是劝阻攻打中山的意见。这下乐羊终于明白,如果不是君王压下了这些反对意见,全力支持他,别说攻下中山,恐怕还没等出征就已经失去了建功立业的机会。应该说,这段叙事不只是在感觉上生出大起大落的效果,其间蕴含的道理也是颇值得深思的。

说到出人意料,《审应览·精谕》中"齐桓公合诸侯"一段和《不苟论·自知》中"魏文侯燕饮"一段都有些让人意想不到的情节变化,而其妙处和效果都出在"第二回合":

> 齐桓公合诸侯,卫人后至。公朝而与管仲谋伐卫,退朝而入,卫姬望见君,下堂再拜,请卫君之罪。公曰:"吾于卫无故,子曷为请?"对曰:"妾望君之入也,足高气强,有伐国之志也。见妾而有动色,伐卫也。"明日君朝,揖管仲而进之。管仲曰:"君舍卫乎?"公曰:"仲父安识之?"管仲曰:"君之揖朝也恭,而言也徐,见臣而有惭色,臣是以知之。"君曰:"善。仲父治外,夫人治内,寡人知终不为诸侯笑矣。"

> 魏文侯燕饮,皆令诸大夫论己。或言君之智也。至于任座,任座曰:"君不肖君也。得中山不以封君之弟,而以封君之子,是以知君之不肖也。"文侯不说,知于颜色。任座趋而出。次及翟黄,翟黄曰:"君贤君也。臣闻其主贤者,其臣之言直。今者任座之言直,是以知君之贤也。"文侯喜曰:"可反欤?"翟黄对曰:"奚为不可?臣闻忠臣毕其忠,而不敢远其死。座殆尚在于门。"翟黄往视之,任座在于门,以君令召之。任座入,文侯下阶而迎之,终座以为上客。

前一则齐桓公回到内宫,其欲伐卫的心思被卫姬看出,不等桓公开口便为卫君求情,这已经颇见效果,桓公是否答应,作者没提,让读者没想到的是第二天桓公上朝,也是没等桓公说话,管仲便问你是不是放弃了伐卫的打算,这又一次的察言观色,才让读者真正感到了事情的奇妙。后一则任座居然不顾魏文侯的兴致,公然称君"不肖",这是让人有些意外,但更绝妙的是等任座看到文侯不悦而跑出去后,轮到翟黄称君,翟黄口口声声称文侯"贤君",却是因为在他面前有个敢说话的任座。这些叙事的妙处就在于三番两次打破人们阅读的惯性,给人惊喜。

4. 百态

《吕氏春秋》还有的揭示人性善恶,反映出生活的百态,甚至荒唐,带有灰色幽默和讽刺喜剧的味道。《审应览·淫辞》就有这样一段故事:

> 宋有澄子者,亡缁衣。求之途,见妇人衣缁衣,援而弗舍,欲取其衣,曰:"今者我亡缁衣。"妇人曰:"公虽亡缁衣,此实吾所自为也。"澄子曰:"子不如速与我衣。昔吾所亡者,纺缁也;今子之衣,禅缁也。以禅缁当纺缁,子岂不得哉?"

自己丢了黑色的衣服,看到黑色衣服就要抢,这也就罢了,更不讲理的是还觉得取别人混纺黑衣以抵自己丢失的蝉丝做的黑衣是别人沾了自己的光,这实在是荒唐至极,世上少有。这种描写显然带有夸张的成分,不过,用这种登峰造极的描述来讽刺那些动辄讲歪理的现象,还是可以产生强烈的效果的。

《审应览·淫辞》中另外一段故事则不动声色地印证了"恶有恶报""自作自受",读来够解气够痛快:

> 宋王谓其相唐鞅曰:"寡人所杀戮者众矣,而群臣愈不畏,其故何也?"唐鞅对曰:"王之所罪,尽不善者也。罪不善,善者故为不畏。王欲群臣之畏也,不若无辨其善与不善而时罪之,若此则群臣畏矣。"居无几何,宋君杀唐鞅。

唐鞅是战国时宋国出了名的邪恶之臣,《吕氏春秋·仲春纪·当染》有"宋康王染於唐鞅、田不禋……,所染不当,故国皆残亡"的说法,《审分览·知度》也有"宋用唐鞅,齐用苏秦,而天下知其亡"的评论。这里,唐鞅居然劝宋王"无辨其善与不善而时罪之",用滥杀无辜来让百姓畏惧,以此树立君王的权威。他没有想到,既然滥杀,他也会在"滥"的范围之内,看到他最终也被杀掉的下场,我们只有一句话:活该倒霉!故事让人感到颇有反讽的味道。

《贵直论·雍塞》中的一段则让人感到人生的乖戾、荒诞:

> 齐攻宋,宋王使人候齐寇之所至。使者还,曰:"齐寇近矣,国人恐矣。"左右皆谓宋王曰:"此所谓'肉自生虫'者也。以宋之强,齐兵之弱,恶能如此?"宋王因怒而诛杀之。又使人往视齐寇,使者报如前,宋王又怒诛杀之。如此者三,其后又使人往视。齐寇近矣,国人恐矣。使者遇其兄,曰:"国危甚矣,若将安适?"其弟曰:"为王视齐寇。不意其近而国人恐如此也。今又私患,乡之先视齐寇者,皆以寇之近也报而死;今也报其情,死,不报其情,又恐死。将若何?"其兄曰:"如报其情,有且先夫死者死,先夫亡者亡。"于是报于王曰:"殊不知齐寇之所在,国人甚安。"王大喜。左右皆曰:"乡之死者宜矣。"王多赐之金。寇至,王自投车上,驰而走,此人得以富于他国。

齐寇已经近在眼前,宋王却因不爽听到不爱听的消息,两次三番杀掉报告实情的使者,结果是再次勘察敌情的使者不敢再以实相报,听到假话宋王反而特别受用,左右因此证明此前的杀人杀得应该,无奈实情终归是实情,宋王没有因通报说没有敌寇而逃过敌寇的侵犯和逃亡的命运,说谎话的人却因此前说谎话得到厚赏而富甲一方。这些结果让人感到很无奈,但有时真实的生活就是这般让人无奈。

通过上述爬梳不难发现,先秦说体故事中确乎孕育着小说的诸多因素,文学性小说所需要的情节性、描述性、形象性、艺术构思的巧妙和引人入胜的阅读效果等等,在这里都在不断生成着,其中有些已经十分近似成熟的小说了。

第三章
《左传》叙事的准小说笔法

　　《左传》的全名为《春秋左氏传》，今见十三经注疏本《左传》附着于《春秋》，被用来作为孔子修订《春秋》的注本，古今学者均有认为《左传》即为注《春秋》而撰者。其实，太史公《史记·十二诸侯年表序》称《左传》为《左氏春秋》，《左传》所记编年比《春秋》多出十三年，提及的历史事件比《春秋》多出近三十年，且两书所记事件，并不一一对应扣合，就其原始著述而言，显然有自己的独立性。尤其是就其笔法而言，《左传》是一部典型的叙事之作，而非解说注疏之文，如果说与《春秋》有关的话，最多也只是依经作史。① 因此治文学史者多将其列入先秦历史散文或先秦叙事散文著作。

　　就其以记述春秋时代历史事件为主要内容而言，《左传》无疑首先是一部历史著作。然而就其对事件的曲折叙述、对场面和人物的细腻描摹来看，又常常超出历史记述的范围，分明进入了文学叙事的境地。其间如窥见私室密谈、深入人心款曲、洞见事态全局、把握各方行踪的

---

　　① 有学者肯定《左传》的独立性，但也不否定它与《春秋》的关系。如刘大杰指出："他写这本书的目的，并不是为解经而作，是从历史家的立场，采取《春秋》的大纲，再参考当时的史籍，而成就了这部优秀的作品。因此里面有合经者，有不合经者。"见《中国文学发展史》上卷，第68页，上海：古典文学出版社，1957。

全知视角,伏笔照应、前叙后补、穿插交错、疏密有间的叙事结构,让人如闻其声、如见其人、如临其境、如见其景的戏剧性效果,已经近似于后代小说叙事的笔法。基于此,我们姑且称之为"准小说"笔法。在中国古代小说发生、发展的进程中,《左传》就整体而言虽还不能列入小说的行列,但其"准小说"的叙事笔法与中国古典小说叙事特点形成的关系,却是不能忽略的一个环节。

第一节 《左传》的叙事者及其全知视角

按照小说叙事学理论,叙事作品首先有个故事的叙述者的问题。这个叙述者有可能就是作者本人,也有可能只是作者虚构出来的一个人物。《红楼梦》的作者是曹雪芹,总叙事者是一块女娲补天时没有用上的石头,行文中,又有具体的事件讲述者,比如"冷子兴演说荣国府"。这构成了小说叙事艺术的某种策略。与此相关,由不同的叙述者,即该叙述者是高高在上的全知者,还是所叙故事的旁观者、转述者或参与者,决定了不同的叙事视角,《红楼梦》中的石头,直接变成了贾宝玉口中含的玉石,亲历现场;同时由于它的"通灵",遂无所不晓,属于全知视角,诸人物的内心,也被它窥见无遗;冷子兴作为故事中的一个人物,只是某一事件的叙事者,所知只能有所限制。其实,故事的叙述者也好,全知还是限知也好,最终的操纵者都是作者,全知本属虚构,限知最终也会通过某种方式将谜底全部揭开,从而变成全知,这便构成了小说叙事与历史记载的根本区别。

《左传》的作者与叙述者是什么关系?叙述者是哪种类型?其叙事视角又是怎样的呢?

一、《左传》的作者是谁

《左传》的作者究竟是谁,这是《左传》研究中一个争论最大的问题。

关于《左传》的作者,最早的明确记录是司马迁,见《史记·十二诸侯年表序》。《序》云:"……是以孔子……兴于鲁而次《春秋》……七十子之徒口受其传指,为有所刺讥褒讳挹损之文辞不可以书见也。鲁君子左丘明惧弟子人人异端,各安其意,失其真,故因孔子史记(即《春秋》),具论其语,成《左氏春秋》。"①

关于左丘明,史载不详。司马迁称"鲁君子左丘明",明言他是鲁人。《论语》中孔子提到过左丘明:"巧言、令色、足恭,左丘明耻之,丘亦耻之;匿怨而友其人,左丘明耻之,丘亦耻之。"②玩其语气,左丘明应是长辈,或与孔子同时而长的贤人,但《论语》未提及左丘明的身份,更未提及他作《左传》之事。

东汉时班固综合《论语》和《史记》两家记录,明确提出与孔子同时的左丘明作《左传》。《汉书·司马迁传赞》云:"孔子因鲁《史记》而作《春秋》,而左丘明论辑其本事以为之传。"《汉书·艺文志》:"(孔子)以鲁周公之国,礼文备物,史官有法,故与左丘明观其《史记》,据行事,仍人道,因兴以立功,就败以成罚,假日月以定历数,藉朝聘以志礼乐。有所褒讳贬损,不可书见,口授弟子。弟子退而异言,丘明恐弟子各安其意以失其真,故论本事而作《传》,明夫子不以空言说经也。"《汉书·艺文志》著录"《左氏传》三十卷",自注云"左丘明,鲁太史"。其后王充、许慎、范晔、杜预等皆以为《左传》的作者是左丘明,杜预更称左丘明是孔子弟子。

至唐宋以后,开始有人因《左传》记到了战国之事而怀疑《左传》成于左丘明之说。比如啖助认为《左传》之成书不是左丘明本人,而是其门人据其所传旨意编次而成:"左氏得此数国之史以授门人,义则口传,未形竹帛,后代学者乃演而通之,总而合之,编次年月以为传记"③。有学者更进行了周详的论证,比如:"《左氏》终记韩、魏、知伯之事,又举赵襄子之谥,自获麟至襄子卒已八十年"④

到了清代乃至近代,有学者开始具体推测战国时代的写作者。有

---

① 《史记》,第 509~510 页,北京:中华书局,1959。
② 《论语注疏》(《十三经注疏》本),第 2475 页,北京:中华书局,1980。
③ [唐]陆淳:《春秋集传纂例》,《四库全书》本,卷一。
④ [宋]郑樵:《六经奥论》,《四库全书》本,卷四。

"子夏说"①"吴起说"②等等。更有甚者,近现代还曾出现《左传》为西汉刘歆伪作的说法③。

1973 年湖南长沙马王堆三号汉墓出土了一批帛书,其中有一种记载春秋间大事的古佚书,整理者题为《春秋事语》。因为毕竟是残篇,不能与《左传》做全面的比较,但大致可以看出,该书起止年限与《左传》全同,叙事要比《左传》简略,引用人物评论较多,与《左传》又有不同。马王堆三号墓在西汉中期以前,该书成书当在西汉前期,或战国时代。对此,李学勤撰有一组考论文章,首先考察《春秋事语》记事上下年限与《左传》全同,确系袭《左传》而非袭《公羊传》或《穀梁传》。其次,指出其语句有袭用《左传》处。再次,通过梳理史载有关《左传》传流情况,论证《春秋事语》也属于"抄撮"之类的"《左传》学"著作。④

关于《春秋事语》,首先可以确定的一点是,它属于史论性质的著作,重在引用当事人或后人的话语就史事发表评论,而非以记载历史事件为主旨,就叙史而言,确属于"抄撮"之类,那么,在它之前,必定有一部较为详尽地记述春秋历史的供它"抄撮"的《春秋》之类的史书存在。这部史书显然不会是刘歆所作。

其中还可以确定的一点是,这部"《春秋》"绝非孔子所撰《春秋》,因为即便是《春秋事语》这种扼要叙史的著作也比孔子《春秋》详尽得多;它也绝非《国语》《公羊》《穀梁》,因为它的上限不及《国语》,它的下限又较《公羊》《穀梁》为晚;从上下限方面说,与之相符的的确只有《左传》。

然而,其中不能确定的是《春秋事语》究竟是本于今见本《左传》,还是另有所本。它所引用的古人评论不见于《左传》可以理解,问题是

---

① 卫聚贤《古史研究·〈左传〉的研究》主此说。理由是子夏精通《春秋》,晚年为魏文侯师,寓居河西,可利用晋国史料;《论语》称"文学则子游、子夏";具备写《左传》所需要的各种知识和才能。见《古史研究》,第 105～151 页,上海:新月书店,1928。

② 钱穆主张此说。理由是《左传》中为魏氏事造饰尤甚;《韩非子》有"吴起为左氏人"的说法;晋汲县人发魏襄王冢,有《师春》即采《左氏》,证"左氏书与魏之关系";《说苑》有"魏武侯问元年于吴子"。见《先秦诸子系年》考辨第 67,北京:中华书局,1985。

③ 康有为提出刘歆为压倒《公羊传》《穀梁传》,割裂原本《国语》而伪造《春秋左氏传》。见《新学伪经考》,第 146～149 页,北京:中华书局,1956。

④ 李学勤:《〈春秋事语〉和〈左传〉的关系》《〈春秋事语〉的议论》《〈春秋事语〉与〈左传〉的传流》,见《失落的文明》,第 364～373 页,上海文艺出版社,1997。

它的叙事既有与《左传》同者，又有与《左传》异者。比如《春秋事语》"晋献公欲得隋会章"，分明提到随会回到晋国后，利用间谍传话说绕朝和他同谋，秦国因此杀掉了绕朝。这结尾是《左传》所没有的。比《左传》省减可以说抄撮所致，比《左传》多出的内容就只能说另有所本了。而《韩非子·说难》恰有"故绕朝之言当矣。其为圣人于晋而为戮于秦也"的说法，可见《春秋事语》和《韩非子》的史料来源相同，而这来源又非今见《左传》。再比如《宋荆战泓水之上章》：

> 荆人未济，宋司马请曰："宋人寡而荆人众，及未济，击之，可破也。"宋君曰："吾闻[之]，君子不击不成之列，不童（重）伤，不禽二毛。"①

> 楚人未既济，司马曰："彼众我寡，及其未既济也，请击之。"公曰："不可。"既济而未成列，又以告，公曰："未可。"既陈而后击之，宋师败绩。……公曰："君子不重伤，不禽二毛。……"②

《事语》中宋襄公"不禽二毛"的话在战前，《左传》中则是在战后。《韩非子》云："楚人未及济，右司马购强趋而谏曰：'楚人众而宋人寡，请使楚人半涉水未成列而击之，必败。'襄公曰：'寡人为君子曰：不重伤，不禽二毛'……宋人大败。"③记事与《事语》甚近，可见二书也同出于并非今见《左传》的另一来源。

鉴于这种情况，笔者推断，先秦时代确有一部《左氏春秋》，其上下限、规模、历史事实、记事描写水平都与今见《左传》大致相同，其实就是今见《左传》的前身或蓝本。这部《左氏春秋》正是许多著作所取材的源泉。它的确并非孔子《春秋》的注释，而是一部地道的历史著作。今见《左传》乃是有人割裂这部《左氏春秋》为孔子《春秋》作注的结果。鉴于"《左传》之书法、凡例及解经语、'君子曰'等"已经"见引于西汉或

---

① 《马王堆汉墓出土帛书〈春秋事语〉释文》，载《文物》1977年第1期。"[ ]"中的文字为补字。
② 本章所引《左传》，均见于《春秋左传正义》（《十三经注疏》本），北京：中华书局1980年版，本章下引《左传》文字不再出注。
③ 《韩非子集解》，《诸子集成》本，第211～212页，上海书店出版社，1986。

稍前的书籍"①,这位取《左氏春秋》为孔子《春秋》作注者不会是西汉末年的刘歆,而应该也是战国时人。其间由于种种原因有些文字方面、内容方面的修订、调整或变化,但基本仍依其旧。这便造成了《春秋事语》《韩非子》《公羊传》《穀梁传》等所论及的春秋史事与今见《左传》内容大致相同而又有出入的情况。

那么,这部《左氏春秋》究竟是谁作的呢?既然其书名冠以"左氏",该书的形成应该与左丘明有关。既然其下限已至战国(若据"赵襄子",甚至进入战国八十多年以后),该书又的确并非左丘明最后完成。最大的可能是进入战国之后的左氏门人或某儒生据左丘明的《春秋》又加补充润色而成。

作为对这一推断的补充,文献中还有一条材料值得注意。《史记·陈杞世家》记述:"孔子读史记至楚复陈,曰:'贤哉,楚庄王!轻千乘之国而重一言。'"②楚庄王轻国重言之事,不见于今见其他史载,唯见于《左传·宣公十一年》:

> 冬,楚子为陈夏氏乱故,伐陈。谓陈人无动,将讨于少西氏。遂入陈,杀夏征舒,辕诸栗门,因县陈。陈侯在晋。申叔时使于齐,反,复命而退。王使让之曰:"夏征舒为不道,弑其君,寡人以诸侯讨而戮之,诸侯、县公皆庆寡人,女独不庆寡人,何故?"对曰:"犹可辞乎?"王曰:"可哉!"曰:"夏征舒弑其君,其罪大矣,讨而戮之,君之义也。抑人亦有言曰:'牵牛以蹊人之田,而夺之牛。'牵牛以蹊者,信有罪矣;而夺之牛,罚已重矣。诸侯之从也,曰讨有罪也。今县陈,贪其富也。以讨召诸侯,而以贪归之,无乃不可乎?"王曰:"善哉!吾未之闻也。反之,可乎?"对曰:"可哉!吾侪小人所谓'取诸其怀而与之'也。"乃复封陈。

孔子所读史记,肯定不是今见已经记述到三家灭知伯事的《左传》,但一定是记述详尽如《左传》的一部史书,因此,极有可能也是今见《左传》的前身《左氏春秋》。但这部《左氏春秋》的下限一定不会已

---

① 杨向奎《论〈左传〉之性质及其与〈国语〉之关系》指出,《左传》之书法、凡例及解经语、"君子曰"等见引于西汉或稍前的书籍,除《史记》外,尚有《礼记》《韩非子》《战国策》《尚书大传》《说苑》《新序》等书。见《史学集刊》第二期(1936年),第41~82页。

② 《史记》,第1580页,北京:中华书局,1959。

经进入战国时代,而其作者或讲述者,很可能就是左丘明本人。

之所以称左丘明或许是"讲述",因为司马迁说过"左丘失明,厥有《国语》"①,左丘明有可能是瞽矇,《国语·周语》有"瞍赋矇诵"之说;还有今见《左传》多引孔子评史之语,其中有的提到孔子"闻之",如《成公二年》:"新筑人仲叔于奚救孙桓子,桓子是以免。既,卫人赏之以邑,辞,请曲县、繁缨以朝。许之。仲尼闻之曰:'惜也,不如多与之邑。唯器与名,不可以假人,君之所司也……'"对于这发生在距他出生近四十年前的事既然是"闻之",那么这已经属于历史故事的来源就应该是讲诵。至于前面提到的"读史记",这"史记"或许就是讲史的记录。也就是说,在孔子之时,既可以看到史记,又能听到讲史,而据《论语》记述,孔子曾说"匿怨而友其人,左丘明耻之,丘亦耻之",玩其语气,或许正是对左丘明讲史或读到左丘明讲史记录时的表态。

由此看来,《左氏春秋》的成书应该不是一次完成的,经过了讲诵、笔录、初稿、补充稿等几个阶段,因为补充稿时常羼入孔子史评,故我们说完成者或许是某儒生。但就该书渊源论定,其著作权仍应归于左丘明。

司马迁称左丘明为"鲁君子",孔安国称左丘明为"鲁太史"。至于后来的补充完成者,"子夏说"或"吴起说"都属推断,没有确证,只能存疑。此人是否仍为鲁人,是否仍为太史,也无从断定。

二、《左传》的叙述者

《左传》故事中的叙事者是谁? 什么身份?

据《左传》叙述口吻判定,该书的总叙事者假定的恰恰也是鲁国的史官。《左传》中记述到鲁国之事,凡鲁君,皆单称"公",不加国名,而且屡屡出现第一人称"我"。比如开篇:

> 惠公元妃孟子。孟子卒,继室以声子,生隐公。宋武公生仲子。仲子生而有文在其手,曰为鲁夫人,故仲子归于我。生桓公而惠公薨,是以隐公立而奉之。

再比如《庄公十年》"齐鲁长勺之战"或"曹刿论战":

---

① 《太史公自序》,见《史记》,第 3300 页,北京:中华书局,1959。

十年,春,齐师伐我。公将战。曹刿请见。

直到《哀公十一年》,仍是如此语气:

十一年,春,齐为鄎故,国书、高无丕帅师伐我,及清。季孙谓其宰冉求曰:"齐师在清,必鲁故也,若之何?"

就叙事口吻这一点而言,《左传》与《春秋》完全一致,可知它们都是以鲁史为基础的。故事叙述者的身份是鲁史官。

据称孔子《春秋》截止到鲁哀公十四年"西狩获麟"。今见《春秋经》记到鲁哀公十六年,"孔子卒"。《左传》编年记到鲁哀公二十七年,最后一节提到四年后(鲁悼公四年)晋国知伯与赵襄子结怨,最后提到三家灭知伯。剩下的这十一年,虽未出现第一人称"我",但提到至鲁国仍称"来",提到鲁哀公仍单称"公",说明仍是鲁国史官身份:

春,越子使舌庸来聘,且言邾田,封于骊上。二月,盟于平阳,三子皆从。康子病之,言及子赣,曰:"若在此,吾不及此夫!"武伯曰:"然。何不召?"曰:"固将召之。"……公患三桓之侈也,欲以诸侯去之;三桓亦患公之妄也,故君臣多间。公游于陵阪,遇孟武伯于孟氏之衢,曰:"请有问于子:余及死乎?"对曰:"臣无由知之。"三问,卒辞不对。公欲以越伐鲁而去三桓,秋,八月甲戌,公如公孙有陉氏。因孙于邾,乃遂如越。国人施公孙有山氏。

(《哀公二十七年》)

如果左丘明确是鲁国史官,那么这个叙事者的身份与左丘明正相符合。但我们尚不能说《左传》的作者就是叙述者。

首先,如上所说,左丘明是《左传》的初始作者,但并非终笔者。补充完成者是否史官身份,是否鲁人,尚不能确定。而《左传》直到终笔,叙述者都是鲁史官口吻。

其次,《左传》所述历史事件跨度二百五十五年,自始至终是一位鲁史官的声音。无论哪位作者,不可能活过二百年。所以,《左传》中的"我"只可能是虚拟的,并非特指哪一位史官。其中"我"这个第一人称,也并非一般意义上特指的哪一个"我",而是从鲁国的角度出发。通篇叙事,实际上仍相当于第三人称。

因此,《左传》的这个叙述者是作者虚构出来的一个跨越时空、无所不晓的全知角色。他的基本身份是鲁史官,但常常超出鲁史官的域限,不但对他国史事所知甚详,而且事无巨细,对于不入史料者也能娓娓道来,甚至心中之事,私下密谈,不为第二者或第三者所知者,仍能诉诸笔端。这都不是一位史官所能为者。

三、《左传》叙事的全知视角

(一)史官型限定性全知视角

一般而言,史官型叙事多为限定性全知视角。

1. 全方位叙事

史官型叙事的"全知"来自史料的收集和积累。就周代而言,不但周王朝设有史官,各诸侯列国也都设有史官,而且周王朝与列国之间、列国与列国之间还有事件通告制度。这在《左传》的行文中就可见出。例如:

> 隐公四年春,卫州吁弑桓公而立。公与宋公为会,将寻宿之盟。未及期,卫人来告乱。
>
> 僖公五年春……晋侯使以杀太子申生之故来告。
>
> 僖公十一年,春,晋侯使以丕郑之乱来告。
>
> 成公十二年,春,王使以周公之难来告。

隐公四年卫国发生公子州吁弑君自立事件,卫人至鲁报告了此事。僖公五年、十一年晋国分别发生太子申生自杀、大臣丕郑作乱未遂被杀等事件,晋侯皆使人至鲁做了通报。成公十二年,周王朝中周公楚因与伯与争政失利怒而出奔晋国,周王也使人前来通报给鲁国。这几条材料中,有卫人来告、晋人来告,还有周王使人来告,各国事件无疑都为史官所知晓。

还有卫国宁殖、孙林父等大夫曾驱逐了卫献公。《左传》襄公二十年记宁殖临终希望儿子将卫献公迎回以洗刷自己逐君的污点,其言曰:"吾得罪于君,悔而无及也。名藏在诸侯之策曰:'孙林父、宁殖出其君。'君入则掩之,若能掩之,则吾子也。若不能,犹有鬼神,吾有馁而已,不来食矣。"宁殖称"名藏在诸侯之策"而非只是"卫之策",也说明各诸侯国都已接到卫国"来告",并记录于简策了。

《左传》正是以全知视角展开对列国历史事件的陈述的,不但记述到以鲁国为中心的事端,而且记述到以周王朝或以晋、楚、齐、卫等等其他列国为中心的故事，或者在记述一次事件的同时，平行、交错地记述到两国、双方或多方的行踪或动态。例如《僖公三十三年》记述"秦晋殽之战"中的一节：

> 春，秦师过周北门，左右免胄而下，超乘者三百乘。王孙满尚幼，观之，言于王曰："秦师轻而无礼，必败。轻则寡谋，无礼则脱。入险而脱，又不能谋，能无败乎？"
>
> 及滑，郑商人弦高将市于周，遇之，以乘韦先，牛十二犒师，曰："寡君闻吾子将步师出于敝邑，敢犒从者。不腆敝邑，为从者之淹，居则具一日之积，行则备一夕之卫。"且使遽告于郑。郑穆公使视客馆，则束载、厉兵、秣马矣。使皇武子辞焉，曰："吾子淹久于敝邑，唯是脯资、饩牵竭矣，为吾子之将行也，郑之有原圃，犹秦之有具囿也，吾子取其麋鹿，以闲敝邑，若何？"杞子奔齐，逢孙、扬孙奔宋。孟明曰："郑有备矣，不可冀也。攻之不克，围之不继，吾其还也。"灭滑而还。

秦穆公不听蹇叔之劝，执意要"劳师以袭远"，命孟明等率师去攻打郑国。该节首先描述秦师路过周王朝北门的情形："左右免胄而下，超乘者三百乘。"将士们对周王毫无敬重之意，行礼只是敷衍了事。这是从秦一方的视角着墨的。接着笔触一转，又描述了王孙满见秦师如此表现后对周王讲的一番话，预言秦师必败。这无疑又将视角转到了周王一方。接下来，视角刚转回秦师，"及滑"，笔墨又从郑国商人弦高的角度，记述了他在前往周都的路上遇到秦师后"以乘韦先，牛十二犒师"的情节。并记述他派人速转回郑国通报敌情。下面，视角转到郑国，记述郑穆公得知消息后派人驱逐了正准备作内应的秦国使臣。顺势又记述到三位使臣一个"奔齐"，两个"奔宋"。这时，视角又回转到秦师，记述孟明闻弦高犒师之语后云"郑有备矣"，结果是"灭滑而还"。该节叙事的视角就列国而言，触及到秦、周、郑几个方面，就聚焦人物而言，触及到秦师、王孙满、弦高、郑穆公、秦三使臣、孟明等多个焦点，叙事视角的确是全方位的。

再比如《庄公十年》和《庄公十四年》记述的"楚灭息入蔡"事件：

> 蔡哀侯娶于陈，息侯亦娶焉。息妫将归，过蔡。蔡侯曰："吾姨也。"止而见之，弗宾。息侯闻之，怒，使谓楚文王曰："伐我，吾

求救于蔡而伐之。"楚子从之。秋，九月，楚败蔡师于莘，以蔡侯献
舞归。

蔡哀侯为莘故，绳息妫以语楚子。楚子如息，以食入享，遂灭
息。以息妫归，生堵敖及成王焉。未言。楚子问之。对曰："吾一
妇人，而事二夫，纵弗能死，其又奚言？"楚子以蔡侯灭息，遂伐蔡。
秋，七月，楚入蔡。

该事件的叙述首先聚集在蔡国方面。蔡哀侯对路过蔡国的妻妹、息侯
之妻息妫"止而见之，弗宾"。接着叙事视角转到息国一方。息侯闻知
蔡侯对自己的妻子无礼后十分气愤，派使臣前往楚国调兵，并定计让
楚国假意出兵讨伐息国，息国向蔡国求救，楚国趁机惩罚蔡师。下面
视角转到楚国，果然"楚败蔡师于莘，以蔡侯献舞归"。事隔三年，叙事
接上蔡哀侯兵败被擒事，用倒叙记述楚灭息之事。视角先聚集于蔡，
记述蔡哀侯为报复息侯，用息妫的美貌蛊惑楚王，让楚王动了夺后之
心。于是视角转到楚，楚王假意做客息国，息国招待楚王，楚却兴兵灭
了息国，果然"以息妫归"。下面正叙楚国一方，三年来，息妫虽为楚王
生了两个儿子，却从未开口说过一句话。在楚王的追问下，才表达了
一妇而事二夫的痛苦心情。于是，楚王迁怒于蔡侯挑唆灭息，又去攻
伐蔡国。就这样，蔡、息相争，楚国得利，两个国家都葬送在楚的手里。
《左传》对于这个事件的叙述，也分别聚焦于蔡、息、楚几个视角，各方
举止，包括对话、谋略，都在叙述者的掌握之中。

《左传》的这种全方位叙事，有时还触及一些不在史官视野中的角
落。比如《桓公二年》宋华父督杀孔父嘉而夺其妻，事后惧宋殇公惩
治，"遂弑殇公"。对此，叙事者在此前的《桓公元年》中描述了华父督
路遇孔父之妻的情景：

宋华父督见孔父之妻于路，目逆而送之，曰："美而艳。"

说起来，这只是路人的视角，只能通过传闻才能及至史官的笔下。所
以说，《左传》的这种全方位，有时又是超出史官型叙事的全知视角的。

2. 说心事

史官型叙事的"限定性"取决于历史记述的实录性和社会性（或族
众性）。

历史记载与小说叙事的区别首先在于前者的实录性和后者的虚构性。历史著作只能记述确实发生过的事件，小说则可以描述子虚乌有。因此，历史记述凭藉信史资料，小说创作仰仗想象的天赋。这样，基于历史记载的史官型叙事的"全知"便在一定程度上受到某种限定，它往往只记述能够被传闻被记录的可知范围中的事情。比如许多研究者都提到，史官型叙事几乎不涉及心理描写的部分，除非主人公把自己的心理写出来或说出来，否则不会进入史学家的笔端。① 其原因就在于人物内心深处的思绪往往是不被第二者知晓的内容，如果要写，一定需要作家的揣摩和推想。其实，史家"全知"受限定的不止是人物心理，它如私人密谈、个人独语等等，但凡那些不可能被第二者或第三者知晓而传出的，也都不会成为历史叙事的内容。

《左传》的确是一部以实录为主的历史叙事著作，在作者的笔下，在叙述者的叙事中，没有出现一位虚构的人物，也没有出现一件虚构的大事。其"全知"与西方及中国后代小说叙事的"全知"相比，也的确受到某种限定，其突出表现就是如研究者们已经提到的，它几乎没有人物心理的静态描述。② 如果一定要展示人物心理，它也只好让人物直接说出来。典型事例如《宣公二年》所述"晋灵公不君"一事中的"鉏麑行刺"一节：

> 使鉏麑贼之。晨往，寝门辟矣。盛服将朝，尚早，坐而假寐。
> 麑退，叹而言曰："不忘恭敬，民之主也！贼民之主，不忠；弃君之
> 命，不信。有一于此，不如死也。"触槐而死。

晋灵公不君，这使当时的执政大夫赵盾非常焦虑，只得"骤谏"，晋灵公以为己患，便派鉏麑去除掉赵盾。鉏麑来到赵家时，赵家房门已开，赵盾早已穿戴整齐准备上朝，只因时候尚早坐在那里打瞌睡，这本是极

---

① 如王靖宇在《从〈左传〉看中国古代叙事作品》一文中指出，像《左传》这种"只充当记录者"的叙事，"叙述者无法直接进入到人物的内心，而只能报告他们的行动和言语"，见《〈左传〉与传统小说论集》，北京大学出版社 1989年；丁琴海在《〈左传〉叙事视角研究》一文中指出史家式叙事的限制"主要表现在叙述者无法像一般全知叙述者那样拥有随意透视故事人物内心的权利，而这恰恰是小说等虚构文体全知视角的主要特征"，文章见《山东社会科学》2003年第3期。

② 王靖宇在《从〈左传〉看中国古代叙事作品》一文中指出，从心理学的角度直接展示人物的内心世界——西方和后世中国叙事作品普遍采用的另一种人物描写的方法，事实上在《左传》中是不存在的。见《〈左传〉与传统小说论集》，北京大学出版社，1989。

好的行刺机会,鉏麑却陷入了进退两难的矛盾之中。一面是如此敬业的爱民之臣,一面是已对其作过承诺的一国之君,这让他无法选择。这时叙述者写他"叹而言曰":"贼民之主,不忠;弃君之命,不信。有一于此,不如死也。"于是"触槐而死"。事件本身只是鉏麑没有刺杀赵盾,自己反而"触槐而死"。叙述者描述鉏麑的感叹,为的是揭示他行为的动机。就当时的情形而言,鉏麑没有必要将这番话说出口,这其实是他心理活动的一种展示。

他如《桓公十年》记述"虞叔伐虞公":

> 初,虞叔有玉,虞公求旃。弗献。既而悔之,曰:"周谚有之:'匹夫无罪,怀璧其罪。'吾焉用此,其以贾害也?"乃献之。又求其宝剑。叔曰:"是无厌也。无厌,将及我。"遂伐虞公。故虞公出奔共池。

虞叔两次"曰",叙述者都未记告白对象,一次是虞公求玉虞叔不献"既而悔之"之后,一次是虞公又求宝剑虞叔终于忍无可忍"遂伐虞公"之前。前一个"曰"表明之所以后悔的心思,后一个曰表明要伐虞公的心态,两次"曰"无疑都更像是心理活动的展示。

《昭公十三年》记述"申亥从灵王":

> 王沿夏,将欲入鄢。芋尹无宇之子申亥曰:"吾父再奸王命,王弗诛,惠孰大焉?君不可忍,惠不可弃,吾其从王。"乃求王,遇诸棘闱以归。夏,五月癸亥,王缢于芋尹申亥氏。申亥以其二女殉而葬之。

楚灵王作恶多端,众叛亲离,其逃亡在外的兄弟趁他赴乾溪之机合谋攻入王都杀死了太子,他的随从也离他而去。这时,却有一个人专程到处找他,收留他,待他自杀后还"以其二女殉而葬之"。此人即是芋尹无宇之子申亥。文中记述了申亥的独白,称自己的父亲曾两度得到灵王的赦免,所以自己要报恩。这段话也没有告白对象,显然也是他的心理活动。

再比如《定公十四年》记述的"蒯聩之乱"一节:

> 卫侯为夫人南子召宋朝。会于洮,太子蒯聩献盂于齐,过宋野。野人歌之曰:"既定尔娄猪,盍归吾艾豭?"太子羞之,谓戏阳速曰:"从我而朝少君,少君见我,我顾,乃杀之。"速曰:"诺。"乃朝

夫人。夫人见太子。太子三顾,速不进。夫人见其色,啼而走,曰:"蒯聩将杀余。"公执其手以登台。太子奔宋。尽逐其党,故公孟驱出奔郑,自郑奔齐。太子告人曰:"戏阳速祸余。"戏阳速告人曰:"太子则祸余。太子无道,使余杀其母。余不许,将戕于余,若杀夫人,将以余说。余是故许而弗为,以纾余死。谚曰:'民保于信。'吾以信义也。"

卫灵公专宠少夫人南子,为取悦她,居然将她的旧好宋朝招到卫国。太子蒯聩路过宋国时听到野人的嘲讽之歌,倍感羞辱,顿生杀南子之心。于是与随从戏阳速约好,跟他一起上朝去见少夫人南子,待他使眼色后就杀掉南子。戏阳速许诺。但当见到南子后,蒯聩多次使眼色,戏阳速都没有动手,反而让南子看出破绽,蒯聩因此不得不逃亡他国。事后蒯聩称自己被戏阳速出卖。至此,叙述者记述了戏阳速对人的一大段告白:"太子则祸余。太子无道,使余杀其母。余不许,将戕于余,若杀夫人,将以余说。余是故许而弗为,以纾余死。"这是一段颇为复杂的心中款曲,揭示了戏阳速为何许诺却又食言的初衷,不免有些算计、猜疑和私心在里面,应该说,这更是一种不可告人的心理活动,而叙述者却让他以"告人"的形式表达出来。

不直接描摹施事者的心理活动,这可以说是受到史官型叙事的限制,让他们"说"出来,的确是一种变通的写法。不过,既然不属于史官可以知晓的范围,他们的"说"又何从得知?那么这个"说"无疑也超出了史官叙事"全知视角"的范畴,已经带有准小说叙事的味道了。

(二)准小说型非限定性全知视角

当然,不管怎么说,《左传》的"全知"视角在心理描写这一点上的确是受到了某种程度的限定。不过,除此之外,其他许多描写,包括对那些个人独语、私人密谈等等不可能被第二者或第三者知晓的活动的描写,往往突破了史家叙事的限制,叙述者有时扮演了小说叙事才会有的无所不晓的"全知"角色。

1."生无旁证、死无对证者"

就以"鉏麑行刺"来说,叙述者的确是将主人公的心理变成了说出口的言辞,然而进一步推究,即便是话已出口,但这只是一次独白,而且是临终前的一次不为人所听闻的独白,若依史家作为记录事件的角色来要求，又"何所凭而言之凿凿"？这番独白无疑是一段想象虚构出来的文字。

诸如此类的描述在《左传》中还可以找到许多例证。纪昀记申苍岭之语曰："鉏麑槐下之词，浑良夫梦中之噪，谁闻之欤？"①其中除提到"鉏麑槐下之词"外，还提到"浑良夫梦中之噪"，事见《哀公十七年》：

> 卫侯梦于北宫，见人登昆吾之观，被发北面而噪曰："登此昆吾之墟，绵绵生之瓜。余为浑良夫，叫天无辜。"公亲筮之，胥弥赦占之，曰："不害。"与之邑，置之而逃，奔宋。卫侯贞卜，其繇曰："如鱼窥尾，衡流而方羊。裔焉大国，灭之，将亡。阖门塞窦，乃自后逾。"

文中的卫侯即前面提到的曾因欲杀南子未果而出奔的卫太子蒯聩。后来在浑良夫的帮助下，蒯聩返国与卫君，也是他的儿子辄争位成功，其子卫侯辄奔鲁。此前蒯聩请求浑良夫相助，曾许诺事成后万一遇到不测，可免他三次死罪。蒯聩即位后因国之重器已被卫侯辄携走而倍感忧心，浑良夫出主意说反正太子疾和卫侯辄都是您的儿子，不如将辄召回，在他们两人中间择才而用，如果辄不才，重器也已到了您的手里。此话被下人报告给太子疾，太子疾痛恨浑良夫居然劝蒯聩召回卫侯辄与自己争太子之位，便在蒯聩宴请之时一次挑了浑良夫三个小毛病，当场杀掉了他。这样，就出现了"浑良夫梦中之噪"这一节。卫侯梦见浑良夫"登昆吾之观，被发北面而噪"，为自己喊冤，其语历历在目。然而，卫侯事后是"亲筮之"，并未将梦境告人，胥弥赦仅是据他筮得之卦或爻"占之"；胥弥赦谎称"不害"，然后却逃之夭夭，卫侯又亲自贞卜，叙述者也未称他将梦境告人。所以申苍岭质疑"谁闻之欤"。

被学者们看出"破绽"的还有"介之推与母逃前之问答"，事见《僖公二十四年》：

> 晋侯赏从亡者，介之推不言禄，禄亦弗及。推曰："献公之子九人，唯君在矣。惠、怀无亲，外内弃之。天未绝晋，必将有主。主晋祀者，非君而谁？天实置之，而二三子以为己力，不亦诬乎？窃人之财，犹谓之盗，况贪天之功以为己力乎？下义其罪，上赏其

---

① 《阅微草堂笔记》卷一一。

奸；上下相蒙，难与处矣。"其母曰："盍亦求之？以死，谁怼？"对曰："尤而效之，罪又甚焉。且出怨言，不食其食。"其母曰："亦使知之，若何？"对曰："言，身之文也。身将隐，焉用文之？是求显也。"其母曰："能如是乎？与女偕隐。"遂隐而死。晋侯求之不获。

这里的晋侯即晋文公，亦即晋公子重耳。回国即位前他曾在外流亡十九年，回国后赏赐随从他奔命于外者。介之推本也属于从亡者，只因他没有主动提出，便没有得到赏赐。回到家中后，他与母亲有一大段对话，大意是重耳得天之助，若从亡者争言己力，则是贪天之功为己有。既然自己已出怨言，便不该再在此食禄。既然打算归隐，也没有必要再让人们了解自己。两人对话之后，"遂隐而死"。"晋侯求之不获"。既然晋侯没有找到介之推，既然母子两人隐居一直到死也没有再出现，这临归隐之前的大段对话谁闻之，谁又能传之？所以钱钟书先生曰："或为密勿之谈，或乃心口相语，属垣烛隐，何所据依？如僖公二十四年介之推与母逃前之问答，宣公二年鉏麑自杀前之慨叹，皆生无旁证、死无对证者。"①

其实，这种"生无旁证、死无对证者"还可以找到许多。如《桓公十六年》所述卫宣公二子之死：

初，卫宣公烝于夷姜，生急子，属诸右公子。为之娶于齐，而美，公取之。生寿及朔。属寿于左公子。夷姜缢。宣姜与公子朔构急子。公使诸齐。使盗待诸莘，将杀之。寿子告之，使行。不可，曰："弃父之命，恶用子矣？有无父之国则可也。"及行，饮以酒。寿子载其旌以先，盗杀之。急子至，曰："我之求也，此何罪？请杀我乎！"又杀之。二公子故怨惠公。十一月，左公子泄、右公子职立公子黔牟。惠公奔齐。

卫公子寿得知其兄公子急子将在出使齐国的途中被父亲卫宣公安排的盗所杀，前去通报，劝其逃亡。公子急子对公子寿说了一番话，表示仍要出使。公子寿无奈用酒灌醉他，自己代他出使，结果被盗杀之。公子急子追来，也被杀之。两人都被杀死，此行前说的那番话自然不可能被旁人闻之传之，应该也属于作者的杜撰。

---

① 钱钟书：《左传正义·杜预序》，见《管锥编》第一册，第 165 页，北京：中华书局，1986。

它如《文公十五年》所述鲁穆伯二子之事。当年,鲁穆伯原本是要为其弟襄仲迎娶莒之己氏,见己氏美而欲自娶之,兄弟反目。后来穆伯不惜放弃爵位,私奔莒国娶了己氏。因此,鲁人立其子文伯。穆伯在莒又生了两个儿子。这期间他曾返国,三年后又奔莒。文伯死后,次子惠叔得立,穆伯又请求返鲁,即将启程时却死于齐。在惠叔的请求下,穆伯总算归葬鲁国。这时,叙述者预叙了此事数年后发生的事情:

> 他年,其二子来,孟献子爱之,闻于国。或谮之曰:"将杀子。"
> 献子以告季文子。二子曰:"夫子以爱我闻,我以将杀子闻,不亦
> 远于礼乎? 远礼不如死。"一人门于句鼆,一人门于戾丘,皆死。

叙述者称,数年后,鲁穆伯在莒与己氏所生的两个儿子来到了鲁国。孟献子,即文伯之子、穆伯之嫡长孙(此时应该在惠叔死后得立以执孟氏政),对待穆伯二子很好,却有人诬告说二子将杀孟献子。孟献子将此事告诉了季文子。这时,叙述者记述了二子之言,称背着这忘恩负义之名还不如去死。随后二子在守门之役中都拼命以战,一个死于句鼆,一个死于戾丘。既然二子皆死,死前二人私下所说之语,也不会有传出的机会。

《成公十七年》描述三郤被灭前的对话也是如此:

> 厉公将作难,胥童曰:"必先三郤。族大,多怨。去大族,不
> 逼;敌多怨,有庸。"公曰:"然。"郤氏闻之,郤锜欲攻公,曰:"虽死,
> 君必危。"郤至曰:"人所以立,信、知、勇也。信不叛君,知不害民,
> 勇不作乱。失兹三者,其谁与我? 死而多怨,将安用之? 君实有
> 臣而杀之,其谓君何? 我之有罪,吾死后矣。若杀不辜,将失其
> 民,欲安,得乎? 待命而已。受君之禄,是以聚党。有党而争命,
> 罪孰大焉?"壬午,胥童、夷羊五帅甲八百将攻郤氏,长鱼矫请无用
> 众,公使清沸魋助之。抽戈结衽,而伪讼者。三郤将谋于榭,矫以
> 戈杀驹伯、苦成叔于其位。温季曰:"逃威也。"遂趋。矫及诸其
> 车,以戈杀之。皆尸诸朝。

晋厉公欲贬黜或除掉诸位大夫,改用自己宠幸的大臣。与郤氏有宿怨的胥童挑唆厉公先拿三郤即郤锜、郤犨、郤至开刀。接着叙述者描述了郤氏得知后的一段对话。郤锜欲攻厉公,郤至表示反对,犹豫

间,厉公派两人用计杀掉了三郤。一般而言,得知国君要除掉自己,商讨是反攻还是坐以待命,这种事情属于绝密,除了当事人之外是不可能让他人在场的。而当事人事后全部被杀,"皆尸诸朝",被杀前也绝无将此前对话公之于众的机会和可能,所以,郤锜与郤至的对话,应该也是作者代言的。

从史家记事的角度审视,《左传》这些描述无疑是缺乏史料根据的,以往学者们也多是从发现问题的角度指出这种种无据,如钱钟书在指出介之推、鉏麑事之"生无旁证、死无对证"后,又引用了不少古人的评说,如"李元度《天岳山房文钞》卷一《鉏麑论》曰:'又谁闻而谁述之耶?'李伯元《文明小史》第二五回王济川亦以此问塾师,且曰:'把他写上,这分明是个漏洞!'盖非记言也,乃代言也"①。不过,这也恰恰说明,《左传》的描述常常会突破史家的限制,掺有想象、虚构的成分,从而具有类似小说般的全知视角。

2. 不可告人者

由上述确能见出是杜撰的部分,会让人们联想《左传》其他叙事会不会也有想象、虚构的内容。其实,《左传》中有些人物密谈,有些生活细节,虽不是"生无旁证、死无对证"者,但却属于"不可告人"者,被说出、被传出的可能性极小,很有可能也是作者赋予叙述者的全知权力。这种描述俯拾即是。

《隐公元年》记述"郑伯克段于鄢"。此前郑庄公眼看着其母宠幸其弟段为所欲为却无动于衷,祭仲劝其早作打算,所谓"不如早为之所,无使滋蔓!蔓,难图也。蔓草犹不可除,况君之宠弟乎",庄公却说:"多行不义,必自毙,子姑待之。"对待手足胞弟却用这种欲擒故纵的手段以害之,如此阴毒的计谋,即便已经成功,也是不便为外人道的。

《桓公十五年》记述,郑厉公不满于前朝老臣祭仲主政过专而派其亲信、祭仲的女婿雍纠杀之,反而因雍姬(雍纠妻,祭仲女)的通报消息而使祭仲杀掉了雍纠,自己被迫出奔蔡国。叙述者描述雍姬从丈夫那里得知将要杀其父的消息后,在是保丈夫还是救父亲的取舍上陷入矛

---

① 钱钟书:《左传正义·杜预序》,见《管锥编》第一册,第 165 页,北京:中华书局,1986。

盾,于是与其母有一段对话:

> 雍姬知之,谓其母曰:"父与夫孰亲?"其母曰:"人尽夫也,父
> 一而已,胡可比也?"遂告祭仲……

让父亲杀掉丈夫这种事即便是情有可原,毕竟不值得张扬,母女俩的
对话应该不会由她们自己绘声绘色地告诉他人;祭仲可以得知,却也
不便声张。

《庄公三十二年》记述,鲁庄公卒,公子般即位两个月后便被圉人
荦杀害,于是闵公即位。圉人荦之所以会杀公子般,是因为他曾因隔
墙与公主戏谑而遭到公子般的鞭打。叙述者描述"鞭之"事件后鲁庄
公曾对公子般说:"不如杀之,是不可鞭。荦有力焉,能投盖于稷门。"
这种话只适合父子两人私底下说说,谁都不可能让话传出去。

《文公二年》记述,秦晋殽地再战时,"晋襄公缚秦囚",使其车右斩
之,车右却因秦囚的呼喊而"失戈",在旁的狼瞫见状,"取戈以斩囚",
于是被任命为晋侯的车右。而到了箕之役,主帅先轸又罢免了狼瞫的
车右之位。这时,叙述者描述道:

> 狼瞫怒。其友曰:"盍死之?"瞫曰:"吾未获死所。"其友曰:
> "吾与女为难。"瞫曰:"《周志》有之:'勇则害上,不登于明堂。'死
> 而不义,非勇也。共用之谓勇。吾以勇求右,无勇而黜,亦其所
> 也。谓上不我知,黜而宜,乃知我矣。子姑待之。"及彭衙,既陈,
> 以其属驰秦师,死焉。晋师从之,大败秦师。

狼瞫因被罢免而恼火。其友问要不要死,他说现在还没有合适的死
法;其友问不然我和你一起作乱,他回答"死而不义,非勇也"云云。随
后在战于彭衙时他用冲锋陷阵结束了自己的生命。狼瞫的这篇对话
是在其友劝其"为难"时说的,只有其友闻知,而其友不会说出他曾劝
狼瞫发难,也就无法转述狼瞫不欲发难的陈辞。所以,这段对话属于
典型的"不可告人者"。

《文公十八年》记述,齐懿公被其仆邴歜和骖乘阎职两人合谋杀
掉。原来,齐懿公为公子时,曾与邴歜之父争田,不胜,即位后竟掘其
尸而刖其足,却又让邴歜做自己的随从;齐懿公强娶了阎职的妻子,又
让阎职做了自己的骖乘。这时,叙述者描述道:

> 夏,五月,公游于申池。二人浴于池,歜以扑抶职。职怒。歜

曰:"人夺女妻而不怒,一抶女,庸何伤?"职曰:"与刖其父而弗能病者何如?"乃谋弑懿公,纳诸竹中。归,舍爵而行。

除了齐懿公,池中只有邴歜和阎职二人。一个故意用竹鞭抽了一下对方,对方被激怒。于是,这个说被人夺了妻还不怒,抽这么一下怕什么,另一个说比那个被人刖了父还不在意的人又如何? 就这样,两人你来我去地彼此激将,当下便起了弑君之意,两人把齐懿公干掉后将其装到了竹筒中,回家后祭拜了家庙便离开了齐国。池中这个戏剧性场面的见证人只有他们自己,齐懿公即便远远看到也已被杀,而他们都已远走他乡,如此绘声绘色的动作和对话描写,无疑是小说家言。

《襄公二十七年》记述,齐国相崔杼家乱被灭,结果崔杼自缢,庆封当国。原来,崔杼生子崔成、崔强后其妻去世,崔杼又娶寡妇东郭姜,生崔明。东郭姜让其前夫之子棠无咎及其兄东郭偃也进入崔家,一起辅佐崔杼。后来,崔杼长子崔成因有疾而被废,崔明被立嗣。崔成请求终老于崔邑,却受到东郭偃与棠无咎的阻挠。崔成、崔强怒而欲杀掉此二人,得到庆封的鼓励,于是作难。崔杼恼怒之下也去找庆封,庆封假意帮助崔杼讨伐罪人,率国人攻崔氏,杀掉了崔成、崔强,尽俘其家,东郭姜自杀,崔明奔鲁。这时庆封回来向崔杼复命,带他回家,他已无家可归,于是自缢。这段叙事中值得注意的是当崔成、崔强发难前找到庆封后二子与庆封的对话及庆封与卢蒲嫳的对话:

> 成与强怒,将杀之,告庆封曰:"夫子之身,亦子所知也,唯无咎与偃是从,父兄莫得进矣。大恐害夫子,敢以告。"庆封曰:"子姑退。吾图之。"告卢蒲嫳。卢蒲嫳曰:"彼,君之雠也。天或者将弃彼矣。彼实家乱,子何病焉? 崔之薄,庆之厚也。"他日又告。庆封曰:"苟利夫子,必去之。难,吾助女。"

崔氏二子气恼父亲唯棠无咎、东郭偃是从,并担心父亲早晚会被两人所害,于是把这些顾虑告诉庆封。庆封开始只说自己先考虑考虑。私下里将此事告诉属臣卢蒲嫳。卢蒲嫳说你的机会来了,崔家乱,对你是好事。于是,当崔成、崔强再来说及此事时,庆封就鼓励他们说:"难,吾助女。"关于这段描写,值得分析的是,事后崔氏二子都已被杀,不再有机会将他们与庆封的对话原原本本告知他人;庆封是假称帮助崔杼而灭了二子,即便是后来崔杼自缢,庆封当国,他也不会主动招供是自己鼓励二子作难,更不会供出卢蒲嫳劝他害崔杼以自利的那番话。因此,这些描述更有可能是属于作者的创作。

《昭公十三年》记述"楚灵王乾溪之难",其弟公子比(子干)、公子黑肱(子晳)、公子弃疾率陈、蔡等众人趁他不在国中之机,攻入楚,杀太子禄。楚灵王闻难后行至乾溪自尽。事成后,公子比为王,公子黑肱为令尹,公子弃疾为司马。这时,叙事者又描述了公子比不忍听观从之劝除掉公子弃疾、反被弃疾所害的情景:

> 观从谓子干曰:"不杀弃疾,虽得国,犹受祸也。"子干曰:"余不忍也。"子玉(观从)曰:"人将忍子,吾不忍侯也。"乃行。……乙卯夜,弃疾使周走而呼曰:"王(楚灵王)至矣!"国人大惊。使蔓成然走告子干、子晳曰:"王至矣,国人杀君司马,将来矣。君若早自图也,可以无辱。众怒如水火焉,不可为谋。"又有呼而走至者,曰:"众至矣!"二子皆自杀。丙辰,弃疾即位。……召观从,王曰:"唯尔所欲。"对曰:"臣之先佐开卜。"乃使为卜尹。

观从预见以公子弃疾的个性,他不会甘愿在公子比之下做个司马,必会加害公子比,于是劝公子比(子干)杀掉弃疾。公子比不忍,观从失望之下离开了楚国。果然,公子弃疾在国人尚不知楚灵王死活的情况下,假称楚灵王反攻入楚,让人去惊吓公子比和公子黑肱,两人自杀。公子弃疾即位,是为楚平王。事成后弃疾召回观从,并让他做了卜尹。这段叙事中值得分析的是,观从劝公子比(子干)杀弃疾的一番话,公子比已死,没有机会告人;观从尚在,但他被弃疾召回,并加任用,岂能不打自招? 若传出,以弃疾的个性,不但不会再加任用,还会杀他无疑,事实是他没有被杀。

3. 闺房私语

《左传》中还常常描述一些闺房私语,夫妻对话。说起来,中国古代早期史官制度就十分发达,宫廷上君臣对话有可能都被记述,但是,闺房中是不可能有书记官的。所以,对夫妻对话的记述栩栩如生,很大程度上是出自作者的加工和润色,甚至有虚构和想象。这种情况在《左传》中也不乏其例。

前面提到《庄公十年》和《庄公十四年》记述的"楚灭息入蔡"事件,先是息侯为报复蔡侯对自己的妻子息妫不敬,挑唆楚王攻打蔡国,后来蔡侯为报复息侯又"绳息妫以语楚子"，挑唆楚王灭息国夺息妫。接着叙事者描述息妫虽为楚王生了两个儿子，却从未说过一句话。于是：

> 楚子问之。对曰："吾一妇人，而事二夫，纵弗能死，其又奚言？"楚子以蔡侯灭息，遂伐蔡。秋，七月，楚入蔡。

楚王与息妫的对话，显然属于闺房私语，而像息妫的这种回答，楚王应该不会到处张扬。所以，很可能是作者的杜撰。

更典型的是《僖公二十三年》追述"晋公子重耳之亡"一节，其中出现了四场夫妻对话：

> 晋公子重耳之及于难也，晋人伐诸蒲城。蒲城人欲战，重耳不可……遂奔狄。……狄人伐廧咎如，获其二女叔隗、季隗，纳诸公子。公子取季隗，生伯儵、叔刘，以叔隗妻赵衰，生盾。将适齐，谓季隗曰："待我二十五年，不来而后嫁。"对曰："我二十五年矣，又如是而嫁，则就木焉。请待子。"处狄十二年而行。
>
> ……及齐，齐桓公妻之，有马二十乘。公子安之。从者以为不可。将行，谋于桑下。蚕妾在其上，以告姜氏。姜氏杀之，而谓公子曰："子有四方之志，其闻之者，吾杀之矣。"公子曰："无之。"姜曰："行也！怀与安，实败名。"公子不可。姜与子犯谋，醉而遣之。醒，以戈逐子犯。
>
> 及曹，曹共公闻其骈胁，欲观其裸。浴，薄而观之。僖负羁之妻曰："吾观晋公子之从者，皆足以相国。若以相，夫子必反其国。反其国，必得志于诸侯。得志于诸侯，而诛无礼，曹其首也。子盍蚤自贰焉！"乃馈盘飧，置璧焉。公子受飧反璧。
>
> ……秦伯纳女五人，怀嬴与焉。奉匜沃盥，既而挥之。怒，曰："秦、晋，匹也，何以卑我？"公子惧，降服而囚。

第一次是重耳在离开狄国时，让其妻季隗等自己二十五年，"不来而后嫁"，招致季隗"就木"之言，这属于夫妻间床第戏谑之语，既不可能被人听到，当事人也不太可能随便张扬；第二次是重耳在齐国与姜氏的对话，姜氏劝他离开齐国，这一次有可能被姜氏说出，但对话过程，尤其是称杀掉蚕妾的部分，不会如此真真切切；第三次是曹国大夫僖负羁之妻见重耳一行人后为丈夫出主意，让他"蚤自贰"，私底下与重耳拉关系,这种话夫妻俩都不可能向人吐露,绝对是作者凭情理推断模拟之作;第四次是重耳惹恼了秦国妻子怀嬴,不得不小心赔罪,夫妻间的口角,只当夫妻两人知道。总之,其中不乏小说家的添枝加叶。

它如《文公五年》记述,晋大夫阳处父出使卫国返回途中路过宁邑,该邑的逆旅大夫宁嬴见而悦之,举家而从。但走到温邑就改变主意,又折回了宁邑。这时叙事者描述了宁嬴夫妻间的一段对话:

> 其妻问之,嬴曰:"以刚。商书曰:'沈渐刚克,高明柔克。'夫子壹之,其不没乎!天为刚德,犹不干时,况在人乎?且华而不实,怨之所聚也。犯而聚怨,不可以定身。余惧不获其利而离其难,是以去之。"

原来宁嬴在追随阳处父的途中发现对方过于刚猛,又言过其实,如此则容易积怨,难有善终,自己若依附于他,不但没有好处,反而会跟着倒霉,所以还是早早离开的好。这属于只能对妻子讲的私心话,没有理由对他人道,史官哪得闻其详?

如此多分明是"生无旁证、死无对证者"、不可告人者、闺房私语者,却被《左传》作者描绘得如此栩栩如生,仿佛亲临现场一般,看得真切,听得仔细,这些描写显然已经超出史官叙事的范畴,属于小说的虚构、杜撰,是富于想象的艺术创作。

第二节 《左传》叙事时间和策略的超史著性

历史是在时间顺序的长河中展开的人类活动的历程。就像人们常说的,时间不可以倒流。因此,无论是编年体、国别体还是纪传体,历史著作或明或暗,总会呈现为一种先后顺序。编年体逐年逐月叙述各国历史事件,属于纵向型先后顺序线索中横向穿插诸国事件;国别体、纪传体按列国、人物分传,传中逐年叙事,属于横向型并列中纵向贯穿先后顺序。而小说叙事不受时间限制,追求故事的集中完整、引人入胜和扣人心弦,不免要打破时间顺序,运用诸如倒叙、插叙、补叙、预叙等时间倒错的叙述手段;还会巧加设计,采用诸如伏笔、照应等跌宕回复的艺术手法,从而在叙事时间和策略上与历史著作形成分野。

《左传》是一部编年体史书,但常常又掺入上述各种打破编年和突破史著的叙事艺术手段,从而具有准小说的意味。

一、《左传》的编年体体例

《左传》总体上是一部编年体历史著作。

首先,除却那些直接与编年体史纲《春秋》相对应的部分之外,仅见于《左传》而不见于《春秋》的叙事,也常常明确标以年份、季节、月份甚至时日,诸如"夏,四月,费伯帅师城郎。……八月,纪人伐夷。……冬,十月庚申,改葬惠公"(《隐公元年》)、"四月,郑人侵卫牧,以报东门之役,卫人以燕师伐郑"(《隐公五年》)、"五月庚申,郑伯侵陈,大获"(《隐公六年》)等等,按照时间先后顺序叙事的脉络十分清晰。

其次,限于编年的体例,有些叙事被时间间隔。比如《桓公六年》和《桓公八年》所述的"楚随之争"。楚武王之所以最终能挫败汉东姬姓大国随国,是采纳了斗伯比"示弱骄敌"的战术,先是在前来讲和的随少师面前故意毁军示弱,以助长其嚣张的气焰。事隔一年之后,见少师有宠,楚才又兴师伐随,果然随侯听信少师的骄傲轻敌,被楚师打得大败。这本是前因后果密切相关的一个故事,但被分别记述在桓公六年和桓公八年。再比如《成公五年》和《成公八年》所述的"赵氏孤儿"。赵氏几被灭族,只因孤儿赵武被"畜于公宫",后来才又复兴了赵氏,而整个事件的起因是赵氏家族内部赵婴与其侄媳赵庄姬(赵朔妻,晋侯妹)通奸,赵婴的同母兄弟赵同、赵括怒而驱逐了他。三年后,赵庄姬恨赵同、赵括使赵婴出亡,向晋侯诬告两人谋反,晋侯于是杀掉二人,灭了赵氏。赵朔之子赵武因被畜养于其舅氏晋侯的宫中,免于一死。后来在大臣韩厥的请求下,晋侯恢复了赵武的爵位,赵氏才又得以祀祖。这也是一桩前有因、后有果的情仇恩怨故事,但因诸事发生时间的缘故,被分别记述在了成公五年和成公八年。

更有甚者,有的发生在同一年的相关事件还因季节被间隔。《僖公四年》所述"辕申构怨"故事就是一例。齐桓公率诸侯之师伐楚,盟于召陵。陈辕涛涂与郑申侯商量,说如果劝诸侯之师从东边返回,陈、郑就会少些麻烦。申侯当面称善,可当辕涛涂劝过齐侯之后,申侯又去向齐侯献媚,说师出于东方恐遇敌,不如出于陈、郑之间,齐侯十分高兴，赏给申侯虎牢之地，并拘捕了辕涛涂，且伐陈以讨不忠。陈与诸侯之师讲和后，齐才放回辕涛涂。第二年，辕涛涂因恨申侯背叛和陷害，故意劝他大兴土木，筑城虎牢，随后又去郑伯那里告他的状，申侯由此得罪。两年后，齐国伐郑，郑伯将责任推到申侯身上，借此机会杀掉了申侯。这个故事分别记载于僖公四年、五年、七年，已经被年份间隔，而这里更值得注意的是其中有些部分还被季节、月份间隔。如僖公四年记述，"夏"，齐楚盟于召陵，然后记述道：

> 陈辕涛涂谓郑申侯曰："师出于陈、郑之间，国必甚病。若出于东方，观兵于东夷，循海而归，其可也。"申侯曰："善。"涛涂以告齐侯，许之。申侯见曰："师老矣，若出于东方而遇敌，惧不可用也。若出于陈、郑之间，共其资粮屝屦，其可也。"齐侯说，与之虎牢。执辕涛涂。

下面记述到了"秋"，先顺势提到齐"伐陈，讨不忠也"，又记述到秋季发生的另外一件事："许穆公卒于师，葬之以侯，礼也。"然后记述到"冬"，才又转到辕涛涂之事：

> 冬，叔孙戴伯帅师会诸侯之师侵陈。陈成，归辕涛涂。

而这种记述顺序，正是编年体所规定的。

二、《左传》叙事时间对编年体的超越

《左传》叙事更多的是对编年体的超越。一般而言，历史事件，特别是比较重大、复杂、经过长期酝酿的历史事件，被时间间隔才是正常的、自然的状态，编年体记事，也正是体现了历史事件发生的这种规律，符合历史科学对呈现历史真实的要求。然而，就对某一个故事的叙述而言，这却会给人以支离之感，从而减弱人们的阅读兴趣。因此，文学叙事，特别是小说叙事，需要对生活的提炼，其艺术构思中就包括在处理叙事时间上所采用的打破一般时间的种种手段。用叙事学的说法就是，如何处理一个事件实际发生所占用的时间和故事中的时间两种时间的关系，其中包括时序问题，也包括时距问题。

《左传》分明追求叙事的艺术效果，因为它在叙事中恰恰十分频繁、十分广泛地采用了倒叙、插叙、补叙等打破实际发生时间的叙事时序手段和"省略"等浓缩时间节奏的叙事时距策略，从而使叙事曲折、

集中、完整，扣人心弦，引人入胜。

（一）倒叙

倒叙，就是让时光倒转，回到从前，相对于编年体而言，就是将事件定格在"到此为止"的某一年之后，再回溯到事件的开始，从头说起。《左传》常常是用"……之……也"的句型或"初"字引领，开始倒叙。这种叙述就完全打破了编年的限制，也不再受到其他事件的干扰，集中叙述这一件事的来龙去脉。

《左传》运用倒叙手段最典型的是"晋公子重耳之亡"一节。僖公二十三年冬，在外流亡多年的晋公子重耳辗转来到秦国，二十四年春，秦穆公送重耳返晋，立为国君，是为晋文公。就编年而言，《左传》在僖公二十三年冬的位置，记述了重耳至秦受到秦穆公款待一事。不过，这一节记事，叙述者直接以"晋公子重耳之及于难也"开篇，从重耳离开晋国出亡开始讲起，当时是僖公四年，距当下记事的跨度已长达十九年。其间记述重耳经历过"蒲城被伐"（僖公五年）、"狄别季隗"（僖公十六年）、"过卫乞食"（僖公十六年）、"齐遭醉遣"（僖公二十一年）、"曹公观裸"（僖公二十二年）、"宋公赠马"（僖公二十二年）、"郑公不礼"（僖公二十三年）、"楚王宴享"（僖公二十三年）等一系列酸甜苦辣的人生遭际，然后才记到重耳被楚"送诸秦"以及重耳在秦"降服怀嬴"和"赋诗言志"的故事。能够如此集中地描述重耳在外十九年的坎坷经历，无疑得益于对编年体的超越，几乎形成一篇小型的描述重耳成长经历的传记体小说。

《宣公三年》"郑穆公刘兰而卒"一段，在"冬，郑穆公卒"一句后面，更是以"初"字引领，以"兰"为线索，浓缩了郑穆公的一生。

采用倒叙手法集中追溯、交待事情原委，这在《左传》的叙事中俯拾即是。著名的如"郑伯克段于鄢"。事见《隐公元年》，当下记事是郑庄公于鄢地攻克其同母弟大叔段，段于五月辛丑出奔共。而叙事以"初"字开篇，从庄公的出生讲起：

> 初，郑武公娶于申，曰武姜，生庄公及共叔段。庄公寤生，惊姜氏，故曰寤生，遂恶之。爱共叔段，欲立之。亟请于武公，公弗许。及庄公即位，为之请制。公曰："制，岩邑也，虢叔死焉。佗邑唯命。"请京，使居之，谓之京城大叔。……

庄公的逆生,使得其母武姜不喜欢他而宠爱其弟共叔段,曾劝其父武公废他的太子之位而立共叔段,此事不成后又为段争取最好的封地京城。接着,叙事者又叙述共叔段不但使自己的都邑规模逾越国君,还使国中西部和北部的边鄙军队同时由自己统领,后来又收为己有,进而"完聚,缮甲兵,具卒乘,将袭郑",其母武姜还欲从中接应。这一切庄公都看在眼里,却不动声色,让共叔段一步步膨胀,最后便导致了兄弟相残的一幕。算起来,这一过程经历了二十几年,而倒叙的运用,则使矛盾的积聚、发展十分集中、清晰地展现在读者面前。

(二)插叙

插叙,就是将彼叙事装到此叙事之中,此叙事被编年镶嵌,彼叙事却不属于这个编年。这彼叙事看似是另一个,但往往与这一个又有因果连带关系。《左传》经常采用插叙手法,藉此交待事情原委,从而使叙事更加曲折、丰满。例如《隐公十一年》所述"隐公之死":

> 羽父请杀桓公,将以求大宰。公曰:"为其少故也,吾将授之矣。使营菟裘,吾将老焉。"羽父惧,反谮公于桓公而请弑之。公之为公子也,与郑人战于狐壤,止焉。郑人囚诸尹氏。赂尹氏,而祷于其主钟巫。遂与尹氏归,而立其主。十一月,公祭钟巫,齐于社圃,馆于寪氏。壬辰,羽父使贼弑公于寪氏,立桓公,而讨寪氏,有死者。

鲁隐公是鲁惠公正妻孟子死后继室声子所生,属于庶出。后来惠公又娶宋武公之女仲子为嫡妻,生桓公,是为嫡子。但桓公生而惠公卒,于是隐公暂时摄位,以待桓公成人。十一年后,鲁大夫羽父在隐公面前讨好,请求为之杀掉桓公,藉此欲谋求大宰之位。没想到隐公不但拒绝了他的好意,还打算马上让位。这下羽父害怕了,担心会遭到隐公的惩处,反而又跑到桓公那里谗害隐公,估计是说隐公如何想除掉桓公,于是请求为桓公杀隐公。这时,叙述者插入了另一段叙事,即当年隐公还在做公子的时候,曾与郑人战于狐壤,被郑人俘获,囚禁在尹氏之家。隐公贿赂尹氏,并在其家神钟巫面前做了祈祷,于是与尹氏一起逃归鲁国,且将其家神钟巫的牌位也带到了鲁国。接下来叙事回到当下,十一月,隐公因为要祭祀钟巫,故在社圃斋戒,暂住在鲁大夫寪氏之家。羽父便趁此机会派刺客在那里杀掉了鲁隐公。这段插叙,事情发生在十数年之前,不属于当下叙事的回溯,而是另外一件事情,但交待了隐公为什么要离开宫廷,祭祀钟巫。插叙的巧妙运用,避免了时间间隔,使叙事既浓缩集中,又清晰完整。

再比如《宣公二年》所述"赵盾脱险"一事:

> 秋,九月,晋侯饮赵盾酒,伏甲,将攻之。其右提弥明知之,趋登,曰:"臣侍君宴,过三爵,非礼也。"遂扶以下。公嗾夫獒焉,明搏而杀之。盾曰:"弃人用犬,虽猛何为!"斗且出。提弥明死之。初,宣子田于首山,舍于翳桑,见灵辄饿,问其病。曰:"不食三日矣。"食之,舍其半。问之。曰:"宦三年矣,未知母之存否,今近焉,请以遗之。"使尽之,而为之箪食与肉,置诸橐以与之。既而与为公介,倒戟以御公徒而免之。问何故。对曰:"翳桑之饿人也。"问其名居,不告而退,遂自亡也。

这里的晋侯即晋灵公,极其"不君",居然"从台上弹人,而观其辟丸"以取乐。身为正卿的赵盾"骤谏",灵公遂起杀心,使鉏麑行刺未果,这次又欲藉宴请伏甲攻之。多亏赵盾车右提弥明看出破绽,灵公又唤出恶犬,提弥明搏而杀之,且死之。就在这且斗且出的紧急关头,作者荡开一笔,插叙了不在此编年之中的关于赵盾"田于首山"的一段往事。当年赵盾在翳桑下遇一饿人,慷慨解囊,救助了他。当然,这段插叙并非与当下叙事无关,这位饿人后来加入了晋公的卫戍部队,就在这些甲士之中。这时,叙事又转回到当下,赵盾在突围时见一"公介""倒戟以御公徒",他因此得免。问何故,答曰"翳桑之饿人也"。插叙的运用,不但使叙事跌宕起伏,曲折有致,且见出赵盾善心有报。

(三)补叙

顾名思义,补叙是在一个叙事已经完成之后,又增加一段叙事。既称"补",那么这个叙事一定与已经完成的叙事有关。而就叙事时间来说,与倒叙、插叙不同的是,补叙也许仍在编年范围之中,也许对编年有所突破。

仍在编年范围之中的补叙如《宣公二年》所述"郑败宋师获华元"一事:

> 春,郑公子归生受命于楚伐宋,宋华元、乐吕御之。二月壬子,战于大棘。宋师败绩。囚华元,获乐吕,及甲车四百六十乘,

> 俘二百五十人，馘百人。狂狡辂郑人，郑人入于井。倒戟而出之，获狂狡。……将战，华元杀羊食士，其御羊斟不与。及战，曰："畴昔之羊，子为政；今日之事，我为政。"与入郑师，故败。

这段叙事首先概述了郑受命于楚伐宋、大败宋师并俘获宋主帅华元的事件及其结果。然后，又补充叙述了战场上发生的两件事情。其一是宋人狂狡迎战郑人，郑人掉到井里，狂狡竟然愚蠢地将战戟锋头朝向自己去拉郑人出井，结果反而被郑人俘获；其二是宋华元战前宴飨士卒，居然没有让其车御参加，战斗打响后车御为泄私愤，直接将车驾到了敌人阵营，华元因此被俘。这两件事都是已经叙述结束的战斗中的故事，其发生时间就在编年之中，在交待事件结局之后再来补叙，有展示造成结果原因的作用，如此愚蠢、大意、徇私，宋国也就难免师败、将俘了。

突破编年的补叙如《桓公二年》所述"宋华父督之乱"和《僖公七年》所述"郑杀申侯"等皆是。

前面在论及《左传》全方位叙事时提到，《桓公二年》记述，宋华父督杀孔父嘉而夺其妻，事后惧宋殇公惩治，"遂弑殇公"。作者接着记述事发后，"会于稷，以成宋乱，为赂故，立华氏也"。华父督虽然有弑君之罪，但因贿赂，不但没有受到惩罚，反而得到诸侯盟会的认可。此后，作者补叙道：

> 宋殇公立，十年十一战，民不堪命。孔父嘉为司马，督为大宰，故因民之不堪命，先宣言曰："司马则然。"已杀孔父而弑殇公，召庄公于郑而立之，以亲郑。以郜大鼎赂公，齐、陈、郑皆有赂，故遂相宋公。

原来，宋"十年十一战"，已经多积民怨，时为大宰的华父督将责任推到司马孔父嘉和宋殇公两人身上，藉此理由杀掉了他们；又将出居于郑国的公子冯迎回立为宋庄公，讨好了郑庄公，再加上多方贿赂，于是成了宋公的国相。这段补叙，自"宋殇公立"至"先宣言曰"都超出了编年范畴；而补叙对于交待事件原委无疑是不可或缺的。用补叙的方式进行处理，就叙事效果而言，显然避免了支离散漫。

《僖公七年》所述"郑杀申侯"一事在前面论及《左传》记事受编年限制时也有提及，郑国申侯被杀，始因就在于"辕申构怨"。陈辕涛涂原本与郑申侯商量让齐侯之师转道东边返回以免陈、郑被扰,申侯却背叛辕涛涂,并因此从齐侯那里得到了好处,于是辕涛涂用计谗害,使郑侯对申侯怀恨在心。结果是:

> 七年,春,齐人伐郑。孔叔言于郑伯曰:"……国危矣,请下齐以救国。"公曰:"吾知其所由来矣,姑少待我。"……夏,郑杀申侯以说于齐,且用陈辕涛涂之谮也。

这时,作者又增加了一段记述:

> 初,申侯,申出也,有宠于楚文王。文王将死,与之璧,使行,曰:"唯我知女。女专利而不厌,予取予求,不女疵瑕也。后之人将求多于女,女必不免。我死,女必速行,无适小国,将不女容焉。"既葬,出奔郑,又有宠于厉公。子文闻其死也,曰:"古人有言曰:'知臣莫若君。'弗可改也已。"

原来,申侯本是楚国申地人,曾在楚文王那里十分得宠,文王临死劝他离开楚国,并指出他身上有过贪的毛病,难容于人,所以让他不要前往小国。果然,申侯在郑国没有得到好的下场。这段补叙所述之事,大多发生在申侯还在楚国之时,显然超出编年的限制,而所述内容,增加了读者对申侯为人的了解。

(四)多法并用

上面分别列举了《左传》运用倒叙、插叙、补叙等手段突破编年限制、丰富叙事内容的用例。其实,《左传》更多的情况是多法并用,即在一次叙事中,兼用倒叙、插叙、补叙、预叙等多种手段,从而使叙事集中、曲折、完整,形成了一个个生动有致的历史故事。

《成公十一年》所述"晋郤犨来聘"一事属于"插叙""预叙"并用:

> 郤犨来聘,且莅盟。声伯之母不聘,穆姜曰:"吾不以妾为姒(姻娌)。"生声伯而出之,嫁于齐管于奚,生二子而寡,以归声伯。声伯以其外弟为大夫,而嫁其外妹于施孝叔。郤犨来聘,求妇于声伯。声伯夺施氏妇以与之。妇人曰:"鸟兽犹不失俪,子将若何?"曰:"吾不能死亡。"妇人遂行。生二子于郤氏。郤氏亡,晋人归之施氏。施氏逆诸河,沉其二子。妇人怒曰:"己不能庇其伉俪而亡之,又不能字人之孤而杀之,将何以终?"遂誓施氏。

晋大夫郤犨来到鲁国莅盟的背景是,此前晋人因怀疑鲁成公曾欲与楚国交好而扣留了他，成公请求与晋国盟誓才被放归。于是"郤犨来聘"。这期间发生了一件事情，即郤犨向鲁大夫声伯要女人，声伯将自己已出嫁的妹妹转送给郤犨，郤犨将这女子带回了晋国。从上下文意推断，应该是郤犨看中了声伯之妹，开口要人，声伯摄于晋国的压力，才不得不让妹夫出让妻子。声伯之妹则在听到丈夫"吾不能死亡"之语后，在极度失望的情况下依从了命运的安排。而在叙述郤犨讨要女人之前，作者插叙了一段往事，当年声伯的母亲不属于名媒正娶，遭到鲁公夫人穆姜的鄙视，生下声伯后就被赶出宫门，后来嫁到齐国生下一儿一女，又成了寡妇，只得带着这对儿女回到鲁国投奔声伯。其中的一女就是声伯所嫁的外妹。这段插叙，不但使读者知晓了另一个女人的故事，更交代了声伯与其外妹同母异父的关系。叙事到"妇人遂行"，这都属于当下之事。而下面作者顺带交待了这位女子后来的命运。跟郤犨前往晋国后，女子为他生了两个儿子。不想世事多变，晋国郤氏在权力之争中败阵，遭遇灭族之灾，女子又被晋国遣送回鲁。女子的前夫在河对岸迎接，却将女子带来的两个儿子沉到了河里。这时女子终于忍无可忍，发誓不复再为其妻。这些事情发生在此年之后数年之中，显然属于探后之语，叙事学的概念称"预叙"。预叙部分的加入，不但使整个故事能够在一次叙事中完成，而且完成了这位女子性格的塑造。如果不用预叙，这些内容在数年之后恐无提及的可能，即便提及，也势必严重破坏故事的完整性。

多法并用以形成生动故事，更为典型的如《宣公十五年》记述的"晋魏颗败秦师"，亦是"结草衔环"成语中"结草"典故的出处：

> 秋，七月，秦桓公伐晋，次于辅氏。壬午，晋侯治兵于稷，以略狄土，立黎侯而还。及雒，魏颗败秦师于辅氏，获杜回，秦之力人也。初，魏武子有嬖妾，无子。武子疾，命颗曰："必嫁是。"疾病，则曰："必以为殉！"及卒，颗嫁之，曰："疾病则乱，吾从其治也。"及辅氏之役，颗见老人结草以亢杜回。杜回踬而颠，故获之。夜梦之曰："余，而所嫁妇人之父也。尔用先人之治命，余是以报。"

叙事首先记述了是年七月秦晋辅氏之战及其结果，即晋大夫魏颗大败秦师，并俘获了秦之力士杜回。这时，作者荡开一笔，插入了另一段叙事。当年魏颗之父魏武子生病时，曾吩咐魏颗在他死后将他的宠妾嫁人，但临终前又改口说让她殉葬。父亲死后，魏颗没有遵从父亲的遗嘱，还是让那宠妾嫁了人。理由是人病重时不清醒，所以还是按他清醒时说的话去办。插叙后，作者紧接着又用了倒叙，叙事又回到了辅氏之役战斗打响之时。魏颗追赶杜回不及，但此刻见一老人将编结的草绳拦在路上，杜回绊倒在地，结果被魏颗俘获。叙事到此，读者只知魏颗是因一老人相助而立功，却还不十分明了插叙与此事件的关系。于是，作者又补上一笔：魏颗晚上梦到老人对他说，我正是你所嫁宠妾的父亲。就叙事时间来说，这段记梦应属顺叙，但就其作用来说，却属于补叙的性质。就这样，顺叙、插叙、倒叙、补叙多法并用，成就了这篇曲折有致的知恩图报的美丽故事。

它如《文公十六年》所述"宋人奉公子鲍以因夫人"一事：

宋公子鲍礼于国人，宋饥，竭其粟而贷之。年自七十以上，无不馈诒也，时加羞珍异。无日不数于六卿之门。国之材人，无不事也；亲自桓以下，无不恤也。公子鲍美而艳，襄夫人欲通之，而不可，夫人助之施。昭公无道，国人奉公子鲍以因夫人。于是华元为右师，公孙友为左师，华耦为司马，鳞鱹为司徒，荡意诸为司城，公子朝为司寇。初，司城荡卒，公孙寿辞司城，请使意诸为之。既而告人曰："君无道，吾官近，惧及焉。弃官，则族无所庇。子，身之贰也，姑纾死焉。虽亡子，犹不亡族。"

既，夫人将使公田孟诸而杀之。公知之，尽以宝行。荡意诸曰："盍适诸侯？"公曰："不能其大夫至于君祖母以及国人，诸侯谁纳我？且既为人君，而又为人臣，不如死。"尽以其宝赐左右以使行。夫人使谓司城去公。对曰："臣之而逃其难，若后君何？"

冬，十一月甲寅，宋昭公将田孟诸，未至，夫人王姬使帅甸攻而杀之。荡意诸死之。……文公（鲍）即位，使母弟须为司城。华耦卒，而使荡虺为司马。

这段叙事就编年而言，所记之事是"冬，十一月甲寅，宋昭公将田孟诸，未至，夫人王姬使帅甸攻而杀之。荡意诸死之"，而作者开篇便采用了倒叙手法，从头说起，即宋昭公之庶弟宋公子鲍如何赢得国人之心，又如何因"美而艳"而赢得宋襄公遗孀襄夫人的青睐，使襄夫人在"欲通之"遭到拒绝后仍倾其所有帮助他大肆施舍。于是"国人奉公子鲍以因夫人"。叙述到此,作者仍未进入正叙,而是在交待了当时宋国"……华耦为司马……荡意诸为司城……"的任命格局后,又插入了另一段叙事,即当初司城荡死后,本应嗣位的公孙寿却把这司城的职位让给了他的儿子荡意诸,并私下对人说,昭公无道,官太近难免跟着倒霉,但辞官又恐家族无庇。只好让儿子分祸,失去一个儿子总比灭族划算。这时,叙事又回到倒叙之中,叙述宋昭公明知襄夫人要废他而没有离开宋国,荡意诸也没有听从夫人旨意除掉昭公。至此,叙事才进入编年记事,襄夫人果然在宋昭公前往孟诸田猎的途中派人杀掉了他,公孙寿的儿子荡意诸果然没有幸免。不过,叙事仍未就此打住,作者最后又加入了预叙,第二年公子鲍即位,是为文公,让其母弟补上了荡意诸死后司城的缺;再后来,华耦卒,又让荡意诸之弟荡虺补了司马的缺。这段叙事并用了倒叙、插叙、预叙,其中倒叙展示了宋国弑君易主的酝酿过程;插叙陈述了荡意诸成为司城的原委,并暗示了他将随昭公罹难;预叙提前交待了整个事件的最终结果,并以"使荡虺为司马"照应了公孙寿所谓"虽亡子,犹不亡族"的说法,荡意诸之弟仍然官至司马,显见得的确是没有亡族。

上述《左传》这"倒叙""插叙""补叙""预叙"等种种手法的运用,大都突破了编年体史学著作的限制,已经体现为一种叙事艺术。

三、《左传》叙事策略对史著的突破

史载要求凡国之大事有事必录,如果需要选择,也应出于总结历史经验的考虑。《左传》当然符合这些要求。不过,有些叙事,对于那些可写可不写的,可详写可略写的,如何选择,如何处理,《左传》却常常表现出对回还往复、跌宕起伏等艺术效果的有意追求。诸如前有伏笔后有照应的遥相呼应式,就是它喜欢采用的笔法。

伏笔、照应,没有时间倒错,属于按照前后顺序安排内容的正叙、顺叙的范畴;有的也不必突破编年的限制,就在编年范围内前呼后应。但是前面是否提及或记述此事,提及到什么程度,后面是否提及或记述彼事,记述到什么程度,作者却可以有一定的选择,如何选择,就颇有讲究,颇见心机。伏笔、照应就是一种带有某种叙事策略的特别的提及和记述。

上面所举"宋人奉公子鲍以因夫人"一节叙事中，最后预叙"使荡虺为司马"，为的正是印证公孙寿"虽亡子，犹不亡族"的说法，这种叙事可以说同时也用到了伏笔和照应。而《左传》中前有伏笔后有照应最饶有兴味的是《成公十年》所描述的"晋侯梦大厉"：

> 晋侯梦大厉，被发及地，搏膺而踊，曰："杀余孙，不义。余得请于帝矣！"坏大门及寝门而入。公惧，入于室。又坏户。公觉，召桑田巫。巫言如梦。公曰："何如？"曰："不食新矣。"

> 公疾病，求医于秦。秦伯使医缓为之。未至，公梦疾为二竖子，曰："彼，良医也，惧伤我，焉逃之？"其一曰："居肓之上、膏之下，若我何？"医至，曰："疾不可为也，在肓之上、膏之下，攻之不可，达之不及，药不至焉，不可为也。"公曰："良医也。"厚为之礼而归之。

> 六月丙午，晋侯欲麦，使甸人献麦，馈人为之。召桑田巫，示而杀之。将食，张，如厕，陷而卒。小臣有晨梦负公以登天，及日中，负晋侯出诸厕，遂以为殉。

这里的晋侯即晋景公，此前他冤杀了大夫赵同、赵括，叙事从他惊梦开始。这天他梦到大鬼扬言复仇，并紧追不舍，直至惊醒。桑田巫被招来后撂下一句话："不食新矣。"即吃不到今年的新麦了。这时，作者只是将话放在这里，不再多言，转而叙述晋侯病入膏肓，病为竖子，秦医把脉等等。之后，叙事才转回到六月新麦成熟之时，晋侯让庖厨将新麦食品做好摆在面前，又一次召来桑田巫，"示而杀之"。没想到刚待要食，腹胀，如厕，陷而卒，到底没有吃到新麦，戏剧性地应验了"不食新矣"的预言。说起来，这不过是《左传》记述卜筮、占梦等无数应验个案中的一个，但就叙事艺术而言，前面有意捡出一句"不食新矣"放在那里，后面特意描述新麦已经摆在眼前却没有吃上一口，遥相呼应，造成了奇特的效果，不能不说是作者匠心所为。加之内容的离奇，描述的细腻，这段叙事已经近乎是一篇小小说了。

当然，卜筮、占梦之类预言的性质决定了后面一定要有是否应验的文字，这种格局本身便是伏笔与照应，所以，诸如此类的描述在《左传》中已经形成一种模式。而更能说明作者有意设置伏笔的是那些并非卜筮、占梦的文字，这在《左传》中也不胜枚举。

比如《桓公十一年》记述郑庄公死后其二子太子忽（昭公）、公子突（厉公）交替被立的事件：

> 郑昭公之败北戎也，齐人将妻之。昭公辞。祭仲曰："必取之。君多内宠，子无大援，将不立。三公子皆君也。"弗从。夏，郑庄公卒。初，祭封人仲足有宠于庄公，庄公使为卿。为公娶邓曼，生昭公。故祭仲立之。宋雍氏女于郑庄公，曰雍姞，生厉公。雍氏宗，有宠于宋庄公，故诱祭仲而执之，曰："不立突，将死。"亦执厉公而求赂焉。祭仲与宋人盟，以厉公归而立之。秋，九月丁亥，昭公奔卫。己亥，厉公立。

这年夏季郑庄公卒，祭仲先是佐太子忽嗣立，是为昭公，后来又迫于宋国的压力，改立公子突，是为厉公。然而整段叙事的开头，却插叙了此前发生在太子忽身上的一件"拒婚"事件。五年前，太子忽助齐击败北戎，齐国曾打算嫁女儿给他，纳他为婿，却遭到他的拒绝，当时祭仲极力劝他一定要娶齐女，因为庄公宠妃爱妾太多，若无大国为援，这些女人们的儿子都有可能争位，太子即位之事将遇到麻烦。太子仍然没有听从劝告。之后作者笔锋一转，在当下记事"夏，郑庄公死"之后，又以"初"字引领，叙述当年祭仲得到郑庄公的宠幸，获得正卿之位，是他为庄公娶来邓曼，生太子忽。所以祭仲立太子忽为郑昭公。之后又转而追述郑庄公当年还娶了宋国雍氏之女，曰雍姞，生下公子突，而雍氏与宋君同宗，有宠于宋庄公。接下来才又叙述昭公即位之后发生的事情，即宋国将祭仲骗去抓了起来，逼着他改立了公子突，即郑厉公，"昭公奔卫"。没有大国之援，昭公果然没有得立。叙事到此，读者才豁然开朗，太子"拒婚"之事原来是个伏笔，作者有意捡出此事详加记述，为的正是与此后昭公的被废、逃亡发生呼应，以见出当时各国力量的权衡和左右。包括伏笔照应在内的各种叙事手段的应用，使整篇叙事极其丰富、曲折，耐人寻味。

他如《僖公三十二年、三十三年》"秦晋殽之战"前有蹇叔"劳师袭远"之谏、后有秦穆公"向师而哭"，《僖公二年、五年》"假道于虞以灭虢"前有"宫之奇谏将不听"之说、后有"宫之奇以其族行、虞被灭"之果，《宣公十七年》《成公二年、三年》"齐晋鞍之战"前有郤克齐国受妇人辱后"所不此报，无能涉河"之誓、后有战败的齐侯朝晋时郤克"君为妇人之笑辱也"之答,前有交战之时韩厥追及齐侯时放他一马、后有齐侯在晋见到韩厥后称"服改矣"等等,这种遥相呼应的叙事之法,使《左传》中所述的许多历时颇久的跨年事件形成了一个个完整的故事。

就史著而言,齐侯在晋国见到韩厥后盯着他看,韩厥问"君知厥也乎",齐侯答"服改矣",像这种无关大局的细节,一般是不会被载入的;而就艺术效果来说,点上这一笔,则又把读者引到了前面的场景中,造成一种回荡的感觉,而且使长篇叙事浑然一体,无疑十分必要。《左传》不惜笔墨,常常对这样的细节描述一番,显然突破了史著的要求,更多的是出于对叙事效果的考虑。

第三节 《左传》叙事的模仿性和戏剧性

史著与小说在叙事运笔方面的区别,基本上可以用"叙述"与"描写"的分界来加以概括。叙述只是通过概念、判断对基本事实和结果的交待,描写则提供形象性的画面,是在用语言文字画画。史著只要求叙述,小说则需要描写。因为叙事文学是对生活的模仿,是通过典型形象将生活搬到"舞台"上,让读者去观照,去感受。《左传》不乏叙述之语,诸如"惠公之季年,败宋师于黄。公立而求成焉。九月,及宋人盟于宿,始通也"(《隐公元年》)、"夏,齐侯、郑伯朝于纪,欲以袭之。纪人知之"(《桓公五年》)、"齐侯之出也,过谭,谭不礼焉。及其入也,诸侯皆贺,谭又不至。冬,齐师灭谭,谭无礼也。谭子奔莒,同盟故也"(《庄公十年》)等等即是;但《左传》更多描写之处,或者叙述者现身,用娓娓道来之笔展开对细节的刻画、描摹;或者叙述者隐身,就让人物自己去对话,仿佛拉开戏剧的帷幕。模仿性和戏剧性,也构成了《左传》叙事对史著的超越,这使它进入到文学著作的行列,甚至逼近小说之笔。

一、《左传》中的描摹

《左传》叙事多用描写之笔,对事件中活动着的人物进行描摹,包括其动作、话语、状态乃至举止。用叙事学的说法,就是在叙述的过程中有时会停顿下来,对事件及事件中的人物做静态的刻画,这时叙述的时间会大于事件实际所用的时间。不过,《左传》的这种停顿时间不会太长,也就是说,其描写着墨并不太多,但它善于抓住最富于表现力的细节,往往多则几句,少则三言两语,便使读者如睹其人,如闻其声,如感其情,如见其状。

(一) 动作

动作描写,也就是描摹人物的举手投足,这在《左传》中还不是太多,但它偶或用之,往往十分逼真、传神,即刻使人物活灵活现地立在读者面前。著名的如《僖公三十三年》“秦晋殽之战”中先轸的“不顾而唾”。秦穆公不听蹇叔之劝,“劳师以袭远”,晋师于殽大败秦师,获秦三帅。在晋文公夫人、秦穆公的女儿文嬴的劝说下,晋襄公又将三帅放归秦国。作者描写晋主帅先轸听襄公说完后,“怒曰:‘武夫力而拘诸原,妇人暂而免诸国,堕军实而长寇仇,亡无日矣!’”接着描写他“不顾而唾”,头也不转一下就吐了一口吐沫。一个“不顾而唾”,把先轸怒极而失礼的样子淋漓尽致地表现了出来。

它如《昭公元年》描述的“叔孙指楹”。是年鲁国叔孙前往虢地参加诸侯盟会,季武子却在鲁国发动了伐莒的战役,莒人告到盟会,致使叔孙遭到种种麻烦。先是楚国要求杀掉身为鲁使的他,后是晋大夫以救命为由向他索要贿赂,随从又劝他施贿保命等等,他都以鲁国利益为重,不为所动。赵文子很佩服他,向楚求情,才放了他。叔孙回国后,季武子去慰劳他,从早上等到中午,他都恨恨地不出来相见。后来人们都劝他,外面都能忍,家里还不能忍吗,让他等了这许多时间,差不多可以出来见见了,这时作者描写道:

> 叔孙指楹,曰:“虽恶是,其可去乎?”乃出见之。

叔孙用手指着厅堂上的立柱说,这个东西你纵使是讨厌它,可是你能去掉它吗?说完,还是出来见季氏了。以季氏在鲁国的地位和作用,这里的立柱无疑是喻指季氏。一个手指楹柱的动作,即刻让叔孙形象鲜活了起来,其恨之又无奈的心情尽显无遗。

再比如《哀公二十五年》描述的“公戟其手”:

> 卫侯为灵台于藉圃,与诸大夫饮酒焉,诸师声子袜而登席,公
> 怒。辞曰:“臣有疾,异于人;若见之,君将龂之,是以不敢。”公愈

怒。大夫辞之,不可。褚师出。公戟其手,曰:"必断而足!"闻之。
褚师与司寇亥乘,曰:"今日幸而后亡。"

酒席上卫侯辄因褚师声子未按礼节解袜登席而发怒,褚师声子解释了
两句,卫侯愈加生气,众人解劝也不行,褚师只好离开。卫侯依然不依
不饶,"戟其手"在褚师身后大声嚷着一定要断其足。一句"公戟其
手",点画了卫侯一个以手叉腰如戟形的动作,便把卫侯恼羞成怒的样
子活灵活现地刻画了出来。

《僖公二十八年》描写叔武的"捉发走出"也很形象。晋楚城濮之
战后,依附楚的卫侯闻楚败而出奔陈,让元咺陪奉叔武代表他去参与
诸侯的盟会。不久,却有人诬告元咺要立叔武为君。这时,作者描写
卫侯回到卫国的情景:

> 卫侯先期入,宁子先,长牂守门,以为使也,与之乘而入。公
> 子歂犬、华仲前驱。叔武将沐,闻君至,喜,捉发走出,前驱射而杀
> 之。公知其无罪也,枕之股而哭之。歂犬走出,公使杀之。

叔武正要洗发,听说卫侯已经到了,高兴地握着头发跑出来迎接,却被
卫侯的前驱射杀而死。一句"捉发走出",十分形象地表现了叔武的兴
奋、坦荡和无辜,如此更让人痛惜他的冤死。卫侯也看出了他毫无篡
位之意,遂"枕之股而哭之"。

(二)话 语

比较而言,《左传》更多的是描摹人物开口说话。之所以称其为
"描摹"而不仅仅是"记述",就在于它不仅记述了人物话语的内容,还
模仿人物现场说话的语气、腔调,于是只是通过话语本身,就可见出人
物的情绪、特点等,从而给人以十分逼真的感觉。著名的如《闵公二
年》描述"卫受甲者称'使鹤'":

> 冬,十二月,狄人伐卫。卫懿公好鹤,鹤有乘轩者。将战,国
> 人受甲者皆曰:"使鹤! 鹤实有禄位,余焉能战?"

卫懿公爱好宠物仙鹤,居然给鹤配有专车,这引起国人的极度不满,当
卫受到狄人的侵犯、卫侯需要国人披甲参战时,国人都说,让鹤去应战
吧,它有专车和爵位,我们哪有资格参战? 国人对卫侯的不满、挪揄,
对应战的消极、冷漠,都蕴含在这十分符合当时情境的话语之中了。

说到话语,《左传》多次记述人物的临终遗言,均让人有如临现场

之感,宋穆公的"何辞以对"和宁惠子的"有馁而已"即是如此。

宋宣公当年未传位给自己的儿子与夷而将君位传给了自己的弟弟和,是为宋穆公。穆公临终嘱托大司马孔父辅佐与夷即位,云:

> 先君舍与夷而立寡人,寡人弗敢忘。若以大夫之灵,得保首领以没,先君若问与夷,其将何辞以对? 请子奉之,以主社稷。寡人虽死,亦无悔焉。

(《隐公三年》)

若我到地下见到先君,他问起与夷,我该何辞以对? 安排好与夷,我也就没有什么悔恨和遗憾了。此番话语,语重心长,情深意切。

卫宁惠子有逐君的坏名声,十分后悔,临终希望儿子返君以掩其罪。其话语中也涉及到死后地下有知,但却是在耍脾气:

> 卫宁惠子疾,召悼子曰:"吾得罪于君,悔而无及也。名藏在诸侯之策,曰'孙林父、宁殖出其君'。君入,则掩之。若能掩之,则吾子也。若不能,犹有鬼神,吾有馁而已,不来食矣。"悼子许诺,惠子遂卒。

(《襄公二十年》)

你如果能做到让卫君回国,就是我的儿子,如果不能,我就不认你了,没有供奉无所谓,我这个鬼饿着就是了,也不来吃你的!

《左传》描摹人物话语,常常可见人物说话时的态度、情绪,喜怒哀乐,溢于言表。《襄公十年》记述偪阳之战中知伯发火就是一例。"晋荀偃、士匄请伐偪阳",知伯荀罃开始并不同意,担心"城小而固,胜之不武,弗胜为笑",两人"固请",知伯只好答应。没想到小小一个偪阳却久攻不下,两人又"请于荀罃曰:'水潦将降,惧不能归,请班师。'"这下"知伯怒,投之以机,出于其间",愤愤地说:

> 女成二事,而后告余。余恐乱命,以不女违。女既勤君而兴诸侯,牵帅老夫以至于此,既无武守,而又欲易余罪,曰:"是实班师。不然,克矣。"余赢老也,可重任乎? 七日不克,必尔乎取之!

七天之内不拿下来,就拿你们的头来谢罪! 如此说话,足见知伯恼怒之极。于是,"五月庚寅,荀偃、士匄帅卒攻偪阳,亲受矢石,甲午,灭之"。

《文公元年》记述楚太子商臣激王妃江芈一段也很精彩。当初楚王要立商臣为太子,子上劝他先不要急于立嗣,怕他事后反悔徒生事端。楚王不听,后来果然又欲改立王子职,而黜太子商臣。商臣听闻风声,尚不确定,其太傅潘崇出主意说:"享江芈而勿敬也。"商臣从其言,果然:

  江芈怒曰:"呼!役夫!宜君王之欲杀女而立职也。"
江芈因商臣不敬而被激怒,破口大骂,楚王要废太子的秘密脱口而出,彼情彼景十分生动逼真。

  《左传》还记述了不少因言出事或获罪的事件,其中人物说话的语气和味道被描摹得十分逼真,由这些话语带来的反应也就显得十分自然,整个描述由此而鲜活起来,富有生气。如《襄公二十二年》记述的御叔因取笑臧武仲而"倍其赋"、《定公九年》记述的乐大心因在背后抢白子明而被逐,就是如此:

  春,臧武仲如晋。雨,过御叔。御叔在其邑,将饮酒,曰:"焉用圣人?我将饮酒,而已雨行,何以圣为?"穆叔闻之,曰:"不可使也,而傲使人,国之蠹也。"令倍其赋。

(《襄公二十二年》)

  春,宋公使乐大心盟于晋,且逆乐祁之尸。辞,伪有疾;乃使向巢如晋盟,且逆子梁(乐祁)之尸。子明(乐祁之子)谓桐门右师(乐大心)出,曰:"吾犹衰绖,而子击钟,何也?"右师曰:"丧不在此故也。"既而告人曰:"己衰绖而生子,余何故舍钟?"子明闻之,怒,言于公曰:"右师将不利戴氏。不肯适晋,将作乱也。不然,无疾。"乃逐桐门右师。

(《定公九年》)

  鲁国臧武仲以聪睿知名,此番他出使晋国,偏偏遇到大雨,便顺路到御叔那里躲雨。御叔正准备悠闲饮酒,见臧叔狼狈而来,便打趣他道,聪明又有什么用,我在这里饮酒,你却要在雨中出行,干嘛要让自己那么聪明?这种不阴不阳的风凉话后来传到穆叔(鲁大夫叔孙豹)的耳中,他十分痛恨这种自己没本事、不愿干事却在使者面前趾高气扬的人,遂命他出双倍的赋税。

  宋国乐祁出使晋国被扣三年,死于晋国。晋国止其尸以求成。宋景公命乐大心前往晋国盟会迎尸，乐大心以身体不适为由推掉了这一差使。乐祁之子子明不满，催他出行，称自己因在丧事中不能前往，你却击钟为乐，明明是好好的，为何不去？乐大心当面解释之所以击钟是因为丧不在此地，随后对人说，你子明自己在丧事期间还生了孩子，我凭什么要放弃击钟！这话传到子明耳中，他愤然在景公面前告黑状，说乐大心之所以推辞是要作乱，不然干嘛假装生病。乐大心因此被驱逐出境。

正所谓祸从口出，御叔和乐大心都是因为话语中流露出的情绪而招来麻烦。

总之，《左传》中人物的话语常常是语气逼真，富于感情色彩，因此叙事颇具生活化和现场感。

（三）状态

状态是人物一时间动作、话语、表情、表现等等综合呈现出的情状。

前面在论述《左传》中还有不在史官视野的叙事视角时，提到《桓公元年》描述华父督路遇孔父之妻的情景："宋华父督见孔父之妻于路，目逆而送之，曰：'美而艳。'""目逆而送之"五个字，就把华父督被孔父之妻吸引的状态惟妙惟肖地呈现了出来。这就为次年他杀孔父夺其妻的乱臣贼子之举作了极好的铺垫。

它如《宣公十四年》所述"宋杀申舟"一事中对楚王怒不可遏状态的描写。楚王派申舟出使齐国，让他路过宋国时不必"假道"。申舟说我曾得罪过宋，若不按照礼节向宋国提出借道，恐怕会被宋国所杀。楚王觉得没有这么严重，便说如果宋国胆敢杀你，我就起兵讨伐宋。没想到，宋国还真的把申舟杀掉了。这时，作者描写楚王的反应：

> 楚子闻之，投袂而起。屦及于窒（经）皇，剑及于寝门之外，车
> 及于蒲胥之市。

楚王听到申舟居然真的被宋杀害，甩袖而起，光着脚就往外跑，剑也没顾上佩，车也没等着驾，这就要去起兵伐宋，结果一随从拎着鞋子追到门口，另一随从拎着剑追到卧室大门外，御者驾车一直追到大街上。只这几笔，甩袖、鞋子、佩剑、车子几个细节，就把楚王暴怒急躁的状态淋漓尽致地表现了出来。

《襄公二十二年》描述楚蒍子冯被申叔一番话说得如梦初醒的状态也十分典型。"楚观起有宠于令尹子南,未益禄而有马数十乘。楚人患之",楚王因此而"杀子南于朝,轘观起于四竟"。事后,"复使蒍子冯为令尹"。蒍子冯也有宠幸者,且有八人之多,"皆无禄而多马"。一天上朝,他与申叔搭话,申叔"弗应而退"。他紧随而出,申叔躲进人群甩掉他。就这样三番五次,蒍子冯忍不住直接找到申叔问他干吗如此在朝上不给自己面子。申叔回答,我自己还怕得要命,哪敢告诉你为什么。蒍子冯问你有什么可怕的?申叔开口说道:昔观起有宠于子南,子南得罪,观起车裂,何故不惧?言外之意,你和他一个德性,早晚也有同样的下场,我跟你说话,岂不自找倒霉!哪能不害怕?这时作者描写蒍子冯的反应:

> 自御而归,不能当道。至,谓八人者曰:"吾见申叔,夫子所谓生死而肉骨也。知我者如夫子则可;不然,请止。"

蒍子冯自己驾着车子回家,神情恍惚,跑偏了车子。回去之后立即招集八人,说多亏我刚才去见申叔,不然可就太险了,他的一番话简直就是让我死而复生、白骨生肉,你们如能像申叔那样待我的就留下,不然就请到此为止吧!就这样,作者通过描述他丢魂落魄的神态和他狠狠的语气,充分显示了他被一言点醒的状态。

《成公十六年》描述鲁成公母亲穆姜的发火、《昭公十三年》描述楚灵王的狂妄,给人的印象也很深刻。

鲁国叔孙侨如与鲁宣公遗孀穆姜私通,打算藉此除掉季氏、孟氏而吞并两家的家产。这天鲁成公要去参与晋楚之战,穆姜送行,命他驱逐季、孟二子,成公推托说等回来以后再说。这时作者描写穆姜的反应:

> 姜怒,公子偃、公子鉏趋过,指之曰:"女不可,是皆君也。"

作为母亲,穆姜不能容忍儿子对自己的忤逆,恰好成公的两个庶弟从这里经过,穆姜便指着两人对成公吼道,你若不听我的,他们都是可以做国君的!此情此景,穆姜暴怒、失态、毫无顾忌的样子被淋漓尽致地表现出来。

当年楚灵王谋逆篡位夺得楚国后,仍不满足,曾占卜请曰:"余尚得天下!"结果兆象不吉。这时作者描写灵王的表现:

投龟，诟天而呼曰："是区区者而不余畀，余必自取之。"

楚灵王为所欲为，已经到了天不怕、地不怕的地步，你老天这么一丁点东西都不给我，那我就自己去取来。此时此刻，楚灵王气恼、撒野、无法无天的样子也尽显目前。

（四）举止

举止主要是指一个人的所作所为。《左传》有时对此描写也十分细腻，往往通过点染人物一些十分细微的做法，便显示出人物的特点、品性、心理、心情、态度等等，常常给人以入木三分之感。

《襄公二十六年》记述卫侯归国，其刻画就十分精细。十二年前，卫献公被大夫宁殖、孙林父驱逐出境，六年前宁殖临终嘱托儿子宁喜返君以掩其罪。这年，卫献公与宁喜定下"苟反，政由宁氏，祭则寡人"的约定，宁喜弑卫侯剽，迎卫献公返国。这时作者描写卫献公回国的情景：

> 甲午，卫侯入……大夫逆于竟者，执其手而与之言；道逆者，自车揖之；逆于门者，颔之而已。

对于到边境去迎接的大夫，卫献公下车去握手交谈；对于在道上迎接的，他在车上作作揖；对于只是在门口迎接的，他便也只是点点头而已。由此可见他十分在乎大夫们对他的态度，且还以颜色。

《襄公二十六年》对宋国合左师向成故意问"谁为君夫人"一段的描写也很微妙。宋平公收纳曾被芮司徒所抛、名曰"弃"的女儿为妾，生公子佐，"恶而婉"；太子痤则"美而很"。合左师对太子十分畏惧。恰恰这时在太子那里无宠的内师伊戾趁太子接待楚客之机做手脚，然后到宋平公那里诬告说"太子将为乱，既与楚客盟矣"。这正是除掉太子的好时机，于是当平公寻问此事时，合左师便回答说确实听说有这回事。平公因此囚禁了太子。太子心知"唯佐也能免我"，便差人去请公子佐，曰："日中不来，吾知死矣。"这话被合左师听到了，他便找公子佐，"聒而与之语"，故意拖延时间，结果过了中午，太子"乃缢而死"。就这样，公子佐做了太子。这时，作者描写了事后合左师关于夫人（佐之母）称谓变化的一段情节：

> 左师见夫人之步马者，问之。对曰："君夫人氏也。"左师曰："谁为君夫人？余胡弗知？"圉人归，以告夫人。夫人使馈之锦与

马,先之以玉,曰:"君之妾弃使某献。"左师改命曰"君夫人",而后
再拜稽首受之。

公子佐升格为太子佐,其母自然也就升格为了君夫人。这天左师见到
夫人马夫在遛马,便问这是谁的马。对方回答是君夫人的马。合左师
当然知道,但他故意反问,谁是君夫人,我怎么不知道?马夫回去对夫
人一说,夫人随即明白了个中缘故,他合左师帮了我们母子这么大的
忙,连个表示也没有,他当然不认你谁是君夫人。于是夫人派人送去
美玉、锦缎和马匹,并谦称"君之妾弃",这时左师才改口称"君夫人",
并拜而受之。就这样一个微妙的变化,活脱脱见出合左师狡黠而低俗
的格调。

与之相反,《昭公二十三年》记述鲁国叔孙婼被晋人羁押期间的表
现,则见出人物的气性。鲁国攻取邾师,"邾人愬于晋,晋人来讨"。于
是叔孙婼被派出使晋国,"晋人执之"。这时,作者描述了叔孙婼在押
期间发生的几件事情:

范献子求货于叔孙,使请冠焉。取其冠法而与之两冠,曰:
"尽矣。"为叔孙故,申丰以货如晋。叔孙曰:"见我,吾告女所行
货。"见而不出。吏人之与叔孙居于箕者,请其吠狗,弗与。及将
归,杀而与之食之。

晋国掌权的范献子以"请冠"为托辞,欲向叔孙索要贿赂。叔孙知其用
意,却假装不晓,派人取来范献子为冠的大小样子,做了两顶冠给他,
并说只有这么多了。为搭救叔孙,鲁国派申丰带着贿赂来到晋国,叔
孙让申丰先来见自己,说我会告诉你如何行贿,申丰来到后便扣住他
不让出去了。最有意思的是看守曾向他索要吠狗,他不给,后来等要
出去了,他又把狗杀掉与这看守一起享用,分明是要告诉对方,我并非
吝惜这条狗,只是不想用来行贿。几个举动,即充分显示了叔孙的骨
气和脾气。

它如《襄公三十年》描写郑国伯有的嗜酒成性、《哀公十六年》描写
楚白公胜的蛮勇憨直,也都是通过对人物举止的刻画予以表现。

郑伯有耆酒为窟室,而夜饮酒击钟焉。朝至,未已。朝者曰:
"公焉在?"其人曰:"吾公在壑谷。"皆自朝布路而罢。既而朝,则
又将使子皙如楚,归而饮酒。庚子,子皙以驷氏之甲伐而焚之。

> 伯有奔雍梁，醒而后知之。遂奔许。

郑执政大夫伯饮酒通宵达旦，为此专门造了"窟室"（地下室），常常是到了上朝时间仍不见他人影，一问必在那地下"壑谷"。这天终于和大家一起上朝了，他又醉醺醺地支使先前已经表示不欲使楚的子皙前往楚国，说完后回去仍旧饮他的酒。子皙怒而作乱，烧了他的窟室，他懵懵懂懂逃奔到雍梁，醒酒之后方才知道发生了什么事情。发生这么大的事情，他却"醒而后知之"，其昏醉程度实在令人叹为观止。

白公胜乃楚太子建之子，当年太子建遭遇陷害亡奔，后来因故被郑所杀。其子公子胜在吴，被楚令尹子西召回，使处吴国边境，为白公。子西原本许诺起师伐郑，帮白公报杀父之仇，后来当晋伐郑之机，楚反而救郑，并与郑盟。这下白公咬牙切齿，曰："郑人在此，仇不远矣。"意思是子西就像郑人一样，我的仇人就在眼前。这时，作者描述了白公胜作乱之前的表现：

> 胜自厉剑，子期之子平见之，曰："王孙何自厉也？"曰："胜以
> 直闻，不告女，庸为直乎？将以杀尔父。"平以告子西。子西曰：
> "胜如卵，余翼而长之。楚国第，我死，令尹、司马，非胜而谁？"胜
> 闻之，曰："令尹之狂也！得死，乃非我。"

（《哀公十六年》）

子西、子期为兄弟，均是白公胜之庶叔父，两人同朝为官，要起事，势必要杀掉两人，所以，当子期之子见白公胜亲自在那里霍霍磨剑问他何为时，他直言不讳，说我如果不告诉你就枉有率直之名，我磨剑就是为了杀掉你的父亲。这话说得太直白了，让人几乎不会相信，所以当公子平将这话去告诉子西时，子西不以为然，觉得自己待白公不薄，况且按照楚国任命次第，白公应该能够做到令尹或司马，不至于发难。这简直没有把白公胜的复仇之心放在心上，白公更加义愤填膺，发狠说道，这家伙太狂了，若让他得善终，那就不是我了！"自厉剑"，直称"将以杀乃父"，发誓"得死，乃非我"，几个举动，白公胜的蛮、狠、直、勇尽显笔端。

此外，《文公七年》所述穆嬴哭闹保儿子的情节给人的印象也很深刻。晋襄公死时，太子还小，晋国大夫们便"欲立长君"。经过商讨，已经派大夫先蔑前往秦国迎立晋公子雍，秦出师护送。这时，作者描写

太子之母穆嬴大闹朝廷：

> 穆嬴日抱太子以啼于朝，曰："先君何罪？其嗣亦何罪？舍適
> 嗣不立而外求君，将焉置此？"出朝，则抱以适赵氏，顿首于宣子
> 曰："先君奉此子也而属诸子曰：'此子也才，吾受子之赐；不才，吾
> 唯子之怨。'今君虽终，言犹在耳，而弃之，若何？"宣子与诸大夫皆
> 患穆嬴，且畏逼，乃背先蔑而立灵公，以御秦师。

为了儿子，穆嬴已经顾不了许多，天天抱着太子在朝上啼哭、吵闹，出
了朝又抱着太子跑到执政大夫赵盾家里去据理以争，赵盾和大夫们都
怕了她，最终不得不放弃公子雍，立了太子，是为灵公。穆嬴的哭闹，
十分符合一个女人和母亲的特点和身份，彼情彼景特别真切、鲜活。

《左传》在描写人物举止时，有时为了显示人物用心，还会对过程
进行细致刻画。诸如《襄公二十一年》记述楚薳子冯以疾辞令尹和《昭
公十三年》记述鲁司铎射匍匐入幕帐就是如此。

前面提到关于楚薳子冯为令尹后被申叔豫一番话点醒的状态描
写。其实，在此之前，薳子冯曾辞过一次令尹。当时楚令尹子庚死，楚
康王欲使薳子冯为令尹，薳子冯跑去征求申叔豫的意见，申叔豫认为
眼下"国多宠而王弱，国不可为也"。这时，作者描写道：

> 遂以疾辞。方暑，阙地，下冰而床焉。重茧，衣裘，鲜食而寝。
> 楚子使医视之。复曰："瘠则甚，而血气未动。"乃使子南为令尹。

为了辞掉令尹之职，薳子冯打算装病。为了让自己真的像有病的样
子，他便挖出一个地下室，在里面放些冰，就睡在里面。冻得穿两层棉
袍，再披上裘衣。还故意只吃一点东西就睡下，饿得面黄肌瘦。楚王
让太医去瞧病，太医回来说，薳子冯瘦是瘦了，但血气正常。楚王明白
他不想干这个令尹，也就改命子南为令尹。这段描写，极其细腻，可见
薳子冯不想受命又不敢直接推辞的良苦用心。

昭公十三年晋国主持平丘之盟，因听信邾、莒两国控诉，没有让鲁
国参与盟约，且拘捕了鲁国代表季孙意如，"以幕蒙之"，即用临时搭建
的幕帐作牢狱，"使狄人守之"。这时作者描写道：

> 司铎射怀锦，奉壶饮冰，以蒲伏焉。守者御之，乃与之锦而
> 入。

此时正当夏历六月，暑热难当，鲁随从大夫司铎射恐季孙意如在大幕

中难以承受，夜晚怀揣一块锦缎，手持一壶冰水，匍匐着试图潜入幕帐，不料还是被看守发现了，他便用那块锦缎做交换，终于获准进入。这段描写，也十分细腻，可见鲁大夫在晋人面前的无奈和不得不用的心机。

用描摹的手段，细致写出人物的动作、话语、状态和举止，这不是历史叙述的用笔，这是小说等文学描绘的写法。

二、《左传》中的"戏剧"

《左传》是叙事文字作品，当然不可能出现真正的舞台剧。相对于前面提及的对某一人物进行的描摹，这里所谓"戏剧"，重在强调有些叙事展示了一定的画面和场面，就像舞台剧的背景或场景；有些叙事，叙述者更加隐身，就让多个人物在那里对话，仿佛一幕话剧中人物的对白；还有些叙事，连续呈现不同场景中一个个情节，好似推出一个个镜头。其实，这些呈现也都是描摹，只不过更具有动感、戏剧冲突和情节性。

（一）场面、场景

场面或场景描写，指的是在一个比较大的视野范围中展开刻画，人们看到的就不只是一个人物，一个动作，而是多个人物、物件等等形成的画面。《左传》大量记述春秋年间诸侯争霸，因此，其中有许多战争场面被生动地呈现在读者面前。

比如《襄公十八年》记述"齐晋平阴之战"，其中描述"齐侯登巫山以望晋师"看到的情景：

> 晋人使司马斥山泽之险，虽所不至，必旆而疏陈之。使乘车者左实右伪，以旆先，舆曳柴而从之。

经过乔装布置和巧妙安排，满山遍野，到处可见晋师旌旗招展，战车滚滚，"齐侯见之，畏其众也，乃脱归。丙寅晦，齐师夜遁"。接着，作者又通过侦察的禀报，描述了齐师夜遁之后战场的情形：

> 师旷告晋侯曰："鸟乌之声乐，齐师其遁。"邢伯告中行伯曰："有班马之声，齐师其遁。"叔向告晋侯曰："城上有乌，齐师其遁。"

城中有鸟乌之声，远方有班马之声，城墙上有乌鸦点点，一派大军渐行渐远、城中转入寂静安详的情景。

《定公八年》的"公侵齐"、《定公十四年》的"吴伐越",则写出了两军对垒时不同的战阵情景。

> 八年,春,王正月,公侵齐,门于阳州。士皆坐列,曰:"颜高之弓六钧。"皆取而传观之。阳州人出,颜高夺人弱弓,籍丘子鉏击之,与一人俱毙。偃,且射子鉏,中颊,殪。……师退,冉猛伪伤足而先。其兄会乃呼曰:"猛也殿!"

鲁师侵齐,将攻阳州城门。士卒们却都在那里坐着,漫不经心地传看着颜高的六钧之弓。这是一幅战阵十分松散、懈怠的画面。这时,阳州人发起了突然袭击,从城中涌出,下面便出现了鲁师被动迎战的场面。颜高见事不妙,强弓又还在别人手中,他便随手从身边夺过一把弱弓,这当口被齐人籍丘子鉏击倒在地,他趴在地上射中子鉏的脸颊,令对方当场毙命。最后毫无防备的鲁师终不敌迅猛出击的齐人,节节败退,冉猛假装伤足逃在前面,其兄大呼让他殿后。画面、声音都呈现出混乱的场景。

与此松散、混乱的场面相反,吴越对阵则出现了一边是岿然不动的队列布局、一边是骇人耳目的刎颈壮举两个场面:

> 吴伐越,越子勾践御之,陈于槜李。勾践患吴之整也,使死士再禽焉,不动。使罪人三行,属剑于颈,而辞曰:"二君有治,臣奸旗鼓。不敏于君之行前,不敢逃刑,敢归死。"遂自刭也。师属之目,越子因而伐之,大败之。

吴越于槜里摆开军阵。吴师整肃,越王勾践派敢死之士前去骚扰,擒来两名士卒,其军阵仍不为所动。越王这边只好出奇招,令触犯军规按令当斩的罪人排成三行,个个将利剑架在自己的脖子上,异口同声地朗诵"敢归死"的遗言,然后刎颈倒地。这场面太让人惊骇了,吴师虽仍未乱阵,但士卒们的目光忍不住投向这里。就在这一瞬间,越王击鼓发兵,大败吴师。

《定公八年》记述的"卫叛晋",则描述了卫人"将行"之前群情激愤的场面。此前,晋师盟卫侯于鄟泽,卫人欲按诸侯之礼,晋大夫成何狂妄地说"卫,吾温、原也,焉得视诸侯";歃血时,晋大夫涉佗"捘卫侯之手,及捥"。这使卫侯受尽屈辱。于是,"卫侯欲叛晋,而患诸大夫。王孙贾使次于郊"。接下来,作者描写了大夫见卫侯、卫侯朝国人等几个场面：

> 大夫问故，公以晋诟语之，且曰："寡人辱社稷，其改卜嗣，寡
> 人从焉。"大夫曰："是卫之祸，岂君之过也？"公曰："又有患焉，谓
> 寡人'必以而子与大夫之子为质'。"大夫曰："苟有益也，公子则
> 往，群臣之子敢不皆负羁绁以从？"将行，王孙贾曰："苟卫国有难，
> 工商未尝不为患，使皆行而后可。"公以告大夫，乃皆将行之。行
> 有日，公朝国人，使贾问焉，曰："若卫叛晋，晋五伐我，病何如矣？"
> 皆曰："五伐我，犹可以能战。"贾曰："然则如叛之，病而后质焉，何
> 迟之有？"乃叛晋。

卫大夫们见卫侯停在郊外不回卫都，便前夫"问故"，卫侯将在晋那里
受到的屈辱告诉大家，并惭愧自己辱没了社稷，请大夫们另择卫君。
卫侯已经如此说，大夫们当然纷纷表示支持卫侯，有难同当，即使将来
赔上儿子们去晋国做人质，也在所不辞。这个场面已经让人感受到经
卫侯一番诉说激发起来的斗志。下面描述卫侯朝国人，让王孙贾问大
家叛晋若召来晋国的多次出兵怎么办，大家都说"犹可以能战"，一个
"皆曰"，呈现在人们面前的便是人头攒动的场面。

（二）表演、对白

《左传》叙事的戏剧性，更突出的是表现在人物冲突、对白等"剧
情"的描写上，从而形成了一场场引人入胜的"舞台剧目"。说起来，相
对于后代情节完整的戏剧，《左传》的这种描写都还只是一些片段，相
当于剧目的一个场次或一场中的一个折子。不过，它们已经给人以近
乎观赏舞台剧的感觉。

《襄公十年》"上演"的一场"王叔与伯舆讼"就让人历历在目。王
叔陈生与伯舆争权，周灵王倾向伯舆，王叔"怒而出奔"，到了黄河边
上，周王妥协，请王叔返朝，并杀掉曾得罪王叔的史狡以消其气。王叔
仍不返回，就在那里驻扎下来。这时，"晋侯使士匄平王室"，于是出现
了"王叔与伯舆讼焉"一场戏：

> 王叔之宰与伯舆之大夫瑕禽坐狱于王庭，士匄听之。王叔之
> 宰曰："筚门闺窦之人而皆陵其上，其难为上矣。"瑕禽曰："昔平王
> 东迁，吾七姓从王，牲用备具，王赖之，而赐之骍旄之盟，曰：'世世
> 无失职。'若筚门闺窦，其能来东厎乎？且王何赖焉？今自王叔之

相也,政以贿成,而刑放于宠。官之师旅,不胜其富,吾能无筚门
闺窦乎?唯大国图之!下而无直,则何谓正矣?"范宣子曰:"天子
所右,寡君亦右之;所左,亦左之。"使王叔氏与伯舆合要,王叔氏
不能举其契。

王叔一方的代表王叔宰与伯舆一方的代表属大夫瑕禽分两边坐在诉
讼席上,晋大夫士匄即范宣子坐在中间听讼。王叔之宰率先开口,出
言不逊,以十分蔑视的口吻说若让伯舆这种"筚门闺窦"、寒酸卑微之
人都凌驾在我们王公贵族的头上,怕就难以统驭属下了。瑕禽一听,
义愤填膺,抓住"筚门闺窦"这句话反唇相讥,说当年平王东迁,包括我
们伯舆家族在内的七姓从之,为王备牺牲,供祭祀,平王与我们郑重盟
誓,要世世无失职,若我们当年真是"筚门闺窦"之人,能跟着跑到东边
这里来定居吗?再说,自从王叔主政以来,全富了那些受宠的受贿的,
我们能不变成"筚门闺窦"之人吗?上梁不正,下梁怎么能不歪?在旁
听讼的范宣子显然明白王叔没理,但他毕竟是王叔,于是搬出周王,说
天子说左就是左,天子说右就是右,我们都听天子的。就这样,王叔一
方的盛气凌人,伯舆一方的理直气壮,乃至晋国方面的聪明圆滑,在这
场"戏"中都被淋漓尽致地呈现出来。

斗嘴戏,《左传》中还有两场十分有趣,只不过不是敌对诉讼,而是
打趣嘲笑和意见相左,这就是《宣公二年》"郑败宋师获华元"中的"城
者讴曰"和《宣公十二年》"晋楚郊之战"中的"伍参孙叔敖斗狠"。

宣公二年,华元被俘后,"宋人以兵车百乘、文马百驷以赎华元于
郑。半入,华元逃归"。这天,宋士卒们筑城,华元巡视,便出现了城者
与华元打嘴仗的一幕:

城者讴曰:"睅其目,皤其腹,弃甲而复。于思于思,弃甲复
来。"使其骖乘谓之曰:"牛则有皮,犀兕尚多,弃甲则那?"役人曰:
"从其有皮,丹漆若何?"华元曰:"去之!夫其口众我寡。"

城者见华元走来,故意唱歌嘲笑一个瞪着大眼睛、腆着大肚子、丢盔卸
甲跑回来的家伙,华元知道这是在说自己,便派他的随驾上前搭话说,
是牛就有皮,牛又那么多,纵然丢了甲,再做就是了,那又有什么!城
者们的嘴并没有因此被堵住,还有话等着呢,即使不缺牛皮,不是还需
要丹漆做涂料吗,这可是贵重得很呀!华元见状,只好说咱们还是走

吧,他们人多嘴多,我们说不过他们。就这样,华元败下阵来。这是一幕极其生动有趣的对白,现场的气氛十分活跃。

宣公十二年春楚围郑,许郑平,"将饮马于河而归"。这时,却听说晋师前来救郑,已经渡河。于是,在楚将帅之间发生了一场关于是战是还的争执:

> 王欲还,嬖人伍参欲战。令尹孙叔敖弗欲,曰:"昔岁入陈,今兹入郑,不无事矣。战而不捷,参之肉其足食乎?"参曰:"若事之捷,孙叔为无谋矣。不捷,参之肉将在晋军,可得食乎?"

楚王和令尹孙叔敖都打算返回,嬖人伍参却坚持要战。令尹火了,不客气地说,楚师已经不堪如此疲于奔命,如果战败,你伍参一身肉够大家吃的吗?伍参满不在乎,故意说,如果胜了,就是你孙叔敖算不准;如果败了,我伍参这一身肉就会落在晋军手中,你们能吃得上吗?这段戏中的人物对白生动有趣,十分富于现场感。

《左传》中还有许多"戏",不只是人物对白,还加上人物动作、举止,综合"表演",从而更像是上演了一出出剧目。其中有几出特别生动,给人印象十分深刻。

一出是《襄公二十六年》记述的"上下其手"。楚师侵郑,郑国戍守大夫皇颉出城与楚师拼杀,被楚县尹穿封戌所擒。楚公子围与穿封戌争功,楚王让伯州犁作评判。伯州犁说那就问问郑囚是谁俘获了他。于是,就出现了这样一幕:

> 乃立囚。伯州犁曰:"所争,君子也,其何不知?"上其手,曰:"夫子为王子围,寡君之贵介弟也。"下其手,曰:"此子为穿封戌,方城外之县尹也。谁获子?"囚曰:"颉遇王子,弱焉。"戌怒,抽戈逐王子围,弗及。

郑囚带来后,伯州犁故意说,两人所争的这个人是个君子,什么不知,什么不懂?接着,先是把手举得高高的,指着公子围说这位可是王子,是我们楚王尊贵的弟弟;然后把手放下来,指着穿封戌说这位是我们方城之外一个县的县尹。比划完之后,他问郑囚,你说是哪一个擒获的你?伯州犁的示意太明显了,皇颉一点不傻,认真说道,当时我遇到了王子,敌不过他,所以被俘。这下把穿封戌气坏了,抽出戈来追杀王子,王子急忙逃掉了。这出戏精彩至极,王子围的霸道、穿封戌的冲动、伯州犁的势利、皇颉的机灵,表现无遗。一个个人物顿时活生生立在你的面前。

另一出是《昭公元年》记述的"郑公孙竞妻"。"郑徐吾犯之妹美",公孙子南已经下了聘,公孙子皙又硬是派人送雁纳采。这下徐吾犯犯了难,谁也得罪不起呀。他将顾虑告诉子产,子产说这是国家政法不明,不是你的问题,你爱给谁就给谁。徐吾犯便请求二公孙允许让他妹妹自己选,两人都答应了。这时,便出现了二公孙在庭院中竞相表现的一幕:

> 子皙盛饰入,布币而出。子南戎服入,左右射,超乘而出。女自房观之,曰:"子皙信美矣,抑子南,夫也。夫夫妇妇,所谓顺也。"

先是子皙打扮得漂漂亮亮、穿着华丽地走了进来,郑重其事地将见面礼放下,然后走了出去。下面是子南穿着军服大步流星跨了进来,向左向右射了两箭,转身跳上门外的车子,扬长而去。然后是躲在屋门内观看的女子开口了,子皙倒是真漂亮,但子南更像个男子汉大丈夫。丈夫像个丈夫,妻子像个妻子,这才顺理成章呵! 这一幕人物的表演对比十分鲜明,女子的独白画龙点睛。事情的结果便是"适子南氏"。

《左传》中还有一出十分特别的戏,拉开帷幕后只有楚共王和太宰伯州犁两个人物,楚王站在巢车上张望,伯州犁站在车下。整幕就是两人在一问一答,却在观众脑海中呈现出另一幕晋师战前谋划和动员的情景。这就是《成公十六年》"晋楚鄢陵之战"中"楚子登巢车以望晋军"一幕:

> 楚子登巢车,以望晋军。子重使大宰伯州犁侍于王后。王曰:"骋而左右,何也?"曰:"召军吏也。""皆聚于中军矣。"曰:"合谋也。""张幕矣。"曰:"虔卜于先君也。""彻幕矣。"曰:"将发命也。""甚嚣,且尘上矣。"曰:"将塞井夷灶而为行也。""皆乘矣,左右执兵而下矣。"曰:"听誓也。""战乎?"曰:"未可知也。""乘而左右皆下矣。"曰:"战祷也。"伯州犁以公卒告王。

伯州犁是由晋奔楚的大夫,对晋事比较熟悉,所以,当两军对垒、楚王登上高高的巢车观察晋军方面的情况时,令尹子重便命伯州犁陪在旁边侍问。楚王将看到的情况说出来,伯州犁便说出他们是在做什么。

就这样,晋军战前的"合谋""卜先君""塞井夷灶""听誓""战祷"等种种活动,通过他们的问答,一一浮现在人们的眼前。

《左传》中还有一段比较特别的叙事,一幕场景中出现了人物的进出场,这就是《昭公十二年》记述的"楚子雪夜遇子革"。楚灵王遇难前夕,驻扎在乾溪。一个夜晚,天上下起鹅毛大雪,楚灵王戴上皮冠,披上大氅,蹬上豹靴,"执鞭以出",太仆析父跟在后面。走到门外,遇上了正在值夜的右尹子革。灵王忙"去冠、被,舍鞭",与子革交谈起来。灵王问当年我们先王熊绎与齐、晋、鲁、卫共同辅佐了周康王,他们都有所赏赐,独独我们楚国没有,现在我如果派人到周王朝去求鼎,周王会不会给我们?子革回答说肯定能给,当年其他四国有的是王舅,有的是王母弟,而楚什么都不是,所以"无分",现如今他周王和四国都要听大王您的,怎么还会吝惜一个鼎?灵王又问当年先祖昆吾曾居许地,如今郑国却"贪赖其田",我们若去要求,他们会不会给?子革又回答说周王都不敢吝惜鼎,郑国岂敢吝惜田?灵王接着又踌躇满志地说,过去诸侯都怕晋国,如今我们占了陈、蔡、不羹,增益兵车各有千乘,诸侯应该都转而怕我们了吧?子革说,怎么能不怕呢?仅这几个小国加起来,已经让人害怕,何况还有咱们楚这样一个大国呢?这时,工尹路上场,禀报说君王您命我们破圭玉以饰斧柄,还请指示具体的式样和尺寸。灵王闻此,便随工尹路一起下场去看制作了。场上只剩下子革和太仆两人。这时一直在旁未插言的太仆开口了,他颇为不满地对子革说,您可是楚国的指望,刚才你却像回声一样应合大王的胃口,咱楚国怎么承受得了?子革说您先别急,我这是欲擒故纵,现在我就磨剑以待,待会儿他出来,我就挥剑斩除他的欲念。一会儿,灵王又上场了,两人又开始对话。恰在此时,左史倚相从旁边经过,灵王指着他对子革说,这可是位良史,你可要善待他,"是能读《三坟》《五典》《八索》《九丘》"。子革说当年周穆王野心很大,"欲肆其心,周行天下,将皆必有车辙马迹焉",祭公谋父因此作了《祈招》之诗以止王心,穆王才得以善终。我曾经问左史倚相是否知道这首诗,他居然说不出。灵王问"子能乎"?子革说"能",随即诵道:"祈招之愔愔,式昭德音。思我王度,式如玉,式如金。形民之力,而无醉饱之心。"灵王恍然明白了子革的用心,没说一句话,作个揖便下场了。大幕就此落下。接下来应该算是作者的画外音:"馈不食,寝不寐,数日,不能自克,以及于难。"挨过子革这一"剑",灵王回去后吃不下,睡不着,但终于克制不了自己的欲望,结果落得个众叛亲离的可悲下场。

就这样,《左传》有时以其现场描摹的笔触,让几位人物在那里表演、对白,仿佛为我们"上演"了一个个戏剧的片段。

(三)画面、镜头

《左传》有时还对事件发展过程中不同场景中的细节连续展开描摹,仿佛有一连串的画面和镜头在眼前闪过,这使叙事更加富于情节性、戏剧性。

其中有的叙事是将整个事件中不同人物、不同场景中发生的故事和形成的画面进行转换描写。《襄公二十三年》所述"晋范宣子焚丹书"事件就是一例。襄公二十一年,晋大夫栾盈被范宣子驱逐,奔楚,又适齐。两年后,"晋将嫁女于吴,齐侯使析归父媵之,以藩载栾盈及其士,纳诸曲沃"。曲沃中一部分是栾盈的采邑,栾盈便以此为据点进攻晋都绛城,范宣子奉晋平公以御之,由此发生了焚"丹书"鼓励奴隶参战立功的事件。《左传》关于这个事件的叙事,就出现了一个个连续的交替出现的画面。

首先是栾盈被齐侯秘密潜送到曲沃后,趁夜去见曲沃大夫胥午:

> 栾盈夜见胥午而告之。对曰:"不可。天之所废,谁能兴之?子必不免。吾非爱死也,知不集也。"盈曰:"虽然,因子而死,吾无悔矣。我实不天,子无咎焉。"许诺。

这个画面应该是在胥午的秘室。栾盈将自己欲攻入绛的打算告诉胥午,自然是要求得对方的援助。胥午开始劝栾盈不要自取灭亡,栾盈坚持,胥午也就答应了。这时,叙事转入下一个"镜头":

> 伏之而觞曲沃人,乐作,午言曰:"今也得栾孺子何如?"对曰:"得主而为之死,犹不死也。"皆叹,有泣者。爵行,又言。皆曰:"得主,何贰之有!"盈出,遍拜之。

这里出现的画面是胥午在大堂宴享曲沃人,而让栾盈藏在暗处。奏乐开始后,胥午问大家假如请栾氏嗣主栾盈回来会怎么样?大家异口同声表示果真如此愿为他而死,且都在那里叹息,有的甚至泪流满面。酒过一巡之后,胥午又问一遍,大家还是表示绝无二心。这时,栾盈走了出来，一个个拜谢大家。

于是，栾盈帅曲沃之兵甲，凭借着故交魏献子（魏舒）的内助，"以昼入绛"。接着"镜头"转到绛都范宣子的厅堂上：

> 乐王鲋侍坐于范宣子。或告曰："栾氏至矣。"宣子惧。桓子（乐王鲋）曰："奉君以走固宫，必无害也。且栾氏多怨，子为政，栾氏自外，子在位，其利多矣。既有利权，又执民柄，将何惧焉？栾氏所得，其唯魏氏乎，而可强取也。夫克乱在权，子无懈矣！"

栾盈入绛的消息使范宣子十分紧张，乐王鲋劝他不要怕，你权柄在手好办事，并出主意说一方面护送晋君前往有台观守备的别宫固宫，另一方面去拿下魏氏，他栾盈也就必败无疑了。下面，便交替出现了两个画面。一个是范宣子趁晋公姻亲有丧事，扮作侍御穿着墨色丧服潜入晋平公住所，护送他前往固宫：

> 公有姻丧，王鲋使宣子墨缞冒绖，二妇人辇以如公，奉公以如固宫。

另一个画面是范宣子之子范鞅前往魏氏强行阻止他们去接应栾氏：

> 范鞅逆魏舒，则成列既乘，将逆栾氏矣。趋进，曰："栾氏帅贼以入，鞅之父与二三子在君所矣，使鞅逆吾子。鞅请骖乘。"持带，遂超乘。右抚剑，左援带，命驱之出。仆请，鞅曰："之公。"

当魏舒整队待发正准备去接应栾氏的时刻，范鞅及时赶到，称君命我来接您去迎战贼寇，说着跳上魏舒的车子，命车御驾往固宫。接着出现的是到了固宫的情景：

> 宣子逆诸阶，执其（魏氏）手，赂之以曲沃。

下面，出现了固宫门前范宣子一方与栾盈一方交战的场面和几个镜头：

> 初，斐豹，隶也，著于丹书。栾氏之力臣曰督戎，国人惧之。斐豹谓宣子曰："苟焚丹书，我杀督戎。"宣子喜，曰："而杀之，所不请于君焚丹书者，有如日！"乃出豹而闭之。督戎从之。逾隐而待之，督戎逾入，豹自后击而杀之。范氏之徒在台后，栾氏乘公门。宣子谓鞅曰："矢及君屋，死之！"鞅用剑以帅卒，栾氏退，摄车从之。遇栾乐，曰："乐免之。死，将讼女于天。"乐射之，不中；又注，则乘槐本而覆。或以戟钩之，断肘而死。栾鲂伤。栾盈奔曲沃。

镜头之一：城上跟在范宣子身后的隶臣斐豹见下面栾氏大力士督戎所向披靡，国人莫敌，向范宣子请求说如果你肯焚毁丹书除掉我的奴隶身份,我下去杀了督戎。范宣子起誓答应,于是放斐豹出城与督戎交战。斐豹佯装逃逸,躲在矮墙后待督戎跳下,从他身后击杀了他。镜头之二:栾氏之卒已经在攀登宫门,范宣子急了,对范鞅说如果有箭矢射到平公的住所,你就别要命了。范鞅挥舞着刀剑率领士卒拼命搏杀,击退了栾氏,跳上车子去追击,遇到栾乐抵御,栾乐射范鞅不中,待再搭箭之时,翻了车子,有人用兵戟钩杀了他。镜头之三:栾鲂受伤,栾盈朝曲沃的方向逃去。

就这样,整个事件由一个个镜头和画面铺展而成,让读者仿佛置身其境,感受了晋国贵族之间一次尖锐的冲突和交锋。

其中还有的叙事是将一件事中同一个人物的一连串遭遇进行镜头跟踪式的描写。《宣公四年》对"公子宋染指于鼎"事件的描述就是如此。

> 楚人献鼋于郑灵公。公子宋与子家将见。子公之食指动,以示子家,曰:"他日我如此,必尝异味。"及入,宰夫将解鼋,相视而笑。公问之,子家以告。及食大夫鼋,召子公而弗与也。子公怒,染指于鼎,尝之而出。公怒,欲杀子公。子公与子家谋先。子家曰:"畜老,犹惮杀之,而况君乎?"反谮子家。子家惧而从之。夏,弑灵公。

第一个镜头是郑公子宋(子公)和公子归生(子家)一起前往宫中去见郑灵公,公子宋的食指动了起来,他举起食指对公子归生说以前我这食指一动,就会尝到不同寻常的美味。第二个镜头是两人到了王宫,正看到厨师在剥解已煮好的楚人献给郑灵公的大鼋,两人不由相视而笑,郑灵公感到奇怪,公子归生便把公子宋刚才说的"必尝异味"的话告诉了他。第三个镜头是在郑灵公以鼋招待众大夫的宴席上,灵公将公子宋召来,却故意不让他食用大鼋。公子宋一怒之下将手指伸进盛鼋的鼎中去蘸汤,尝完味便甩手离开了。这时"画外音"是"公怒,欲杀子公"。接着出现的第四个镜头在是公子宋家里,他将公子归生找来,要先行杀掉灵公。公子归生劝他不应该这样干。然后又是"画外音":"(子公)反谮子家。子家惧而从之。夏,弑灵公。"

这段描写,也像是在过"电影"镜头,整个事件都是在一个个形象的画面中展开的。

《左传》有些叙事之所以会给人以舞台剧甚至电影镜头的感觉,无疑是其小说式的文学描写而非通常的历史叙述笔法所决定的。

第四章
《战国策》拟托文的"准小说"创作

　　《战国策》是一部记述战国时代历史人物言谈行事的散文著作,其中尤以记述策士说客的活动为主,由西汉刘向据国别者八篇并汇辑《国策》《国事》《短长》《事语》《长书》《修书》等写本重新编定而成。《汉书·艺文志》将它与《史记》归为一类,《隋书·经籍志》将它列在"史部·杂史类",均视其为历史著作。然而,宋代晁公武开始把它改入子部纵横家类,理由是"其纪事不皆实录,难尽信。盖出于学纵横者所著,当附于此"①。虽然正如清代纪昀在《四库全书总目》中所指责的,"《战国策》乃刘向裒合诸记,并为一编,作者既非一人,又均不得其主名,所谓'子'者安指乎?公武改隶'子部',是以记事之书为立言之书,杂编之书为一家之书,殊为未允"②,但《战国策》"纪事不皆实录"却是事实,归于正宗的历史著作也颇为牵强。自宋代以来,不少学者对它做了十分细致的考辨工作,指出其中许多篇所记内容与史实龃龉不合之处,更有学者发现其中若干篇纯属作者拟托,已经进入"创作"的范畴。对于研究战国史的学者来说,这不能不算是个遗憾,但对

① [宋]晁公武:《郡斋读书志》(《四库全书》本)卷十一。
② 《四库全书总目》,第462页,北京:中华书局,1965。

于考察战国秦汉之际文学发展、特别是对于把握其间小说创作发生过程的研究而言,这批拟托文却是一些十分难得的文本材料。

第一节 《战国策》拟托文考辨

拟托文不同于纯粹虚构文,后者可以凭空杜撰人物和故事,拟托文则假借历史上实有的人物,进而设定其情节、对话。就假托实有人物而言,仍受到历史的局限,需要尽量考虑此人所处时代、地位、关系;而就设定情节、对话而言,则进入了虚构、想象、创作的境地。

《战国策》中有篇文章,分明是拟托历史人物,对其行事做了一系列假设描述,使人毋庸置疑地肯定《战国策》的确存在拟托现象,这篇文章就是《齐策三·楚王死,太子在齐质》一篇。该文拟托的历史人物是苏秦和薛公等人,提及的人物有楚怀王、楚太子,假设的情节是楚怀王死时,太子尚在齐国为质,苏秦利用此事进行游说的种种说辞和行径。文章开篇描述了这样一段情节①:

> 楚王死,太子在齐质。苏秦谓薛公曰:"君何不留楚太子,以市其下东国。"薛公曰:"不可。我留太子,郢中立王,然则是我抱空质而行不义于天下也。"苏秦曰:"不然。郢中立王,君因谓其新王曰:'与我下东国,吾为王杀太子。不然,吾将与三国共立之。'然则下东国必可得也。"

《史记·楚世家》有一段大致类似的情节,但事情发生在楚怀王尚被秦国扣留期间,欲留楚太子的是齐湣王,反对的是齐相,提出杀太子的是"或曰":

> ……秦因留楚王,要以割巫、黔中之郡。楚王欲盟,秦欲先得地。楚王怒曰:"秦诈我而又强要我以地!"不复许秦。秦因留之。
> 楚大臣患之,乃相与谋曰:"吾王在秦不得还,要以割地,而太子为质于齐,齐、秦合谋,则楚无国矣。"乃欲立怀王子在国者。昭

---

① 本章所引《战国策》,均见《战国策》,上海古籍出版社 1985 年版,本章下引《战国策》文字不再出注。

雎曰："王与太子俱困于诸侯，而今又倍王命而立其庶子，不宜。"乃诈赴于齐。齐愍王谓其相曰："不若留太子以求楚之淮北。"相曰："不可，郢中立王，是吾抱空质而行不义于天下也。"或曰："不然。郢中立王，因与其新王市曰'予我下东国，吾为王杀太子，不然，将与三国共立之。'然则东国必可得矣。"齐王卒用其相计而归楚太子。太子横至，立为王，是为顷襄王。乃告于秦曰："赖社稷神灵，国有王矣。"

从人物对话有许多相同之处来说，《史》《策》两篇应该均参照了另外同一篇记事，也就是说，《策》文这段情节还是大致有所本的，只不过将对话安在了苏秦和薛公身上。而《策》文下面的文字则分明是在那里假设了：

苏秦之事，可以请行；可以令楚王亟入下东国；可以益割于楚；可以忠太子而使楚益入地；可以为楚王走太子；可以忠太子使之亟去；可以恶苏秦于薛公；可以为苏秦请封于楚；可以使人说薛公以善苏子；可以使苏子自解于薛公。

针对楚国需要立王而楚太子尚在齐国这件事，作者为苏秦假设了十个"可以"如何如何，即十种可能性。下面，便展开了对这十种"可以"的具体叙述和描写。比如描写苏秦如何"请行"：

苏秦谓薛公曰："臣闻谋泄者事无功，计不决者名不成。今君留太子者，以市下东国也。非亟得下东国者，则楚之计变，变则是君抱空质而负名于天下也。"薛公曰："善。为之奈何？"对曰："臣请为君之楚，使亟入下东国之地。楚得成，则君无败矣。"薛公曰："善。"因遣之。

无疑，这绝对不是实际发生的事情，而是作者的一种虚拟，作者在假设如果苏秦想离开齐国到楚国去，他可以怎样说便能达到目的。这段文字中的苏秦说辞，便是作者替苏秦设计的。再比如描写如何使楚王"亟入下东国"：

谓楚王曰："齐欲奉太子而立之。臣观薛公之留太子者，以市下东国也。今王不亟入下东国，则太子且倍王之割而使齐奉己。"楚王曰："谨受命。"因献下东国。故曰可以使楚亟入地也。

这段叙事假设楚国已经立了新王，苏秦劝新楚王加紧奉送下东国，不然太子加倍许诺齐国,齐国会支持太子返国即位。于是新楚王"谨受命,因献下东国"。这显然都是想象之辞。更明显的是,下面又有关于苏秦如何"忠太子使之亟去"的情节描述:

> 谓太子曰:"夫专楚者王也,以空名市者太子也,齐未必信太子之言也,而楚功见矣。楚交成,太子必危矣。太子其图之。"太子曰:"谨受命。"乃约车而暮去。故曰可以使太子急去也。

这又是从为楚太子考虑的角度立说的。诸如此类,作者展开了十段叙事。我们都知道,历史事实只能有一个,而这里却描述了多种可能性,实乃假设之辞,这是无疑的。作者之所以要这样描述,显然不是在记述历史,而是在模拟游说,由此可见说士们苦练权变之术和各种说辞所下的功夫。其中的说辞的确可谓翻手为云,覆手为雨。

由此可见,《战国策》中有演练之文。正因为此,有学者对《战国策》所述历史事实进行了专门的考辨。缪文远先生的《战国策考辨》①(以下简称《考辨》)一书,综合历代学者考辨成果,按以己意,提出《战国策》中有九十二篇为拟托文,这不能不说是《战国策》一个值得注意的行文现象。

具体来说,《考辨》判断《战国策》篇章是否拟托,主要有以下几种途径:

其一是据时地进行判断。如《西周策》之《楚请道于二周之间》问题出在地理位置不合:

> 楚请道于二周之间,以临韩、魏,周君患之。苏秦谓周君曰:"除道属之于河,韩、魏必恶之。齐、秦恐楚之取九鼎也,必救韩、魏而攻楚。楚不能守方城之外,安能道二周之间。若四国弗恶,君虽不欲与也,楚必将自取之矣。"

该篇情节是楚国请求借道于东周国、西周国之间,以直达黄河,近逼韩、魏。西周国君颇为担心。苏秦劝慰他不必以此为念,还是答应楚国为好。因为让楚国除道去兵临韩魏,必然招致韩魏对楚国的敌意,齐、秦也会因怕楚国劫取九鼎而攻楚以救韩魏,这样楚国只有招架的份,自顾不暇,哪还有工夫踏入两周之间。相反,若不借道,引不起齐

---

① 缪文远:《战国策考辨》,北京:中华书局,1984。

秦韩魏对楚国的敌意,即便你不给他,他也会自个儿来取的。说起来,这篇说辞的确聪明,然而,却不符合当时的地理条件。《考辨》引钟凤年《国策勘研》云:"韩、魏南部之地介在周、楚之间,楚须先逾韩、魏,始能抵二周。故楚临韩、魏,实无待假道二周。若楚将临韩、魏河北之地,则二国亦断无任楚经其河南以侵河北之理。又苏秦令周君除道属之于河,河乃周之北边,楚自南来,周又奚为除道至其北边?韩、魏又何待至此而始恶之?"既然楚若要兵临韩魏根本不需要向两周借道,那么这篇说辞乃至整个情节就全然是想当然之辞,所以《考辨》加案语云:"钟说据地理以分析当时形势,甚是。策文云云,乃不通地理者之瞽说。"

《秦策一·苏秦始将连横》的问题则出在年代不合:

> 苏秦始将连横,说秦惠王曰:"大王之国,西有巴、蜀、汉中之利,北有胡貉、代马之用,南有巫山、黔中之限,东有肴、函之固……"

对于苏秦说辞开篇所述秦国形势,《考辨》首先引梁玉绳《史记志疑》指出:"是时诸郡未属秦,不知苏子何以称焉?"进而具体辨析道:"《苏秦传》云'秦方诛商鞅,疾辩士弗用',则苏秦说秦惠王当在其初立时。然据《秦本纪》,秦灭蜀在惠文王后元九年,取汉中在后元十三年,远在此后。胡、代在赵之北,并非秦地。秦取巫、黔中在昭王三十年,去惠王之死已三十四年。"也就是说,依文章所述,苏秦应该是在秦惠王初立时展开的这段游说,而巴、蜀、汉中于秦惠王后元九年、十三年才归秦,巫、黔中更是在秦惠王死后三十多年才归秦,这段说辞显然不可能出自当时的苏秦之口。

其二是据情节或人物说辞是否符合历史事实进行判断。如《齐策三·孟尝君舍人有与君之夫人相爱者》,其主要情节是孟尝君没有揭穿和惩治那位与其夫人相爱者,后来此人到了卫国并受到重用,当"卫君甚欲约天下之兵以攻齐"之时,此人挺身而出,谓卫君曰:"孟尝君不知臣不肖,以臣欺君。且臣闻齐、卫先君,刑马压羊,盟曰:'齐、卫后世无相攻伐,有相攻伐者,令其命如此。'今君约天下之兵以攻齐,是足下倍先君盟约而欺孟尝君也。愿君勿以齐为心。君听臣则可;不听臣,若臣不肖也,臣辄以颈血湔足下衿。"卫君因此放弃了攻齐的打算。对此,《考辨》指出,据《史记·卫世家》推排,此时为齐闵王即位前后,正当卫嗣君之时,而《史记》言"卫嗣君五年,更贬号曰君,独有濮阳",卫之微弱如此,何能"约天下之兵以攻齐"? 还有,此人言"齐、卫先君,刑马压羊,盟曰:……",而据《史记》载,战国时,卫沦为泗上十二诸侯之一,附属于三晋,其地位既同于附庸,焉有齐、卫先君相盟事? 这段记事,无论是情节还是人物说辞,均与当时史实不符,因此应该是后人的拟托。

其三是据记事是否符合情理进行判断。如《魏策四·秦王使人谓安陵君》,记述安陵君因不答应秦王"欲以五百里之地易安陵"的动议惹恼秦王,遂派唐且出使秦国,唐且不惧秦王"伏尸百万,流血千里"的"天子之怒",以"伏尸二人,流血五步,天下缟素,今日是也"的"士之怒"针锋相对,且"挺剑而起",致使秦王"色挠,长跪而谢"。对此,《考辨》指出其多处可疑之处,其中很重要的一点便是"《史记·刺客传》云:'秦法,群臣侍殿上者,不得持尺寸之兵。'策言唐且'挺剑而起',吴师道颇以为疑,疑之是也"。既然秦法不得持兵器上殿,唐且在秦王面前就不可能"挺剑而起",这段记事显然于情理不合。《考辨》因此断定必是拟托无疑。

其四是据人物生平进行判断。如《秦策二·秦惠王死公孙衍欲穷张仪》云:

> 秦惠王死,公孙衍欲穷张仪。李雠谓公孙衍曰:"不如召甘茂于魏,召公孙显于韩,起樗里子于国。三人者,皆张仪之仇也,公用之,则诸侯必见张仪无秦矣!"

对此,《考辨》引钟氏《勘研》指出:"《张仪传》称'仪已卒之后,犀首(公孙衍)入相秦',且据《樗里子甘茂传》,惠王死时,茂方在秦,疾亦未退废,此章所言恐误。"也就是说,张仪和公孙衍时不相值,也就不存在公孙衍欲穷张仪的问题;秦惠王死时,甘茂原本在秦,樗里疾并未见退,也不可能有召甘茂于魏、起樗里子于国的说法,所以《考辨》称"钟说是,此章当出策士依托"。

其五是据篇章雷同者进行判断。如《齐策三·齐王夫人死》云:

> 齐王夫人死,有七孺子皆近。薛公欲知王所欲立,乃献七珥,美其一,明日视美珥所在,劝王立为夫人。

大致相同的情节又见于《楚策四·楚王后死》：

> 楚王后死，未立后也。谓昭鱼曰："公何以不请立后也?"昭鱼曰："王不听，是知困而交绝于后也。""然则不买五双珥，令其一善而献之王，明日视善珥所在，因请立之。"

两段情节过于近似，一般来说，历史事实不太可能有如此相同者，必有一篇模仿另一篇，黄少荃即云："事之相同，绝无若此者，诸说中必仅有一真，或皆假托。"《考辨》同意黄说，称"今从黄少荃后说，定此章为拟托"。

正是据文章中这诸多破绽，《考辨》判断出《战国策》有拟托这种现象。应该说，这些判断有理有据，总体来说是可信的。《战国策》确有拟托，而且不是个别现象。由此我们还可以推想，上述这些篇因为破绽而被肯定出于拟托，而那些没有破绽的篇目，并不一定不是拟托，只是作者考虑周密，不露破绽，我们无从肯定而已。考虑到这种情况，《战国策》中的拟托文或许还要更多一些。

第二节　《战国策》拟托文与小说创作

既为拟托，就不是纪实，就属于编造，于是，对于考察中国古代小说发生过程的研究来说，这批拟托文无疑是十分重要的对象之一。当然，具体辨析，会发现它们与真正的小说创作，有不合，有暗合，如果就其暗合的部分言之，差不多可以算是"准小说"创作了。

一、《战国策》拟托文并非小说创作

就其不合部分来说，《战国策》拟托文显然还不是小说创作。

首先，两者主旨有别。文学性小说以虚拟手段描摹生活，读者听闻阅读小说以观照生活；《战国策》拟托文则是策士们在演练说辞，揣摩技巧，琢磨计谋和手段。

前面提及的《楚王死，太子在齐质》一篇是典型的揣摩说辞之作。作者设计了不同目的下各种不同的说辞，诸如若想"请行"该如何说，若想"令楚王亟入下东国"该如何说，若想"忠太子使之亟去"又该如何

说,在作者的想象下,各种说辞都达到了目的。

《韩策二》中的《公叔将杀几瑟》与《公叔且杀几瑟》两篇十分近似,后者说辞略为增添了一些内容,极像是一篇演练辞的初稿和改定稿:

> 公叔将杀几瑟也。谓公叔曰:"太子之重公也,畏几瑟也。今几瑟死,太子无患,必轻公。韩大夫见王老,冀太子之用事也,固欲事之。太子外无几瑟之患,而内收诸大夫以自辅也,公必轻矣。不如无杀几瑟,以恐太子,太子必终身重公矣。"

> 公叔且杀几瑟也,宋赫为谓公叔曰:"几瑟之能为乱也,内得父兄,而外得秦、楚也。今公杀之,太子无患,必轻公。韩大夫知王之老而太子定,必阴事之。秦、楚若无韩,必阴事伯婴。伯婴亦几瑟也。公不如勿杀。伯婴恐,必保于公。韩大夫不能必其不入也,必不敢辅伯婴以为乱。秦、楚挟几瑟以塞伯婴,伯婴外无秦、楚之权,内无父兄之众,必不能为乱矣。此便于公。"

两篇说辞的基本意思是劝公叔勿杀曾与他争夺相位的韩公子几瑟。对照前后两篇的说辞会发现其中的些许变化。其一,前一篇说辞无主名,后一篇编上说者的姓名"宋赫",而且加一"为"字,说明说者是替几瑟游说。其二,前一篇只强调了因为有几瑟的威胁存在,太子才会器重公叔,若去掉这个心头之患,太子的名分稳固了,韩大夫们都会趋向太子,公叔的地位反而不保;后一篇在强调这一点的基础上,又加上了另一个韩公子伯婴的因素。几瑟当下身在楚国,秦楚赖以联系韩国,若杀掉几瑟,秦楚会转而选择伯婴,到时伯婴就会变成第二个几瑟。若留着几瑟,伯婴就不敢轻举妄动,韩大夫们也会顾虑几瑟是否返国而不敢公然辅佐伯婴以作乱。不难发现,后一篇说辞考虑更周全一些,分明是在前一篇说辞基础上做了补充。由此可见策士们反复推敲的功夫。

《战国策》拟托文更多的篇章是在设计、琢磨各种策谋、权术和手段。

《秦惠王死公孙衍欲穷张仪》属于制人之计:

> 秦惠王死,公孙衍欲穷张仪。李雠谓公孙衍曰:"不如召甘茂于魏,召公孙显于韩,起樗里子于国。三人者,皆张仪之仇也,公

用之,则诸侯必见张仪无秦矣!"

(《秦策二》)

作者通过这段情节显示的是,如果想让一个人失去权重,只要多多起用他的仇人,他的失宠就昭然天下了。

《魏惠王起境内众》属于助人之计:

> 魏惠王起境内众,将太子申而攻齐。客谓公子理之传(傅)曰:"何不令公子泣王太后,止太子之行? 事成则树德,不成则为王矣。太子年少,不习于兵。田盼宿将也,而孙子善用兵,战必不胜,不胜必禽。公子争之于王,王听公子,公子不(必)封;不听公子,太子必败;败,公子必立;立必为王也。"

(《魏策一》)

作者设计在年少太子将要被派去兵攻强国的情况下,若想帮助公子,就劝他去到王太后那里哭鼻子抹泪,阻止太子出征。这是个左右逢源的妙计,因为公子是从维护太子的角度去劝阻,如果意见被采纳,必会得到封赏;如果不被采纳,太子一旦遇险,公子必会被立。

《齐王将见燕赵楚之相于卫》属于毁事之计:

> 齐王将见燕、赵、楚之相于卫,约外魏。魏王惧,恐其谋伐魏也,告公孙衍。公孙衍曰:"王与臣百金,臣请败之。"王为约车,载百金。犀首期齐王至之日,先以车五十乘至卫间齐,行以百金,以请先见齐王,乃得见。因久坐安,从容谈。三国之相怨。谓齐王曰:"王与三国约外魏,魏使公孙衍来,今久与之谈,是王谋三国也已。"齐王曰:"魏王闻寡人来,使公孙子劳寡人,寡人无与之语也。"三国之不相信齐王之遇,遇事遂败。

(《魏策一》)

作者假设魏公孙衍要破坏齐王与燕、赵、楚联合伐魏的计划,只需在齐王约见三国之相之前,花上银子求见齐王,并故意"久坐安,从容谈",让三国起疑心,"约外魏"之事也就不了了之了。

诸如此类,不一而足。策士们运文以思谋的动机十分明显。

其次,正因为主旨并非描摹生活,给人审美观照,而重在说辞技巧和策谋手段,所以这些拟托文几乎没有生活细节描写,情节多是粗线条式,多用概述和省略。即如上引《齐王将见燕赵楚之相于卫》一段,

三国之相不可能齐声对齐王说话,而行文却是"三国之相怨。谓齐王曰:'……'"。它如《张子仪以秦相魏》:

> 张子仪以秦相魏,齐、楚怒而欲攻魏。雍沮谓张子曰:"魏之所以相公者,以公相则国家安,而百姓无患。今公相而魏受兵,是魏计过也。齐、楚攻魏,公必危矣。"张子曰:"然则奈何?"雍沮曰:"请令齐、楚解攻。"雍沮谓齐、楚之君曰:"王亦闻张仪之约秦王乎? 曰:'王若相仪于魏,齐、楚恶仪,必攻魏。魏战而胜,是齐、楚之兵折,而仪固得魏矣;若不胜魏,魏必事秦以持其国,必割地以赂王。若欲复攻,其敝不足以应秦。'此仪之所以与秦王阴相结也。今仪相魏而攻之,是使仪之计当于秦也,非所以穷仪之道也。"齐、楚之王曰:"善。"乃遽解攻于魏。

张仪做魏国之相招来齐、楚的攻伐,雍沮以齐、楚如此做正中张仪下怀一番话,说服了齐、楚,"乃遽解攻于魏"。雍沮不可能同时对齐、楚之王讲这番话,齐、楚之王也不可能同时称"善",行文却是"雍沮谓齐、楚之君曰","齐、楚之王曰'善'",都是笼统言之,显然不是小说笔法。

二、《战国策》拟托文与小说创作的暗合

不过,《战国策》中的这批拟托文与小说创作更有暗合的部分。从这个层面来说,又可以称之为"准小说"创作。

(一) 虚构性

《战国策》拟托文与小说创作最大的相合之处即在于它的虚构性。

说起来,《左传》也有虚构成分,但基本情节属于历史事实,虚构的是情景、细节,《左传》与小说创作暗合的主要是笔法。

《战国策》的拟托则属于无中生有。除了借用历史上的某件事做由头,或借用某个人物,具体情节已经脱离了历史的羁绊,进入创作的境地。如《秦策一》中的《苏秦始将连横》。历史上确有苏秦其人,苏秦可能也确曾说秦不果,转而说赵、说楚等等,作者以此为基础,创作了这样一篇展示游士命运起伏变化的生动作品。其中,作者虚构了苏秦对秦惠王的说辞,虚构了苏秦说秦失败后回到家中"妻不下纴,嫂不为炊,父母不与言"的情景,虚构了苏秦受到刺激后发奋拼搏、"读书欲睡,引锥自刺其股,血流至足"的情节,还虚构了苏秦说赵大获成功、封

相印后路过洛阳时家人态度的戏剧性变化：

> 将说楚王路过洛阳，父母闻之，清宫除道，张乐设饮，郊迎三十里。妻侧目而视，倾耳而听；嫂蛇行匍伏，四拜自跪谢。苏秦曰："嫂，何前倨而后卑也？"嫂曰："以季子之位尊而多金。"苏秦曰："嗟乎！贫穷则父母不子，富贵则亲戚畏惧。人生世上，势位富贵，盍可忽乎哉！"

这些虚构的部分，与小说创作显然已几无区别。

更有甚者，有些拟托文已经不再借用历史上的事件或人物，几乎完全进入虚构创作的状态。如《楚策四》中的《有献不死之药于荆王者》：

> 有献不死之药于荆王者，谒者操以入。中射之士问曰："可食乎？"曰："可。"因夺而食之。王怒，使人杀中射之士。中射之士使人说王曰："臣问谒者，谒者曰可食，臣故食之。是臣无罪，而罪在谒者也。且客献不死之药，臣食之而王杀臣，是死药也。王杀无罪之臣，而明人之欺王。"王乃不杀。

这是一段十分有趣的故事，中射之士将谒者所持献给荆王的不死之药夺而吞之，却以巧对避免了杀身之祸。其中利用了谒者"可食"之答的两面语义和"不死之药"的"不死"语义，可谓聪明绝顶。而这篇故事中出现的人物，荆王只是泛泛而称，放到楚国的哪个王身上都可，献不死之药者为谁不得而知，中射之士也只是个职位，并无主名。至于事件，更是不会见于哪篇史载的一段小小插曲。因此，这里已经见不出所依托的历史事件和人物。当然，该篇亦见《韩非子·说林上》，不过，《韩非子》中的《说林》《储说》属于辑录故事性质，多为从各种典籍中摘录所致，如《内储说上》中的"竖牛为乱"故事见于《左传·昭公四年》，"三人成虎"故事见于《战国策·魏策二》等等，不一而足。而且，韩非还有意显示故事来源不一、说法不一的情况，以示其说皆有出处，如《内储说上》中的"齐宣王使人吹竽，必三百人，南郭处士请为王吹竽，宣王说之，廪食以数百人。宣王死，湣王立，好一一听之，处士逃"一节，又附上另一说法："一曰，韩昭侯曰：'吹竽者众，吾无以知其善者。'田严对曰：'一一而听之。'"因此，"献不死之药"故事的首创，应该属于《战国策》。

（二）小说因素

《战国策》拟托文与小说创作的相合之处还在于它的虚拟叙事和描摹，文中不期然具有了不少小说因素。

1. 对话描摹

如上所述，《战国策》中的拟托文多为演练揣摩说话技巧和策谋手段而作。不过，这种揣摩，不是以理论阐述的形式，对手法进行分析总结，而是对使用的手段、技巧，对人物说辞等等进行现场演绎、模拟，近乎构思出一幕幕情景剧。这决定了其中必有情节、场景、人物对话等等，而这些部分，都是通过创造性想象设计构思而成的。尽管由于主旨不在再现生活，这些描摹多属于粗线条式的，但其中有些篇，颇为逼真、生动地模仿了人物对话，见出了人物性情，甚至结构了曲折而完整的情节，与小说有了近似之处。

《战国策》拟托文多拟人物说辞，出现最多的是人物对话，有些对话因为描摹逼真而颇具现场感，近似戏剧对白。如《貂勃常恶田单》（《齐策六》）中"貂勃责王称'单'"一节。貂勃因常数落安平君田单的不是而引起田单注意，被引荐任用。貂勃出使楚国期间田单受到齐王幸臣的谗害，被齐王疏远。貂勃回国后齐王款待他，并称"召相田单而来"。齐王对自己的国相如此直呼其名，顿时引起了貂勃的不满。这时，作者描摹了貂勃与齐王的一番对白：

> 貂勃避席稽首曰："王恶得此亡国之言乎？王上者孰与周文王？"王曰："吾不若也。"貂勃曰："然，臣固知王不若也。下者孰与齐桓公？"王曰："吾不若也。"貂勃曰："然，臣固知王不若也。然则周文王得吕尚以为太公，齐桓公得管夷吾以为仲父，今王得安平君而独曰'单'。且自天地之辟，民人之治，为人臣之功者，谁有厚于安平君者哉？而王曰'单，单'。恶得此亡国之言乎……"

貂勃强调身为国君得一贤相十分不易，都尊崇备至，周文王得吕尚而尊称"太公"，齐桓公得管仲而尊称"仲父"，齐王您得安平君却"单、单"地直呼其名，失去如此贤相差不多就与亡国相去不远了。其中，"今王得安平君而独曰'单'""而王曰'单，单'"的话语描摹，语气逼真，让人如闻其声。

《秦策五·文信侯欲攻赵以广河间》一篇中的人物对话，也颇注意描摹说话语气。文信侯吕不韦打算攻赵以广河间，因此安排张唐相燕，欲与燕共伐赵。没想到张唐因恐途中被赵人拘捕而推辞了此事。这使文信侯很不快。这时作者描述了文信侯回到府邸后年仅十二岁的少庶子甘罗与他的一段对话：

> 少庶子甘罗曰："君侯何不快甚也？"文信侯曰："吾令刚成君蔡泽事燕三年，而燕太子已入质矣。今吾自请张卿相燕，而不肯行。"甘罗曰："臣行之。"文信君叱去曰："我自行之而不肯，汝安能行之也？"甘罗曰："夫项橐生七岁而为孔子师，今臣生十二岁于兹矣！君其试臣，奚以遽言叱也？"

堂堂文信侯没有说动的事，区区一个少庶子却主动请缨，简直是在开玩笑，所以一句"叱去曰"，十分准确地表现了文信侯的反应，一句"我自行之而不肯，汝安能行之也"，也明显带着十分不屑的情感色彩。甘罗拿"项橐生七岁而为孔子师"的话为自己辩白，直言"奚以遽言叱也"以表示不满，其年少气盛、口无遮拦的劲头也尽显无遗。

接下来，甘罗与张唐的对话也带有现场描摹的味道：

> 甘罗见张唐曰："卿之功，孰与武安君？"唐曰："武安君战胜攻取，不知其数；攻城堕邑，不知其数。臣之功不如武安君也。"甘罗曰："卿明知功之不如武安君欤？"曰："知之。""应侯之用秦也，孰与文信侯专？"曰："应侯不如文信侯专。"曰："卿明知为不如文信侯专欤？"曰："知之。"甘罗曰："应侯欲伐赵，武安君难之，去咸阳七里，绞而杀之。今文信侯自请卿相燕，而卿不肯行，臣不知卿所死之处矣！"唐曰："请因孺子而行！"

作者描写甘罗两次反问，"卿明知功之不如武安君欤？""卿明知为不如文信侯专欤？"顿时活生生呈现了两人对话的现场情景。

描摹对话更富戏剧性的是《魏策二·田需死》一篇。魏相田需死，楚国的昭鱼对苏代表示恐张仪、薛公、犀首中会有一人成为魏相，而他希望魏太子自己做魏相。苏代说我可以去见梁王说说，肯定会让太子相魏。这时，作者描写了两人的一场戏剧性对话：

> 昭鱼曰："奈何？"代曰："君其为梁王，代请说君。"昭鱼曰："奈何？"对曰："代也从楚来，昭鱼甚忧。代曰：'君何忧？'曰：'田需死，吾恐张仪、薛公、犀首有一人相魏者。'代曰：'勿忧也。梁王长

主也,必不相张仪。张仪相魏,必右秦而左魏。薛公相魏,必右齐而左魏。犀首相魏,必右韩而左魏。梁王,长主也,必不使相也。'代曰:'莫如太子之自相。是三人皆以太子为非固相也,皆将务以其国事魏,而欲丞相之玺。以魏之强,而持三万乘之国辅之,魏必安矣。故曰,不如太子之自相也。'"

昭鱼问你会怎么去说,苏代说现在你就当成是梁王,我来说给你听听。于是,昭鱼扮作梁王,苏代也用对梁王说话的语气,展开了一场说辞。话语中口口声声昭鱼如何如何,梁王您如何如何,此情此景仿佛真的到了梁王的宫廷。这种对话,就特别具有现场感,让人如临其境。当然,毕竟是演练说辞,作者没有忘记交待说辞的效果:"遂北见梁王,以此语告之,太子果自相"。

2. 人物性情

正因为《战国策》拟托文中有些篇章比较注意逼真地描摹现场的状态,于是在呈现人物对话活动的同时,人物性情也被突出地显示出来。上面提及的《貂勃常恶田单》一篇,貂勃情急之下在齐王面前说话无所顾忌的率性的秉性就给人留下了深刻的印象;《文信侯欲攻赵以广河间》中甘罗少年气盛的特点也被表现得十分生动。

而在凸显人物方面,更值得一提的是《赵策三·秦围赵之邯郸》一篇对鲁仲连的描写。"秦围赵之邯郸。魏安釐王使将军晋鄙救赵。畏秦,止于荡阴,不进。魏使客将军新(辛)垣衍间入邯郸",因平原君劝赵王尊秦为帝,以换得秦的罢兵,"平原君犹豫未能有所决"。这时,齐国的鲁仲连正在赵国游历,听说此事,当即找到平原君,颇为不满地对他说道:

> 始吾以君为天下之贤公子也,吾乃今然后知君非天下之贤公子也。梁客辛垣衍安在?吾请为君责而归之!

这又是一位率性而颇有几分傲气的士人,对赵国名公子平原君是这种教训的语气,对客将军辛垣衍更是没有放在眼里。接下来,作者描写鲁仲连见到辛垣衍后侃侃而谈,遍数帝秦后的结果,诸如"且秦无已而帝,则且变易诸侯之大臣。彼将夺其所谓不肖,而予其所谓贤;夺其所憎,而与其所爱。彼又将使其子女谗妾为诸侯妃姬,处梁之宫,梁王安得晏然而已乎?而将军又何以得故宠乎?"最后辛垣衍被说得心服口

服,连称"始以先生为庸人,吾乃今日而知先生为天下之士也。吾请去,不敢复言帝秦"。这时,作者描写道:

> 秦将闻之,为却军五十里。适会魏公子无忌夺晋鄙军以救赵击秦,秦军引而去。于是平原君欲封鲁仲连。鲁仲连辞让者三,终不肯受。平原君乃置酒,酒酣,起前以千金为鲁连寿。鲁连笑曰:"所贵于天下之士者,为人排患、释难、解纷乱而无所取也。即有所取者,是商贾之人也,仲连不忍为也。"遂辞平原君而去,终身不复见。

鲁仲连以一席决不帝秦的慷慨陈辞,折服了将军辛垣衍,使赵国避免了亡国之难,如此人的功劳,却不以为意,笑拒千金之赏,其大义,其洒脱,被鲜明地呈现出来。

《魏策四·秦王使人谓安陵君》一篇中的唐且更是被塑造得极具光彩。秦王要以五百里之地易安陵,谁都知道,这只不过是要夺地的花样说法,安陵君自然不愿答应。为消除秦王的恼怒,唐且被派出使秦国。值得注意的是作者描写唐且在秦王面前的表现:

> 秦王谓唐且曰:"寡人以五百里之地易安陵,安陵君不听寡人,何也? ……"唐且对曰:"……安陵君受地于先王而守之,虽千里不敢易也,岂直五百里哉?"秦王怫然怒,谓唐且曰:"公亦尝闻天子之怒乎?"唐且对曰:"臣未尝闻也。"秦王曰:"天子之怒,伏尸百万,流血千里。"唐且曰:"大王尝闻布衣之怒乎?"秦王曰:"布衣之怒,亦免冠徒跣,以头抢地尔。"唐且曰:"此庸夫之怒也,非士之怒也。……若士必怒,伏尸二人,流血五步,天下缟素,今日是也。"挺剑而起,秦王色挠,长跪而谢之曰:"先生坐,何至于此,寡人谕矣。夫韩、魏灭亡,而安陵以五十里之地存者,徒以有先生也。"

一句"虽千里不敢易也,岂直五百里哉",其满不在乎的语气,显示出唐且毫不以秦王为意的狂傲之气;而当被激怒的秦王以"伏尸百万,流血千里"的"天子之怒"相威胁时,唐且更是以"布衣之怒"针锋相对,这就是"伏尸二人,流血五步,天下缟素,今日是也"! 我唐且敢于以命相拼,你还能拿我怎么样? 这种胆气,彻底压倒了秦王的威势,使这位凌厉六国的君王"色挠,长跪而谢之"。

3. 情节结构

《战国策》拟托文用现场演绎的形式揣摩说辞和手段,还往往顾及到巧说辞和使手段的过程和结果,这就自然构思出一定的情节,其中有些篇还形成了情节的曲折和完整,从而与小说创作对于情节的要求"不谋而合"。

如前所述,《秦策一·苏秦始将连横》虚构了许多情节,而就构思来说,该篇值得一提的就是情节的前后呼应。前面提及归家,苏秦受到家人的冷遇;最后又特别描述了归家,虽只是路过,苏秦受到的却是"郊迎三十里"的待遇,这就使整篇叙事既结构完整,又形成鲜明的对比,从而十分有效地渲染了策士通过自我奋斗一举成功的排场和派头。作者无疑经过了一番精心构思。

《齐策三·孟尝君舍人有与君之夫人相爱者》也有同样的构思之功,而且形成的是更典型的前有伏笔、后有照应。"孟尝君舍人有与君之夫人相爱者",有人将此事告诉孟尝君,并劝他杀掉这个舍人。孟尝君以"睹貌而相悦者,人之情也"宽恕了这个舍人,并让告发者"其错(措)之勿言也"。事情就这样过去了。一年后,孟尝君介绍这个舍人到了卫国君王的身边,该舍人在卫君那里得到了重用。后来,"齐、卫之交恶,卫君甚欲约天下之兵以攻齐"。这时,作者描写这个舍人的表现:

> 是人谓卫君曰:"孟尝君不知臣不肖,以臣欺君。且臣闻齐、卫先君,刑马压羊,盟曰:'齐、卫后世无相攻伐,有相攻伐者,令其命如此。'今君约天下之兵以攻齐,是足下倍先君盟约而欺孟尝君也。愿君勿以齐为心。君听臣则可;不听臣,若臣不肖也,臣辄以颈血湔足下衿。"卫君乃止。

叙事至此,让读者恍然大悟,原来前面描写孟尝君没有治舍人的罪,埋下的是伏笔,其功效在这里得到了显现。因为孟尝君知而不宣,舍人感到十分惭愧,于是在关键时刻回报了孟尝君。这种构思也使情节曲折有致,颇为引人入胜。

《齐策三·孟尝君出行国至楚》的情节构思也值得一提。孟尝君出访列国,到了楚国,楚国赠送给孟尝君一张十分贵重的象牙床,派郢之登徒前往护送。登徒怕途中有什么闪失丢了身家性命,不想成行,便拿出家中传世宝剑作为礼物献给孟尝君门人公孙戍，请公孙戍帮忙免了这趟苦差。于是，公孙戍面见孟尝君，劝他不要接受这张象床。因为孟尝君贤名在外，才会赢得诸小国的拥戴，今若接受了楚国如此贵重的礼物，其他列国将"何以待君"？如此劝谏有理有据，孟尝君无疑接受了建议。叙事至此，劝谏之旨已经达成，一般来说就应该结束全篇了。而该篇颇出人意外的是下面又追加了这样一段：

> 公孙戍趋而去。未出，至中闺，君召而返之，曰："子教文无受象床，甚善。今何举足之高，志之扬也？"公孙戍曰："臣有大喜三，重之宝剑一。"孟尝君曰："何谓也？"公孙戍曰："门下百数，莫敢入谏，臣独入谏，臣一喜；谏而得听，臣二喜；谏而止君之过，臣三喜。输象床，郢之登徒不欲行，许戍以先人之宝剑。"孟尝君曰："善。受之乎？"公孙戍曰："未敢。"曰："急受之。"因书门版曰："有能扬文之名，止文之过，私得宝于外者，疾入谏。"

公孙戍劝阻完孟尝君之后，高高兴兴碎步轻盈地离开大殿，没想到走到中间，却被孟尝君叫住了。因为孟尝君感到奇怪，你劝我不要接受象床，这的确不错，但你本人高兴个什么？公孙戍交待自己是受人之托劝阻此事，除了因劝谏成功而高兴外，所托之人还许诺了先人之宝剑。孟尝君问你接受了没有？公孙戍答曰"未敢"。想不到孟尝君不但让公孙戍"急受之"，还在门板上写上了"有能扬文之名，止文之过，私得宝于外者，疾入谏"。作者构思出最后一段，顿时使故事变得曲折有致，而且开篇献宝剑之事在最后有了着落。

《战国策》拟托文在情节构思方面，总的说大都属于单线式，只以一个人物为焦点展开叙事。不过，有些篇已经开始尝试复线式结构，这也增加了情节的曲折性。《楚策三·张仪之楚贫》就出现了两条叙事线索。其一是张仪。"张仪之楚，贫。舍人怒而归"。张仪便去面见楚王，夸口说自己可以前往北方国家为楚王获得美女，"彼郑、周之女，粉白墨黑，立于衢间，非知见之者，以为神"。这下动了楚王好色之心，"乃资以珠玉"。其二是楚王夫人南后和郑袖。两人听说张仪将为楚王到北方找美女后，大恐，于是派人给张仪分别送去千金和五百金。这时，叙事又回到张仪这边，他假口天下关闭不通，暂时无法成行，请楚王赏酒，并请夫人陪酒。当南后、郑袖出来后，张仪来了场生动的表

演:

> 张子再拜而请曰:"仪有死罪于大王。"王曰:"何也?"曰:"仪
> 行天下遍矣,未尝见人如此其美也。而仪言得美人,是欺王也。"
> 王曰:"子释之。吾固以为天下莫若是两人也。"

就这样,张仪仅凭三寸不烂之舌,就骗得楚王、南后和郑袖心甘情愿付
出珠宝和千金。从叙事的角度分析,南后和郑袖一条线索,增加了叙
事的曲折性,而且不但表现了张仪的心计,还展现了两个女人的心理,
叙事内容也随之更加丰富了一些。

《魏策一·陈轸为秦使于齐》则已经是比较充分地利用了复线结
构。陈轸为秦使齐路过魏,见犀首颇受冷遇,闲置无事,便给他出谋划
策,提出"请移天下之事于公"。接着,他便叫犀首去请求魏王准几天
假到燕、赵故交那里去走走,魏王应该没有理由拒绝;而在朝廷上,则
宣称要出使燕赵,还得马上动身。犀首便照着陈轸的话去做了。这
时,作者将叙事视角转到了诸侯列国一边:

> 诸侯客闻之,皆使人告其王曰:"李从以车百乘使楚,犀首又
> 以车三十乘使燕、赵。"齐王闻之,恐后天下得魏,以事属犀首,犀
> 首受齐事。魏王止其行使。燕、赵闻之,亦以事属犀首。楚王闻
> 之,曰:"李从约寡人,今燕、齐、赵皆以事因犀首,犀首必欲寡人,
> 寡人欲之。"乃倍李从,而以事因犀首。

陈轸叫犀首放的烟幕弹立即发生了效应,列国在魏国的耳目纷纷将犀
首要出使燕赵的信息报告回国,他们据此判断犀首又掌握了魏国的权
势,纷纷将国事托付犀首,生怕落在他国后面。这里,作者分别叙述了
齐王,燕、赵,楚王几条线索。接下来,作者又转到魏国,叙述魏王一条
线索:

> 魏王曰:"所以不使犀首者,以为不可。今四国属以事,寡人
> 亦以事因焉。"

最后的结果当然就是"犀首遂主天下之事,复相魏"。复线结构,很好
地显示了陈轸之计的连锁反应,叙事也由此变得丰富多了。

第三节 《战国策》拟托文虚构创作探迹

就虚构创作而言,《战国策》拟托文还处在早期不自觉也不成熟的阶段,其创作过程正可以显示这个阶段文学性小说发展的轨迹。值得庆幸的是,《战国策》保存了如此一批拟托文,其中有些篇通过考索就能发现故事形成的脉络。

有些篇有模仿创作的痕迹。

前面在论及拟托文考辨时提到一种情况,即据篇章雷同者进行判断,《齐策三·齐王夫人死》与《楚策四·楚王后死》就因情节过于近似而被判断其中必有一篇拟托,甚至两篇都是假托。而从创作的角度讲,因为人物有所变化,一篇死的是齐王夫人,一篇死的是楚王后;一篇劝者是薛公,一篇是有人教昭鱼去劝;所献物的数量有变化,一篇是七珥,一篇是五双珥,所以两篇的近似不属于流传变异,而是必有一篇在创作中模仿了另一篇,属于模仿创作。这种情况,在《战国策》拟托文中还不止于此,可见是其虚构创作中的一种类型。

《赵策四·客见赵王》与《赵策三·建信君贵于赵》就存在着明显的模仿与被模仿关系。《建信君贵于赵》是一篇颇具文采的优秀作品,记述的是公子魏牟巧用眼前之物劝谏赵王的故事。建信君贵于赵,不以才,不以德,仰仗的只是赵王的宠幸。公子魏牟此番过赵,想必是要劝劝赵王,但究竟如何劝还得见机行事。当赵王迎他进殿时,正赶上裁工在为赵王裁制丝冠,见客人前来匆忙退下,留下尺帛在坐前案板上。于是,当赵王称"愿闻所以为天下"时,魏牟开口便道:"王能重王之国若此尺帛,则王之国大治矣。"这下让赵王脸上挂不住了,再怎么轻国,也不至于还比不上这块尺帛吧? 魏牟忙说:"王无怒,请为王说之。"就这样,魏牟开始了以尺帛做冠为喻的说理:

曰:"王有此尺帛,何不令前郎中以为冠?"王曰:"郎中不知为冠。"魏牟曰:"为冠而败之,奚亏于王之国? 而王必待工而后乃使之。今为天下之工,或非也,社稷为虚戾,先王不血食,而王不以予工,乃与幼艾。且王之先帝,驾犀首而骖马服,以与秦角逐。秦当时适其锋。今王憧憧,乃辇建信以与强秦角逐,臣恐秦折王之椅也。"

以尺帛为冠,做好做不好,无碍大局,你却一定要找能工来做,治国好与不好,关系到生死存亡,你却不找有才能之人,而将其拱手交予"幼艾",岂不是重视治国还不如重视一块尺帛吗?

《客见赵王》一篇中的客劝赵王也是针对建信君而发,整篇构思直接借鉴了魏牟以尺帛为喻的部分,只不过将"以尺帛为冠"换成了"买马":

> 客见赵王曰:"臣闻王之使人买马也,有之乎?"王曰:"有之。""何故至今不遣?"王曰:"未得相马之工也。"对曰:"王何不遣建信君乎?"王曰:"建信君有国事,又不知相马。"曰:"王何不遣纪姬乎?"王曰:"纪姬妇人也,不知相马。"对曰:"买马而善,何补于国?"王曰:"无补于国。""买马而恶,何危于国?"王曰:"无危于国。"对曰:"然则买马善而若恶,皆无危补于国。然而王之买马也,必将待工。今治天下,举错非也,国家为虚戾,而社稷不血食,然而王不待工,而与建信君,何也?"

对照两篇会发现,后一篇增加了对话成分。前篇只有一次"何不令",后篇是两次"何不遣";前篇魏牟直接点出"奚亏于王之国",后一篇分别问出"何补于国""何危于国"。由此可见作者在虚构创作中模仿、学习并争取提高的努力。

还有些篇有合成创作的痕迹。

所谓合成,是在参照已有篇目的基础上吸收各篇情节、结构,经过重新构思,创作出一篇新的作品。如《秦策四·秦王欲见顿弱》:

> 秦王欲见顿弱,顿弱曰:"臣之义不参拜,王能使臣无拜,即可矣。不,即不见也。"秦王许之。于是顿子曰:"天下有其实而无其名者,有无其实而有其名者,有无其名又无其实者。王知之乎?"王曰:"弗知。"顿子曰:"有其实而无其名者,商人是也。无把铫推耨之势,而有积粟之实,此有其实而无其名者也。无其实而有其名者,农夫是也。解冻而耕,暴背而耨,无积粟之实,此无其实而有其名者也。无其名又无其实者,王乃是也。已立为万乘,无孝之名;以千里养,无孝之实。"秦王悖然而怒。

顿弱曰:"山东战国有六,威不掩于山东,而掩于母,臣窃为大
王不取也。"秦王曰:"山东之战国可兼与?"顿子曰:"韩,天下之咽
喉也;魏,天下之胸腹也。王资臣万金而游,听之韩、魏,入其社稷
之臣于秦,即韩、魏从。韩、魏从,而天下可图也。"秦王曰:"寡人
之国贫,恐不能给也。"顿子曰:"天下未尝无事也,非从即横也。
横成,则秦帝;从成,即楚王。秦帝,即以天下恭养;楚王,即王虽
有万金,弗得私也。"秦王曰:"善。"乃资万金,使东游韩、魏,入其
将相。北游于燕、赵,而杀李牧。齐王入朝,四国必从,顿子之说
也。

这是一篇颇为精彩的作品。秦王要见顿弱,顿弱提出"使臣无拜"才可
见,其士人的派头被渲染无遗;顿弱铺排一篇有其名无其实者、有其实
无其名者,然后称秦王是"无其名又无其实者",使得秦王勃然而怒,其
故意激将的手法也做得很足;其破万金得天下的游说之辞更是极富于
煽动性;最后,对其作用的描述也充满夸饰色彩。

不过,缪文远《战国策考辨》在判断该篇属于拟托文时指出:"据
《始皇本纪》,谏始皇复太后者为齐人茅焦,教秦以金散六国之从者为
梁人尉缭,此章殆连缀彼二人之事而附会者。"

《史记·秦始皇本纪》记载齐人茅焦之事云:

十年,相国吕不韦坐嫪毐免。桓齮为将军。齐、赵来置酒。
齐人茅焦说秦王曰:"秦方以天下为事,而大王有迁母太后之名,
恐诸侯闻之,由此倍秦也。"秦王乃迎太后于雍而入咸阳,复居甘
泉宫。①

《史记·秦始皇本纪》记载梁人尉缭之事云:

……韩王患之。与韩非谋弱秦。大梁人尉缭来,说秦王曰:
"以秦之强,诸侯譬如郡县之君,臣但恐诸侯合从,翕而出不意,此
乃智伯、夫差、愍王之所以亡也。愿大王毋爱财物,赂其豪臣,以
乱其谋,不过亡三十万金,则诸侯可尽。"秦王从其计……②

对照《史记》,会发现《策》文顿弱事迹中的确有茅焦、尉缭两人事迹的
影子。说起来,《史记》属于历史纪事,绝不会是采取《策》文顿弱事迹

---

①②《史记》,第227、230页,北京:中华书局,1959。

分而言之,应该自有历史文献所本,只能是《策》文袭取《史记》所据史料所为。具体比对可知,《策》文中顿弱的派头、激将的说辞是作者附加上去的;劝复太后、劝散金两事虽各有所取,但将两事连接、转换比较自然。可见作者在构思方面还是下了一番功夫的。

《齐策四·先生王斗造门而欲见齐宣王》同样属于合成创作,而且是模仿了三段而成。

文章开篇描写王斗狂傲地让齐宣王迎接他的情景:

> 先生王斗造门而欲见齐宣王,宣王使谒者延入。王斗曰:"斗趋见王为好势,王趋见斗为好士,于王何如?"使者复还报。王曰:"先生徐之,寡人请从。"宣王因趋而迎之于门,与入,曰:"寡人奉先君之宗庙,守社稷,闻先生直言正谏不讳。"王斗对曰:"王闻之过。斗生于乱世,事乱君,焉敢直言正谏。"宣王忿然作色,不说。

这一描写开头部分与《齐策四·齐宣王见颜斶》十分近似:

> 齐宣王见颜斶,曰:"斶前!"斶亦曰:"王前!"宣王不悦。左右曰:"王,人君也。斶,人臣也。王曰'斶前',亦曰'王前',可乎?"斶对曰:"夫斶前为慕势,王前为趋士。与使斶为趋势,不如使王为趋士。"王忿然作色曰:"王者贵乎?士贵乎?"对曰:"士贵耳,王者不贵。"

文章中间部分是王斗批评齐宣王不好士:

> 有间,王斗曰:"昔先君桓公所好者,九合诸侯,一匡天下,天子受籍,立为大伯。今王有四焉。"宣王说,曰:"寡人愚陋,守齐国,惟恐失抎之,焉能有四焉?"王斗曰:"否。先君好马,王亦好马。先君好狗,王亦好狗。先君好酒,王亦好酒。先君好色,王亦好色。先君好士,是王不好士。"宣王曰:"当今之世无士,寡人何好?"王斗曰:"世无骐麟騄耳,王驷已备矣。世无东郭俊、庐氏之狗,王之走狗已具矣。世无毛嫱、西施,王宫已充矣。王亦不好士也,何患无士?"

这一部分描写与《说苑》收录的一段关于淳于髡的故事十分近似:

> 齐宣王坐,淳于髡侍,宣王曰:"先生论寡人何好?"淳于髡曰:"古者所好四,而王所好三焉。……古者好马,王亦好马;古者好

味,王亦好味;古者好色,王亦好色;古者好士,而王独不好士。"①
虽然《说苑》成书已至汉代,但该书多为辑录古代故事而成,且淳于髡
事迹见于文献记载颇多,不似王斗仅见于《战国策》,且仅见于此篇,所
以,应该是此篇参考了《说苑》所本的材料。

文章最后部分描写的是王斗以尺縠为喻批评宣王不以国家人民
为意:

> 王曰:"寡人忧国爱民,固愿得士以治之。"王斗曰:"王之忧国
> 爱民,不若王爱尺縠也。"王曰:"何谓也?"王斗曰:"王使人为冠,
> 不使左右便辟而使工者何也?为能之也。今王治齐,非左右便辟
> 无使也,臣故曰不如爱尺縠也。"

前面我们已经举到《赵策三·建信君贵于赵》中关于魏牟借摆在眼前
的"尺帛"批评赵王妄用建信君的描写。很显然,王斗的说法与魏牟十
分近似,其模仿的痕迹比《客见赵王》还要明显。

逐一对照不难发现,《先生王斗造门而欲见齐宣王》这篇就每一部
分而言,均不如原文生动,其新意在于连缀三篇成一篇,使得情节方面
更加曲折了一些。而且,三部分均围绕好士来写,连接和转换均比较
自然,近似的部分都有一些变化,还增添了一些新的内容,其创作还是
颇下了一番功夫的。

《中山策·中山君飨都士》一篇则似合《左传》宋华元飨士、赵宣子
食翳桑饿人、楚申亥以其二女殉灵王等事而编撰的故事:

> 中山君飨都士,大夫司马子期在焉。羊羹不遍,司马子期怒
> 而走于楚,说楚王伐中山,中山君亡。有二人挈戈而随其后者,中
> 山君顾谓二人:"子奚为者也?"二人对曰:"臣有父,尝饿且死,君
> 下壶飧饵之。臣父且死,曰:'中山有事,汝必死之。'故来死君
> 也。"中山君喟然而仰叹曰:"与不期众少,其于当厄;怨不期深浅,
> 其于伤心。吾以一杯羊羹亡国,以一壶飧得士二人。"

《左传》中的三段故事分别是:

> 将战,华元杀羊食士,其御羊斟不与。及战,曰:"畴昔之羊,

---

① 《说苑校证》(向宗鲁校证),第190页,北京:中华书局,1987。

子为政；今日之事，我为政。"与入郑师，故败。①

初，宣子田于首山，舍于翳桑，见灵辄饿，问其病。曰："不食三日矣。"食之，舍其半。问之。曰："宦三年矣，未知母之存否，今近焉，请以遗之。"使尽之，而为之箪食与肉，寘诸橐以与之。既而与为公介，倒戟以御公徒而免之。问何故。对曰："翳桑之饿人也。"②

王沿夏，将欲入鄢。芊尹无宇之子申亥曰："吾父再奸王命，王弗诛，惠孰大焉？君不可忍，惠不可弃，吾其从王。"乃求王，遇诸棘闱以归。夏，五月癸亥，王缢于芊尹申亥氏。申亥以其二女殉而葬之。③

逐一对照可以发现，《策》文中"羊羹不遍"部分显然模仿华元飨士一段；"尝饿且死"部分显然模仿翳桑饿人一段；"臣有父"及"挈戈而随其后"部分，则似模仿了楚灵王落难后芊尹无宇之子申亥曰"吾其从王"一段。但《策》文将各部分糅合得十分精巧，已经全然形成一篇新的作品。

更多篇找不到模仿、合成的线索。

这有两种可能。一种是所模仿的或用来合成的历史文献已经不存，另一种便是了无依傍，纯属杜撰。联系到《庄子》已经有意虚构，联系到上面提到的模仿、合成中作者已经在有意添加一些新虚构的成分，《策》文中的这些篇纯然虚构的可能性还是很大的。

虚构，使《战国策》拟托文与小说创作有了最大的相通之处。当然，这批文章的写法大多不属于小说笔法，有血有肉的描写并不多见，其虚构也比较稚嫩、粗糙，甚至纰漏百出，不然不会有那么多篇被发现拟托的证据。这与其主旨并不在文学有关，更与其尚处在小说创作还不自觉、还不成熟的阶段有关。唯其如此，才为我们考察小说的发生、成长提供了十分宝贵的第一手材料。

---

①②《左传公·宣公二年》，见《春秋左传正义》，《十三经注疏》本，第 1866、1867 页，北京：中华书局，1980。

③《左传·昭公十三年》，见《春秋左传正义》，《十三经注疏》本，第 2070 页，北京：中华书局，1980。

第五章
《庄子》寓言三种及其与
小说的关系

　　《庄子》是战国诸子中道家学派的重要哲学著作,同时,又是先秦文学史上诸子散文中最具形象性和故事性的文学著作。而就小说的发生研究而言,《庄子》也是必须重点讨论的作品,因为其主要作者庄周早已享有"小说之祖"的盛誉,宋人黄震即说庄子"创为不必有之人,设为不必有之物,造为天下所必无之事","固千万世诙谐小说之祖也"。①

　　正如"引言"所指出,今见"小说"一词虽最早出现在《庄子》中,但我们所要探讨其发生过程的"小说"乃是指文艺性小说,这种小说的界定主要的并不是取自《庄子》"小说"一词的含义。尽管如此,《庄子》还是与小说发生有着十分密切的关系,其缘由并不是来自"小说"而是来自"寓言"。今见"寓言"一词最早也出现在《庄子》中,"寓言"是《庄子》自觉采用的主要的论证方法,因此,《庄子》几乎满篇寓言,用太史公的话来说,就是"著书十余万言,大抵率寓言也"②,所用寓言手段具体可分出不同的类

①［宋］黄震:《黄氏日钞》(《四库全书》本)卷五五。
②《史记·老子韩非列传》,《史记》,第 2143 页,北京:中华书局,1959。

型,其中有的类型已经十分接近小说创作,并对后世某些小说类型的出现产生了直接的影响。

第一节　关于"寓言"

"寓言"一词,今知也始见于《庄子》,凡两见,一出现在《寓言》篇,所谓"寓言十九,藉外论之";一出现在《天下》篇,所谓"以寓言为广"。不过正如《庄子》中的"小说"一词在内涵外延方面与今人所谓"小说"有合有不合,《庄子》中的"寓言"一词,与今人所谓文学体裁之一的"寓言"也既有联系又有区别。

《庄子》中的"寓言"是庄子学派总结其语言表达方式提出的"寓言""重言""卮言""三言"中的一"言",且总是与"三言"并出[1]:

> 寓言十九,重言十七,卮言日出,和以天倪。

> 　　　　　　　　　　　　　　　　　　　　　　　　　　　(《寓言》)

> 以天下为沈浊,不可与庄语,以卮言为曼衍,以重言为真,以寓言为广。

> 　　　　　　　　　　　　　　　　　　　　　　　　　　　(《天下》)

关于其中"寓言"的含义,《寓言》篇的阐释是:

> 寓言十九,藉外论之。亲父不为其子媒。亲父誉之,不若非其父者也;非吾罪也,人之罪也。与己同则应,不与己同则反;同于己为是之,异于己为非之。

原来,这里所谓"寓言"的本义乃是"藉外论之",或者说是寄寓之言,即借他人之口说出自己的话。在庄子学派看来,人们在议论中的通病往往是以自我为中心,与自己心意相合的就是对的,否则就是错的,喜欢王婆卖瓜自卖自夸,总说自己的对,自己的好。这便造成了人们的相互不信任,你说好,我反而会打个问号。没办法,只好将计就计,造个假,把我要说的话安在别人嘴里。按说造假并不好,但这不是

---

[1] 本章所引《庄子》,均见《庄子集解》,《诸子集成》本,上海书店出版社 1986 年版,本章下引《庄子》文字不再出注。

我的过错,是人们议论中的恶习造成的。

"藉外",就意味着要造出说话的"他人",要将自己想说的话安在"他人"口中,所以需要虚构,需要描绘形象,需要通过形象表述思想。

按之《庄子》还会发现,这里所谓"别人""他人",包括人,也包括动物、植物和山水云气等自然物,在《庄子》这里天地人一体,是没有什么分别的,一切都可以被拟人化,任谁都可以开口说话。比如庄子"无以人灭天"的思想是借海神若教训河伯说出来的:"(河伯)曰:'何谓天?何谓人?'北海若曰:'牛马四足,是谓天;落马首,穿牛鼻,是谓人。故曰:无以人灭天,无以故灭命,无以得殉名。谨守而勿失,是谓反其真。'"这样,这种"寓言"就常常会造出各种拟人化的形象开口说话。

至于"三言"中的另外二言"重言"和"卮言",也是庄子学派总结的语言表述方法。"重言"是特指引述先贤老者之言,所谓"重言十七,所以已言也,是为耆艾"(《寓言》)。其实,在《庄子》中这种"引述"实为假借,是将自己要说的话安在先贤口中说出来,诸如杜撰一篇老莱子以"反,无非伤也;动,无非邪也"教训孔子的说辞(《外物》),就属"重言"。"卮言"的"卮"字原义是指圆形酒器,那么"卮言"最笼统的说法就是圆言,按之《庄子》,或许就是指除了寓言、重言之外的那些直接的议论,正所谓"卮言日出,和以天倪。因以曼衍,所以穷年",这些议论都是合乎天道之言。

总之,与"重言""卮言"一样,《庄子》中所出现的"寓言"一词是指庄子学派阐发思想自觉运用的表达手段之一种,即将思想学说寄寓在所创造的各种形象之口中表达出来。而人们通常所说的"寓言",显然不止于此,甚至不主要指这一种。

《汉语大词典》解释"寓言"一词,提到两解。其一,有所寄托的话。即"托之他人"之言。其二,文学作品的一种体裁。用假托的故事或自然物的拟人手法说明某个道理,常带有劝戒、教育的性质。如我国古代诸子百家著作中的寓言、古希腊《伊索寓言》等[1]。

作为文学体裁的"寓言",其实就是比喻,只不过是"比喻的高级形态","是在比喻的基础上经过复杂的加工过程而成的机体"。[2] 其"高

---

① 《汉语大词典》第三卷,第 1573 页,汉语大词典出版社,1989。

② 王焕镳:《先秦寓言研究》,中华书局,1959。

级"其"机体"说白了就是因其比喻的完整性复杂性,已经形成一定的故事情节,是通过故事情节中的比喻意说明事理。

喜欢用比喻,打比方,这是人类早期语言表达的特点之一,早在殷商中后期的《尚书·盘庚》中就已经出现"尔惟自鞠自苦,若乘舟,汝弗济,臭(腐败)厥载"这样较为复杂的比喻,殷周之交的《周易》中有些卦辞爻辞,如"羝羊触藩,羸其角",也颇有高级比喻的味道。春秋战国之交,《孙子》中有"同舟共济",所谓"夫吴人与越人相恶也,当其同舟共济,遇风,其相救也如左右手";《墨子》中有"击邻家子",所谓"譬有人于此,其子强梁不材,故其父笞之。其邻家之父,举木而击之,曰:吾击之也,顺于其父之志。则岂不悖哉"。至于战国中后期,《孟子》中有"揠苗助长",《韩非子》有"削足适履",《吕氏春秋》有"刻舟求剑",《战国策》有"狐假虎威"等等,更是已经不计其数。不知何时起,人们借用"寓言"这个词,所指称的已经是这些用颇有些情节的比喻来说理的方法和文体了。

与这种作为比喻高级形态的寓言对照,《庄子》"三言"之一的"寓言"概念,与之相通之处是也有形象,有情节,甚至有故事,不同之处是前者道理更多的是蕴含在比喻之中,后者的道理则是借形象之口直接说出来。

当然,《庄子》中这种借人之口直接表述思想的"寓言"也只是《庄子》寓言艺术中的一种。正如《汉语大词典》关于"寓言"有两解,《庄子》一书中实际上对寓言的运用,也包含了这两个层面,它不但大量运用"藉外论之"式的寓言,还常常运用比喻性寓言,甚至还有不少超出简单比附的具有更为复杂情节的故事,也就是说,寓言在《庄子》中的运用丰富多彩,已经可以分出不同的类型。

第二节 《庄子》寓言三种

《庄子》运用寓言手段表述思想的类型,大致可归纳为三种,笔者分别称之为托言型寓言、象征型寓言、故事型寓言。

一、托言型寓言

如上所说,《庄子》书中"寓言"一词,本义是寄寓之言,即借助他人之口发表言论。其实,《庄子》"三言"中的"重言"也属于这一类,只不过所借助的他人限定在知名前辈。《庄子》中绝大部分寓言,是托人之口这一含义的寓言,我们可称之为"托言型寓言"。

托言型寓言中许多属于虚拟人物进行对话,即刘向所说的"又作人姓名,使相与语,是寄辞于其人"(《史记·老子韩非列传》《索隐》引)。如《齐物论》中南郭子綦对颜成子游谈论齐万物(子游曰:"……敢问大籁。"子綦曰:"夫吹万不同……")、王倪对啮缺谈论齐美丑利害(啮缺问乎王倪:"子知物之所同是乎?"……曰:"……庸讵知吾所谓知之非不知邪?……")、长梧子对瞿鹊子谈论齐是非得失的道理(瞿鹊子问乎长梧子曰:"……无谓有谓,有谓无谓……吾子以为奚若?"长梧子曰:"……予尝为女妄言之,女以妄听之。……"),《大宗师》中女偊向南伯子葵讲述达乎至境、与道合一的途径(南伯子葵问乎女偊曰:"子之年长矣,而色若孺子,何也?"曰:"吾闻道矣。"),《应帝王》中蒲衣子对啮缺谈论不为外物所累的"德真"(啮缺问于王倪,四问而四不知。啮缺因跃而大喜,行以告蒲衣子。蒲衣子曰:"而乃今知之乎?……")等等。它如《达生》中的扁庆子语孙休(有孙休者,踵门而诧子扁庆子曰:"……休恶遇此命也?"扁子曰:"子独不闻夫至人之自行邪?……"),《庚桑楚》中庚桑楚语南荣趎(南荣趎蹴然正坐曰:"若趎之年者已长矣,将恶乎托业以及此言邪?"庚桑子曰:"全汝形,抱汝生,无使汝思虑营营。若此三年,则可以及此言矣!"),《徐无鬼》中的徐无鬼语武侯(武侯曰:"何谓邪?"徐无鬼曰:"天地之养也一……"),《则阳》中大公调语少知(少知问于大公调曰:"何谓丘里之言?"大公调曰:"丘里者,合十姓百名而为风俗也,合异以为同,散同以为异……")等等。南郭子綦、颜成子游、王倪、啮缺、长梧子、瞿鹊子、女偊、南伯子葵、蒲衣子、扁庆子、孙休、庚桑楚、南荣趎、徐无鬼、大公调、少知,这些人物及其名姓不见于史载,大都应是作者所造。

托言型寓言中还有的对话是假托历史名人之口,但对话内容却是作者杜撰,这也就是"三言"中的所谓"重言"。比如《应帝王》有"阳子居见老聃”一则：

> 阳子居见老聃，曰：“有人于此，向疾强梁，物彻疏明，学道不倦，如是者，可比明王乎？”老聃曰：“是于圣人也，胥易技系，劳形怵心者也。且也虎豹之文来田，猨狙之便执斄之狗来藉。如是者，可比明王乎？”阳子居蹴然曰：“敢问明王之治。”老聃曰：“明王之治：功盖天下而似不自己，化贷万物而民弗恃。有莫举名，使物自喜。立乎不测，而游于无有者也。”

阳子居即杨朱。老聃、杨朱都是见于史籍的历史人物，但两人时不相及。老聃是春秋后期人，杨朱则是战国时人。那么这段对话，无疑是虚拟的。

再比如《人间世》有“颜回见仲尼，请行”一则：

> 颜回见仲尼，请行。曰：“奚之？”曰：“将之卫。”曰：“奚为焉？”曰：“回闻卫君，其年壮，其行独。轻用其国而不见其过。轻用民死，死者以国量乎泽若蕉，民其无如矣！回尝闻之夫子曰：‘治国去之，乱国就之。医门多疾。’愿以所闻思其则，庶几其国有瘳乎！”

> 仲尼曰：“嘻，若殆往而刑耳！夫道不欲杂，杂则多，多则扰，扰则忧，忧而不救。……且德厚信矼，未达人气；名闻不争，未达人心。而强以仁义绳墨之言术暴人之前者，是以人恶有其美也，命之曰灾人。灾人者，人必反灾之。若殆为人灾夫。……且昔者桀杀关龙逢，纣杀王子比干，是皆修其身以下伛拊人之民，以下拂其上者也，故其君因其修以挤之。是好名者也。昔者尧攻丛枝、胥敖，禹攻有扈。国为虚厉，身为刑戮。其用兵不止，其求实无已，是皆求名实者也，而独不闻之乎？名实者，圣人之所不能胜也，而况若乎！……”

颜回是孔子屡屡提及的入门弟子，两人时之相及毋庸置疑。然而，对话内容却泄露了天机。文中颜回称：“尝闻之夫子曰：‘治国去之，乱国就之。医门多疾。’”而《论语》记述孔子说的是“危邦不人，乱邦不居。天下有道则见，无道则隐”①；文中孔子云“昔者尧攻丛枝、胥敖，禹攻有扈。国为虚厉，身为刑戮”，分明有贬斥之义，而《论语》载孔

---

① 《论语注疏》，《十三经注疏》本，第 2487 页，北京：中华书局，1980。

子对尧舜大加赞美,所谓"大哉尧之为君也!巍巍乎!唯天为大,唯尧则之。荡荡乎,民无能名焉。巍巍乎其有成功也,焕乎其有文章"。①那么这里的对白,显然是作者安到孔子和颜回口中的。

至于那些一看便知是庄子学派言论的对话,诸如《人间世》中仲尼对颜回谈论"心斋",蘧伯玉对颜阖谈论"彼且为婴儿,亦与之为婴儿";《德充符》中申徒嘉对子产谈论"知不可奈何而安之若命",仲尼对常季谈论"万物皆一"、超然物外,仲尼对鲁哀公谈论哀骀它的"才全而德不形",老聃让叔山无趾用"以死生为一条"去解仲尼桎梏等等,显然也都是造为言辞,让历史人物代言道家学说和显示庄子态度。

托言型寓言中还有一部分是虚拟山水禽木云气甚至概念或上古神话传说人物进行对话。如《应帝王》中天根(天边)遇无名人而"请问为天下":

> 天根游于殷阳,至蓼水之上,适遭无名人而问焉,曰:"请问为天下。"无名人曰:"去! 汝鄙人也,何问之不豫也! 予方将与造物者为人,厌则又乘夫莽眇之鸟,以出六极之外,而游无何有之乡,以处圹埌之野。汝又何帛以治天下感予之心为?"又复问,无名人曰:"汝游心于淡,合气于漠,顺物自然而无容私焉,而天下治矣。"

再比如《天地》中苑风(风)向谆芒(雾气)请教何为"圣治""德人""神人":

> 谆芒将东之大壑,适遇苑风于东海之滨。苑风曰:"子将奚之?"曰:"将之大壑。"曰:"奚为焉?"曰:"夫大壑之为物也,注焉而不满,酌焉而不竭。吾将游焉!"苑风曰:"夫子无意于横目之民乎? 愿闻圣治。"谆芒曰:"圣治乎? 官施而不失其宜,拔举而不失其能,毕见其情事而行其所为,行言自为而天下化。手挠顾指,四方之民莫不俱至,此之谓圣治。""愿闻德人。"曰:"德人者,居无思,行无虑,不藏是非美恶。四海之内共利之之谓悦,共给之之谓安。怊乎若婴儿之失其母也,傥乎若行而失其道也。财用有余而不知其所自来,饮食取足而不知其所从,此谓德人之容。""愿闻神人。"曰:"上神乘光,与形灭亡,此谓照旷。致命尽情,天地乐而万事销亡,万物复情,此之谓混溟。"

---

① 《论语注疏》,《十三经注疏》本,第2487页,北京:中华书局,1980。

"天根(天边)","苑风","谆芒(雾气)",这种托言从所造名姓即知乃虚拟自然物进行对话。它如《在宥》中云将(云)遇鸿蒙(气)而问"今我愿合六气之精以育群生,为之奈何",《天地》中尧受到华封人的斥责,伯成子高辞大禹之请而谓"后世之乱自此始",《秋水》中海神若(海)语河伯(河)"无以人灭天",《至乐》中支离叔与滑介叔游于黄帝之虚、滑介叔言"死生为昼夜",髑髅见梦庄子言"死之乐",《知北游》中知(智慧)问无为谓(无为)、问狂屈皆不获答,又问黄帝,黄帝告之"通天下一气"之理,《徐无鬼》中黄帝向牧马童子请教"为天下"等等,也从名姓一看便知是虚拟假托。

以上这些托言型寓言,无论假托于虚构人物、历史人物、神话传说人物还是自然物,其共同特点是开口说话,尽管虚拟了许多形象,哲理仍还是直接说出来的。《庄子》毕竟是哲学著作,需要说理论证,只不过自觉采用了"藉外论之"的"寓言"方法。因此,这种借人物之口直接说理的寓言在《庄子》寓言中占有很大比重。

二、象征型寓言

《庄子》中还有一部分寓言,并没有让人物出来代言,没有让人物出来直接表述哲理或态度,而是描写了一些形象,叙述了这些形象的故事,不过,这些形象都是用来作为比喻和象征,通过比喻或象征传达出某种哲理和态度,故可称之为象征型寓言。这也就是人们通常所谓寓言的典型形式,即作为文学手段或体裁的"比喻的高级形态"的寓言形式。比如《应帝王》中的"浑沌之死":

> 南海之帝为儵,北海之帝为忽,中央之帝为浑沌。儵与忽时
> 相与遇于浑沌之地,浑沌待之甚善。儵与忽谋报浑沌之德,曰:
> "人皆有七窍,以视听食息,此独无有,尝试凿之"。日凿一窍,七
> 日而浑沌死。

这里浑沌比喻原始未开的状态,七窍比喻知识、开化、文明,儵忽比喻时间,凿七窍比喻人为,每一部分都构成了比喻关系,文明进化是对原始状态的摧残或"无以人灭天"这一理念就是通过这一完整的比喻表达出来的,形象从而成了意义的象征。

再比如《齐物论》中的"罔两问景":

> 罔两问景曰："曩子行，今子止；曩子坐，今子起。何其无特操
> 与？"景曰："吾有待而然者邪？吾所待又有待而然者邪？吾待蛇
> 蚹蜩翼邪？恶识所以然？恶识所以不然？"

影子的影子（"罔两"）对影子（"景"）怨声载道，因为他总被影子制约而
终于按耐不住自己的不满，但影子感到冤枉，因为它又哪能做得了主？
这无疑说的是万物互相牵扯，如影随形，皆有所待，谁也难以在现实世
界获得真正的自由。

它如"尧让天下于许由"（《逍遥游》）、"庄周梦蝶"（《齐物论》）、"支
离疏者"（《人间世》）、"臧谷亡羊"（《骈拇》）、"黄帝遗玄珠"（《天地》）、
"黄帝言至乐"（《天运》）、"夔怜蚿"（《秋水》）、"楚王与凡君坐"（《田子
方》）、"任公子钓鱼"（《外物》）、"亶父去国"（《让王》）、"王子搜逃君"
（《让王》）、"颜阖逃富贵"（《让王》）、"屠羊说不受赏"（《让王》）几则也
属于同类情况。

这些寓言也常常出现人物对话，但它们是情节中的对话，而不是
让人物直接开口说理，哲理是通过形象的比喻义显示出来的。

不过，需要指出的是，像这种通篇以象征形式出现的寓言在《庄
子》象征型寓言中并不是太多，更多的常常是与托言型寓言相交织，或
被镶嵌在一段叙事情节之中。比如《达生》中的"痀偻承蜩"：

> 仲尼适楚，出于林中，见痀偻者承蜩，犹掇之也。仲尼曰："子
> 巧乎，有道邪？"曰："我有道也。五六月累丸二而不坠，则失者锱
> 铢；累三而不坠，则失者十一；累五而不坠，犹掇之也。吾处身也，
> 若厥株拘；吾执臂也，若槁木之枝。虽天地之大，万物之多，而唯
> 蜩翼之知。吾不反不侧，不以万物易蜩之翼，何为而不得！"孔子
> 顾谓弟子曰："用志不分，乃凝于神。其痀偻丈人之谓乎！"

其中，孔子遇痀偻承蜩、叹服请教是一段情节；痀偻言练习承蜩的过程
及结果是一段可用来比附事理的寓言，其中"蜩之翼"可喻所追求的
"道"，累丸的叠加可喻求"道"所付出的努力，"天地之大万物之多而唯
蜩翼之知"、"不反不侧不以万物易蜩之翼"可喻排除物累干扰专心凝
神于道；而最后孔子对弟子所说的一段话，则是作者托孔子之口总结
"痀偻承蜩"隐喻的道理，即"用志不分，乃凝于神"，要追求"与道合
一"，就需要"物我两忘"。所以，这段寓言故事其实是由象征型与托言

型两部分组成的。

再比如《秋水》篇中的"鸱吓鹓雏"：

> 惠子相梁，庄子往见之。或谓惠子曰："庄子来，欲代子相。"
> 于是惠子恐，搜于国中三日三夜。庄子往见之，曰："南方有鸟，其
> 名为鹓雏，子知之乎？夫鹓雏发于南海而飞于北海，非梧桐不止，
> 非练实不食，非醴泉不饮。于是鸱得腐鼠，鹓雏过之，仰而视之
> 曰：'吓！'今子欲以子之梁国而吓我邪？"

这是关于庄子与惠子过往的一段小故事，显示了庄子鄙薄权贵的人生态度，其中鸱得腐鼠怕被抢去而"吓"鹓雏的故事出自庄子之口，用来讥讽惠子居相位而怕被庄子取代。象征型寓言出现在故事之中。

他如《逍遥游》中的"藐姑射神人"和"不龟手之药"，《养生主》中的"庖丁解牛"，《人间世》中的"栎树语匠石"，《天道》中的"轮扁斫轮"，《秋水》中的"埳井之蛙与东海之鳖"和"邯郸学步"，《达生》中的"鞭其后者""纪渻子斗鸡""吕梁丈夫""梓庆削木为镶"和"东野稷之马"，《山木》中的"赋敛为钟""螳螂捕蝉，异雀在后"和"恶贵美贱"，《田子方》中的"列御寇为伯昏无人射"，《徐无鬼》中的"匠石运斤""一狙搏矢"，《外物》中的"辙中有鲋"和"宋元君夜半梦神龟"，《让王》中的"子华子知轻重"，《列御寇》中的"舐痔得车"和"骊龙之珠"等等，也都是在人物对话中或故事情节中作为譬喻出现的。之所以也将它们归在象征型而非托言型或故事型寓言中，乃是因为其中用作喻体的形象和情节在整个叙事中是作为主体出现的，其说理或内涵主要是通过比喻和象征来完成的。

《庄子》中还有些著名的用作譬喻的寓言，如《齐物论》中的"朝三暮四"，《天地》中的"厉人生子"，《天运》中的"丑女效颦"、《至乐》中的"鲁侯养鸟"、《山木》中的"林回弃璧"等，则因只是人物对话说理中作为打比方出现，并非通篇主体，其篇目仍被归在了托言型寓言中。

三、故事型寓言

《庄子》中还有一部分可称之为故事型寓言，通篇描述一段情节或讲述一个故事，其中的人物对话不具有直接说理的功能，形象与意义也不具有明显的比喻关系，似乎纯粹是一篇叙事作品。然而，置于《庄

子》这部学派哲理著作中，整个故事应该仍是用来说理或表明态度的。比如《达生》篇中"桓公见鬼"一则：

> 桓公田于泽，管仲御。见鬼焉。公抚管仲之手曰："仲父何见？"对曰："臣无所见。"公反，诶诒为病。数日不出。齐士有皇子告敖者曰："公则自伤，鬼恶能伤公。……"桓公曰："然则有鬼乎？"曰："……泽有委蛇。"公曰："请问委蛇之状何如？"皇子曰："委蛇，其大如毂，其长如辕，紫衣而朱冠。其为物也，恶闻雷车之声，则捧其首而立。见之者殆乎霸。"桓公辗然而笑曰："此寡人之所见之者也。"于是正衣冠与之坐，不终日而不知病之去也。

桓公狩猎遇鬼，惊恐成病。听皇子告敖称谁遇到这种鬼谁就差不多可以称霸，顿觉释然，不出一日病好如初。这里人物对话并非是直接阐发哲理，故事的每一部分也难以直接找到与事理的比喻关系，所以，这是一则地道的首尾完整的小故事。然而，《庄子》作者讲述它或转述它，肯定是要告诉人们一些哲理。这个故事让人看到，桓公的病主要是心病，心病除，疾自愈。所以，养生重在养心。这样，这个故事就仍属于通过形象显示哲理，就仍不出寓言的范畴。

再比如《田子方》中"庄子称鲁少儒"一则：

> 庄子见鲁哀公，哀公曰："鲁多儒士，少为先生方者。"庄子曰："鲁少儒。"哀公曰："举鲁国而儒服，何谓少乎？"庄子曰："周闻之：儒者冠圜冠者知天时，履句屦者知地形，缓佩玦者事至而断。君子有其道者，未必为其服也；为其服者，未必知其道也。公固以为不然，何不号于国中曰：'无此道而为此服者，其罪死！'"于是哀公号之五日，而鲁国无敢儒服者。独有一丈夫，儒服而立乎公门。公即召而问以国事，千转万变而不穷。庄子曰："以鲁国而儒者一人耳，可谓多乎？"

该文虽然以庄周为主人公，但这并非对庄周事迹的实录，而是杜撰的一段故事，因为庄周乃战国中期人，鲁哀公则是春秋末期人，两人时不相及。鲁哀公在庄周面前炫耀"举鲁国而儒服"，可见"鲁多儒士"，庄周让其下令"无此道而为此服者，其罪死"，结果整个鲁国只有一人仍敢穿儒服立于哀公之门。这个故事中人物对话只是情节中对话，没有直接说理的部分；情节中的每个部分也没有明显的比喻之义，但整个故事可见庄子学派对儒者虚伪面目的嘲讽,对本真的肯定,同样是其态度和思想的载体。

还值得一提的是《则阳》中"魏莹怒田侯牟背约"一则:

> 魏莹与田侯牟约,田侯牟背之,魏莹怒,将使人刺之。犀首公孙衍闻而耻之,曰:"君为万乘之君也,而以匹夫从仇。衍请受甲二十万,为君攻之,虏其人民,系其牛马,使其君内热发于背,然后拔其国。忌也出走,然后抶其背,折其脊。"季子闻而耻之,曰:"筑十仞之城,城者既十仞矣,则又坏之,此胥靡之所苦也。今兵不起七年矣,此王之基也。衍,乱人,不可听也。"华子闻而丑之,曰:"善言伐齐者,乱人也;善言勿伐者,亦乱人也;谓'伐之与不伐乱人也'者,又乱人也。"君曰:"然则若何?"曰:"君求其道而已矣。"

> 惠子闻之,而见戴晋人。戴晋人曰:"有所谓蜗者,君知之乎?"曰:"然。""有国于蜗之左角者,曰触氏;有国于蜗之右角者,曰蛮氏。时相与争地而战,伏尸数万,逐北旬有五日而后反。"君曰:"噫!其虚言与?"曰:"臣请为君实之。君以意在四方上下有穷乎?"君曰:"无穷。"曰:"知游心于无穷,而反在通达之国,若存若亡乎?"君曰:"然。"曰:"通达之中有魏,于魏中有梁,于梁中有王,王与蛮氏有辩乎?"君曰:"无辩。"客出而君惝然若有亡也。

> 客出,惠子见。君曰:"客,大人也,圣人不足以当之。"惠子曰:"夫吹管也,犹有嗃也;吹剑首者,吷而已矣。尧、舜,人之所誉也。道尧、舜于戴晋人之前,譬犹一吷也。"

这是一则有一定情节性的意味深长的小故事。魏惠王莹与齐威王牟订立了互不侵犯条约,齐却"背之",魏惠王因此欲派人刺杀齐王。魏国大臣有的主张发兵,有的称发动战争会劳民伤财,有的则说发兵不对,不发兵不对,说两不对的也不对。这时惠子介绍戴晋人见魏王,戴晋人故意危言耸听,讲了一则蜗牛角上发生的触氏蛮氏两个国家因争地而战"伏尸数万"的事件,魏王当然不信。戴晋人让魏王想想,从四方上下无穷的大宇宙看通达之国,从通达之国找魏,魏中有梁,梁中才有你魏王,这样看下来,你那点利益,与蜗牛角上的蛮氏还有什么区别?一番话让魏王怅然若失。其后魏王在惠子面前禁不住赞叹戴晋人的见识,惠子更称你在此人面前提尧舜,就像在大管乐声音跟前吹剑环,微弱得简直可以忽略不计。这段文字的特殊性在于,在人物对话中,戴晋人所讲的"蜗角触蛮"故事显然具有比喻象征的意义,属于故事中镶嵌象征型寓言,而之所以没有将此篇归于象征型寓言,乃是因为就整篇文字而言,蜗角触蛮的比喻只占其中的一个部分,整篇无疑是一个首尾完整、有人物、有情节的生活故事,戴晋人因事设喻,通过打比方开导魏王看开一些,魏王听后不但对整个事件完全释然了,而且赞叹对方的圣人之见。这样,人物对话完全是因情节而设置,故事发展完全是按生活逻辑在进行,讽刺诸侯争斗、张扬大道见识的思想蕴含在整个故事中。因此,这也可视为一篇故事型寓言。

这类故事纯然叙事描写,几乎可以当叙事作品甚至是小说来读,但因为在哲学著作《庄子》之中,我们仍只能将它们视为寓言。

这种故事性寓言,在《庄子》中所占比重尽管不大,但不止两则三则。它如《应帝王》中壶子"虚而委蛇"令郑神巫季咸逃之一则,《秋水》中"庄子与惠子游于濠梁之上"辩论"安知鱼之乐"一则,《田子方》中"宋元君将画图"仅发现一个真画者一则,文王假梦授臧丈人之政及问为天下,臧丈人逃之一则,《徐无鬼》中徐无鬼以相狗、相马说魏武侯使之大悦一则,子綦召九方歅为八子相面一则,《则阳》中孔子之楚,市南宜僚避之一则,仲尼问三臣卫灵公何以谥为"灵",三臣给以不同答复一则,《外物》中儒以《诗》《礼》发冢一则,《寓言》中阳子居请教老聃一则,《让王》中子列子辞郑子阳馈赠一则,原宪居鲁贫而不病一则,孔子叹服颜回不仕一则等等,都是如此,因此也已形成一个类别。

第三节 《庄子》寓言创作中的小说成分

小说,简单讲就是"作家虚构的人和人的生活的描述"①,人们通过阅读小说,认知和观赏的是人类生活。《庄子》创作寓言不是为了反映生活,而是为了说理,就这一点而言,无论是托言型寓言、象征型寓言还是故事型寓言,它们都不是小说。不过,庄子学派在运用寓言进行

① 胡尹强:《小说艺术》,第16页,上海文艺出版社,1993。

说理的写作中,虚构人物,设定情节,展开描摹,有的甚至再现了特有的生活内容和情景,从而使有些寓言创作具有了小说创作的某些因素和成分,在中国古代小说发生过程中成为重要的一个环节。

一、《庄子》寓言的虚构性

《庄子》寓言与小说创作最为相近之处在于其有意进行虚构的艺术创造性和想象力。

《庄子》寓言的主体是托言型寓言。这种寓言主旨是要让人代言,明明是自己要说的话,却要假借他物之口说出来,这就势必要进行虚构,虚构乃是这种寓言存在的基础。

其中,虚拟山水风云禽木等进行对话的部分,其虚构性是不言而喻的,这些没有口的自然物张口说话本身就是虚拟的产物。值得一提的是这种虚构需要借助丰富的想象力来设置对话和展开描写。比如《秋水》篇中"河伯对话北海若"一则:

> 秋水时至,百川灌河。泾流之大,两涘渚崖之间,不辩牛马。于是焉河伯欣然自喜,以天下之美为尽在己。顺流而东行,至于北海,东面而视,不见水端。于是焉河伯始旋其面目,望洋向若而叹曰:"野语有之曰:'闻道百,以为莫己若者。'我之谓也。且夫我尝闻少仲尼之闻而轻伯夷之义者,始吾弗信。今我睹子之难穷也,吾非至于子之门则殆矣,吾长见笑于大方之家。"
>
> 北海若曰:"井蛙不可以语于海者,拘于虚也;夏虫不可以语于冰者,笃于时也;曲士不可以语于道者,束于教也。今尔出于崖涘,观于大海,乃知尔丑,尔将可与语大理矣。天下之水,莫大于海:万川归之,不知何时止而不盈;尾闾泄之,不知何时已而不虚;春秋不变,水旱不知。此其过江河之流,不可为量数。而吾未尝以此自多者,自以比形于天地,而受气于阴阳,吾在于天地之间,犹小石小木之在大山也。……"

这里设计的是河与海的对话。让河面对海而惭愧,又让海自称"吾在于天地之间,犹小石小木之在大山也",一场关于"万物齐一"的哲学辩说就在这小河和大海之间展开了。这里没有完全脱离河与海的特征,而河伯始而洋洋自得,终而"见笑大方",北海若则询询善诱,河与海又被赋予鲜活的生命。

再比如《在宥》中"云将东游"一则：

> 云将东游，过扶摇之枝而适遭鸿蒙。鸿蒙方将拊髀雀跃而游。云将见之，倘然止，贽然立，曰："叟何人邪？叟何为此？"鸿蒙拊髀雀跃不辍，对云将曰："游！"云将曰："朕愿有问也。"鸿蒙仰而视云将曰："吁！"云将曰："天气不和，地气郁结，六气不调，四时不节。今我愿合六气之精以育群生，为之奈何？"鸿蒙拊髀雀跃掉头曰："吾弗知！吾弗知！"云将不得问。又三年，东游，过有宋之野，而适遭鸿蒙。云将大喜，行趋而进曰："天忘朕邪？天忘朕邪？"再拜稽首，愿闻于鸿蒙。

这里写的又是云与气的对话。鸿蒙（元气）"拊髀雀跃而游"，云将（云）见之"倘然止，贽然立"，可惜"不得问"。三年后，云将又遇鸿蒙，"大喜"，"行趋而进"，"再拜稽首"，这里既根据云和气的自然属性特意安排了云将的"过扶摇之枝"和鸿蒙的"拊髀雀跃"，又为他们设计了拟人的表情和语气，云和气也都被写得活灵活现。

他如"天根游于殷阳，至蓼水之上，适遭无名人而问焉"（《应帝王》）、"谆芒将东之大壑，适遇苑风于东海之滨。苑风曰……"（《天地》）、"髑髅深矉蹙额曰……"（《至乐》）、"知北游于玄水之上，登隐弅之丘，而适遭无为谓焉"（《知北游》）等等，天根、苑风、髑髅，甚至"知"、"无为"等等也都能开口说话，《庄子》因此而特别富于艺术想象的魅力。

托言型寓言更大的部分是假托人物进行对话，让人物代言。假托人物本身是一种虚构，让人物相遇，还要为他们制造一定的机会、情境和场合，也需要虚构。而这种虚构，似乎更接近小说创作的构思。如《外物》中"老莱子教训仲尼"一则：

> 老莱子之弟子出薪，遇仲尼，反以告，曰："有人于彼，修上而趋下，末偻而后耳，视若营四海，不知其谁氏之子。"老莱子曰："是丘也，召而来。"仲尼至。曰："丘，去汝躬矜与汝容知，斯为君子矣。"仲尼揖而退，蹙然改容而问曰："业可得进乎？"老莱子曰："……与其誉尧而非桀，不如两忘而闭其所誉。反无非伤也，动无非邪也，圣人踌躇以兴事，以每成功。奈何哉，其载焉终矜尔！"

为了宣扬无为而治的思想，反对儒家的用事，这里特意安排了老莱子与孔子的相见。其机缘是老莱子弟子出门打柴碰到孔子，回来向老师报告，老莱子便让弟子将孔子喊来，孔子见老莱子毕恭毕敬，老莱子便对孔子教训一番。老莱子、孔子都是历史名人，并非虚拟，但这次相见，分明是作者的杜撰。

再看《徐无鬼》中"黄帝遇牧马童子"一节：

> 黄帝将见大隗乎具茨之山，方明为御，昌㝢骖乘，张若、諔朋前马，昆阍、滑稽后车。至于襄城之野，七圣皆迷，无所问涂。适遇牧马童子，问涂焉，曰："若知具茨之山乎？"曰："然。""若知大隗之所存乎？"曰："然。"黄帝曰："异哉小童！非徒知具茨之山，又知大隗之所存。请问为天下。"小童曰："夫为天下者，亦若此而已矣，又奚事焉！予少而自游于六合之内，予适有瞀病，有长者教予曰：'若乘日之车而游于襄城之野。'今予病少痊，予又且复游于六合之外。夫为天下亦若此而已。予又奚事焉！"黄帝曰："夫为天下者，则诚非吾子之事，虽然，请问为天下。"小童辞。黄帝又问。小童曰："夫为天下者，亦奚以异乎牧马者哉！亦去其害马者而已矣！"黄帝再拜稽首，称天师而退。

黄帝是神话中的天帝，是传说中的上古帝王，这里却安排他向牧马童子请教"为天下"，而牧马童子更神，不但无所不知，无所不晓，且能"乘日之车"，并将"游于六合之外"，这段相遇和对话无疑是虚构的。而在情节的设置上，黄帝之所以会想到向牧马童子请教治理天下的问题，其因缘乃在于黄帝一行人迷路，"适遇牧马童子，问涂焉"，想不到小童对答如流。其构思已经十分周密，人物对话几乎紧紧围绕特有情境展开，即使是托牧马童子之口代言如何"为天下"，也还是用牧马说事，所谓"夫为天下者，亦奚以异乎牧马者哉！亦去其害马者而已矣"，颇符合牧马童子的身份，显示了作者在虚构创作方面所用的功力。

象征型寓言是否虚构则需要视情况而言。一般意义上的作为"比喻的高级形态"的"寓言"，用作喻体的形象和故事可以是历史事件，可以是民间传说，也可以是根据说理需要而特意构思的情节，并不一定都具有虚构的性质。《庄子》理论怪异另类，一般的历史事件、民间传说、人们普遍使用的成语故事等等往往难以用来作为喻体显示其只此一家的哲理内涵,于是只好另起炉灶。因此,《庄子》中用作"譬"的象征型寓言多不见于此前的史书和诸子书,应该也大都是作者的独家创造。

正如托言型寓言中有将山水云气动物植物拟人化一类,《庄子》中象征型寓言同样有不少是动物植物乃至各种自然现象拟人化的生动故事,这种寓言的虚构性自不待言,且最充分地显示了作者丰富的想象力和文学创作能力。

比如《人间世》中有栎树被匠石称为"散木"后的反唇相讥:

> 匠石之齐,至于曲辕,见栎社树。其大蔽数千牛,絜之百围,其高临山十仞而后有枝,其可以为舟者旁十数。观者如市,匠伯不顾,遂行不辍。弟子厌观之,走及匠石,曰:'自吾执斧斤以随夫子,未尝见材如此其美也。先生不肯视,行不辍,何邪?"曰:"已矣,勿言之矣!散木也。……是不材之木也。无所可用,故能若是之寿。"

> 匠石归,栎社见梦曰:"女将恶乎比予哉?……且予求无所可用久矣!几死,乃今得之,为予大用。使予也而有用,且得有此大也邪?且也若与予也皆物也,奈何哉其相物也?而几死之散人,又恶知散木!"

《秋水》篇中有埳井之蛙闻东海之鳖告之大海后的目瞪口呆:

> (埳井之蛙)谓东海之鳖曰:"吾乐与!出跳梁乎井干之上,入休乎缺甃之崖。赴水则接腋持颐,蹶泥则没足灭跗。还虷、蟹与科斗,莫吾能若也。且夫擅一壑之水,而跨跱埳井之乐,此亦至矣。夫子奚不时来入观乎?"东海之鳖左足未入,而右膝已絷矣。于是逡巡而却,告之海曰:"夫千里之远,不足以举其大;千仞之高,不足以极其深。禹之时,十年九潦,而水弗为加益;汤之时,八年七旱,而崖不为加损。夫不为顷久推移,不以多少进退者,此亦东海之大乐也。"于是埳井之蛙闻之,适适然惊,规规然自失也。

《外物》中庄周甚至遭遇小鲋鱼的"忿然作色":

> 周昨来,有中道而呼者,周顾视车辙,中有鲋鱼焉。周问之曰:"鲋鱼来,子何为者耶?"对曰:"我,东海之波臣也。君岂有斗升之水而活我哉!"周曰:"诺,我且南游吴越之王,激西江之水而

迎子,可乎?"鲋鱼忿然作色曰:"吾失我常与,我无所处。我得斗升之水然活耳。君乃言此,曾不如早索我于枯鱼之肆。"

栎树因无用才未遭砍伐,以至长成如此参天大树,比附的是庄子特有的无用之为大用的哲理;埳井之蛙自得其乐,听闻大海后方知自家小得可怜,嘲讽的是见识短浅;已经快要渴死的东海小鲋鱼讨要点水喝,却被告知要等西江之水的到来,当然气不打一处来,称还不如现在就把我挂到枯鱼摊子上卖掉得了,说的是远水解不了近渴。而这些道理通过树、蛙、鳖、鲋鱼的故事来表达,你不能不佩服作者构思的巧妙和超绝。

象征型寓言中那些以人事为喻体的故事,同样具有庄子之风,一看便知是《庄子》作者的杜撰。比如《外物》篇中有"任公子钓鱼":

> 任公子为大钩巨缁,五十犗以为饵,蹲乎会稽,投竿东海,旦旦而钓,期年不得鱼。已而大鱼食之,牵巨钩䧙没而下,骛扬而奋鬐,白波若山,海水震荡,声侔鬼神,惮赫千里。任公子得若鱼,离而腊之,自制河以东,苍梧以北,莫不厌若鱼者。已而后世辁才讽说之徒,皆惊而相告也。夫揭竿累,趣灌渎,守鲵鲋,其于得大鱼难矣!

《徐无鬼》中有"匠石运斤":

> 郢人垩慢其鼻端若蝇翼,使匠人斫之。匠石运斤成风,听而斫之,尽垩而鼻不伤,郢人立不失容。宋元君闻之,召匠石曰:"尝试为寡人为之。"匠石曰:"臣则尝能斫。虽然,臣之质死久矣!"

五十头牛的牛肉做钓饵,整整钓了满一年,钓到的大鱼让方圆几千里的人们都得了厌鱼症,任公子钓鱼是何等的洋洋大观,这是那些在小河沟里钓泥鳅的人们所无法比拟的,大境界和小见识的差异亦当作如是观。匠石更绝,苍蝇翅膀大小的白灰能让他一斧砍得不留痕迹,但是,若离开那位"立不失容"的郢人,他的绝技就再也无法施展,对象、知音的重要于此可见一斑。而这些道理,让《庄子》用寓言讲出来,就是这般不同寻常。其虚构够大胆,够惊人!

故事型寓言多是以庄周或其他知名历史人物为主人公,它们是对人物生平的实录、对历史故事的记述还是作者虚构的情节故事,需要作出一定的辨析。其中有的一看便知是虚拟假托,比如前面提到的

《田子方》中"庄子称鲁少儒"一则,战国中期的庄周与春秋末期的鲁哀公时不相及,将他们两人凑到一起编出一段情节,这分明是要告诉人们,故事是编造的。《达生》篇中"桓公见鬼"一节,就情节而言,见鬼乃虚幻之事,这个故事也显然不是历史记事。再比如《田子方》中"文王将授政臧丈人"一节:

> 文王观于臧,见一丈夫钓,而其钓莫钓。非持其钓有钓者也,常钓也。文王欲举而授之政,而恐大臣父兄之弗安也;欲终而释之,而不忍百姓之无天也。于是旦而属之大夫曰:"昔者寡人梦见良人,黑色而髯,乘驳马而偏朱蹄,号曰:'寓而政于臧丈人,庶几乎民有瘳乎!'"诸大夫蹴然曰:"先君王也。"文王曰:"然则卜之。"诸大夫曰:"先君之命,王其无它,又何卜焉。"遂迎臧丈人而授之政。典法无更,偏令无出。三年,文王观于国,则列士坏植散群,长官者不成德,鉟斛不敢入于四竟。列士坏植散群,则尚同也;长官者不成德,则同务也;鉟斛不敢入于四竟,则诸侯无二心也。文王于是焉以为大师,北面而问曰:"政可以及天下乎?"臧丈人昧然而不应,泛然而辞,朝令而夜遁,终身无闻。

这个故事应该也是虚构的。其一,臧丈人为政三年,文王拜为大师,却不见于周书记载;其二,周文王时尚未取得天下,行文中却有"诸侯无二心""政可以及天下乎"等句,俨然天子格局下的语气;其三,臧丈人所行之政分明是道家主张的无为而治,闻授政天下而逃逸,这也是道家欣赏的"让王"之举。

由此类推,可知《庄子》中的故事型寓言大多也都是虚构的。这种虚构不是虚拟人物让他们展开对话,不是造出形象用来比附事理,而是让人物依据身份、彼此关系和生活逻辑说话、做事、形成有因有果、首尾完整的情节和故事,如果这个故事再比较曲折复杂一些,就与小说创作相去不远了。

总之,《庄子》中的寓言,无论是托言型、象征型还是故事型,大多都是杜撰的,虚构的;而且其虚构、假托是自觉的,有意为之的。

上古神话富于大胆想象和幻想,创造了许多将自然人格化的超现实的艺术形象,但其想象是不自觉的,是原始人类物我不分的幼稚的表现。《左传》等历史叙事与小说的关系主要在于叙事手段,所记述的人物、事件不允许有真正的虚构。说体中各类传说、故事可能在流传中有演化，但也是在不自觉的情况下发生的，不存在有意编造、虚构的创作动机。战国诸子也喜用寓言阐发思想，而《庄子》寓言不同于其他诸子寓言的显著特点之一则是拟人化寓言的大量创造。比较而言，《战国策》中的"拟托文"与《庄子》的有意托言型最为接近，但《战国策》只拟托历史人物，较之《庄子》的杜撰人物、调动自然山水，其虚构的范围和程度还受到历史的限定。

由此可见，就先秦散文与小说创作的关系而言，在虚构性方面，《庄子》独树一帜，是其他散文所不可比拟的。这也是后人称之为"小说之祖"的主要原因。

二、《庄子》寓言的情节性

故事情节，亦即叙事文学所叙之"事"，作为人类活动所形成的事件过程，作为展示人物性格的主要载体，与人物、环境一同成为构成小说的不可缺少的基本要素。能否凭借生活经验和艺术想象，构思出曲折、复杂、完整呈现事件发展、充分提供人物活动空间的故事情节，则成为小说艺术成熟与否、水平高下的重要标志之一。

《庄子》本身不是叙事文学，其中的寓言是叙事的，但也不以叙事为主旨，而以说理为旨归，因此，并不自觉追求故事情节的曲折、复杂和完整。不过，与先秦叙事作品大多是对历史事件的描述不同，《庄子》寓言中的情节无论简单还是复杂，大都是凭空造设而来，与小说的情节构思更为接近。

总体来看，《庄子》寓言中无论是托言型、象征型还是故事型，其故事情节都还比较简单。比较而言，故事型对情节有更多的依赖，其中有的寓言其情节已经颇为曲折有致。如《达生》篇中的"桓公见鬼"，故事由桓公"田于泽"、见鬼、生病、皇子告敖来见、皇子告敖描述委蛇之状并称见之者"殆乎霸"、桓公"病之去"几个部分组成；《田子方》中的"庄子称鲁少儒"，故事由庄子见哀公、哀公以鲁多儒讥庄子、庄子称鲁少儒而哀公以"举鲁国而儒服"表质疑、庄子让哀公以"无此道而为此服者其罪死"进行检验、哀公下令、鲁除一人无敢儒服者、哀公问政儒服者、庄子讥鲁仅一儒"可谓多乎"几个部分组成，篇幅虽然不长，但事件的发展多生奇变,读来颇为引人入胜,其蕴涵也正是在情节的变化中突显出来。

象征型寓言中那种镶嵌在一段情节中出现譬喻的类型,其情节设置有些已经比较追求呈现事件的过程,《人间世》中"栎树语匠石"一则,有人们对"其大蔽数千牛"的栎树"观者如市"的场面,有匠石"不顾,遂行不辍"的情景,有弟子"厌观之"后追问师傅、匠石称栎树"散木"的经过,有栎树见梦反唇相讥、骂匠石"而几死之散人,又恶知散木"的"镜头",甚至最后还有匠石与弟子一起诊梦的画面,整篇叙事就颇为曲折生动。再比如《达生》中"吕梁丈夫"一则:

> 孔子观于吕梁,县水三十仞,流沫四十里,鼋鼍鱼鳖之所不能游也。见一丈夫游之,以为有苦而欲死也。使弟子并流而拯之。数百步而出,被发行歌而游于塘下。孔子从而问焉,曰:"吾以子为鬼,察子则人也。请问:蹈水有道乎?"曰:"亡,吾无道。吾始乎故,长乎性,成乎命。与齐俱入,与汩偕出,从水之道而不为私焉。此吾所以蹈之也。"孔子曰:"何谓始乎故,长乎性,成乎命?"曰:"吾生于陵而安于陵,故也;长于水而安于水,性也;不知吾所以然而然,命也。"

这一则的重心只在于通过游水之道隐喻随物自然、率性而为的人生哲理,作者却不但构思出孔子与吕梁丈夫的相见,还描述了瀑布的惊险,用"鼋鼍鱼鳖之所不能游也"衬托出吕梁丈夫游水的特异之举,特别是还加上一段孔子以为该人"有苦而欲死"、让弟子顺水流前去搭救的小插曲,遂使整篇寓言的情节变化颇富于生活的逻辑和情趣。

在情节构思方面,更值得一提的是托言型寓言,毕竟这类寓言在《庄子》寓言中占有绝大比重。

应该说,许多托言型寓言只是安排一场人物对话,让回答者代为表述哲理而已。诸如《人间世》中"颜阖将傅卫灵公大子,而问于蘧伯玉曰:'……'蘧伯玉曰:'……'"、《应帝王》中"天根游于殷阳,至蓼水之上,适遭无名人而问焉,曰:'请问为天下。'无名人曰:'……'"等等,只是简单相遇,一问一答。当然,这种情况在托言型寓言中不占多数。据笔者统计,托言型寓言在《庄子》中有七十四则,一问一答者有十三则,约占两成。更多的是有两问两答或者三问三答等等的对话过程,如《应帝王》中的"阳子居见老聃"是两问两答：

> 阳子居见老聃，曰："……可比明王乎？"老聃曰："……"阳子居蹴然曰："敢问明王之治。"老聃曰："……"

《齐物论》中"南郭子綦答颜成子游"是三问三答：

> 南郭子綦隐机而坐，仰天而嘘，荅焉似丧其耦。颜成子游立侍乎前，曰："何居乎？形固可使如槁木，而心固可使如死灰乎？今之隐机者，非昔之隐机者也？"子綦曰："……"子游曰："敢问其方。"子綦曰："……"子游曰："地籁则众窍是已，人籁则比竹是已，敢问天籁。"子綦曰："……"

更有甚者，《齐物论》中"啮缺问乎王倪"一则是四问四答；《人间世》中"颜回见仲尼"一则是情境对话两问两答，一论，又四问四答；《秋水》中河伯与海神若是六问六答。这种有对话过程的情况共有三十则，在托言型寓言中占到了约四成。然而，它们仍然没有场景的变化，也不能称其为有情节。

所谓情节，乃是叙事文学作品中以人物为中心的事件演变过程，由一组以上能显示人和人、人和环境之间的关系的具体事件和矛盾冲突构成。既然是一组，就需要有事件的转换，由两个或两个以上的事件组成一段情节。

《庄子》托言型寓言在情节构思方面值得注意的是，除上述只是展开一场对话的情况外，还有一部分寓言，为了显示对话效果，或深化对话内容，出现了围绕着人物行动的场景的转换，事件的演变，从而出现了一定的故事情节。

有些情节还比较简单。比如《德充符》中的一则：

> 申徒嘉，兀者也，而与郑子产同师于伯昏无人。子产谓申徒嘉曰："我先出则子止，子先出则我止。"其明日，又与合堂同席而坐。子产谓申徒嘉曰："我先出则子止，子先出则我止。今我将出，子可以止乎？其未邪？且子见执政而不违，子齐执政乎？"申徒嘉曰："先生之门固有执政焉如此哉？子而说子之执政而后人者也。闻之曰：'……久与贤人处则无过。'今子之所取大者，先生也，而犹出言若是，不亦过乎！"子产曰："子既若是矣，犹与尧争善。计子之德，不足以自反邪？"申徒嘉曰："……吾与夫子游十九

年矣,而未尝知吾兀者也。今子与我游于形骸之内,而子索我于形骸之外,不亦过乎!"子产蹴然改容更貌曰:"子无乃称!"

这则寓言虚构了郑国执政子产与被砍掉一只脚的残疾人申徒嘉的对话。两人同师于伯昏无人,子产开始自恃其身份地位而看不起身体有缺陷的申徒嘉,不愿与之同出同进、同居同坐,后经申徒嘉一番关于大道的阐发,才羞愧地改变了态度。其情节性在于出现了两个场景,两场对话,也就是两个事件。第一场是子产不愿与申徒嘉同出,要求在他出去的时候申徒嘉先不要动。第二场虽然还是在同一个地点,但却发生在第二天。"其明日,(申徒嘉)又与(子产)合堂同席而坐。"

有些情节则比较曲折、复杂了。比如《德充符》中的另一则:

> 鲁有兀者叔山无趾,踵见仲尼。仲尼曰:"子不谨,前既犯患若是矣。虽今来,何及矣!"无趾曰:"吾唯不知务而轻用吾身,吾是以亡足。今吾来也,犹有尊足者存,吾是以务全之也。夫天无不覆,地无不载,吾以夫子为天地,安知夫子之犹若是也!"孔子曰:"丘则陋矣! 夫子胡不入乎? 请讲以所闻。"
>
> 无趾出。孔子曰:"弟子勉之! 夫无趾,兀者也,犹务学以复补前行之恶,而况全德之人乎!"
>
> 无趾语老聃曰:"孔丘之于至人,其未邪? 彼何宾宾以学子为? 彼且以蕲以诡诡幻怪之名闻,不知至人之以是为己桎梏邪?"老聃曰:"胡不直使彼以死生为一条,以可不可为一贯者,解其桎梏,其可乎?"无趾曰:"天刑之,安可解!"

这则寓言中出现了三个情境,三个事件。其一是叔山无趾与孔子相见及两人的对话;其二是叔山无趾离开后孔子对弟子的告诫;其三是叔山无趾告诉老聃自己对孔子的印象。情节由三个连续性的但又有着时间、地点、人物转换的不同事件构成,从而显得曲折有致。

说到情节曲折,最值得一提的是《盗跖》中的"盗跖斥孔子"一则。这是一段长篇而完整的叙事,描述的是孔子欲开导盗跖反而遭其嘲弄训斥的故事,由环环相扣的九个部分构成。一是孔子欲往劝说好友柳下季之弟盗跖,柳下季劝其勿往;二是孔子不听柳下季之劝,与弟子颜回、子路前去面见盗跖;三是盗跖正"脍人肝而餔之";四是孔子请谒者通报欲见盗跖;五是盗跖大怒,拒绝见孔子;六是孔子再次请求,盗跖终于答应见面；七是孔子与盗跖的对话过程；八是孔子落荒而逃；九是孔子返途中恰遇柳下季，孔子称"几不免虎口"。这段叙事不但包括了小说情节所需要的开端、发展、高潮、结局等几个部分，还有序幕和尾声，这些按照因果逻辑组织起来的一系列事件情节，体现出人物行为之间的冲突，在情节构成方面已经比较典型。

《渔父》一篇与之有同工之妙。这则故事写的是孔子被渔父教训后怅然若失之事，由十一个场景或环节组成。一是孔子在杏坛讲学授徒、弦歌鼓琴的情景；二是渔父下船而来、听孔子鸣琴；三是渔父听罢招子贡、子路前来，打听孔子为人；四是渔父返回、边走边称孔子"苦心劳形以危其真"；五是子贡回去告诉孔子渔父之言，孔子称渔父是圣人；六是孔子赶去见渔父，渔父正要上船，见孔子而停下来等候；七是孔子"反走，再拜而进"，以表谦逊态度；八是孔子向渔父请教、渔父教训孔子的对话过程；九是渔父撑船而去、渐行渐远、隐于芦苇丛中；十是孔子毕恭毕敬目送渔父消失得无影无踪、弟子授绥他看都没看；十一是孔子上车后对子路解释自己为什么会对渔父如此恭敬。寓言的主体部分仍是借渔父之口阐发大道，但这段托言有前奏，有开始，有结束，有余波，情节展开的部分也占了极大的篇幅。

托言型寓言原本只是让人物开口代言说理，但却设置了这许多见面的机缘、对话的情景、对话后的变化乃至事件的发展；再加上除托言型之外，还有故事型、镶嵌在情节中的象征型，于是，"大抵率寓言"的《庄子》让人读来便觉满篇都是作者杜撰出来的人物、故事、场面和情节，这几乎就像是在读小说了。

三、《庄子》寓言的描摹性

文艺性小说不同于历史叙事甚至不同于传说和故事之处，还在于它对生活的描摹性。它是对人和人的生活的塑造和再现，要给人以生活的画面感，要为读者呈现活灵活现有血有肉的人物形象。

《庄子》寓言创作中的小说成分，还有比较突出的一点就是它的描摹性。说起来，《庄子》作为哲学著作，其寓言乃是让人物代言以说理，或者是在情节和故事中蕴含哲理，并不一定需要细腻的刻画和描摹。然而《庄子》中的有些篇目，作者在寓言写作中，无论是托言历史人物还是山水云气,往往赋予他们以鲜明的性格和鲜活的生命;无论是设置人物对话还是构思故事情节,常常赋予它们以生活的气息;其笔墨有时已经超出阐释或蕴含理论的旨归范畴,从而带有文学创作的味道。

对话,是《庄子》寓言中描写最多的部分,其托言型以此为最重要的载体,其象征性和故事性也主要由人物对话构成。其中有些对话摹写,语气逼真,话语间明显透出说话人的喜怒哀乐。

比如《齐物论》"瞿鹊子问长梧子"一则,瞿鹊子告诉长梧子,所谓"圣人不从事于务,不就利,不违害,不喜求,不缘道,无谓有谓,有谓无谓,而游乎尘垢之外"的说法,孔夫了认为是"孟浪之言",而自己觉得是"妙道之行",然后问:"吾子以为奚若?"长梧子开口便说:"是黄帝之所听荧也,而丘也何足以知之!"这种境界黄帝都不一定明白,孔丘又哪里能懂得? 话语中满是对孔子的不屑。

《养生主》描写"庖丁为文惠君解牛","手之所触,肩之所倚,足之所履,膝之所踦,砉然响然,奏刀騞然,莫不中音,合于桑林之舞,乃中经首之会"。见此状,文惠君曰:"嘻,善哉! 技盖至此乎?"惊叹之情溢于言表。

《人间世》"栎树语匠石"一则,弟子问匠石为什么对高耸入天、"其大蔽数千牛"的栎树不感兴趣,匠石说"已矣,勿言之矣! 散木也……无所可用,故能若是之寿",住嘴吧,别说它了,不过是一株"散木",因为没用才活这么久才长这么大的,认为这栎树不值一提;栎树被惹火了,夜半见梦质问"女将恶乎比予哉",你想拿我和什么来比较? 然后分辩说"予求无所可用久矣! 几死,乃今得之,为予大用。使予也而有用,且得有此大也邪?"最后缀上一句:"且也若与予也皆物也,奈何哉其相物也? 而几死之散人,又恶知散木!"再说了,你和我都不过是物,凭什么你来对我品头论足? 你不过是要死的"散人",又哪里知道什么"散木"!

《应帝王》"天根问无名人"一则,描写"天根游于殷阳,至蓼水之上",刚好遇到了无名人,赶紧求教:"请问为天下?"无名人一听烦了,气不打一处来地说:"去! 汝鄙人也,何问之不豫也!"走开,你这个俗人,干嘛问这种让人不爽的问题!

《天道》"轮扁斫轮"一则,桓公在堂上读书,轮扁在堂下斫轮,居然"释椎凿而上",问桓公读的什么书,当听说书上都是已死圣人之言时,竟说"然则君之所读者,古人之糟粕已夫",这下让桓公忍无可忍了,怒斥道:"寡人读书,轮人安得议乎! 有说则可,无说则死!"一句"有说则可,无说则死",这是只有桓公这种君王身份的人发火时才能说出口的话。

《天地》"禹问伯成子高"一则,描述尧时的诸侯伯成子高到了大禹之时"辞为诸侯而耕",大禹不解,前往拜见并询问缘故,子高指责此时的政治"赏罚而民且不仁,德自此衰,刑自此立",并称"后世之乱自此始矣",最后来了一句:"夫子阖行邪? 无落吾事!"这位先生你干嘛还不走,别再在这里耽误我的事了! 已经十二分地不耐烦。

《列御寇》"舐痔得车"一则,宋人曹商使秦归来在庄子面前炫耀"益车百乘",庄子以"秦王有病召医。破痈溃痤者得车一乘,舐痔者得车五乘,所治愈下,得车愈多"相讥讽,并问"子岂治其痔邪? 何得车之多也"? 然后称"子行矣",你还是滚吧! 对此人的厌恶已经到了极点。

读着这些对话,你仿佛置身在真切、实在的生活语境中,说话人的心理、情绪、态度等等,都在话语和语气中流露无遗,可见作者对人物、对生活观察、模仿和表现的工夫和功力。

《庄子》寓言对人物、对生活的模仿,有时还表现在动作、神态、表情的描摹上。

如《天地》"汉阴丈人"一则,描述子贡路过汉阴时见一丈人在浇灌园圃,仍采用"凿隧而入井,抱瓮而出灌"的笨重办法,一罐一罐地提水,忍不住上前相劝,问"有械于此,一日浸百畦,用力甚寡而见功多,夫子不欲乎?"这时作者描写汉阴丈人"仰而视之曰:'奈何?'",以见出他正低头忙于倒水,根本没有注意子贡走近。当听到子贡回答所谓"械"就是"凿木为机,后重前轻,挈水若抽,数如泆汤,其名为槔"的东西后,不禁"忿然作色而笑",由欲发作而转为冷笑,所谓"有机械者必有机事,有机事者必有机心",整天被机心搅扰,哪还能气定神闲? 所以,"吾非不知,羞而不为也"。子贡听罢的样子是"瞒然惭,俯而不对",惭愧地低下头,一句话也说不上来了。过了一会儿,丈人问子贡是干什么的,结果子贡连带他老师孔丘又被丈人数落了一通,还给赶走了,所谓"子往矣,无乏吾事!"子贡因此"卑陬失色,顼顼然不自得,行三十里而后愈"。

《秋水》篇中"埳井之蛙与东海之鳖"一则,故事是托言公子魏牟回答公孙龙之问时讲的。当时公孙龙在魏牟面前坦言自己的困惑,不明白自己"合同异,离坚白;然不然,可不可;困百家之知,穷众口之辩",也算得上"至达"了,怎么听到庄子之言后就感到茫然,"不知论之不及与?知之弗若与?"这时,作者描写魏牟"隐机大息,仰天而笑",于是讲了埳井之蛙听到东海之鳖告之大海后"适适然惊,规规然自失"的故事,以你公孙龙那点见识,想明白庄子,"是直用管窥天,用锥指地也",差得太远了。然后说"子往矣!且子独不闻夫寿陵余子之学于邯郸与?未得国能,又失其故行矣,直匍匐而归耳。今子不去,将忘子之故,失子之业",你还是赶紧走吧,没有这个境界就别勉强学样了,免得邯郸学步,庄子学说没学到,又忘了自己那一套,结果连饭碗都丢了。听魏牟如此一说,公孙龙的样子是"口呿而不合,舌举而不下",张着口傻呆呆伫在那里,然后"乃逸而走",慌乱地跑掉了。

《寓言》篇中"阳子居见老子"一则,描写"阳子居南之沛,老聃西游于秦",于是阳子居邀约老子在沛地郊外相见。见面后,老子"中道仰天而叹",对阳子居表示失望。阳子居当时没有吱声。到旅舍后,阳子居"进盥漱巾栉,脱屦户外,膝行而前",亲自将梳洗用品给老子送去,把鞋脱在门外,然后双膝着地挪至老子面前,这才开口向老子求教,其毕恭毕敬的样子生动可见。

《列御寇》中"列御寇遇伯昏瞀人"一则,描写列御寇因人们对他过于热情而感到不安,于是半道跑回来,伯昏瞀人预言像你这样善于表现的人,即使你呆在家里,人们也会依附于你的。过了没几天,伯昏瞀人再到列御寇那里去,果然"户外之屦满矣",其门外的鞋子已经摆满了。这时,作者描写伯昏瞀人"北面而立,敦杖蹙之乎颐。立有间,不言而出",将面颊贴在手杖上站了一会儿,一句话不说便出去了。而列御寇得知后的动作是"提屦,跣而走,暨于门",鞋子也来不及穿,光着脚提着鞋子追到门外。伯昏瞀人的若有所思,列御寇的惶恐慌乱,也被活灵活现地表现出来。

而就刻意描写而言,颇值得一提的就是《盗跖》中的"盗跖斥孔子"

和《渔父》一篇。

在"盗跖斥孔子"一则中,作者有意将孔子与盗跖做了对比描写。盗跖暴唳凶横,趾高气扬,当谒者通报孔子来见,他"闻之大怒,目如明星,发上指冠";孔子再三请求,他又"大怒","两展其足,案剑瞋目,声如乳虎"。孔子则卑下萎缩,垂头丧气,终于获准见面后他"趋而进,避席反走,再拜盗跖",被盗跖振振有辞地痛斥一番后他"再拜趋走,出门上车,执辔三失,目芒然无见,色若死灰,据轼低头,不能出气"。描写中带有夸饰色彩。

《渔父》篇中,渔父的样子是"须眉交白,被发揄袂,行原以上,距陆而止",闻孔子弹琴,"左手据膝,右手持颐以听",十分沉静飘逸;而写孔子聆听渔父一番训导后的状态是"颜渊还车,子路授绥,孔子不顾,待水波定,不闻拏音而后敢乘",将孔子的心神不宁、怅然若失表现得十分出神入化。

值得注意的是,这些寓言设置的情节和对话,原本是为阐发哲理,而在描写中,如果是紧扣人物身份,把这些对话视为生活中持不同观点的人物碰到一起后发生辩论的生活写照,让我们看到了当时争鸣的情形,这本身就也是生活的反映,生活的再现,那么,它们就已经是小说的范式了。

第四节 从《神仙传》看《庄子》寓言对后代小说创作的影响

《庄子》寓言本身不是小说,但其虚构性、情节性、描摹性与小说创作十分接近,这些因素无疑会对后世小说创作产生极大影响。具体考察,会发现它们尤其与汉魏六朝仙话小说的关系最为密切。这里仅以《神仙传》作为一个个案,借以考察这种关系,从而从一个具体的角度看《庄子》在中国古代小说发生过程中的地位。

较之魏晋时期一些略陈梗概的志怪小说,题为东晋葛洪所撰的

《神仙传》①，有些传记情节复杂，构思奇巧，描写生动，已经更具有近现代意义上文学性小说的规模，而它之所以有如此明显的发展，与直接借鉴《庄子》的写法有很大关系。

说起来，一部作品的创作，会受到前代各种著述的影响。《神仙传》作为人物传记，其体例无疑受到《史记》《汉书》等纪传体史著的影响；其叙事，也会受到《左传》等记事作品的沾溉；其离奇、夸诞的情节，与长期以来神话巫术神仙志怪等在民间、在方士口中的流传也有很大关系。但就其最具有小说意味的有意虚构部分、戏剧性对话部分而言，分明更多带有《庄子》寓言的影子。

《神仙传》有直接取自《庄子》的痕迹。有的情节就从《庄子》中演绎而来，比如《庄子·逍遥游》为了显示"道"的超越，描写了"藐姑射神人"入水不溺、入火不热的神功：

> 藐姑射之山，有神人居焉。肌肤若冰雪，淖约若处子；不食五谷，吸风饮露；乘云气，御飞龙，而游乎四海之外；其神凝，使物不疵疠而年谷熟。……之人也，物莫之伤，大浸稽天而不溺，大旱金石流、土山焦而不热。……

《神仙传》中则出现了遇火不灼、卧雪不僵的具体情节：

> 焦先者……彼遭野火烧其庵，人往视之，见先危坐庵下不动，火过庵烬，先方徐徐而起，衣物悉不焦灼。又更作庵，天忽大雪，人屋多坏，先庵倒。人往不见所在，恐已冻死，乃共拆庵求之，见先熟卧于雪下，颜色赫然，气息休休，如盛暑醉卧之状。……②

有的更是直接对《庄子》寓言的改编，比如《庄子·在宥》虚拟了一段黄帝求教于广成子的故事：

> 黄帝立为天子十九年，令行天下，闻广成子在于空同之上，故往见之……广成子曰："……又奚足以语至道！"黄帝退，捐天下，筑特室，席白茅，闲居三月，复往邀之。广成子南首而卧，黄帝顺下风膝行而进，再拜稽首而问曰："……"广成子蹶然而起，曰："善

---

①《神仙传》，始著录于《隋书·经籍志》"史部杂传类"，题葛洪撰。余嘉锡据《四库全书》毛晋本所录凡八十四人，《汉魏丛书》本所载凡九十二人，《文苑英华》梁萧《神仙传论》云"予尝览葛洪所记《神仙传》，凡一百九十人"，疑葛洪原书已亡，今本皆出后人所掇拾，见《四库提要辨证》，第1218～1219页，北京：中华书局，1980。

②《神仙传·焦先》，见《太平广记》第一册，第136页，天津古籍出版社，1994。

哉问乎！来，吾语女至道。……"……"吾与日月参光，吾与天地
为常。当我缗乎，远我昏乎！人其尽死，而我独存乎！"

《神仙传》于是有了广成子这样一位仙人，其故事正是黄帝问至道：

> 广成子者，古之仙人也。居崆峒之山，石室之中，黄帝闻而造
> 焉。曰："敢问至道之要。"广成子曰："……何足以语至道？"黄帝
> 退而闲居三月，后往见之，膝行而前。再拜请问治身之道。广成
> 子答曰："……与日月参光，与天地为常。人其尽死，而我独存
> 矣。"①

无论人物、结构乃至对话内容，都与《庄子》如出一辙，只不过在开篇加
上了"广成子者，古之仙人"的交代。

因此，《神仙传》在创作方面多受《庄子》启发是很自然的。

其一，仙话不同于神话，它不是把自然人格化，而是把现实中的人
神化。神话把自然人格化，是原始人类思维幼稚的表现，仙话赋予现
实中的人以超凡的能力，则完全是妄诞附会的产物。《庄子》有意虚
构，特别是对于老子、孔子、列子等历史名人，分明按照自己的需要重
新写过。《庄子》这种公然假托、刻意杜撰的做法，无疑对仙话的大胆
创作有极大的启发和刺激。这在《神仙传》中的表现尤为突出。

正如有学者所指出，较之多述玄想人物的《列仙传》，《神仙传》有
更多对现实人物的描述，②但这些现实人物的神异事迹比起有些神话
人物，却一点也不逊色，仰仗的就是大胆想象，有意编造。比如老子，
《庄子》只是给他编派对话，《神仙传》不但将《庄子》中关于孔子问礼于
老聃、阳子见老子的两篇寓言悉数采入，还描述了老子出关时以太玄
符让人变为枯骨又起死回生的仙人故事。再比如《庄子》中虽有提到
墨子，尚没有为墨子编派出寓言，《神仙传》中，墨子也成了一位至汉武
帝时仍存于世的神仙之人：

> 墨子年八十有二，乃叹曰："世事已可知，荣位非常保，将委流
> 俗，以从赤松子游耳。"乃入狄山，精思道法，想象神仙。于是数闻
> 左右山间，有诵书声者，墨子卧后，又有人来，以衣覆足。墨子乃

---

① 《神仙传·广成子》，见《太平广记》第一册，第11页，天津古籍出版社，1994。

② 孙昌武：《作为文学创作的仙传：从〈列仙传〉到〈神仙传〉》，载《济南大学学报》2005年第1
期。

伺之,忽见一人,乃起问之曰:"君岂非山岳之灵气乎,将度世之神
仙乎? 愿且少留,诲以道要。"神人曰:"知子有志好道,故来相候。
子欲何求?"墨子曰:"愿得长生,与天地相毕耳。"于是神人授以素
书,……乃得地仙,隐居以避战国。至汉武帝时,遣使者杨违,束
帛加璧,以聘墨子,墨子不出。视其颜色,常如五十许人。……①

对于战国初期大名鼎鼎的墨子,居然说他汉武帝时尚被征聘,不能不
说编造之大胆。

其二,无论是仙话还是志怪,汉魏晋时期都还是粗陈梗概。没有
对话,就没有戏剧冲突和矛盾推进演化的过程。《神仙传》的特别之处
就在于虚构出戏剧性对话,从而更具小说的规模。而这种虚拟对话描
写,正是直接受益于《庄子》的结果。上引《墨子》一段就是在人物对话
的演进中显示了墨子成仙的来龙去脉。它如《河上公》写河上公要汉
文帝亲自造访才肯为其解《老子》之惑,汉文帝亲临后,便出现了两人
的对话:

帝曰:"普天之下,莫非王土,率土之滨,莫非王臣。域中'四
大',王居其一,子虽有道,犹朕民也。不能自屈,何乃高乎?"公即
抚掌坐跃,冉冉在虚空中,去地数丈,俯仰而答曰:"余上不至天,
中不累人,下不居地,何民臣之有?"帝乃下车稽首曰:"朕以不德,
忝统先业,才小任大,忧于不堪。虽治世事而心敬道,直以暗昧,
多所不了,唯愿道君有以教之。"②

汉文帝开始以"率土之滨,莫非王臣"责河上公不行臣道,河上公略施
法术,"去地数丈",以"上不至天","下不居地","何臣民之有"相答,情
节的亮点就是通过对话显示出来的。

综上所述,《庄子》的文学性主要表现在寓言创作,寓言三种中有
些已经具备小说的因素,这些因素对后世小说创作的影响主要在于有
意杜撰和对话描写,由此奠定了《庄子》在中国小说史上的地位。

---

① 《神仙传·墨子》,见《太平广记》第一册,第 69 页,天津古籍出版社,1994。
② 《神仙传·河上公》,见《太平广记》第一册,第 142 页,天津古籍出版社,1994。

第六章
《史记》纪传体与人物传记小说

　　在中国古代小说的发生过程中,有一部历史巨著不能不提,这就是《史记》。说起来,《史记》首先是一部伟大的历史著作,它的作者司马迁是一位伟大的历史学家,这应该是毋庸置疑的;同时,从历史散文或史传文学的角度讲,《史记》还是一部伟大的文学著作,它的作者司马迁是一位伟大的文学家,这应该也是没有问题的。但具体到纯文学性的小说,《史记》与之是一种什么关系,却是值得探讨的一个问题。从小说发生的角度讲,就像《左传》的叙事具有一些小说笔法,就像《战国策》的拟托与小说虚构有相通之处,《史记》无论是叙事的曲折还是细腻的或想象性的描摹,也都蕴含着诸多小说因素,而本章要强调的,则是其独创的纪传体撰史写法与中国古代人物传记小说的发源有着更为直接的关系。

第一节　《史记》是不是一部历史小说

一、《史记》小说问题的提出

　　《史记》是西汉武帝时代太史司马迁继其父司马谈而

作的一部纪传体通史著作,上起作者认定的信史之始黄帝时代,下迄作者全面铺开撰写史著的汉武帝太初元年,历史跨度三千余年;全书由十二本纪、十表、八书、三十世家、七十列传组成,涵盖了历史上各类人物的历史活动、典型的历史事件及形成的各种制度的历史沿革,创造了一个庞大而纵横交错的史著体系。该撰史体例成为后代各朝正史编纂历史的范本。《隋书·经籍志·史部》把它列为史书第一,并称"世有著述,皆拟班、马,以为正史"。从此,正史系列,无论是清朝人所说的"十七史""二十二史",还是现代人所说的"二十四史""二十五史",《史记》都岿然在列。

不过,曾几何时,随着对《史记》研读、考订、鉴赏的深入,关于这部巨著,开始出现了另外的声音。

一种声音是对这部著作所记述的某些内容是否为信史提出质疑。

如针对《屈原贾生列传》中所载屈原与江渚渔夫的对话,唐代学者刘知几指出:"自战国已下,词人属文,皆伪立客主,假相酬答。至于屈原《离骚》辞,称遇渔父于江渚;宋玉《高唐赋》,云梦神女于阳台。夫言并文章,句结音韵。以兹叙事,足验凭虚。"[1]

针对《史记》中所记豪侠,北宋诗人张耒指出:"其言侯嬴自杀以报公子,而樊于期自杀以头遗荆轲,皆奇诞不近人情,不足考信。以嬴既进朱亥以报魏公子,不自杀未害为信,而樊于期自匿以求苟免,尚安肯愤然劫以浮词,以首遗人哉?此未必非燕丹杀之也。"[2]

针对《项羽本纪》中记载的霸王别姬一幕,清代周亮工指出:"垓下是何等时?虞姬死而子弟散,匹马逃亡,身迷大泽,亦何暇更作歌诗?即有诗,亦谁闻之,而谁记之欤?吾谓此数语者,无论事之有无,应是太史公笔补造化,代为传神。"[3]

针对《魏公子列传》所言"当是时,诸侯以公子贤,多客,不敢加兵谋魏十余年",清代郭嵩焘据《史记·魏世家》指出:"安釐王元年,秦拔魏两城;二年,又拔二城;三年,拔四城;四年,秦破魏,予秦南阳以和;九年,秦拔魏怀;十一年,秦拔魏郪丘;齐楚攻魏,秦救之,魏王因欲伐

---

① [唐]刘知几:《史通》(《四库全书》本)卷十八。
② [宋]张耒:《张右史文集》(《四部丛刊》本)卷五十六。
③ 转引自钱钟书《管锥编》第一册,第278页,北京:中华书局,1979。

韩求故地,信陵君谏;二十年,秦围邯郸,信陵君矫夺晋鄙军救赵。盖自魏安釐王立,无岁不有秦兵。是时秦益强,六国日益弱,而赵将楼昌攻魏几,廉颇攻魏防陵,又攻安阳。所谓'诸侯不敢加兵谋魏十余年',是史公极意描写之笔,无事实也。"①

针对《史记》中所述的一些传奇人物,清代袁枚指出:"史迁叙事,有明知不确而贪于所闻新异,以助己之文章,则通篇以幻忽之语序之……即如屠岸贾一事,三传所无,史迁不忍割爱,故《赵世家》入手即序鸟身人面之中衍,随即序周穆王见西王母以下,将妖梦鬼神之事重叠言之,皆他世家所无也。若曰屠岸贾事之有无,亦若是云尔。《张良传》曰黄石公、曰沧海君、曰赤松子,皆莫须有之人,以见四皓之传闻,亦如是云尔。"②

针对《赵世家》中所述"赵氏孤儿"故事不见于《左传》的情况,清代赵翼指出:"屠岸贾之事,出于无稽,而迁之采摭荒诞不足凭也。《史记》诸世家多取《左传》《国语》以为文,独此一事全不用二书而取异说,而不自知其抵牾,信乎好奇之过也。"③梁玉绳也说:"愍孤报德,视死如归,乃战国侠士刺客所为,春秋之世无此风俗,则斯事固妄诞不可信,而所谓屠岸贾、程婴、杵臼,恐亦无其人也。"④

针对《吴太伯世家》中说"越王灭吴,诛太宰嚭,以为不忠而归"、《伍子胥列传》说"越王勾践遂灭吴,杀王夫差,而诛太宰嚭,以不忠于其君,而外受重赂,与已比周也",北宋刘恕指出:"《左传》哀二十四年闰月,'哀公如越,季孙惧,使因太宰嚭而纳赂焉',在吴亡后二年也。如左氏之说,则嚭入越亦用事,安吴亡即诛哉?"日人竹添光鸿也说:"据左氏,则此时未必诛嚭,越之诛嚭,当在季孙纳赂之后。"⑤

这些声音集中起来,就是质疑太史公《史记》所记之事的真实性。

另一种声音与上述质疑相关,进而将这部著作与小说相提并论。

如金代学者王若虚认为:"迁采摭异闻小说,习陋传疑,无所不有。"称《留侯世家》一篇,记载了张良夜遇黄石公的奇事,"直可作《列

---

① [清]郭嵩焘:《史记札记》,第275页,北京:商务印书馆,1957。
② [清]袁枚:《随园随笔》,《袁枚全集》第五册,第24页,南京:江苏古籍出版社,1993。
③ [清]赵翼:《陔余丛考》,第93页,北京:商务印书馆,1957。
④ [清]梁玉绳:《史记志疑》,第1051页,北京:中华书局,1981。
⑤ 〔日〕龙川资言:《史记会注考证》,第853页,上海古籍出版社,1986。

仙传》读也"。①

宋末元初的刘辰翁指出《司马相如列传》中文君夜奔的故事是一段小说情节。

明代学者胡应麟提到"至称羽重瞳,纪信营墓,无关大体,颇近稗官矣"。②

现代学者有的更是直接称《史记》为小说集,称司马迁为小说家。如郭沫若就曾明确主张可以把《史记》当作"一部历史小说集"来鉴赏③。

李长之在《司马迁之人格与风格》一书中论到"《史记》与中国后来的小说戏剧",指出:"以司马迁的史诗之笔,他可以写小说。事实上他的许多好的传记也等于好的小说。……司马迁原可以称为一个伟大的小说家。《史记》乃是中国小说史上第一期中的写实的人情小说。"④

这么多学者看到并指出《史记》中难称信史的成分,甚至将它与小说联系起来,就不能说完全是出于史家的偏见了。细读《史记》,我们的确可以找到不计其数的想象、虚构、传奇、志怪、小说笔法等处,说它具有小说因素,说它在中国小说发生过程中是极其重要的一环,说它对后代各类小说创作都有可以明显找到的影响,这都不为过。这里需要回答的是,《史记》可不可以当作"一部历史小说集"? 司马迁可不可以称为一位"伟大的小说家"?

二、《史记》的主旨不在于创作小说

关于《史记》的写作主旨,司马迁在《太史公自序》中有明确的交代,这就是要"究天人之际,通古今之变,成一家之言"。他既不是要做一般的史官,单纯记述历史事件,更不是要做一个小说家,为人们讲述奇闻轶事,以供观赏,而是要向孔子那样,通过撰史以喻其意,从历史的事实和演化变迁中总结关于天人关系和盛衰得失的认识。之所以要诉诸历史撰述,用他引用孔子的话来说就是,"我欲载之空言,不如

---

① 杨燕起等:《历代名家评史记》,第 177、521 页,北京师范大学出版社,1986。
② 杨燕起等:《历代名家评史记》,第 180 页,北京师范大学出版社,1986。
③ 杨燕起等:《历代名家评史记》,第 39 页,北京师范大学出版社,1986。
④ 李长之:《司马迁之人格与风格》,第 350～352 页,北京:三联书店,1984。

见之于行事之深切著明也"。正所谓"事实胜于雄辩",与其讲一篇大道理,不如用事实说话更令人信服。对此,梁启超在《要籍解题及其读法》中给予了颇为精辟的概括:"其著书最大目的乃在发表司马氏一家之言,与荀卿著《荀子》,董生著《春秋繁露》,性质正同,不过其'一家之言'乃借史的形式以发表耳,故仅以近世史的观念读《史记》,非能知《史记》者也。"①

通过"见之于行事"以"成一家之言"的这一主旨,决定了《史记》一方面要尽量考信于史,另一方面即便为突出主旨对史料作出一定的变通处理,也并非出于小说创作的动机。

关于考信于史,太史公在《史记》的撰述中经常予以交待。

比如《五帝本纪》作为《史记》的开篇,记述了黄帝、尧、舜等传说人物的事迹。对此,"太史公曰"强调对于各种记载、传说有所考定取舍:"学者多称五帝,尚矣。然《尚书》独载尧以来;而《百家》言黄帝,其文不雅驯,荐绅先生难言之。孔子所传宰予问五帝德及帝系姓,儒者或不传。余尝西至空桐,北过涿鹿,东渐于海,南浮江淮矣,至长老皆各往往称黄帝、尧、舜之处,风教固殊焉,总之不离古文者近是。予观《春秋》《国语》,其发明五帝德、帝系姓章矣,顾弟弗深考,其所表见皆不虚。书缺有间矣,其轶乃时时见于他说。非好学深思,心知其意,固难为浅见寡闻道也。余并论次,择其言尤雅者,故著为本纪书首。"②我们知道,关于黄帝等人物,其实有许多神话传说,"《百家》言黄帝,其文不雅驯"的说法,也透露了这一消息,那么太史公所谓"择其言尤雅者",即是去掉怪诞不经,尽量合于人事。

《大宛列传》篇末的"太史公曰"中也强调了不拟言怪的意思:"《禹本纪》言'河出昆仑。昆仑其高二千五百余里,日月所相避隐为光明也。其上有醴泉、瑶池'。今自张骞使大夏之后也,穷河源,恶睹本纪所谓昆仑者乎?故言九州山川,《尚书》近之矣。至《禹本纪》《山海经》所有怪物,余不敢言之也。"

很显然,太史公不想猎奇,对于古代神话传说,作了历史化梳理和处理;对于《山海经》《禹本纪》等,认为荒诞不经而不采录。

---

① 《梁启超讲国学》,第 20 页,北京:中国传媒大学出版社,2008。
② 本章所引《史记》,均见中华书局 1959 年版,下引《史记》文字不再出注。

太史公记事不言怪,在对关于荆轲传闻的处理上表现得尤为明显。发生在战国末的荆轲刺秦王一事,惊动四野,其后便有关于此事的原委始末开始流传。详述其事者今见有《战国策·燕三·燕太子丹质秦亡归》《史记·刺客列传》和著录于《隋书·经籍志·子部·小说家》的《燕丹子》。《战国策》与《史记》的文字过于雷同,鉴于后者在"太史公曰"中有关于此事情节来源的交代,笔者认同《战国策》取自《史记》的说法。① 这样,今见关于荆轲刺秦王的最早记述,就只有《刺客列传》与《燕丹子》。比较两者的描述,会发现它们的情节大致相同但细节有出入,《燕丹子》有更多离奇和夸饰的描写:

> 燕太子丹质于秦,秦王遇之无礼,不得意,欲求归。秦王不听,谬言曰令乌白头、马生角,乃可许耳。丹仰天叹,乌即白头,马生角。秦王不得已而遣之,为机发之桥,欲陷丹。丹过之,桥为不发。夜到关,关门未开。丹为鸡鸣,众鸡皆鸣,遂得逃归。……后日与轲之东宫,临池而观。轲拾瓦投龟,太子令人奉盘金。轲用抵,抵尽复进。轲曰:"非为太子爱金也,但臂痛耳。"后复共乘千里马。轲曰:"闻千里马肝美。"太子即杀马进肝。暨樊将军得罪于秦,秦求之急,乃来归太子。太子为置酒华阳之台。酒中,太子出美人能琴者。轲曰:"好手琴者!"太子即进之。轲曰:"但爱其手耳。"太子即断其手,盛以玉盘奉之。②

"丹仰天叹,乌即白头,马生角",显然带有神异、传奇色彩,属于"小说家言","盘金投龟","杀马进肝",特别是"奉美人手",已超出人情,为的是极言太子对荆轲的知遇之恩,也不是史家的笔法。这些"太过"的内容,恰恰在《刺客列传》中不见于行文。

是太史公没有采信《燕丹子》中的描写,还是《燕丹子》在《刺客列传》基础上作了演绎? 这便涉及到两者的成文究竟孰先孰后的问题。《燕丹子》因不见于《汉书·艺文志》著录、始见于北魏郦道元《水经注》卷十一"易水"注所引,一般被认为成书于东汉中叶至魏晋之间,但也

---

① 刘向所编《战国策》与司马迁的《史记》有一部分情节内容乃至文字十分近似的篇目,学界有一种说法是《战国策》散佚后宋代曾巩据《史记》以补齐。据帛书《战国纵横家书》中大致相同的篇目可证,两书有些篇目的相同大多是缘于两者取材于同一种史料,参见笔者《先秦两汉文学考古研究》(学习出版社2007年)第四章。然不排除个别篇目据《史记》以增补的情况。

② 《燕丹子》,第3页,北京:中华书局,1985。

有据有关史料考证它成书于秦汉之际者①。笔者倾向于后者的意见。退一步讲，即便今见《燕丹子》可能经过后人的加工润色，该书所凭据的原始文本也一定成书于《史记》之前，因为《刺客列传》的"太史公曰"明确交待见过此类文本：

> 太史公曰：世言荆轲，其称太子丹之命，"天雨粟，马生角"也，太过。又言荆轲伤秦王，皆非也。始公孙季功、董生与夏无且游，具知其事，为余道之如是。

这段文字表明，其一，太史公撰写《刺客列传》之前，已经存在详尽描述燕丹子及荆轲事迹的"世言"文本，其中恰恰有"天雨粟，马生角"等离奇情节，太史公认为"太过"没有采信；其二，这个"世言"本中的有些描写，如言"荆轲伤秦王"，与太史公听来的当时在场的夏无且的说法有出入，太史公据此对结局作了改定。而《燕丹子》描述荆轲刺秦王，正是"轲拔匕首掷之，决秦王耳，入铜柱"②。

作为对《刺客列传》撰写之前确有关于燕丹子、荆轲"世言"文本存在的佐证，还有产生在西汉前期的邹阳的《狱中上梁王书》与东汉王充关于《燕丹子》的评述。邹阳《狱中上梁王书》中几处提到荆轲之事："昔者荆轲慕燕丹之义，白虹贯日，太子畏之"，"故昔樊于期逃秦之燕，藉荆轲首以奉丹之事"，"夫王奢、樊于期非新于齐、秦而故于燕、魏也，所以去二国死两君者，行合于志而慕义无穷也"，"故秦皇帝任中庶子蒙嘉之言，以信荆轲之说，而匕首窃发"（《史记·鲁仲连邹阳列传》），其中除"白虹贯日"与"天雨粟，马生角"类同而有异外，樊于期奉首、荆轲匕首窃发等都是故事中的部分，其所见文本已经十分完整。王充《论衡·书虚篇》有"传书又言：'燕太子丹使刺客荆柯刺秦王，不得，诛死。后高渐丽复以筑见秦王……'夫言高渐丽以筑击秦王，实也；言中秦王病伤三月而死，虚也"③的说法，据"中秦王"知王充所见"传书"并非《刺客列传》而是《燕丹子》之类，"渐丽以筑击秦王"虽不见于今本

---

① 清人孙星衍《〈燕丹子〉序》认为此书多古字古义，且长于叙事，娴于辞令，应是先秦古书，并称："司马贞《索隐》引刘向云：'丹，燕王喜之太子。'则刘向《七略》有此书，不可以《艺文志》不载而疑其后出"。今有文章专论《燕丹子》成书于秦末，见孙晶《〈燕丹子〉成书时代及其文体考》，载《古籍整理研究学刊》2001年第2期。

② 《燕丹子》，第16页，北京：中华书局，1985。

③ 《论衡》，《诸子集成》本，第41页，上海书店出版社，1986。

《燕丹子》，但《太平御览》卷六九九引《燕丹子》有"秦始皇置高渐离于帐中击筑"一句①。

总之，太史公在撰写《刺客列传》之前，已经存在《燕丹子》之类"世言"本或今见《燕丹子》的原始本。太史公关于荆轲事迹的描写，参照了这个本子并根据自己了解的情况作了改写。其对材料的取舍，正如他所说，舍弃了"天雨粟、马生角"之类"太过"的离奇内容，也没有断美人手这种超乎常情的描述，可见其考信历史的态度。对此，马端临引《周氏涉笔》即判断说："燕丹、荆轲，事既卓绝，传记所载亦甚崛奇。今观《燕丹子》三篇与《史记》所载皆合，似是《史记》事本也，然乌头白、马生角、机桥不发，《史记》则以怪诞削之。进金掷蛙、脍千里马肝、截美人手，《史记》则以微所闻削之。"②

比较《燕丹子》和《刺客列传》的写法，会发现前者传奇、夸饰、渲染，已近演义小说，后者在考信史实的基础上展开描写，仍属史传文学。

关于太史公为突出主旨对史料作出一定的变通处理，如上所说，唐宋以降，历代学者都有指出《史记》中存在于史无征、偏离史实或想象虚构的部分，其中有一种意见认为太史公并非粗略失误，而是有意为之，进而从探究太史公寓意的角度对此作出解释。

今人韩兆琦在《关于〈史记〉的性质及其他》③一文中也指出《史记》中有"为了说道理便有意地对事实作了某些想象、夸张、时间颠倒、乃至于事实的虚构"的情况，并归纳为三个方面。其一是"为了说道理而颠倒事实的时间顺序"，如《吴太伯世家》和《伍子胥列传》中都说越王勾践灭吴后即杀太宰嚭，对此北宋刘恕已据《左传》所记吴亡二年后鲁哀公因太宰嚭而纳赂事提出质疑（见前），其实这是太史公故意"将伯嚭的死法处理得与项羽部将丁公在战场放走了刘邦，至刘邦胜利后反将丁公斩首示众相同（见《季布栾布列传》），表现了司马迁对这种叛主求荣、倾人家国的败类们的无比厌恶与憎恨"。其二是"将一些可有可

---

① 著录于《隋书·经籍志》的《燕丹子》已佚，今见本乃清人孙星衍的校辑本，孙氏据《太平御览》卷六九九引《燕丹子》有"秦始皇置高渐离于帐中击筑"一句，说明今本《燕丹子》尚有阙文。
② [元]马端临：《文献通考·经籍考》，第968页，上海：华东师范大学出版社，1985。
③ 韩兆琦：《关于〈史记〉的性质及其他》，载《语文学刊》1994年第2期。

无、似是而非的人物、事件庄严地写入传记,实际上不过是用来作为自己的传声筒,以表现自己的某种观念",如《赵世家》中所述"赵氏孤儿"故事不见于《左传》,清代赵翼、梁玉绳都感到荒诞不可信(见前),赵翼在《陔余丛考》中则指出了同一部《史记》书中关于此事记述的矛盾:"《史记·赵世家》之说赵武为庄姬所生,则武乃赵氏嫡子也,而《晋世家》又以为庶子;《晋世家》'景公十七年杀同括,仍复赵武邑',晋年表于景十七年亦言'复赵武田邑',而《赵世家》乃谓'十五年'后,则其一手所著书已自相矛盾。"明知道这些人的事迹未必可信,明知道写了这些人与其他篇有矛盾,而司马迁还是要写,"其目的就是要通过这些人、这些事来表彰'士为知己者死'这样一种司马迁所理想的人生道德准则"。其三是"张扬天道鬼神,故作痴傻,实际是借用这种手段表达自己的某种态度与信念",如《魏其武安侯列传》中田蚡作威作福,强加罪名地杀害了灌夫与窦婴后,作品接着写道:"其春,武安侯病,专呼服谢罪。使巫视鬼者视之,见魏其、灌夫共守,欲杀之,竟死。"以司马迁的水平,他不可能相信这是真事,而他之所以还要这样写,不过是表达他对田蚡的厌恶,并"以此为后世擅权者之戒"(《史记评林》引明代钱福语)。

这种围绕着主旨组织材料、展开描写的情况,的确有些超出历史记述的范畴,与文学创作有相通之处,但作者的旨意毕竟不在观赏,不是在创作小说,与主旨关系不大的情节,应该不在想象、虚构的范围。

综上,就"成一家之言"的撰史主旨导致了《史记》就神异、志怪、传奇色彩来说,其实不如《左传》有更丰富的内容;就想象、虚构而言,不如《战国策》有更多无中生有的部分;就对情节的铺陈和渲染来说,不如《燕丹子》之类"世言"作品有更充分的展示。然而,我们仍然要说,《史记》在中国古代小说的发生过程中有不可替代的作用,其关键就在小说中一个大类——人物传记小说,就其形成而言,《史记》是重要的源头。

三、《史记》纪传体的独创与人物传记小说的源起

《史记》对于中国古代史学最大的贡献在于体例的创制。太史公在对以往编年体、国别体、诸子体、诸记体等经史子集各种文体综合吸

纳的基础上,确立了以本纪为轴心、以世家、列传为辐条、以年表为经、以各书为纬的纵横交错的体大而思密的撰史构架。除去"表"和"书",就对历史的具体记述而言,无论是本纪还是世家、列传,均以人物活动为线索贯穿历史事件,从而开创了以人为中心的撰史体,该体也因《史记》的构篇名目而被称为纪传体。

从文学层面讲,纪传体相当于人物传记体。因为它的以人为中心,大多是以人的生平经历为线索,既有人物的出身、来历,也有人物的归宿、结局,尽量展示人物完整的一生。就今见文献来看,这种文体,应该是从《史记》开始的。也就是说,在文学贡献方面,《史记》最独特的东西,最突出的方面,是它第一次把人和人物命运作为中心展示的对象,独创了传记体这一更接近文学构思的叙述描写体式。

《山海经》中记述的上古神话传说,只是一些神话人物活动的片段;各种说体故事,也只是一些历史人物的故事片段;这些不可能形成人物传记,是无须多言的。

说起来,《左传》虽为编年体,以事件为主,但无意中也曾写出过不少富于性格的人物,有的篇目甚至通过倒叙、补叙等不同手段,写成了一些集中展示人物生平的小型传记,《僖公二十三年》"晋公子重耳之亡"追述晋公子重耳在外十九年的成长经历、《宣公三年》"郑穆公刘兰而卒"一段,在"冬,郑穆公卒"一句后面,更是以"初"字引领,以"兰"为线索,浓缩了郑穆公的一生。然而,《左传》终究总体上是以记事为主线的编年体,人物因事件而出现,事件置于编年中,写人受到很大的局限。

《战国策》的记述应该说是围绕人物活动展开的,但其主旨注重的是人的才能,注重的是其中巧妙的辞说、成功的策谋,其意并不在人物刻画和人物命运,所以只是些片段。人物经历很不完整,自然看不到他们的命运。

《晏子春秋》整部书都是晏子这一个人物的事迹的记述,似乎可以称为人物传记了,然而,书由一个个记事片段组成,分门别类,展示的是晏子谏君、出使等从政活动中表现出的机敏、善辩等才能,与《战国策》的短篇记事相类似,并非人物传记的写法。

《穆天子传》整篇专记一个人物的活动,几乎可以算是人物传记了。然而,具体考察它的内容和写法,会发现它与人物传记体仍有差距。就内容而言,它只集中记述了周穆公一生中游历天下的一段经历,属于游记;就写法而言,除个别片段有描写成分外,大多只是扼要记述,类似于起居注。所以,这部作品也不是传记体的发源。据有关史料,该篇于汲冢出土时有称题为《周王游行》者(详后),可知《穆天子传》并非原作之题。

《史记》则是以人物生平为中心构篇,是用整个篇幅、用各个事件、从各个方面集中展示人物的性格和命运。因此,它为我们完整地展示了一个个活生生的人物形象,展示了人物的性格和命运,甚至性格与命运的关系。这正是读者常常会被其中的人物所感动、会情不自禁产生共鸣的原因所在。这也是它与小说最接近之处。

第二节 《史记》人物传记描写内容的小说特征和因素

太史公并无意为小说,但他设计的纪传体撰史体式已经与人物传记小说有相通之处,或者说奠定了后代人物传记小说的基本格局;而他在选择传主和对所选人物进行描写甚至塑造时,又不期然而然地具备了后代人物传记小说所形成的许多特征和因素。

一、选择什么人物来写

并非什么人物都是传记小说所钟情的传主,只有那些能特别引起人们震动或唏嘘感叹的人物,才能引起读者的兴趣。

由《史记》"究天人之际,通古今之变"的撰史主旨可知,太史公具有古今通变的历史发展观意识,而在把握历史变化动因的问题上,则颇在天意与人为之间徘徊,天人感应的文化氛围不会不对其有所制约,对历史客观事实的尊重又使他实际上更注意到人的作为对于历史的推动作用。于是,思考人,并由人来展示历史,成为太史公历史观的主要部分。纪传体正是基于这种历史观的产物。以帝王或相当于帝王的人物为本纪、以诸侯或相当于诸侯的人物为世家、以在历史上起到过独特作用或具有独特人格的各色人物为列传,由此构筑历史篇章,正是其以人为本的历史观在撰史结构方面的体现。

当然,同样是能够用来展示历史,在史料中留下名姓的人物岂止成千上万,也还有一个选择问题,正是在这一点上,太史公的兴趣显示出与小说创作的颇为相通之处。

扬雄在《法言·君子篇》中曾说,"多爱不忍,子长也。仲尼多爱,爱义也;子长多爱,爱奇也"。"奇",便是无偶,特别,这可以从多个层面来理解,而就选择传主这个层面来说,所谓"爱奇",就是喜欢选择不同寻常的人物倾注笔墨。"古者富贵而名磨灭,不可胜记,唯倜傥非常之人称焉"(《报任安书》),他要选择的恰恰就是这些"倜傥非常之人"。

以帝王为传主的本纪应该没有多少选择的余地。帝王具有唯一性,且一位帝王代表的不只是他本人,还代表着一个时代。即便如此,在十二本纪的安排中,我们仍然看到了太史公的选择倾向。其一是《项羽本纪》。项羽是一位失败的英雄,不但没有做到帝王,且最终"无颜见江东父老",自刎而亡。太史公却将其列在"本纪"一类中,浓墨重彩地描绘了他的一生。就历史选择而言,项羽虽然以失败告终,但他在特定时期实际上发挥了无可替代的相当于帝王的独特作用;就情感选择而言,项羽所独具的跌宕起伏的经历,凝聚了太多人生的感叹和哲理。其二是《吕太后本纪》。吕太后并非帝王,做帝王的是她的儿子孝惠帝。但这一时期,实际在历史舞台上发挥作用的是吕太后,吕太后本人特有的经历和由此经历所强化的特别性格也确有大书特书之处。这些选择和安排已经超出了严谨的历史著作应有的规范,更超出了传统的等级秩序观念,正因为如此,刘勰遂讥其有"爱奇反经之尤"(《文心雕龙·史传》)。比之班固《汉书》相应部分去掉《项羽本纪》而加上《惠帝纪》,将《项羽本纪》《陈涉世家》合并为《陈胜项籍传》,《史记》的"反经之尤"分明可见。然而正是因为这种"爱奇",才使得《史记》写出了更多精彩的动人心魄的人生。

以列国诸侯和各封国王侯为传主的世家也没有多少选择的余地,因为它们同时还负载着列国和封国的兴衰。然而在世家中,我们仍然看到了太史公的非常之举。其一是《孔子世家》。孔子不曾封侯,一生大半几属布衣,却开创了至汉代已步独尊的儒家学派,其历史地位绝不亚于王侯将相,其人生追求更浓缩着中国士人的承担意识,故太史

公于诸子百家独选孔子入于世家。其二是《陈涉世家》。陈涉起于畎
亩,怀抱"王侯将相宁有种乎"的"鸿鹄之志",当"天下苦秦久矣"之时,
振臂一呼,揭竿而起,敲下了秦王朝丧钟的第一锤。尽管曾自立楚王,
国号"张楚",终因兵败臣叛身死,只成为秦汉易代的铺垫,并不曾有正
统的王侯身份。太史公将陈涉列入世家,最招后世史家诟病,却也最
见出不凡的见识,他看重的是陈涉了不起的首发之功:"陈胜虽已死,
其所置遣侯王将相竟亡秦,由涉首事也。"(《陈涉世家》)其三是《外戚
世家》。《外戚世家》的传主皆为女性,但都是不一般的女性,她们本身
皆非侯王,却因成为帝王之母、之妻,而拥有了不同寻常的命运。太史
公特为将外戚列为世家,在其中凝聚了更多关于王朝后宫复杂关系的
思考。

真正能够见出太史公对于传主选择意识的是列传。列传传主没
有固定的身份限定,其范围广及社会各阶层、各种身份的历史人物,写
谁不写谁,必须作出选择,既然要进行选择,就具有比较大的自由度。
在这里分明可见太史公的情之所钟。

七十列传的开篇是《伯夷列传》。伯夷、叔齐身为孤竹君的两个儿
子,因相互让位而逃离,因反对周人动武而耻食周粟,终至于饿死首阳
之山。对于历史叙事而言,他们绝对算不上举足轻重之人,却有着特
立独行的个体人格和不同凡俗的别样人生。不过,这只是太史公要为
他们立传的缘由之一。通读全文会发现该篇题写"伯夷",文中出现
的人名不下十几位;名为"列传",真正叙述伯夷叔齐事迹的文字只有
转述"传曰"一段,不足全篇文字的四分之一。太史公更多的是在文中
感叹,伯夷叔齐虽饿死首阳,却因孔子的称道而名显于世,正所谓"求
仁得仁,又何怨乎?"但话又说回来,历史上又有几人能像伯夷这样幸
运,因得到孔子的称道而名节远扬? 有多少个许由、卞随、务光,尽管
其追求一点也不比伯夷差,却因没有被"青云之士"发现而埋没无闻
了。这也就是说,并不是所有值得称道的人都能载入经典的。问题
是,如果身体得不到,名声也得不到,岂不是太不公平了? 原来,太史
公是在用这第一篇发凡起例。只不过它不是写法的"起例",而是态度
的"发凡"。他这是在告诉人们,他要用他的笔,做一次"青云之士",他
要让那些有值得称道之处的人能被载入史传。

于是,在列传中,我们的确看到了形形色色按常规不一定会标炳史册却确有值得称道之处的人物。

太史公写有一篇催人泪下的《李将军列传》。若就地位和身份而言,李广"不得爵邑,官不过九卿",最终还是因"终不能复对刀笔之吏"而"引刀自刭"。相反,当初与他"俱事孝文帝"的从弟李蔡景帝时"功劳至二千石","孝武帝时,至代相。以元朔五年为轻车将军,从大将军击右贤王,有功中率,封为乐安侯。元狩二年中,代公孙弘为丞相"。然而,太史公并未为李蔡立传。因为"蔡为人在下中,名声出广下甚远",的确乏善可陈;而李广却是让匈奴闻风丧胆的"汉之飞将军"。正因为太史公的如椽之笔,命运不济的李广十分幸运地名垂青史,至今人们还在吟咏"君不见沙场征战苦,至今犹忆李将军"(高适《燕歌行》),"但使龙城飞将在,不教胡马度阴山"(王昌龄《出塞》)。

太史公还浓墨重彩地写有一篇《伍子胥列传》。伍子胥乃春秋时楚国人,为报楚杀父之仇逃往吴国,成为吴王的股肱之臣。若就这一大臣身份而言,春秋时期《左传》记到的名臣贤相多矣,郑之子产、晋之叔向、楚之申叔时等等,都不见有单独的列传,伍子胥在《左传》中被用到的笔墨并不比这些人多,却成为太史公情有独钟的主人公。其间的原因并不复杂,伍子胥具有非常人所能有的坎坷经历、奇特遭遇和坚韧意志,对此太史公毫不吝惜他的赞叹:"向令伍子胥从奢俱死,何异蝼蚁。弃小义,雪大耻,名垂于后世。悲夫!方子胥窘于江上道乞食,志岂尝须臾忘郢邪?故隐忍就功名,非烈丈夫孰能致此哉!"(《伍子胥列传》)

还有《司马相如列传》,是太史公不吝笔墨撰写的一篇几可以当小说读的人物传记,其篇幅之长,甚至超过了《项羽本纪》,这固然与收录了司马相如的长篇大赋有关,其中关于司马相如生平经历的描写,包括与卓文君"琴挑"、"夜奔"、"涤器"等爱情故事的诸多情节和细节,也用去了大量笔墨。相比之下,正如有学者所指出,"倡导'罢黜百家、独尊儒术'的董仲舒只以三百字的篇幅侧身于《儒林列传》。协助武帝实行官工官商,位在三公的桑弘羊,竟然无传"①,这恐怕只有从司马相如

---

① 马晋宜:《有关〈史记〉研究三题》,载《山西师大学报》1994年第4期。

的为人作派更属于"倜傥非常"一类才能获得解释了。就汉代所盛行的大赋创作而言,司马相如有非凡的才华;司马相如人生的戏剧性变化也蕴含着更多值得玩味的东西。

关于是否立传,太史公偶尔也会有所交代。其中特别值得一提的是《张丞相列传》。这是一篇在叙事上十分特别的传记。该篇以汉丞相张仓为传主,述及他任御史大夫时,插叙了御史大夫周昌的事迹;述及张仓代灌婴为丞相后,又续叙了申屠嘉为丞相之事。张仓,以及捎带叙及的周昌、申徒嘉,都有特别可陈之处。张仓以"肥白如瓠"脱于刀下的奇特经历,对于汉代律历的首创之功,父事救命恩人王陵、王陵死后"洗沐,常先朝陵夫人上食,然后敢归家"的情分,都能给人留下深刻印象;周昌强力直言的性格、被高祖骑颈的一幕、以"期期不奉诏"反对废太子的情急之状,更带有戏剧性色彩;申屠嘉"为人廉直,门不受私谒"的秉性,责罚文帝宠臣邓通的场面、因"悔不先斩(晁)错"以至"呕血而死"的气性,也使人过目不忘。叙述完申屠嘉的事迹之后,太史公写道:"自申屠嘉死之后,景帝时开封侯陶青、桃侯刘舍为丞相。及今上时,柏至侯许昌、平棘侯薛泽、武强侯庄青翟、高陵侯赵周等为丞相。皆以列侯继嗣,娖娖廉谨,为丞相备员而已,无所能发明功名有著于当世者。"很明显,平庸之辈,虽位极丞相,无可称道,也就略而不为立传了。

相反,太史公却为许多地位并不高的人物立了单传、合传,或者在附传中大着笔墨。比如《张释之冯唐列传》中的传主之一冯唐,文帝时为中郎署长,后拜车骑都尉;景帝时为楚相,免;武帝时举贤良,以年老未能任官。但他却有一件特别之事,这就是当年在文帝面前大谈明君应该如何用将,顺带提及云中守魏尚的冤情,于是"文帝说。是日令冯唐持节赦魏尚,复以为云中守"。太史公因此为冯唐立传,冯唐因此出现在苏东坡的词句中,所谓"持节云中,何日遣冯唐"(《江城子·密州出猎》)。再比如《平原君列传》中附传的毛遂,本是平原君门下再普通不过的一位食客,因自荐才得以补充为第二十个人。然而正是这种自荐,被太史公捕捉到其中闪光的亮点,从此中国成语中新增了"毛遂自荐""脱颖而出"。还有,太史公还设立了《刺客列传》《游侠列传》《滑稽列传》等专门记述小人物的传记篇目,在他看来,这些人虽卑为布衣,或身近倡优,但都有某些特别之处。如他赞叹刺客:"自曹沫至荆轲五人,此其义或成或不成,然其立意较然,不欺其志,名垂后世,岂妄也哉!"(《刺客列传》)称道游侠:"今游侠,其行虽不轨于正义,然其言必信,其行必果,已诺必诚,不爱其躯,赴士之厄困。既已存亡死生矣,而不矜其能,羞伐其德,盖亦有足多者焉。今拘学或抱咫尺之义,久孤于世,岂若卑论侪俗,与世沉浮而取荣名哉!而布衣之徒,设取予然诺,千里诵义,为死不顾世,此亦有所长,非苟而已也。故士穷窘而得委命,此岂非人之所谓贤豪间者邪?诚使乡曲之侠,与季次、原宪比权量力,效功于当世,不同日而论矣;要以功见言信,侠客之义又曷可少哉!"(《游侠列传》)在《滑稽列传》后感叹:"淳于髡仰天大笑,齐威王横行。优孟摇头而歌,负薪者以封。优旃临槛疾呼,陛楯得以半更。岂不亦伟哉!"

"伟哉",就意味着出乎其类,拔乎其萃,超乎其常。总之,那些在某一方面做出奇崛之举的人或具有奇崛之质的人,往往更多地成为太史公笔下的主人公。其实,偶然中有必然,一般寓于个别之中,这些特别之人的特别举动和经历,更能集中显示历史的必然,往往最能引发人们对于历史和人生的思考,太史公选择这些人物来写,恐怕更多地是出于表现其历史观的考虑,不过这样一来,反而采用了通过个别表现一般的文学创作手段。而奇崛本身,就自然带有戏剧性效果,这也正是《史记》在选择传主方面与传记小说的相通之处。

二、书写人物的什么内容

纪传体史书以对个体人物的叙写为主线,这本身已经具有文学叙事的特征,而就对人物所描写的内容来看,太史公不只是显示人物的历史作用,不只是通过人物展示历史的发展演变,还关注人物的遭际和命运,着力描写人物的特点和个性,注重揭示人物的社会关系,这就更多地是用文字将鲜活的人生呈现在人们面前,而这正是小说艺术的基本内容。

(一)人物遭际和命运

人生在世几十年,会有种种经历和遭际,其起伏变故,往往缘于某种偶然和必然,蕴含着一定的人生哲理。以人物为中心构篇的体式,为人生经历的展开提供了极大的空间,太史公正是藉此书写出许多人物令人唏嘘感叹的遭际和命运。

首先值得一提的是《项羽本纪》。这是太史公倾注心血全力书写的一篇人物传记。项羽的一生可谓大起大落,惊心动魄。出身名将之家,志在"学万人敌",力能扛鼎,才气过人,见秦始皇出口便道"彼可取而代也",天生一股盖世之气,二十几岁,又恰逢秦朝末路,诸侯又起,项羽遇上了成就大事的最佳时机。他没有辜负命运的赐予,当抗秦领军人物陈涉、田儋、项梁相继兵败被杀、义军陷入绝境、被派往救赵的宋义又按兵不动的危急时刻,毅然"即其帐中斩宋义头",自挂帅印,破釜沉舟,以"巨鹿之战"一场"一以当十"的辉煌战役,扭转了时局,并因此而成为义军的统帅。此后,霸气十足的他在抗秦的主战场上指哪打哪,打哪胜哪,为最终推翻秦王朝的统治铺平了道路。但此时命运似乎开始转向,刘邦趁机先行进入了秦都咸阳。"鸿门宴"上,项羽仍能让刘邦小心谢罪,这种如日中天、一呼百应,使他并未意识到自己霸王的地位会发生动摇,不听范增之劝轻易放走刘邦,为他命运的转折埋下了伏笔。实际上已经处于王者地位的他身上的弱点开始暴露,人心渐失,处于劣势的刘邦却在"明修栈道,暗渡陈仓",于是项羽不再能呼风唤雨,反而屡遭不顺,韩信、彭越在齐楚两地与刘邦呼应,使与刘邦相持的项羽顾此失彼,难以招架,不得已与刘邦订立"中分天下"的盟约,终至于在刘邦毁约、穷追不舍的情况下陷入垓下之围。突围一场,虽仍所向披靡,但毕竟已是孤军奋战,穷途末路,最后因"无颜见江东父老",以"乌江自刎"悲壮地结束了自己的一生。对于自己落得如此困窘的地步,项羽归命于天,所谓"天亡我,非战之罪也",太史公不以为然,尽管他在叙事中毫不掩饰对项羽的欣赏、同情和惋惜,但也分明让人们看到了项羽命运中的某种必然。而且最后在"太史公曰"中指出:"吾闻之周生曰'舜目盖重瞳子',又闻项羽亦重瞳子。羽岂其苗裔邪?何兴之暴也!夫秦失其政,陈涉首难,豪杰蜂起,相与并争,不可胜数。然羽非有尺寸,乘执起陇亩之中,三年,遂将五诸侯灭秦,分裂天下,而封王侯,政由羽出,号为'霸王',位虽不终,近古以来未尝有也。及羽背关怀楚,放逐义帝而自立,怨王侯叛己,难矣。自矜功伐,奋其私智而不师古,谓霸王之业,欲以力征经营天下,五年卒亡其国,身死东城,尚不觉寤而不自责,过矣。乃引'天亡我,非用兵之罪也',岂不谬哉!"

　　相对于强调项羽成败的个人因素,《淮阴侯列传》对韩信一生起伏的描写,似乎更见出君臣政治关系的复杂、险恶和残酷。与项羽的"兴之暴"不同,韩信的崛起颇为曲折。为布衣时寄食亭长遇其妻冷眼,饥受漂母一饭之恩,隐忍恶少胯下之辱;杖剑从项梁、项羽后不见信用,亡楚归汉后仍"未得知名",还险些坐法被斩,幸亏当"其辈十三人皆已斩"马上就要轮到他的时刻,抬头看到的是滕公,脱口而出"上不欲就天下乎? 何为斩壮士","滕公奇其言,壮其貌,释而不斩"。很难说这究竟是韩信的幸运还是刘邦的幸运,如果此番韩信被斩,刘邦与项羽争天下会是什么结果便难以预料了。不过,韩信遭遇的曲折就在于这次并未一锤定音,尽管有滕公的推荐,刘邦也仅拜以为治粟都尉,"未之奇也"。上未之奇,丞相萧何奇之,少不得会数言于上。但许久仍不见被上召见的迹象,韩信自度萧何的举荐未起作用,看来"上不我用",遂随诸将行道逃亡。于是才有了"萧何月下追韩信"。这一追才真正引起了刘邦的注意,这一追才带来了韩信的辉煌。韩信被拜大将的一幕颇富戏剧性,"择良日,斋戒,设坛场,具礼","诸将皆喜,人人各自以为得大将。至拜大将,乃韩信也,一军皆惊"。从此韩信大显身手,从此刘邦"东出陈仓,定三秦","收魏、河南","合齐、赵",开始与项羽一争高下。当汉军兵败彭城、诸侯纷纷叛汉降楚、与楚和、刘邦再次陷入绝境之时,韩信下魏破代,背水一战大败赵军,继而又以一檄不战而屈燕,以诈兵一举而平齐。当韩信值此风光得意之时,有两件事似乎预示了他未来的命运。一件是他被封齐王的戏剧性变化。当他遣使请求封为假王以震服齐人时,刘邦大怒,陈平蹑大王脚,刘邦迅即改口骂曰:"大丈夫定诸侯,即为真王耳,何以假为!"刘邦怒假王是真,封真王是假,其间蕴含着刘邦与韩信的微妙关系,有用才给,无用后会怎样?第二件是分别来自盱眙人武涉和齐人蒯通的劝说。武涉是替项羽劝韩信,蒯通是为韩信劝韩信,但道理都是一个。眼下韩信所处的位置十分关键,"右投则汉王胜,左投则项王胜","为汉则汉胜,与楚则楚胜"。但不管助成谁胜,如此功高盖主的大将,都不可能不让王者有所顾忌,下场堪忧,不如自立为王,三分天下有其一。不忘漂母、一饭千金的韩信顾念着汉王的封将之恩，也心存"功多，汉终不夺我齐"的侥幸，终不肯背汉。接下来，韩信便开始走上"背"字。先是刘邦"用张良计，召齐王信，遂将兵会垓下。项羽已破，高祖袭夺齐王军。汉五年正月，徙齐王信为楚王，都下邳"。其后便是被告谋反，被擒载于高祖后车中。"信曰：'果若人言，"狡兔死，良狗亨；高鸟尽，良弓藏；敌国破，谋臣亡"。天下已定，我固当亨！'上曰：'人告公反。'遂械系信。至雒阳，赦信罪"，贬为淮阴侯。最后则是终难忍受"羞与绛、灌等列"的处境，谋反未遂，被萧何骗至长安，"吕后使武士缚信，斩之长乐钟室。信方斩，曰：'吾悔不用蒯通之计，乃为儿女子所诈，岂非天哉！'"真所谓"成也萧何，败也萧何"。韩信当刘邦危败之时不反，当刘邦得了天下后才反，前者轻而易举，后者难于登天，一般看来韩信不至于如此不聪明。其实，反与不反，并不都是功利的算计，更多的是心中气性的平与不平。韩信的遭遇给人留下太多的回味。

《李将军列传》中的汉代名将李广也是一位驰骋沙场的奇才，在抵御匈奴的战斗中屡建奇功，善射，百发百中，但他的一生没有多大的起伏，似乎总是不顺。一次出雁门击匈奴，敌众我寡，兵败，李广因伤被俘，又因机智和善射而逃脱。回来后则因曾为匈奴生得而判当斩，赎为庶人。后来，应付匈奴的需要，才又被征用。战斗中十分英勇，但终因有胜有败，建了功也没有封赏。结果，与他同时起家的从弟李蔡，"为人在下中，名声出广下甚远"，步步高升，最后都做到了丞相，而李广却不得爵邑，官不过九卿，就连李广当年的军吏及士卒都或有取封侯者。李将军本人就感到很不明白，曾问一相面先生曰："自汉击匈奴，而广未尝不在其中。而诸部校尉以下，才能不及中人，然以击胡军功取侯者数十人，而广不为后人，然无尺寸之功以得封邑者，何也？岂吾相不当侯邪？且固命也？"相命先生找到了一个很有意思的理由，让他自己想想这辈子做没做过什么感到愧疚的事情，李广说曾诱降过羌人，却把人家杀了。相命先生说"祸莫大于杀已降，此乃将军所以不得侯者也"。其实，这怎么会是他不得封侯的原因呢？关于李广的命运，太史公在叙述其为人时有一段话，像是在思考他多磨难的缘故。"广廉，得赏赐辄分其麾下，饮食与士共之。终广之身，为二千石四十余年，家无余财，终不言家产事。广为人长，猿臂，其善射亦天性也。虽其子孙他人学者,莫能及广。广呐口少言,与人居则画地为军阵,射阔狭以饮,专以射为戏,竟死。广之将兵乏绝之处,见水,士卒不尽饮,广不近水;士卒不尽食,广不尝食。宽缓不苛,士以此爱乐为用。其射,见敌急,非在数十步之内,度不中不发,发即应弦而倒。用此,其将兵数困辱,其射猛兽亦为所伤云。"很显然,李广不是那种会使政治手腕的人,不会说话,只爱打仗。自然在官场不会得志。另外,他勇力过人又有些逞才,追求百发百中,善待他人而不善于保护自己,就难免出些纰漏,这应该也是他命运不济的一个因素。

相比于上述这些最终都以悲剧结局的主帅或大将,《外戚世家》中汉文帝的母亲薄太后命运中因祸得福的戏剧性转化则颇有些传奇的色彩。薄太后当年当诸侯叛秦之时仅是被母亲纳入魏宫的宫女,被相面先生断言"当生天子",原本与汉击楚的魏王豹闻此"心独喜",于是"背汉而叛,中立,更与楚连和",结果被汉击败,身死,"而薄姬输织室"。汉王刘邦入织室,见薄姬颇有姿色,诏纳后宫,过后却把她忘在脑后,一年有余也不见临幸。还是当年被她戏约"先贵无相忘"的两位儿时姐妹在高祖面前笑薄姬,才引起高祖注意,出于怜惜,高祖总算召薄姬而幸之,薄姬因此怀上了代王。此后又希见高祖。高祖崩后,吕太后将戚夫人之属诸御幸姬一并幽禁,"而薄姬以希见故,得出,从子之代,为代王太后"。吕后死后,"大臣议立后,疾外家吕氏强,皆称薄氏仁善,故迎代王,立为孝文皇帝,而太后改号曰皇太后"。转来转去,薄姬到底成为天子之母。有心栽花的花未开,无心插柳却柳成荫。难道真是命中注定,还是偶然中有必然?如果不是因为无心争宠,或没有机会争宠,薄姬是否能使代王成为汉文帝,使自己成为薄太后?

还有一位女子则是因为一个偶然的错误成为皇后、皇太后,这位幸运的女子就是窦姬——窦太后。窦姬家在赵地,吕太后时入宫侍太后,"太后出宫人以赐诸王,各五人,窦姬与在行中"。为了近家,特为请求主事的宦者"必置我籍赵之伍中",岂料宦者忘之,误将她置之代王伍中。当时窦姬哭天抹泪,被强逼着"乃肯行"。只因这个错误,窦姬没有成为赵王的女人,而成了代王的女人,几成天子的赵王一命呜呼,几被遗忘的代王却成了天子,窦姬因此成了窦皇后,后来又成了窦太后。对此,好像只能说这是命运的巧合。但是,如果没有后宫中那场血雨腥风,如果没有诸大臣对吕后专权的顾忌,窦姬还有这种戏剧性地随代王入主后宫的机会吗?

诸如此类,《史记》所为传记的主要人物几乎都有一段或跌宕起伏或曲折坎坷或巧合离奇的特殊经历。伍子胥为报楚杀父杀兄之仇,奔宋、奔郑、奔吴,逃命江上,乞食道中,耕于荒野,进专诸成就公子光杀父自立为吴王阖庐之事,终于得以率吴入郢,鞭平王墓,以偿心愿,晚年却因屡谏不听被吴王夫差逼迫自杀、尸浮江上。(《伍子胥列传》)赵武灵王早年力排众议,胡服骑射,果敢决断;传国自号主父后"身胡服将士大夫西北略胡地","诈自为使者入秦",昭王"怪其状甚伟,非人臣之度";晚年却因二子相争被困沙丘,终至饿死。(《赵世家》)春申君上书劝止秦昭王攻楚、面见应侯劝秦放归楚太子完、相楚考烈王成著名战国四公子,有头脑,有辩才,春风得意;终至于遭李园进女弟事算计,被骗,犹豫,断首棘门之外。(《春申君列传》)好辞赋的司马相如初遇不好辞赋的景帝,遂随梁园文人而去;梁孝王辞世后落魄返蜀,在临邛成就与卓文君的一段佳话;不料当街涤器杂作时其洋洋大赋传到爱辞赋的武帝之手,恨不能与之同游,幸运的是在旁听到武帝感叹的正是司马相如的同乡狗监杨得意,于是命运突转,司马相如因此得意,被诏入朝成为汉武帝身边的文学侍从。(《司马相如列传》)这些个体的具体遭际和命运,不只显示历史的轨迹,更负载着人生的内容,倾注于这些内容的呈现,就使《史记》的许多篇目几乎可以当小说来读了。

(二)人物特点和性格

太史公的人物传记,还重在对人物进行刻画,有时其所写的事件,更是出于显示人物特点和性格的需要。这些描写常常超出历史写作的范畴,更多具有小说创作的味道。

《吴太伯世家》中记述吴公子季札事迹时,特为描写到他"解剑系树"的一件琐事:

> 季札之初使,北过徐君。徐君好季札剑,口弗敢言。季札心知之,为使上国,未献。还至徐,徐君已死,于是乃解其宝剑,系之徐君冢树而去。从者曰:"徐君已死,尚谁予乎?"季子曰:"不然。始吾心已许之,岂以死倍吾心哉!"

季札做了一件没有意义的"傻事",太史公给予了一次于史无补的描写。但是,这件事却可以见出季札为人追求无亏于人无愧于心的境界和秉性。这种记述,虽不是历史叙事的首选,于描写人物却颇见奇效。

《越王勾践世家》在描写越王勾践卧薪尝胆强越灭吴的事迹中,凸显了其大夫范蠡的谋划之功和助成之力。而随后在专写范蠡功成身退、浮海出齐、经商致富、变身为陶朱公后,又以不小的篇幅讲述了他遣子救子的故事。"朱公居陶,生少子。少子及壮,而朱公中男杀人,囚于楚"。朱公便"装黄金千溢,置褐器中,载以一牛车",准备派小儿子去求人搭救。长子请求前往,朱公不听,长子痛不欲生,其母在旁力劝,朱公只好遣之。写好一封给故交庄生的书信让长子捎去,叮嘱"至则进千金于庄生所,听其所为,慎无与争事"。长子又私自多带上数百金。至楚后长子虽见庄生家居甚贫,还是如父所言"发书进千金",不过他没有听从庄生马上离开楚国,而是又用私带的数百金"献遗楚国贵人用事者"。其实,庄生虽居穷闾,却"以廉直闻于国,自楚王以下皆师尊之",他并无意接受朱公所进金,只是姑且收下,遂令其妇放好勿动,此后便"闲时入见楚王",言某星宿将害于楚,唯大赦示德方能解之。楚王素信庄生,遂将从之。长子所求楚贵人见楚王在做大赦前的准备,便将此消息告知长子。这下事情发生了突变:

> 朱公长男以为赦,弟固当出也,重千金虚弃庄生,无所为也,乃复见庄生。庄生惊曰:"若不去邪?"长男曰:"固未也。初为事弟,弟今议自赦,故辞生去。"庄生知其意欲复得其金,曰:"若自入室取金。"长男即自入室取金持去,独自欢幸。庄生羞为儿子所卖,乃入见楚王曰:"臣前言某星事,王言欲以修德报之。今臣出,道路皆言陶之富人朱公之子杀人囚楚,其家多持金钱赂王左右,故王非能恤楚国而赦,乃以朱公子故也。"楚王大怒曰:"寡人虽不德耳,奈何以朱公之子故而施惠乎!"令论杀朱公子,明日遂下赦令。朱公长男竟持其弟丧归。

长子持弟丧归家,"其母及邑人尽哀之",这却是朱公已经预料到的结果。他解释说当时之所以不欲遣长子而要遣少子,乃是因为少子生于富贵之时,从来不知金钱的来之不易,也就能弃之不惜,长子随自己吃苦,爱惜钱财,难免吝啬。事已至此,能带其弟尸首回来已经不错了。陶朱公长子未能救下其弟,这本是一件家事,太史公却不惜笔墨,津津乐道,应该说更是出于写人的考虑。这其实是在用其子之事写陶朱公之智,看事情的透彻,惊人的判断力;故事本身亦离奇曲折,寓于哲理,令人唏嘘感叹。

《孙子吴起列传》中的孙膑无疑是像其先人孙武一样的军事奇才,其被魏将庞涓忌害膑足的遭遇、成为齐之军师后著名的桂陵之役、让庞涓兵败自刭的马陵之役,从两面显示了他的过人之处。而这里更值得一提的是太史公描写了一段孙膑被齐使"窃载与之齐"后让齐将田忌赢得赛马的故事:

> 忌数与齐诸公子驰逐重射。孙子见其马足不甚相远,马有上、中、下辈。于是孙子谓田忌曰:"君弟重射,臣能令君胜。"田忌信然之,与王及诸公子逐射千金。及临质,孙子曰:"今以君之下驷与彼上驷,取君上驷与彼中驷,取君中驷与彼下驷。"既驰三辈毕,而田忌一不胜而再胜,卒得王千金。于是忌进孙子于威王。威王问兵法,遂以为师。

并不是关乎国家命运或邦国关系的战役,只是驰逐射金的赛事,历史叙事完全可以略而不提,但若就显示人物竞技谋略来说,这却是绝佳的素材。三局两胜,敢于放弃才能勇于得到,这在后来真正的战役中都得到了印证。

《陈丞相世家》描写汉丞相陈平当年因惧诛从项羽处逃亡,也记述到途中发生的一件小事:

> 陈平惧诛,乃封其金与印,使使归项王,而平身间行杖剑亡。渡河,船人见其美丈夫独行,疑其亡将,要中当有金玉宝器,目之,欲杀平。平恐,乃解衣裸而佐刺船,船人知其无有,乃止。

已经封金归项王的陈平用"解衣裸而佐刺船"的举动打消了船人劫财害命的念头,一件没有酿成事实的事件本不足以成为历史叙事的内容,但能如此不动声色地逃过一劫,却可见陈平遇事不慌、有头脑、善应付的秉性。此后陈平归汉受到刘邦礼遇后,在刘邦被围、韩信请王、功臣谋反等几个关键时刻为刘邦献计献策,特别是当吕后专权时佯装归顺、吕后死后一举诛灭吕氏势力,拥立文帝,定刘氏江山,也正显示了他深不可测、善隐忍、能成事的特点,与"解衣刺船"恰成呼应。

《郦生陆贾列传》记述陆贾当吕太后用事之时病免家居,其中特别提到他让五个儿子轮流奉养之事：

> 孝惠帝时，吕太后用事，欲王诸吕，畏大臣有口者，陆生自度不能争之，乃病免家居。以好畤田地善，可以家焉。有五男，乃出所使越得橐中装卖千金，分其子，子二百金，令为生产。陆生常安车驷马，从歌舞鼓琴瑟侍者十人，宝剑直百金，谓其子曰："与汝约：过汝，汝给吾人马酒食，极欲，十日而更。所死家，得宝剑车骑侍从者。一岁中往来过他客，率不过再三过，数见不鲜，无久慁公为也。"

将千金平均分给五个儿子，约定轮流奉养，并承诺"所死家得宝剑车骑侍从"，这完全是陆贾的家务事，但却分明可见其处理关系的智慧。他在处理朝中大臣关系中正具有这种智慧。比如他为丞相陈平"画吕氏数事"，并出主意让陈平结交太尉周勃，正是陈平和周勃二人合力一举诛灭了吕氏，他也因此得到陈平赠与的"奴婢百人，车马五十乘"和"钱五百万"的饮食费，"以此游汉廷公卿间，名声藉甚"；再比如他的好友、"刻廉刚直"的平原君母死而"未有以发丧，方假贷服具"，他便跑到吕太后的幸臣辟阳侯那里贺曰"平原君母死"，因为你辟阳侯不是曾经想结交平原君而遭到拒绝了吗，现在你的机会来了，"今其母死，君诚厚送丧，则彼为君死矣"。"辟阳侯乃奉百金往税。列侯贵人以辟阳侯故，往税凡五百金"。

《万石张叔列传》写到汉文帝时的塞侯直不疑，也仅记到两件小事，却很能见出其为人：

> 为郎，事文帝。其同舍有告归，误持同舍郎金去，已而金主觉，妄意不疑，不疑谢有之，买金偿。而告归者来而归金，而前郎亡金者大惭，以此称为长者。文帝称举，稍迁至太中大夫。朝廷见，人或毁曰："不疑状貌甚美，然独无奈其善盗嫂何也！"不疑闻，曰："我乃无兄。"然终不自明也。

舍友丢了金，怀疑是他拿去，他也不分辩，竟然买金还上，幸亏误将金拿走的告归者将金还了回来，不然他就这么替人顶上了这笔冤枉债；被提拔后有人在背后坏他，说他"善盗嫂"，他听说后很无奈，但也只是嘟囔一句"我乃无兄"，就此罢了。事情都无关大局，但直不疑宽厚、淡然、不与人计较的个性跃然纸上，后一件事颇有趣，很有些喜剧效果。

至于李斯的"见鼠而叹"(《李斯列传》)、韩信的"胯下之辱"(《淮阴侯列传》)、张汤的"劾鼠掠治"(《酷吏列传》)等等,更是人们耳熟能详的一些生活细节。

日常琐事,家事,微不足道的事,都不是历史著作所要记载的内容,但对描写人物秉性却常常能以小见大,且更能使人物血肉丰满,使呈现的生活具体、生动,具有生活气息,这乃是小说艺术中更常见的内容。

当然,并不是说太史公只以生活琐事写人。《史记》作为一部历史著作,展开的是几千年的历史画卷,不乏惊心动魄的大事件,而且也特别擅长将人物置于关键时刻、非常事件以显示其特点和秉性。《项羽本纪》以"巨鹿之战""鸿门宴""垓下之围"写出项羽的霸气而少谋略的英雄气魄,《廉颇蔺相如列传》以"完璧归赵""渑池之会""将相和"写出蔺相如的有勇有谋、见识非凡的大将风度,就是通过典型事件描写人物的经典之作。它如以"傅铁笼"和"火牛阵"写田单的出奇制胜(《田单列传》),以"背水一战"写韩信的胆识和魄力(《淮阴侯列传》),以"军细柳"写周亚夫治军的严整(《绛侯周勃列传》)等等,也都因其以非常之事写出非常之人而广为人们所传诵。

不过这里要强调的是,为了写人,太史公不但记述了历史人物所从事的应该载入史册的重大历史事件,还写到了大量不必载入史册的生活琐事、家事、微不足道的事。这就使《史记》有些内容超出了历史的范畴,而进入了文学的领地,这使它不但展开了一幅历史长卷,还成为描绘着一个个具有鲜明个性的人物的画廊。

(三)人物关系和纠葛

人是社会的人,关系中的人,各具性格的人各种遭遇和命运,往往是在与所处的错综关系相互作用的情况下展开。亲密关系、敌对关系、利害关系,导致人们去行动,去作为,导致事件的发展或扭转,这就是生活,就是人生,也是小说曲折情节的根源。太史公为人物立传,不但写出了人物的特点和事迹,还具体揭示了人物所处的各种关系及其对其经历的复杂影响,这就使《史记》中许多篇目具有较强的情节性甚至戏剧性。

《黥布列传》中,汉将黥布最终谋反被杀,就是各种因素促成的结果。淮南王黥布是与淮阴侯韩信、梁王彭越一样为高祖刘邦夺得天下立下汗马功劳的大将军,因此,当韩信被杀、特别是彭越被醢之后,他"大恐",但也并未打算谋反,只是"阴令人部聚兵,候伺旁郡警急"。这时,他自己这边出了麻烦:

> 布所幸姬疾,请就医,医家与中大夫贲赫对门,姬数如医家,贲赫自以为侍中,乃厚馈遗,从姬饮医家。姬侍王,从容语次,誉赫长者也。王怒曰:"汝安从知之?"具说状。王疑其与乱。赫恐,称病。王愈怒,欲捕赫。赫言变事,乘传诣长安。布使人追,不及。赫至,上变,言布谋反有端,可先未发诛也。上读其书,语萧相国。相国曰:"布不宜有此,恐仇怨妄诬之。请系赫,使人微验淮南王。"淮南王布见赫以罪亡,上变,固已疑其言国阴事;汉使又来,颇有所验,遂族赫家,发兵反。反书闻,上乃赦贲赫,以为将军。

中大夫贲赫好心巴结,却忘了男女之大防;幸姬在黥布面前诚心夸贲赫,却没有顾忌听者作为男人的心理;黥布生疑心自在情理之中,却没有考虑这非常时期。于是,黥布的暴怒使贲赫由恐惧变为决绝,索性一不做二不休,跑到长安告他的黑状。长安那边有萧相国顶着,原本不一定听信贲赫的一面之辞,需查实后再说,他这边却因追贲赫不及,又见汉使前来查验,恐贲赫已经诬告成功,于是也一不做二不休,真的发兵反了。矛盾的激化就是在这错综关系的作用下形成的,事件的叙述也因此曲折有致,富于变化。

《齐悼惠王世家》中导致汉武帝时齐厉王自杀、主父偃被杀的事件更加错综复杂。首先是齐厉王与其姊通奸事。齐厉王母纪太后强行将其弟纪氏女嫁给厉王,厉王并不爱纪氏女,纪太后便"令其长女纪翁主入王宫,正其后宫,毋令得近王,欲令爱纪氏女",结果厉王竟"与其姊翁主奸"。接下来是汉皇太后嫁外孙女不成事。皇太后爱女修成君有女名娥,皇太后打算将她嫁给诸侯,身边宦者徐甲乃齐人,便主动请求回齐国,让齐王上书请求迎娶。同为齐人的武帝幸臣主父偃听说此事后,便请徐甲说说情,顺带也让自己的女儿"得充王后宫"。纪太后原本就不许纪氏女之外的任何女人接近齐王,见徐甲来劝齐王"上书请娥",大怒,骂徐甲"齐贫人,急乃为宦者,入事汉,无补益,乃欲乱吾王家"，捎带着又不屑地说"且主父偃何为者？乃欲以女充后宫"。徐甲灰溜溜回到京城，对皇太后假称"王已愿尚娥"，转而又说"然有一害，恐如燕王"，暗指齐王与其姊通奸事。燕王刚刚因乱伦获罪人死国亡，皇太后可不想让自己的外孙女碰上这般倒楣事，遂曰"无复言嫁女齐事"，事情也就不了了之。主父偃却因此与齐国结了梁子，于是趁着与天子言事之便，言及齐的诸多不是，并称"今闻齐王与其姊乱"。天子便任命主父偃为齐相，派他到齐国去处理。主父偃到齐国后"急治王后宫宦者为王通于姊翁主所者，令其辞证皆引王"，齐王本来年轻，经不起事，"惧大罪为吏所执诛，乃饮药自杀"。主父偃的报复做得太绝了一些，逼死了一条人命，这又牵出了另两层关系。一层是赵王。当年主父偃未发迹时曾游燕、赵，处境不佳，主父偃因此恨燕赵，刚刚发生的燕王获罪事就与主父偃有关，赵王未免兔死狐悲，眼下又见他废齐，担心将来会治到赵的头上，于是趁他离京在齐之机，参了他一本，告他如何收金卖官。另一层是公孙弘，也是一记仇的主，曾在是否经营朔方的问题上在天子面前被主父偃压倒，于是在旁添油加醋，说"齐王以忧死，毋后，国入汉，非诛偃无以塞天下之望"，终于促成了天子诛杀主父偃的决心。就这样，一环接一环，致使两个人走向了死亡的结局。

《淮南衡山列传》中淮南王刘安谋反事发，则有着不但复杂且渊源久远的关系纠葛作为诱因。如果追溯，几乎可以追到淮南王刘安祖母事。刘安父淮南厉王刘长乃高祖少子，其母原是赵王张敖美人，高祖过赵时被赵王献给高祖，得幸有身，赵王"为筑外宫而舍之"。后来赵国贯高等谋反事发，牵连赵王，汉"尽收捕王母兄弟美人，系之河内"，厉王母也在其中，便称自己怀着高祖之子。高祖正在气头上，压根不予理会，厉王母弟便通过辟阳侯去求吕后，吕后妒忌不肯帮忙，辟阳侯也不强争。厉王母生下厉王后便含恨自杀。这件事使厉王心中埋下仇恨，后来亲手用铁椎椎杀了辟阳侯。一晃多少年过去，淮南厉王刘长已于文帝时因骄纵获罪绝食而死，其子刘安景帝时辗转复立为淮南王，"时时怨望厉王死，时欲畔逆，未有因也"，直至武帝时入朝受到武安侯田蚡的吹捧和蛊惑，以"亲高皇帝孙"，羞于受小辈所制，遂与自己的太子、女儿、王后、大臣等谋划篡逆之事，但几次都犹豫没有下手。

这时,他与另一个儿子的关系惹出了麻烦。

> 王有孽子不害,最长,王弗爱,王、王后、太子皆不以为子兄数。不害有子建,材高有气,常怨望太子不省其父;又怨时诸侯皆得分子弟为侯,而淮南独二子,一为太子,建父独不得为侯。建阴结交,欲告败太子,以其父代之。太子知之,数捕系而榜笞建。建具知太子之谋欲杀汉中尉,即使所善寿春庄芷以元朔六年上书于天子曰:"毒药苦于口利于病,忠言逆于耳利于行。今淮南王孙建,材能高,淮南王王后荼、荼于太子迁常疾害建。建父不害无罪,擅数捕系,欲杀之。今建在,可征问,具知淮南阴事。"书闻,上以其事下廷尉,廷尉下河南治。

淮南王冷落庶子刘不害,不害的儿子刘建为父抱不平,便将尚未发生的谋逆之事让人捅了出去。这个机会让当年被淮南厉王椎杀的辟阳侯的孙子审卿抓住了。审卿恰与丞相公孙弘私交甚好,便在丞相面前极言淮南之短,"弘乃疑淮南有畔逆计谋,深穷治其狱",最终导致天子下达逮捕之令,淮南王自刭而死。

因关系纠葛导致矛盾激化、因矛盾激化导致悲剧发生,最典型的则要属《魏其武安侯列传》中魏其侯窦婴、武安侯田蚡及大夫灌夫三人的关系和命运事件。

窦婴和田蚡都属皇亲国戚,一个是窦太后之侄,一个是景帝王后之弟。窦婴一则因窦太后缘故,另外也因在平定七国之乱中的功绩,曾贵显一时。当时田蚡还没有发迹,对窦婴毕恭毕敬,"往来侍酒魏其,跪起如子侄"。后来窦太后死,窦婴失势,田蚡因王后缘故日盛,直至做到丞相。那班趋炎附势者,"皆去魏其归武安。武安日益横"。而灌将军灌夫,则与窦婴属莫逆之交,窦婴失势后他是唯一没有离开窦婴的人,此时正去官在家,与窦婴同病相怜,且颇为窦婴被田蚡欺压抱打不平。

这种关系酝酿了冲突。一日灌夫有服,田蚡故意装样,说我本想和你一起去看看魏其侯,可惜你正服丧。灌夫抓住此语,说只要你肯光临魏其侯家,我怎么能以自己服丧推辞。遂与他约好第二日去看魏其,并把此事通知了窦婴。窦婴与夫人连夜打扫,准备酒宴,忙得不可开交。谁知第二日等到中午也不见人影,灌夫觉得过意不去,亲自去找，田蚡居然还在家睡觉，根本没打算前往。路上又不紧不慢，这让灌夫十分恼怒。宴饮时田蚡大吃大喝，十分傲慢。灌夫看不过去，便于座上对田蚡也不客气，"常以语侵之"。就是在这种情况下，暴发了导致灌夫"得弃市罪"的"使酒骂座"事件：

> 夏，丞相取燕王女为夫人。有太后诏，召列侯宗室皆往贺。魏其侯过灌夫，欲与俱。夫谢曰："夫数以酒失得过丞相，丞相今者又与夫有郤。"魏其曰："事已解。"强与俱。饮酒酣，武安起为寿，坐皆避席伏。已，魏其侯为寿，独故人避席耳，余半膝席。灌夫不悦。起行酒，至武安，武安膝席曰："不能满觞。"夫怒，因嬉笑曰："将军，贵人也，属之！"时武安不肯。行酒次至临汝侯，临汝侯方与程不识耳语，又不避席。夫无所发怒，乃骂临汝侯曰："生平毁程不识不直一钱，今日长者为寿，乃效女儿呫嗫耳语！"武安谓灌夫曰："程、李俱东西宫卫尉，今众辱程将军，仲孺独不为李将军地乎？"灌夫曰："今日斩头陷胸，何知程、李乎！"坐乃起更衣，稍稍去。魏其侯去，麾灌夫出。武安遂怒曰："此吾骄灌夫罪。"乃令骑留灌夫。灌夫欲出不得。籍福起为谢，案灌夫项令谢。夫愈怒，不肯谢。武安乃麾骑缚夫，置传舍，召长史曰："今日召宗室，有诏。"劾灌夫骂坐不敬，系居室，遂按其前事，遣吏分曹逐捕诸灌氏支属，皆得弃市罪。

田蚡娶燕王女为夫人，灌夫被窦婴拉去赴宴，这本是贺婚喜事，但席间人们对待田蚡和窦婴判若天壤的态度让灌夫实在看不下去，少不得借机发泄，以至于与田蚡直接发生言语冲撞，最后竟闹到论罪定刑。就现场看，这次冲突不过是话赶话的结果，但说到底，与灌夫的秉性也不无关系。关于灌夫，太史公有段介绍："灌夫为人刚直，使酒，不好面谀。贵戚诸有势在己之右，不欲加礼，必陵之。诸士在己之左，愈贫贱，尤益敬，与钧。"他这次发作，并非因为自己，而是为窦婴抱打不平，看不惯田蚡的得意相。田蚡大婚之日，让灌夫闹得不欢而散，脸面尽失，气也不打一处来，于是发狠办了灌夫。

这时已经习惯了失势后落寞处境的窦婴终于不得不出面了。因为灌夫获罪一事让他感到很惭愧。是他拉灌夫去的，灌夫又是因为他而使酒骂座的。所以他一反平日多一事不如少一事的态度，亲自出来锐意为灌夫求情，称总不能见灌夫独死，而自己独生。上书上到汉武帝那里，称灌夫只是酒喝多了闹点事，不至于被诛。皇上"然之"。但一个是他的舅公，一个是他的舅舅，皇上也感到为难，就说"东朝廷辩之"。这便又上演了一场"东朝廷辩"的"活报剧"：

> 魏其之东朝，盛推灌夫之善，言其醉饱得过，乃丞相以他事诬罪之。武安又盛毁灌夫所为横恣，罪逆不道。魏其度不可奈何，因言丞相短。武安曰："天下幸而安乐无事，蚡得为肺腑，所好音乐狗马田宅。蚡所爱倡优巧匠之属，不如魏其、灌夫日夜招聚天下豪杰壮士与论议，腹诽而心谤，不仰视天而俯画地，辟倪两宫间，幸天下有变而欲有大功。臣乃不知魏其等所为。"于是上问朝臣："两人孰是？"御史大夫韩安国曰："魏其言灌夫父死事，身荷戟，驰入不测之吴军，身被数十创，名冠三军。此天下壮士，非有大恶，争杯酒，不足引他过以诛也。魏其言是也。丞相亦言：灌夫通奸猾，侵细民，家累巨万，横恣颍川，凌轹宗室……丞相言亦是。唯明主裁之。"主爵都尉汲黯是魏其。内史郑当时是魏其，后不敢坚对。余皆莫敢对。上怒内史曰："公平生数言魏其、武安长短。今日廷论，局趣效辕下驹。吾并斩若属矣。"即罢起。入，上食太后。太后亦已使人候伺，具以告太后。太后怒，不食，曰："今我在也，而人皆藉吾弟，令我百岁后，皆鱼肉之矣。且帝宁能为石人邪！此特帝在，即录录，设百岁后，是属宁有可信者乎！"上谢曰："俱宗室外家，故廷辩之。不然，此一狱吏所决耳。"

这里众多朝臣登台亮相。窦婴为救灌夫豁了出去，眼看田蚡抓住灌夫先前事不放，便也开始揭田蚡之短，但并没有致他于死地，其实田蚡在汉武帝即位之前曾巴结淮南王，谄媚说淮南王可以做太子，窦婴并没有将这一致命的东西抖出来；田蚡则既阴毒又善说，无中生有地诬陷魏其与灌夫拉帮结伙图谋造反。韩安国很圆滑，称双方都有道理，并请天子定夺；汲黯算是有主见，郑当时则十分游移，汉武帝夹在中间左右为难，其倾向是不愿诛杀灌夫，原本希望大臣们帮他表态，好对太后有个交代，结果一个个畏首畏尾，所以火了，愤愤地说"吾并斩若属"。罢朝后太后又在那里撒泼护局，责骂武帝"宁能为石人邪"。

一来二去，结果是不但灌夫被斩，窦婴也被治罪，终被弃市。不过，"其春，武安侯病，专呼服谢罪。使巫视鬼者视之，见魏其、灌夫共守，欲杀之。竟死"。原本只是请客吃饭，口角之争，却搭上三条人命，有时事情的演化就是这般难以预料和控制的。

就这样，太史公不但写出人物经历、命运，还常常写出复杂的关系纠葛在人物所经历的事件中的作用，写出矛盾酝酿、演化、激化、转机等等的过程，这就使其中许多篇读来十分引人入胜，具有小说意味。

第三节 《史记》人物传记中的近小说写法

《史记》人物传记与传记小说的相通之处，还在于它大量采用了近乎小说的描写手段。

一、虚构想象

历史与小说最根本的区别在于前者写的是历史上实际存在过的人物和事件，后者则可以凭空杜撰，虚构想象。《史记》作为历史著作，追求历史真实，有"其文直，其事核，不虚美、不隐恶"之誉，人物、事实都有史料来源或传闻依据。不过，在具体描写中，却常常对人物心理、人物对话、人物举止等等进行一定设身处地的想象性摹写，甚至有虚构的部分。这一点与《左传》的写法颇为相同。

关于《史记》所写有想象成分，第一节中"《史记》小说问题的提出"部分已引述不少论者对《史记》有些内容是否信史的质疑，其中有的论述就涉及到可能进行了虚构想象，如《项羽本纪》中项羽被围垓下后有一段感人至深的"霸王别姬"情景：

> 项王军壁垓下，兵少食尽，汉军及诸侯兵围之数重。夜闻汉军四面皆楚歌，项王乃大惊曰："汉皆已得楚乎？是何楚人之多也！"项王则夜起，饮帐中。有美人名虞，常幸从；骏马名骓，常骑之。于是项王乃悲歌慷慨，自为诗曰："力拔山兮气盖世，时不利兮骓不逝。骓不逝兮可奈何，虞兮虞兮奈若何！"歌数阕，美人和之。
>
> 项王泣数行下，左右皆泣，莫能仰视。

对此，清代周亮工指出："垓下是何等时？虞姬死而子弟散，匹马逃亡，身迷大泽,亦何暇更作歌诗? 即有诗,亦谁闻之,而谁记之欤? 吾谓此数语者,无论事之有无,应是太史公笔补造化,代为传神。"①应该说,这种推断有一定道理,"霸王别姬"很有可能的确是太史公"笔补造化,代为传神"。不过,这也仅是一种推测。第一,《项羽本纪》本身并没有明确提到虞姬之死;第二,太史公并没有交代当时见此情景"皆泣"的帐下左右是否全部阵亡;第三,汉代人张口即歌,并不需要费去创作之功。所以,"霸王别姬"之类不属于《史记》有虚构想象的确证。它如北宋张耒以人之常情怀疑《魏公子列传》中侯嬴自杀以报公子的情节,清代赵翼以不见于《左传》怀疑《赵世家》中"赵氏孤儿"是否真有其事等等,这些情节虚构的可能性也很大,可惜也不能算是铁证。

我们这里所说的虚构想象,主要的并不是指对事实和情节的虚构,而是指对事件过程中人物活动的想象性描写,乃至对人物心理的揣摩性刻画。

例如《秦始皇本纪》详尽记述了秦二世遵用赵高诛杀大臣及诸公子事件:

于是二世乃遵用赵高,申法令。乃阴与赵高谋曰:"大臣不服,官吏尚强,及诸公子必与我争,为之奈何?"高曰:"臣固愿言而未敢也。先帝之大臣,皆天下累世名贵人也,积功劳世以相传久矣。今高素小贱,陛下幸称举,令在上位,管中事。大臣鞅鞅,特以貌从臣,其心实不服。今上出,不因此时案郡县守尉有罪者诛之,上以振威天下,下以除去上生平所不可者。今时不师文而决于武力,愿陛下遂从时毋疑,即群臣不及谋。明主收举余民,贱者贵之,贫者富之,远者近之,则上下集而国安矣。"二世曰:"善。"乃行诛大臣及诸公子,以罪过连逮少近官三郎,无得立者,而六公子戮死于杜。

这段文字,不但记述了二人联手诛杀大臣及诸公子的事实,还描写了两人的阴谋经过,描摹了二世私下与赵高的长篇对话。既称"阴与赵高谋",就不是第三者能够听到的,而这段对话,的确十分私密,有不可告人的阴险动机,无论二人中的谁,都不可能将这段话主动公之于众。

---

① 钱钟书:《管锥编》第一册,第278页,北京:中华书局,1979。

所以，这段对话的出现只有一种可能，是太史公根据他们的举动揣摩出来的。

《李斯列传》记述李斯在赵高威逼利诱下违心废太子拥立秦二世后，又被赵高治罪，陷于囹圄，不免后悔莫及。这时，太史公描写了李斯的仰天而叹：

> 赵高案治李斯。李斯拘执束缚，居囹圄中，仰天而叹曰："嗟乎，悲夫！不道之君，何可为计哉！昔者桀杀关龙逢，纣杀王子比干，吴王夫差杀伍子胥。此三臣者，岂不忠哉，然而不免于死，身死而所忠者非也。今吾智不及三子，而二世之无道过于桀、纣、夫差，吾以忠死，宜矣。且二世之治岂不乱哉！日者夷其兄弟而自立也，杀忠臣而贵贱人，作为阿房之宫，赋敛天下。吾非不谏也，而不吾听也。凡古圣王，饮食有节，车器有数，宫室有度，出令造事，加费而无益于民利者禁，故能长久治安。今行逆于昆弟，不顾其咎；侵杀忠臣，不思其殃；大为宫室，厚赋天下，不爱其费：三者已行，天下不听。今反者已有天下之半矣，而心尚未寤也，而以赵高为佐，吾必见寇至咸阳，麋鹿游于朝也。"

李斯居囹圄后再也没有出来，直至腰斩处死，这段"仰天而叹"他本人已没有机会形成文字；这段叹辞长篇大论，狱卒不可能也没有兴趣记录下来。其实，这应该也是太史公的代言之作，借以表现李斯的沉痛心情，属于心理描写的一种方式。

人物心理借人物感叹"说"出来，这是纪传体史著深入刻画人物不得已采用的一种变通写法。历史著作旨在记述事实，以见诸文字和实物的史料为依据，而人物心理活动则以内在、隐蔽为特征，也就不可能成为历史叙事的对象。不过值得注意的是，太史公出于理解和诠释人物的需要，有时忍不住直接进入对人物心理的描摹，尽管这种描写在《史记》中还比较少见，却是对以往史传文学的一个突破。

《淮阴侯列传》记述韩信为刘邦攻下齐地后，蒯通劝他自立为王，与刘邦、项羽三分天下，三足鼎立，不然终将被刘邦排挤。太史公在具体描述了韩信与蒯通的对话后，又有这样一段文字：

> 韩信犹豫不忍倍汉，又自以为功多，汉终不夺我齐，遂谢蒯通。

韩信心存侥幸,觉得自己为刘邦立下如此汗马功劳,他总不至于做得太绝,所以最终谢绝了蒯通之意。这种心理太史公并没有让韩信对蒯通说出来,也没有用人物独白、人物感叹表现出来,而是直接进行了描述。

《司马相如列传》写卓文君听琴窥户一段,也有这种直接的描写:

> 临邛令不敢尝食,自往迎相如。相如不得已,强往,一坐尽倾。酒酣,临邛令前奏琴曰:"窃闻长卿好之,愿以自娱。"相如辞谢,为鼓一再行。是时卓王孙有女文君新寡,好音,故相如缪与令相重,而以琴心挑之。相如之临邛,从车骑,雍容闲雅甚都;及饮卓氏,弄琴,文君窃从户窥之,心悦而好之,恐不得当也。既罢,相如乃使人重赐文君侍者通殷勤。文君夜亡奔相如,相如乃与驰归成都。

司马相如有心娶新寡而知音的卓文君为妻,便与临邛令唱起了双簧,不但派头十足,且在"饮卓氏"时潇洒"弄琴"。这时,太史公写卓文君"窃从户窥之"后的心理是"心悦而好之,恐不得当也",喜欢他,但又怕配不上他。这也是卓文君没有说出来的内心想法。

诸如此类,将存在人物心底没有对任何人说出的话揭示出来,这只能是太史公的一种揣摩。这种写法已经十分接近小说创作全知视角的笔触。

当然,作为历史著作,《史记》撰写人物传记是要以史料为依据的,提供给太史公虚构想象的空间十分有限。我们说《史记》中有虚构想象的成分,除了上述在细节刻画方面和人物心理方面有揣摩而为的情况外,还有一种情况就是对史料的糅合。糅合不是照搬,也不是选择,而是将多种史料合而为一,势必有改作,有弥合,有移花接木,这些加工处理本身,实际上已经有主观拟想的成分。

如《老子韩非列传》庄周传记中,有一段"庄子辞相":

> 楚威王闻庄周贤,使使厚币迎之,许以为相。庄周笑谓楚使者曰:"千金,重利;卿相,尊位也。子独不见郊祭之牺牛乎?养食之数岁,衣以文绣,以入大庙。当是之时,虽欲为孤豚,岂可得乎?子亟去,无污我。我宁游戏污渎之中自快,无为有国者所羁,终身不仕,以快吾志焉。"

稽之《庄子》,会发现有两则近似的故事,一则见于《秋水》:

> 庄子钓于濮水。楚王使大夫二人往先焉,曰:"愿以境内累矣!"庄子持竿不顾,曰:"吾闻楚有神龟,死已三千岁矣。王巾笥而藏之庙堂之上。此龟者,宁其死为留骨而贵乎?宁其生而曳尾于涂中乎?"二大夫曰:"宁生而曳尾涂中。"庄子曰:"往矣!吾将曳尾于涂中。"①

另一则见于《列御寇》:

> 或聘于庄子,庄子应其使曰:"子见夫牺牛乎?衣以文绣,食以刍叔。及其牵而入于大庙,虽欲为孤犊,其可得乎!"②

详加对照,会发现《史记》显然是糅合《庄子》中的这两则故事加工润色而成。以"衣以文绣"的"牺牛"作比,取自《列御寇》,以"游戏污渎"作比,并称聘庄子者是楚王,取自《秋水》。太史公增饰的部分是将楚王指实为楚威王,将《秋水》篇所谓"愿以境内累矣"明确为聘相,在庄子的答语中增加了"子亟去,无污我",会使人联想到许由洗耳的传说,还增加了"无为有国者所羁,终身不仕,以快吾志焉"这种明确的表白。且不说取自《庄子》本身就难以以信史看待,因为《庄子》自称"寓言十九",太史公也很清楚庄子"著书十余万言,大抵率寓言也"(《史记·老子韩非列传》),这种糅合加添加本身,与进行虚构创作已经相差无几了。

二、夸张渲染

夸张渲染,将某一特点或情况张大到极点,甚至大到超出寻常的程度,这并不一定是小说创作必备的特征,却一定不是历史叙事采用的写法。太史公写作《史记》,对于有些人物事迹的描述是倾注心血、充满激情的,有时不免情不自禁地使用了夸饰之笔,从而使这些篇目超出了历史写作的范畴,进入了文学表现的领域,与那些富于浪漫精神和传奇色彩的小说创作有了相通和相近之处。

《廉颇蔺相如列传》是《史记》中最精彩的篇目之一,蔺相如是太史公最欣赏的有勇有谋有胆有识的近乎完美的英雄之一,在对蔺相如的

---

① 《庄子集解》,《诸子集成》本,第107页,上海书店出版社,1986。
② 《庄子集解》,《诸子集成》本,第215页,上海书店出版社,1986。

描写中，就不乏夸饰之笔。如"完璧归赵"一节，描写蔺相如持璧前往秦国，见秦王得璧后"大喜"，只顾"传以示美人及左右"，却毫无"偿赵城"之意，便假称璧上有瑕疵，将璧要回，下面写道："相如因持璧却立，倚柱，怒发上冲冠，谓秦王曰：'……'"以一句"怒发上冲冠"，极写蔺相如的愤慨之气；"渑池之会"一节，描写蔺相如见秦王令赵王"鼓瑟"，也让秦王为赵王"击缶"，并以"五步之内，相如请得以颈血溅大王矣"相逼，接着描写"左右欲刃相如，相如张目叱之，左右皆靡"，以一句"左右皆靡"，极写蔺相如的威慑之力；"将相和"一节，则是以大将军廉颇的"负荆请罪"表现蔺相如以大局为重屈受廉颇之辱的大度，以及由此带来的廉将军的惭愧和感动，也不无夸张的成分。

《项羽本纪》更是太史公的用心用情用力之作，其中多处描写也属明显的夸张之笔。如"巨鹿之战"一节，描写楚军一举破秦军以及各路大将拜见项羽：

> 及楚击秦，诸将皆从壁上观。楚战士无不一以当十，楚兵呼声动天，诸侯军无不人人惴恐。于是已破秦军，项羽召见诸侯将，入辕门，无不膝行而前，莫敢仰视。项羽由是始为诸侯上将军，诸侯皆属焉。

一句"无不膝行而前，莫敢仰视"，极写诸侯将的敬畏和项羽的霸气。"楚汉久相持"一节，描写项羽欲与汉一决雌雄，令壮士出挑战，却都被汉善骑射者楼烦射杀之，于是项羽亲自出马：

> 项王大怒，乃自被甲持戟挑战。楼烦欲射之，项王瞋目叱之，楼烦目不敢视，手不敢发，遂走还入壁，不敢复出。

一句"目不敢视，手不敢发，遂走还入壁，不敢复出"，极写楼烦被项羽震慑之状。"垓下之围"一节，描写项羽只身突围，更是极尽夸张渲染之能事：

> ……于是项王大呼驰下，汉军皆披靡，遂斩汉一将。是时，赤泉侯为骑将，追项王，项王瞋目而叱之，赤泉侯人马俱惊，辟易数里。

于是，人们在后来的《三国演义》中看到了张飞长坂桥上吓死夏侯杰、喝退曹操百万大军的一幕："飞望见曹操后军阵脚移动，乃挺矛又喝曰：'战又不战，退又不退，却是何故！'喊声未绝，曹操身边夏侯杰惊得肝胆碎裂,倒撞于马下。操便回马而走。于是诸军众将一齐望西奔走。"其与太史公对项羽描写的承续关系是显而易见的。

夸张,有时还表现在情节处理上的登峰造极。如《伍子胥列传》描写有伍子胥掘平王墓鞭尸三百以报杀父杀兄之仇事:

> 及吴兵入郢,伍子胥求昭王,既不得,乃掘楚平王之墓,出其尸,鞭之三百,然后已。

对此,有学者就指出:"伍子胥掘墓鞭尸事,《左传》《国语》都不载,《谷梁传》所记为'挞平王之墓',《吕氏春秋·首时》所记为'鞭荆平王之墓三百'。总之在《史记》前,只有'挞墓'、'鞭墓'之说,是司马迁依此加以想象发挥……这样的改造,自然是认为不如此不足以泄伍子胥之恨,不如此不足以表现伍子胥怨毒酷烈的烈丈夫性格。"①关于究竟是"鞭尸"还是"鞭墓",就以《史记》本身而言,《吴太伯世家》也称"鞭尸":"而吴兵遂入郢。子胥、伯嚭鞭平王之尸以报父仇。"而另有两处则是称"鞭墓""辱墓",一为《楚世家》,称"十年冬,吴王阖闾、伍子胥、伯嚭与唐、蔡俱伐楚,楚大败,吴兵遂入郢,辱平王之墓,以伍子胥故也";一为《季布栾布列传》,大侠朱家劝汝阴侯滕公搭救季布,提到"夫忌壮士以资敌国,此伍子胥所以鞭荆平王之墓也"。这样看来,以"鞭墓"之说为多,也较近情理,太史公在《伍子胥列传》中由"鞭墓三百"变为"鞭尸三百",或者在"鞭墓""鞭尸"两说中选用"鞭尸"之说,就写作而言,也不妨视为是一种夸张的处理。

故事本身带有夸张色彩的还有《魏公子列传》。其中魏公子自迎侯生一段可谓做足了文章:

> 魏有隐士曰侯嬴,年七十,家贫,为大梁夷门监者。公子闻之,往请,欲厚遗之。不肯受,曰:"臣修身絜行数十年,终不以监门困故而受公子财。"公子于是乃置酒大会宾客。坐定,公子从车骑,虚左,自迎夷门侯生。侯生摄敝衣冠,直上载公子上坐,不让,欲以观公子。公子执辔愈恭。侯生又谓公子曰:"臣有客在市屠中,愿枉车骑过之。"公子引车入市,侯生下见其客朱亥,俾倪故久立,与其客语,微察公子。公子颜色愈和。当是时,魏将相宗室宾

---

① 可永雪:《〈史记〉文学性界说之实证》,载《语文学刊》1994 年第 2 期。

客满堂,待公子举酒。市人皆观公子执辔。从骑皆窃骂侯生。侯生视公子色终不变,乃谢客就车。至家,公子引侯生坐上坐,遍赞宾客,宾客皆惊。酒酣,公子起,为寿侯生前……于是罢酒,侯生遂为上客。

一个是一贫如洗的夷门监者侯生,一个是贵为王爷的魏国公子无忌;公子亲自执辔恭迎,侯生毫不客气直入上坐;这边魏将相宗室宾客满堂等着公子举酒,那边公子还在耐心等着侯生与好友寒暄……这里用反差强烈之笔,渲染了魏公子对侯生毕恭毕敬的推重和礼遇。于是,当赵求公子解邯郸之围、魏王拒不出兵、公子欲"以客往赴秦军,与赵俱死"的关键时刻,侯生为公子出计请如姬窃得兵符,又推荐力士朱亥助公子夺晋鄙军,并称"臣宜从,老不能。请数公子行日,以至晋鄙军之日,北乡自刭,以送公子"。一切都如侯生的推断与安排,朱亥果然在晋鄙拒不合兵符的情况下"袖四十斤铁椎,椎杀晋鄙","公子遂将晋鄙军","进兵击秦军。秦军解去,遂救邯郸,存赵"。而且,"公子与侯生决,至军,侯生果北乡自刭",兑现了自刭以报公子的诺言。

正因为前面做足了铺垫,后面的呼应才如此响亮。无论是铺垫还是呼应,都达到了令人称奇的程度。这种文章让人读来十分过瘾。

三、描摹刻画

《史记》人物传记在写法上与小说创作的相近之处,最重要的一个特点是表现在描摹刻画方面。太史公在记述人物事迹时,有时会对人物所经历的事件发生的过程、过程中人物的表情、对话、举动等等展开逼真的描摹,从而描绘出一个个十分生活化的场景和画面。这显然不是历史叙事所需要,却是小说艺术形象化呈现生活所必需。

《史记》中描摹最富于戏剧性的几乎可以当小说读的篇目当属《范雎蔡泽列传》中范雎"篑中逃生""匿车入秦""佯遇须贾"几段。

范雎在魏国蒙冤缘于随中大夫须贾出使齐国时发生的一件事情。当时明明是齐襄王听说他"辩口",莫名其妙地送给他"金十斤及牛酒",他"辞谢不敢受",却被须贾怀疑他出卖魏国阴事得此好处,回国后告了他一状,相国魏齐大怒,"使舍人笞击雎,折胁折齿",范雎只好假死以求生:

　　　　睢详死，即卷以箦，置厕中。宾客饮者醉，更溺睢，故僇辱以惩后，令无妄言者。睢从箦中谓守者曰："公能出我，我必厚谢公。"守者乃请出弃箦中死人。魏齐醉，曰："可矣。"范睢得出。后魏齐悔，复召求之。魏人郑安平闻之，乃遂操范睢亡，伏匿，更名姓曰张禄。

范睢装死，才没有被打死，但却被用破席子卷了置于厕中，还遭宾客随便往身上撒尿。在他的央求下，守者去请示抬出箦中死人，幸亏魏齐醉酒，随便答应了，不然他定难逃过这一劫。

接下来便是范睢夜见秦使者、匿车下车、躲过穰侯入咸阳的经历，情节更加曲折有致：

　　　　当此时，秦昭王使谒者王稽于魏。郑安平诈为卒，侍王稽。王稽问："魏有贤人可与俱西游者乎？"郑安平曰："臣里中有张禄先生，欲见君，言天下事。其人有仇，不敢昼见。"王稽曰："夜与俱来。"郑安平夜与张禄见王稽。语未究，王稽知范睢贤，谓曰："先生待我于三亭之南。"与私约而去。

　　　　王稽辞魏去，过载范睢入秦。至湖，望见车骑从西来。范睢曰："彼来者为谁？"王稽曰："秦相穰侯东行县邑。"范睢曰："吾闻穰侯专秦权，恶内诸侯客，此恐辱我，我宁且匿车中。"有顷，穰侯果至，劳王稽，因立车而语曰："关东有何变？"曰："无有。"又谓王稽曰："谒君得无与诸侯客子俱来乎？无益，徒乱人国耳。"王稽曰："不敢。"即别去。范睢曰："吾闻穰侯智士也，其见事迟，乡者疑车中有人，忘索之。"于是范睢下车走，曰："此必悔之。"行十余里，果使骑还索车中，无客，乃已。王稽遂与范睢入咸阳。

更富于戏剧性的是范睢敝衣见须贾。时过数年，化名张禄的范睢已经成功取得秦相之位，并要东伐韩魏，魏并不知此张禄就是当年在魏遭受过奇耻大辱的范睢，遂派须贾使秦。于是便出现了范睢与须贾两人戏剧性相见的一幕：

　　　　范睢闻之，为微行，敝衣闲步之邸，见须贾。须贾见之而惊曰："范叔固无恙乎！"范睢曰："然。"须贾笑曰："范叔有说于秦邪？"曰："不也。睢前日得过于魏相，故亡逃至此，安敢说乎！"须贾曰："今叔何事？"范睢曰"臣为人庸赁。"须贾意哀之，留与坐饮食,曰:"范叔一寒如此哉!"乃取其一绨袍以赐之。须贾因问曰:"秦相张君,公知之乎?吾闻幸于王,天下之事皆决于相君。今吾事之去留在张君。孺子岂有客习于相君者哉?"范雎曰:"主人翁习知之。唯雎亦得谒,雎请为见君于张君。"须贾曰:"吾马病,车轴折,非大车驷马,吾固不出。"范雎曰:"愿为君借大车驷马于主人翁。"

这一幕最富喜剧效果的是范雎隐瞒了自己即秦相张禄的身份,佯装落魄偶遇须贾,竟赢得须贾一脸同情,且赐给绨袍一件。更有趣的是须贾还向范雎打听秦相张禄,并请范雎从中沟通关系,让他能一见张君。范雎自然是一口答应,并称愿替他向主人翁借大车驷马载他去见张君。下面将要发生的戏剧性变化就可想而知了:

范雎归取大车驷马,为须贾御之,入秦相府。府中望见,有识者皆避匿。须贾怪之。至相舍门,谓须贾曰:"待我,我为君先入通于相君。"须贾待门下,持车良久,问门下曰:"范叔不出,何也?"门下曰:"无范叔。"须贾曰:"乡者与我载而入者。"门下曰:"乃吾相张君也。"须贾大惊,自知见卖,乃肉袒膝行,因门下人谢罪。于是范雎盛帷帐,待者甚众,见之。须贾顿首言死罪,曰:"贾不意君能自致于青云之上,贾不敢复读天下之书,不敢复与天下之事。贾有汤镬之罪,请自屏于胡貉之地,唯君死生之!"范雎曰:"汝罪有几?"曰:"擢贾之发以续贾之罪,尚未足。"范雎曰:"汝罪有三耳。昔者楚昭王时而申包胥为楚却吴军,楚王封之以荆五千户,包胥辞不受,为丘墓之寄于荆也。今雎之先人丘墓亦在魏,公前以雎为有外心于齐而恶雎于魏齐,公之罪一也。当魏齐辱我于厕中,公不止,罪二也。更醉而溺我,公其何忍乎?罪三矣。然公之所以得无死者,以绨袍恋恋,有故人之意,故释公。"乃谢罢。入言之昭王,罢归须贾。

刚刚还是让人可怜的佣赁之徒,摇身一变竟然就是自己想要求见的张君张大人,这一来自然让须贾大惊失色,须知范雎几乎被整死,都是因他须贾告的那一状。他自知这下掉进了深渊,死罪难逃,只好肉袒膝行,顿首谢罪,但求免死。范雎一刻也没有忘记自己曾经遭遇过的折磨和羞辱,一一数之。不过最后又来了一次转机,让须贾想不到的是,因可怜范雎而随手送出的那件绨袍居然救了他一命,就是这不经意的一赐,让范雎发现须贾毕竟还有人性,"有故人之意",要知道赐袍之时,他范雎在须贾眼里还只是一流落他乡落魄贫寒之故人也。

情节的发展真是一波三折,太史公如此细致具体的描摹,为读者贡献了一则引人入胜的人间"活报剧"。

《郦生陆贾列传》中"郦生见沛公"一段则十分富于画面感。当年郦食其只是陈留高阳的一个监门吏,为人狂放有识,听说沛公"大略"不拘,正是自己所愿从游的一类,便通过同里之人传话给沛公说"里中有郦生,年六十余,长八尺,人皆谓之狂生,生自谓我非狂生"。沛公果然颇感兴趣,于是便出现了郦生被召至传舍的一幕:

> 沛公至高阳传舍,使人召郦生。郦生至,入谒,沛公方倨床使两女子洗足,而见郦生。郦生入,则长揖不拜,曰:"足下欲助秦攻诸侯乎?且欲率诸侯破秦也?"沛公骂曰:"竖儒!夫天下同苦秦久矣,故诸侯相率而攻秦,何谓助秦攻诸侯乎?"郦生曰:"必聚徒合义兵诛无道秦,不宜倨见长者。"于是沛公辍洗,起摄衣,延郦生上坐,谢之。郦生因言六国从横时。沛公喜,赐郦生食,问曰:"计将安出?"郦生曰:"足下起纠合之众,收散乱之兵,不满万人,欲以径入强秦,此所谓探虎口者也。夫陈留,天下之冲,四通五达之郊也,今其城又多积粟。臣善其令,请得使之,令下足下。即不听,足下举兵攻之,臣为内应。"

让两女子洗着脚召见客人,也只有沛公刘邦做的出来,郦生更不客气,进门见状后来个"长揖不拜",出言不逊,你刘邦是想帮秦攻诸侯呢,还是想率诸侯破暴秦?这下把刘邦惹火了,大骂"竖儒"所言好生无理,我刘邦当然是要与诸侯相率而攻秦。郦生正在这等着呢,既然要"聚徒合义兵诛无道秦",怎么能如此傲慢接见长者?沛公一听自知理亏,立马"辍洗,起摄衣,延郦生上坐,谢之"。这场"戏"无论是对话、举止,都完全依着两个人的性子自然展开,让人观赏起来倍觉生动逼真,十分过瘾。

《张丞相列传》描写周昌被高帝"骑项"和"期期"廷争保太子两节则是模拟人物对话的绝佳之作:

> 昌为人强力,敢直言,自萧、曹等皆卑下之。昌尝燕时入奏

事，高帝方拥戚姬，昌还走，高帝逐得，骑周昌项，问曰："我何如主
也？"昌仰曰："陛下即桀纣之主也。"于是上笑之，然尤惮周昌。及
帝欲废太子，而立戚姬子如意为太子，大臣固争之，莫能得；上以
留侯策即止。而周昌廷争之强，上问其说，昌为人吃，又盛怒，曰：
"臣口不能言，然臣期期知其不可。陛下虽欲废太子，臣期期不奉
诏。"上欣然而笑。既罢，吕后侧耳于东箱听，见周昌，为跪谢曰：
"微君，太子几废。"

当高帝歇息时居然跑去奏事，结果撞上人家正亲热，周昌的莽撞够可
以；撒腿跑，被高帝追着骑上脖子，强问"我何如主也"，仍仰着头嘴硬
称"桀纣"，这当然属于开玩笑，也可见两人颇随随便，这段描述其生活情
趣自不待言。而当高帝执意想废太子改立戚姬子如意为太子时，周昌
着急上火，结结巴巴只会说"期期知其不可"，"期期不奉诏"，那可爱的
样子把个被顶撞的高帝都惹得没了脾气。这种对口吃的模拟令人叫
绝。高后东厢偷听感动得不行，其"跪谢"的感激之语也十分符合她当
时的心情。

《齐悼惠王世家》中朱虚侯"以军法行酒"一段也颇值得一提。其
内容涉及的是吕后当权之时刘氏吕氏尖锐的矛盾冲突，属于严肃的政
治题材，但其中的对话、场面却被描摹得十分生活化：

朱虚侯年二十，有气力，忿刘氏不得职。尝入侍高后燕饮，高
后令朱虚侯刘章为酒吏。章自请曰："臣，将种也，请得以军法行
酒。"高后曰："可。"酒酣，章进饮歌舞。已而曰："请为太后言耕田
歌。"高后儿子畜之，笑曰："顾而父知田耳。若生而为王子，安知
田乎？"章曰："臣知之。"太后曰："试为我言田。"章曰："深耕概种，
立苗欲疏，非其种者，锄而去之。"吕后默然。顷之，诸吕有一人
醉，亡酒，章追，拔剑斩之而还，报曰："有亡酒一人，臣谨行法斩
之。"太后左右皆大惊。业已许其军法，无以罪也。因罢。

朱虚侯刘章乃高祖长庶子齐悼惠王刘肥之次子，当"吕太后称制"期
间，"入宿卫于汉"，其身份的特殊在于"吕太后封为朱虚侯，以吕禄女
妻之"，算起来是吕太后的侄女婿，所以"高后儿子畜之"，关系十分亲
近。然而，朱虚侯毕竟是刘氏血脉，对吕氏得意、刘氏受压藏着深深的
怨气。这便出现了上面的一幕。高后让朱虚侯为酒吏，自然是因为宠

着他，他请求"以军法行酒"，高后也依了他。当他说要为太后言耕田歌时，高后笑着说若是你父亲还算是知田，你生来为王子，哪里知道什么耕田，其笑其语最为生动逼真，此时高后还没有意识到朱虚侯要言耕田歌的用意，自然对生在齐王家的朱虚侯居然要言耕田感到好笑，其打趣透着亲切和轻松。不过朱虚侯"言田"的几句话让高后笑不起来了，所谓"非其种者，锄而去之"，怎么听起来这么不对味呢？这要"去"的"种"究竟是指刘氏还是吕氏？接着，朱虚侯又因吕氏有一人逃酒，军法从事，立马斩了，这更让太后及左右大吃一惊，可是已经"许其军法"，还抓不住他什么把柄，只能认栽了。这段描述可谓将朱虚侯与高后、刘氏与吕氏既是亲戚又是对头的错综关系写活了。

《绛侯周勃世家》中"周亚夫军细柳"一节在与"霸上""棘门"两营的对比中突显了"细柳"军营的严整，是以事写人的重要篇章，其实，其对文帝入细柳整个过程的刻画可谓细致入微：

> 文帝之后六年，匈奴大入边。乃以宗正刘礼为将军，军霸上；祝兹侯徐厉为将军，军棘门；以河内守亚夫为将军，军细柳：以备胡。上自劳军。至霸上及棘门军，直驰入，将以下骑送迎。已而之细柳军，军士吏被甲，锐兵刃，彀弓弩，持满。天子先驱至，不得入。先驱曰："天子且至！"军门都尉曰："将军令曰'军中闻将军令，不闻天子之诏'。"居无何，上至，又不得入。于是上乃使使持节诏将军："吾欲入劳军。"亚夫乃传言开壁门。壁门士吏谓从属车骑曰："将军约，军中不得驱驰。"于是天子乃按辔徐行。至营，将军亚夫持兵揖曰：'介胄之士不拜，请以军礼见。'天子为动，改容式车。使人称谢："皇帝敬劳将军。"成礼而去。既出军门，群臣皆惊。文帝曰："嗟乎，此真将军矣！曩者霸上、棘门军，若儿戏耳，其将固可袭而虏也。至于亚夫，可得而犯邪！"

文帝亲自劳军，至霸上、至棘门，都可长驱直入，至细柳，却被挡了驾，军士吏一个个严阵以待，没有将军令谁也不许进入。待文帝使使持节诏将军，周亚夫才传言开壁门，并令不得驱驰，"于是天子乃按辔徐行"。周亚夫在营中持兵以军礼见天子，天子见状马上"改容式车"，也变得严肃起来。这段叙事，每一步环节，每一个动作，都做了刻画，仿佛让读者跟着进入现场观摩了一遍。

《袁盎晁错列传》中袁盎在吴被故人搭救一节也颇如"过电影"一般：

> 及晁错已诛，袁盎以太常使吴。吴王欲使将，不肯。欲杀之，使一都尉以五百人围守盎军中。袁盎自其为吴相时，有从史尝盗爱盎侍儿，盎知之，弗泄，遇之如故。人有告从史，言"君知尔与侍者通"，乃亡归。袁盎驱自追之，遂以侍者赐之，复为从史。及袁盎使吴见守，从史适为守盎校尉司马，乃悉以其装赍置二石醇醪，会天寒，士卒饥渴，饮酒醉，西南陬卒皆卧，司马夜引袁盎起，曰："君可以去矣，吴王期旦日斩君。"盎弗信，曰："公何为者？"司马曰："臣故为从史盗君侍儿者。"盎乃惊谢曰："公幸有亲，吾不足以累公。"司马曰："君弟去，臣亦且亡，辟吾亲，君何患！"乃以刀决张，道从醉卒隧直出。司马与分背，袁盎解节毛怀之，杖，步行七八里，明，见梁骑，骑驰去，遂归报。

事发吴楚七国之乱期间。袁盎曾为吴相，及吴反，袁盎劝景帝杀晁错后，以太常身份使吴，欲劝阻其发兵，想不到反而被吴扣押，行将被斩。入夜，被负责看守他的校尉司马叫醒，让他赶紧逃走。他不敢相信这是真的，对方说我就是当年你放过的那位从史。原来，这位从史曾偷偷与时为吴相的袁盎的侍儿相好，袁盎知道后并未追究，当从史逃走后将其追回，并将侍儿赐给他。偏巧这时从史已升为校尉司马，偏巧让他来负责看守袁盎。于是，他趁天寒地冻用酒将守卒全部灌醉，要救袁盎脱险。袁盎惊喜之余马上想到的是不能因此拖累司马，司马不容分说，架着袁盎迈过醉卒，以节作杖，步行七八里，终于逃出吴营。这段描述，有故事回放，有对话描摹，有动作刻画，其人如见，其声如闻，其事有巧，也是很耐读的一个精彩段落。

可见，《史记》虽非有意为小说，虽不能像小说那样无中生有，有意创作扣人心弦的情节和故事，但因其选择非同寻常的人，写他们不一般的经历和人际纠葛，又是用如此细腻、生动的笔触，于是其中有些篇目，读来使人兴味盎然，具有几近小说的审美观赏价值。其中丰富的小说创作成分，是值得给以充分的揭示和展示的。

第七章
汉代杂说、杂史、杂传与"说体"余响

史传著作、政论散文、辞赋作品、歌诗篇章之外,汉代还出现了或汇集各色故事、或润色一段历史、或记述人物事迹的叙事作品,因其内容繁杂,难以划一,故可称之为杂说、杂史、杂传。具体审视这些作品,它们仍没有显示出有意创为文艺性"小说"的意识和迹象,就小说发生而言,在这里尚看不到明显的小说性的生长,如果说其中确有不应该被忽略的"小说"因素,也大多属于先秦以来"说体"的遗留或余响。

第一节　汉代杂说著作中的"小说"

与先秦时代"说体"故事被用于诸子著作的情形不同,汉代出现了或专门以"说"为题或专用"说"体构篇的杂说著作。然而,与先秦"说体"故事本身以讲说故事为主旨不同,今见汉代杂说著作,均为文人之作,有鲜明的撰著宗旨,讲述故事的理性说教意味加浓,距离"小说"已渐行渐远。其中有些接近小说的篇章段落,有的只是先秦"小说"的遗留,其价值在于保留了这些"小说";有的只是延续着先秦"说体"的惯性,无意中记录下新的"说体"

故事,还有的则可能是模仿"说体"对已有素材进行了创作性演绎。

一、《韩诗外传》

汉代传授《诗经》著名的有齐鲁韩毛四家,即齐之辕固、鲁之申培、燕之韩婴、赵之毛苌,《韩诗外传》即汉文帝时博士韩婴撰著的一部与传授《诗经》有关的著作①。然而与《毛诗传》等对《诗经》章句逐一注释的著作不同,《韩诗外传》实是一部由一百五十多则故事(外加一百多则引事论说)组成的杂"说"著作,与《诗经》的关系只在于几乎每则最后都要引《诗》作结。

然而具体考察会发现,较之《晏子春秋》《说林》《储说》《吕氏春秋》等先秦汇集、援用"说体"的著作,《韩诗外传》中具有"小说"特征的"说体"故事已经大大减少,这与该书的编写主旨不无关系。

该书虽主要是以故事组成,但如果按照故事内容寻绎,会感觉其编排十分驳杂,无法归类,而如果根据引《诗》,则会发现引同一篇《诗》、同一《风》诗的往往前后相属,据此可知,原书应该是按所引《诗经》《风》《雅》《颂》的顺序编排的。因此,该书并非是以讲述故事为其主旨,而应是以引《诗》用《诗》为教授内容,实际上是一部引《诗》汇编,这也正是它仍属于传《诗》家著作范畴的缘故。

以引《诗》为主旨,这便决定了《韩诗外传》并未在讲故事方面着力用笔。

首先,对照先秦传世文献可知,《韩诗外传》中的故事相当一部分援用了已有的"说体"材料。如卷一"原宪居鲁"已见《庄子·让王》、"鲁公甫文伯死"已见《国语·鲁语》、卷二"楚庄王围宋"已见《公羊传·宣公十五年》、"颜渊侍坐鲁定公于台"已见《庄子·达生》及《吕氏春秋·适威》、"崔杼弑庄公"已见《晏子春秋·内篇杂上》、"楚昭王有士曰石奢"已见《吕氏春秋·高义》、卷三"有殷之时谷生汤之廷"已见《吕氏春秋·制乐》、"魏文侯欲置相"已见《吕氏春秋·举难》、"楚庄王寝疾"已见《左传·哀公六年》、"公仪休相鲁而嗜鱼"已见《韩非子·外储说右下》、"孔子观于周庙,有欹器焉"已见《荀子·宥坐》、"孙卿与临

---

① 《韩诗外传》始见于《汉书·艺文志》著录,《汉书·儒林传》云:"韩婴,燕人也。孝文时为博士,景帝时至常山太傅。婴推诗人之意,而作内外传数万言,其语颇与齐、鲁间殊,然归一也。"

武君议兵于赵孝成王之前"已见《荀子·议兵》、卷四"齐桓公独以管仲谋伐莒"已见《吕氏春秋·重言》、"晏子聘鲁"已见《晏子春秋·内篇杂上》、"客有说春申君者"已见《战国策·楚策》、"客有见周公者"已见《吕氏春秋·精谕》、卷五"楚成王读书于殿上"已见《庄子·天道》、卷六"楚庄王伐郑"已见《公羊传·宣公十一年》、卷七"孔子困于陈蔡之间"已见《荀子·宥坐》、"齐景公问晏子为人何患"已见《晏子春秋·内篇问上》、"司城子罕相宋"已见《韩非子·二柄》、"卫懿公之时有臣曰弘演"已见《吕氏春秋·忠廉》、卷八"吴人伐楚,昭王去国,国有屠羊说从行"已见《庄子·让王》、"宋万与庄公战"已见《公羊传·庄公十二年》、"梁山崩晋君召大夫伯宗"已见《国语·晋语》、"晋平公使范昭观齐国之政"已见《晏子春秋·内篇杂上》、"孔子燕居"已见《荀子·大略》、"齐有得罪于景公者"已见《晏子春秋·内篇谏下》、卷九"伯牙鼓琴,钟子期听之"已见《吕氏春秋·本味》、"齐景公纵酒,醉,而解衣冠"及"齐景公出弋昭华之池"已见《晏子春秋·外篇第七》、"魏文侯问于解狐"已见《左传·襄公三年》及《吕氏春秋·去私》、"昔戎将由余使秦"已见《韩非子·十过》、"晏子之妻使人布衣纻表"已见《晏子春秋·外篇第八》、卷十"齐景公游于牛山之上"已见《晏子春秋·内篇谏上》、"秦缪公将田,而丧其马"已见《吕氏春秋·爱士》、"齐景公遣晏子南使楚"已见《晏子春秋·内篇杂下》、"齐景公出田,十有七日而不反"已见《晏子春秋·内篇谏上》等等。

其次,就上述援用固有"说体"材料的部分来看,《韩诗外传》并未见出在行文的生动、形象方面有更多加工润色的迹象,大多原封不动地搬用,有的甚至为了节省篇幅,较原作反而减少了其描写的成分。如卷四"齐桓公独以管仲谋伐莒"已见《吕氏春秋·重言》,讲述的是东郭牙通过观察表情、口型、动作而判断出管仲与桓公打算伐莒的故事。伐莒之事仅在谋划阶段却在国中传开,对此咄咄怪事,《吕氏春秋》具体描述了桓公与管仲猜测与寻找这位"先知"的过程:

> 齐桓公与管仲谋伐莒,谋未发而闻于国,桓公怪之,曰:"与仲父谋伐莒,谋未发而闻于国,其故何也?"管仲曰:"国必有圣人也。"桓公曰:"嘻!日之役者,有执蹠癗而上视者,意者其是邪!"乃

令复役,无得相代。少顷,东郭牙至。管仲曰:"此必是已。"①
《韩诗外传》却直接点出了东郭牙其人②:

> 齐桓公独以管仲谋伐莒,而国人知之。桓公谓管仲曰:"寡人独为仲父言,而国人知之,何也?"管仲曰:"意若国中有圣人乎!今东郭牙安在?"桓公顾曰:"在此。"

接下来的对话,《吕氏春秋》也比《韩诗外传》生动:

> 管子曰:"子邪言伐莒者?"对曰:"然。"管仲曰:"我不言伐莒,子何故言伐莒?"对曰:"臣闻君子善谋,小人善意。臣窃意之也。"管仲曰:"我不言伐莒,子何以意之?"对曰:"臣闻君子有三色:显然喜乐者,钟鼓之色也;湫然清静者,衰绖之色也;艴然充盈、手足矜者,兵革之色也。日者臣望君之在台上也,艴然充盈、手足矜者,此兵革之色也。君呿而不唫,所言者'莒'也;君举臂而指,所当者莒也。臣窃以虑诸侯之不服者,其惟莒乎!臣故言之。"③

> 管仲曰:"子有言乎?"东郭牙曰:"然。"管仲曰:"子何以知之?"曰:"臣闻君子有三色,是以知之。"管仲曰:"何谓三色?"曰:"欢忻爱说,钟鼓之色也;愁悴哀忧,衰绖之色也;猛厉充实,兵革之色也。是以知之。"管仲曰:"何以知其莒也?"对曰:"君东南面而指,口张而不掩,舌举而不下,是以知其莒也。"

(《韩诗外传》)

两相比较,《吕氏春秋》中人物对话一来二去,无疑更具有现场模拟的味道。又如卷九"齐景公纵酒,醉,而解衣冠"已见《晏子春秋·外篇第七》,讲述的是齐景公欲去礼与大夫纵酒被晏子劝阻的故事。《晏子春秋》描述晏子劝说后景公改邪归正、依礼而行的情景是:

> 公曰:"善。请易衣革冠,更受命。"晏子避走,立乎门外。公令人粪酒改席,召衣冠以迎晏子。晏子入门,三让,升阶,用三献焉;嗽酒尝膳,再拜,告餍而出。公下拜,送之门,反,命撤酒去乐,

---

① 《吕氏春秋》,《诸子集成》本,第220~221页,上海书店出版社,1986。
② 本章所引《韩诗外传》,均见《韩诗外传集释》,北京:中华书局1980年版,本章下引《韩诗外传》文字不再出注。
③ 《吕氏春秋》,《诸子集成》本,第221页,上海书店出版社,1986。

曰:"吾以彰晏子之教也。"①

《韩诗外传》却仅做了概要的叙述:

> 景公曰:"善哉!"乃更衣而坐,觞酒三行,晏子辞去,景公拜
> 送。

较之《晏子春秋》的生动描摹,《韩诗外传》显然其意并不在此。

尽管如此,《韩诗外传》对于考察中国古代小说的发生,仍有十分重要的价值。

如前所述,《韩诗外传》有一部分故事已见于先秦文献,这在一百五十多则故事中占了近五十则,除此之外,还有近一百则不见于此前典籍。鉴于它们都是先秦历史故事,鉴于故事前常常以"传曰"开头,基本可以断定这些故事大多也应该有其传说来源,只不过所据典籍已不为今天所能见,毕竟先秦文献亡佚严重,载录百家杂说的典籍更难保留,《汉书·艺文志》所列小说家的著作无一幸存就是一例。那么,这近一百则故事正是赖《韩诗外传》得以保存和流传,也为我们了解先秦说体的存在和发展提供了更加丰富的文本材料。

首先值得注意的是,《韩诗外传》中的说体故事有些显示了所引文本在原有素材基础上演绎从而创作出新的故事的情形。如卷二"楚狂接舆躬耕以食":

> 楚狂接舆躬耕以食。其妻之市,未返,楚王使使者赍金百镒,造门曰:"大王使臣奉金百镒,愿请先生治河南。"接舆笑而不应,使者遂不得辞而去。妻从市而来曰:"先生少而为义,岂将老而遗之哉! 门外车轶,何其深也!"接舆曰:"今者、王使使者赍金百镒,欲使我治河南。"其妻曰:"岂许之乎?"曰:"未也。"妻曰:"君使不从,非忠也;从之,是遗义也。不如去之。"乃夫负釜甑,妻戴经器,变易姓字,莫知其所之。《论语》曰:"色斯举矣,翔而后集。"接舆之妻是也。《诗》曰:"逝将去汝,适彼乐土;乐土乐土,爰得我所。"

这里讲述的是楚狂接舆拒绝楚王之聘、夫妻逃去的故事。楚狂接舆始见于《论语·微子》:"楚狂接舆歌而过孔子,曰:'凤兮! 何德之衰? 往者不可谏,来者犹可追。已而,已而! 今之从政者殆而!'"②《庄子·内

---

① 《晏子春秋校注》,《诸子集成》本,第 177~178 页,上海书店出版社,1986。

② 《论语注疏》,《十三经注疏》本,第 2529 页,北京:中华书局,1980。

篇》据此杜撰了涉及接舆的三则寓言,一在《逍遥游》,肩吾对连叔转述了接舆讲的藐姑射神人故事;一在《人间世》,演绎了楚狂接舆歌而过孔子之事:"孔子适楚,楚狂接舆游其门曰:'凤兮凤兮,何如德之衰也。来世不可待,往世不可追也。天下有道,圣人成焉;天下无道,圣人生焉。方今之时,仅免刑焉……"①;一在《应帝王》:"肩吾见狂接舆。狂接舆曰:'日中始何以语女?'肩吾曰:'告我:君人者以己出经式义度,人孰敢不听而化诸!'狂接舆曰:'是欺德也……"②据此可以推断,《韩诗外传》中这则接舆的故事,很可能是在《论语》《庄了·内篇》基础上演绎、杜撰的一段情节。我们知道,《汉书·艺文志》著录《庄子》五十二篇,今见《庄子》三十三篇,那么这段故事原本或许就在亡佚的十九篇中也未可知。

又如卷九"戴晋生弊衣冠而往见梁王":

> 戴晋生弊衣冠而往见梁王。梁王曰:"前日寡人以上大夫之禄要先生,先生不留;今过寡人邪!"戴晋生欣然而笑,仰而永叹曰:"嗟乎!由此观之,君曾不足与游也。君不见大泽中雉乎?五步一啄,终日乃饱;羽毛悦泽,光照于日月;奋翼争鸣,声响于陵泽者何?彼乐其志也。援置之囷仓中,常啄梁粟,不旦时而饱;然犹羽毛憔悴,志气益下,低头不鸣,夫食岂不善哉?彼不得其志故也。今臣不远千里而从君游者,岂食不足?窃慕君之道耳,臣始以君为好士,天下无双,乃今见君不好士明矣!"辞而去,终不复往。

戴晋生也见于《庄子》,《则阳》篇"蜗角触蛮"的寓言就是被惠子带来的戴晋生讲给齐王听的:"……惠子闻之,而见戴晋人。戴晋人曰:'有所谓蜗者,君知之乎?'曰:'然。''有国于蜗之左角者,曰触氏;有国于蜗之右角者,曰蛮氏。时相与争地而战,伏尸数万,逐北旬有五日而后反。'"③而《韩诗外传》这段故事中戴晋生的感叹又与《庄子·养生主》中的一句话意味相同:"泽雉十步一啄,百步一饮,不蕲畜乎樊中。"④据

---

① 《庄子集解》,《诸子集成》本,第 30 页,上海书店出版社,1986。
② 《庄子集解》,《诸子集成》本,第 48 页,上海书店出版社,1986。
③ 《庄子集解》,《诸子集成》本,第 169～170 页,上海书店出版社,1986。
④ 《庄子集解》,《诸子集成》本,第 20 页,上海书店出版社,1986。

此,也可推断这个故事的演绎过程。

其次,更值得注意的是,在这批赖《韩诗外传》得以保存的说体故事中,也还有一些颇具小说色彩的篇章。

有些属于在题材方面与小说颇为接近。比如日常交往、夫妻感情、家庭生活是历史著作较少涉及而在小说中出现最多的题材,在《韩诗外传》中也偶有载述。卷九"堂衣若扣孔子之门"写的是子贡因堂衣若直呼老师之名而与之发生口角的一段生活小插曲:

> 传曰:堂衣若扣孔子之门,曰:"丘在乎?丘在乎?"子贡应之曰:"君子尊贤而容众,嘉善而矜不能,亲内及外,己所不欲,勿施于人。子何言吾师之名焉?"堂衣若曰:"子何年少言之绞?"子贡曰:"大车不绞,则不成其任;琴瑟不绞,则不成其音。子之言绞,是以绞之也。"堂衣若曰:"吾始以鸿之力,今徒翼耳!"子贡曰:"非鸿之力,安能举其翼!"

卷九"孟子妻独居"写的是孟子因撞见妻子随意状而欲休之终被母亲劝阻的小故事:

> 孟子妻独居,踞,孟子入户视之。白其母曰:"妇无礼,请去之。"母曰:"何也?"曰:"踞。"其母曰:"何知之?"孟子曰:"我亲见之。"母曰:"乃汝无礼也,非妇无礼。礼不云乎:'将入门,[问孰存;]①将上堂,声必扬;将入户,视必下。'不掩人不备也。今汝往燕私之处,入户不有声,令人踞而视之,是汝之无礼也,非妇无礼也。"于是孟子自责,不敢出妇。

卷九"齐王厚送女"写的是屠牛吐断定齐王女丑而拒绝娶之的有趣事:

> 齐王厚送女,欲妻屠牛吐,屠牛吐辞以疾。其友曰:"子终死腥臭之肆而已乎!何为辞之?"吐应之曰:"其女丑。"其友曰:"子何以知之?"吐曰:"以吾屠知之。"其友曰:"何谓也?"吐曰:"吾肉善,[如量]而去苦少耳;吾肉不善,虽以吾附益之,尚犹贾不售。今厚送子,子丑故耳。"其友后见之,果丑。

这些故事片段,除"齐王厚送女"一节齐王、屠牛吐究指何人不得而知外,孔子、孟子、子贡都是著名的历史人物,那么这些记事究为实录还

---

① "[ ]"中为补字,下同。

是虚构,便很难分辨得清,不过这些故事题材都是些日常生活琐事,且颇有情趣,颇能给人观照生活的审美感受。

还有些属于情节有些夸张、颇有些传奇色彩,应该具有小说虚构创作的成分。如卷一"鲍焦衣弊肤见":

> 鲍焦衣弊肤见,挈畚将蔬,遇子贡于道。子贡曰:"吾子何以至于此也?"鲍焦曰:"天下之遗德教者众矣,吾何以不至于此也!吾闻之:世不己知而行之不已者,爽行也。上不己用而干之不止者,是毁廉也。行爽毁廉,然且弗舍,惑于利者也。"子贡曰:"吾闻之:非其世者,不生其利。污其君者,不履其土。今吾子污其君而履其土,非其世而挈其蔬,其可乎?《诗》曰:'溥天之下,莫非王土。'此谁有之哉?"鲍焦曰:"于戏!吾闻贤者重进而轻退,廉者易愧而轻死。"于是弃其蔬而立槁于洛水之上。

鲍焦以廉洁著称,《战国策·燕策》"苏代谓燕昭王"一节,苏代问燕昭王的话中就有"廉如鲍焦、史鰌"的说法;鲍焦枯死的传说,也并不始于《韩诗外传》,《韩非子·八说》就提到"鲍焦、华角,天下之所贤也,鲍焦木枯,华角赴河,虽贤不可以为耕战之士"[1]。然而具体描述鲍焦枯死的故事情节就笔者所见材料来说却似乎始见于此。原来其死与子贡的言语刺激有关。你口口声声批评君王,却又在他的土壤上采摘果蔬,难道没听说过"污其君者、不履其土"吗?而情节的夸张性正在于鲍焦听闻子贡此说之后立马抛掉簸箕中的果蔬,"立槁于洛水之上"!这种极端的举止和不可思议的枯死,创造了一个以死全节的"廉"的典故。

卷七"孔子鼓瑟,曾子子贡侧门而听"一节,曾子居然能从孔子鼓瑟中听出"贪狼之志,邪僻之行",让人感到够神奇:

> 昔者孔子鼓瑟,曾子子贡侧门而听。曲终,曾子曰:"嗟乎!夫子瑟声殆有贪狼之志,邪僻之行,何其不仁趋利之甚?"子贡以为然,不对而入。夫子望见子贡有谏过之色,应难之状,释瑟而待之。子贡以曾子之言告。子曰:"嗟乎!夫参,天下贤人也,其习知音矣。乡者丘鼓瑟,有鼠出游,狸见于屋,循梁微行,造焉而避,

---

厌目曲脊,求而不得,丘以瑟淫其音。参以丘为贪狼邪僻,不亦宜乎!"

其实,神的首先应该是鼓瑟者,孔子看到猫捉老鼠的游戏,居然就模拟出"贪狼之志,邪僻之行",以至于让在门外聆听的弟子忍不住要跑来劝谏老师,其鼓瑟的表现力真让人叹为观止。不过,尽管音乐能够奏出喜怒哀乐,但能细致到让人从中见出"贪狼邪僻",不能不说是有些夸张了,应该说这段情节更像是一段小说描写。

卷十"东海有勇士曰菑丘䜣"一节中更出现了具有一些神话色彩的情节片段:

> 东海有勇士曰菑丘䜣,以勇猛闻于天下。遇神渊,曰:"饮马。"其仆曰:"饮马于此者,马必死。"曰:"以䜣之言饮之。"其马果沈。菑丘䜣去朝服拔剑而入,三日三夜,杀三蛟一龙而出。雷神随而击之,十日十夜,眇其左目。要离闻之,往见之,曰:"䜣在乎?"曰:"送有丧者。"往见䜣于墓,曰:"闻雷神击子,十日十夜,眇子左目。夫天怨不全日,人怨不旋踵。至今弗报,何也?"叱而去,墓上振愤者不可胜数。要离归,谓门人曰:"菑丘䜣,天下之勇士也。今日我辱之人中,是其必来攻我。暮无闭门,寝无闭户。"菑丘䜣果夜来,拔剑拄要离颈,曰:"子有死罪三。辱我以人中,死罪一也。暮无闭门,死罪二也。寝不闭户,死罪三也。"要离曰:"子待我一言。来谒,不肖一也。拔剑不刺,不肖二也。刃先辞后,不肖三也。能杀我者,是毒药之死耳。"菑丘䜣引剑而去,曰:"嘻!所不若者,天下惟此子尔!"

"以勇猛闻于天下"的菑丘䜣偏偏要与神渊较劲,结果其马被河水吞没,暴怒之下他在水中搏杀三日三夜,"杀三蛟一龙而出",又被雷神追击十日十夜,失去了左眼。这里上演的是一出勇士与水神、雷神激战的场面,这种夸张、虚幻的描写,就其来源而言,恐怕正是孟子所谓"齐东野人之语"。

不过,这个故事更富于小说色彩的是接下来要离众辱菑丘䜣、要离断定菑丘䜣要来攻击、菑丘䜣最终被要离折服的一系列情节和场面,情节的曲折连贯、人物性格的鲜明突出、冲突场面的逼真、生动,使它们已经具有戏剧性特征。

《韩诗外传》所保存的说体故事还有些就在于其情景描摹的细致、逼真,颇具有戏剧性效果,从而与小说创作比较类似。卷二"子路与巫马期薪于韫丘之下"写出了孔子两弟子子路和巫马期因言语冲突不欢而散的情景以及子路回去遇孔子被追问的画面:

> 子路与巫马期薪于韫丘之下。陈之富人有处师氏者,脂车百乘,觞于韫丘之上。子路与巫马期曰:"使子无忘子之所知,亦无进子之所能,得此富,终身无复见夫子,子为之乎?"巫马期喟然仰天而叹,闆然投镰于地,曰:"吾尝闻之夫子:'勇士不忘丧其元,志士仁人不忘在沟壑。'子不知予与?试予与?意者其志与?"子路心惭,负薪先归。孔子曰:"由来!何为偕出而先返也?"子路曰:"向也由与巫马期薪于韫丘之下,陈之富人有处师氏者,脂车百乘,觞于韫丘之上。由谓巫马期曰:'使子无忘子之所知,亦无进子之所能,得此富,终身无复见夫子,子为之乎?'巫马期喟然仰天而叹,闆然投镰于地,曰:'吾尝闻夫子,勇士不忘丧其元,志士仁人不忘在沟壑。子不知予与?试予与?意者其志与?'由也心惭,故先负薪归。"孔子援琴而弹:"《诗》曰:'肃肃鸨羽,集于苞栩。王事靡盬,不能艺稷黍。父母何怙?悠悠苍天,曷其有所?'予道不行邪?使汝愿者。"

韫丘之下是弟子两人在辛辛苦苦地砍柴,韫丘之上是从车百乘的富人在大吃大喝,子路见状很随意地跟巫马期开起了玩笑,如果让你得到这笔财富,代价是终身不再见老师,你干不干?巫马期一听便火了,将镰刀往地上一摔,你怎么能说这种话,没听老师说过"勇士不忘丧其元,志士仁人不忘在沟壑"吗,你是假装不知,还是故意试探我,要么就是你自己有这种想法?子路被呛得说不出话,怏怏地自己先离开了。这段描述有声有色,现场感极强,恰如其分地写出了人物的反应和感觉。而其描摹性还在于当子路返回遇到孔子后,孔子奇怪为何两人一起出去却一个人先回来了,子路又将当时的情景原原本本地描述了一遍,这就越发具有逼真的效果。

卷九"孔子出卫之东门"一节,更写出了孔子猜到姑布子卿要为自己相面、让弟子"志之"的颇具有喜剧效果的生动情景:

> 孔子出卫之东门,逆姑布子卿,曰:"二三子引车避。有人将

来,必相我者也,志之。"姑布子卿亦曰:"二三子引车避。有圣人
将来。"孔子下,步。姑布子卿迎而视之五十步,从而望之五十步。
顾子贡曰:"是何为者也?"子贡曰:"赐之师也,所谓鲁孔丘也。"姑
布子卿曰:"是鲁孔丘欤! 吾固闻之。"子贡曰:"赐之师何如?"姑
布子卿曰:"得尧之颡,舜之目,禹之颈,皋陶之喙。从前视之,盎
盎乎似有土者;从后视之,高肩弱脊,循循固得之转广一尺四寸,
此惟不及四圣者也。"子贡吁然。姑布子卿曰:"子何患焉。污面
而不恶,葭喙而不藉,远而望之,羸乎若丧家之狗,子何患焉?"子
贡以告孔子。孔子无所辞,独辞丧家之狗耳,曰:"丘何敢乎?"子
贡曰:"污面而不恶,葭喙而不藉,赐以知之矣。不知丧家狗,何足
辞也?"子曰:"赐,汝独不见夫丧家之狗欤! 既敛而椁,布席而祭,
顾望无人。意欲施之,上无明王,下无贤方伯,王道衰,政教失,强
陵弱,众暴寡,百姓纵心,莫之纲纪。是人固以丘为欲当之者也。
丘何敢乎!"

这段描述的开篇就有些玄乎,孔子在车上远远望着对面驶来的人就知
道那人要给自己相面,让弟子留心记住那人说的话;姑布子卿迎着对
面的车子,也断定"有圣人将来"。有意思的是孔子下车后故意在那里
踱步,而姑布子卿则"迎而视之五十步,从而望之五十步",可以想见这
的确是一幅风趣的画面。果然,姑布子卿口若悬河,对子贡大赞孔子
"得尧之颡,舜之目,禹之颈,皋陶之喙",简直一副王者风范,只可惜
"从后视之,高肩弱脊,此惟不及四圣者也",且称孔子"远而望之,羸乎
若丧家之狗"。令子贡不解的是,孔子对姑布子卿这番话中其他的都
没说什么,唯独对"若丧家之狗"这句话谦称"丘何敢乎"。主人已去,
无人祭祀,丧家狗左顾右盼恨不能越俎代庖;而当今"上无明主,下无
贤方伯",跟没了主人是一个样子,这人拿我与丧家狗相比,岂不是觉
得我想担当起一邦之主的责任,我孔丘当然是怎么敢当?

　　孔子被称"丧家之狗",在《史记·孔子世家》也有记述:"孔子适
郑,与弟子相失,孔子独立郭东门。郑人或谓子贡曰:'东门有人,其颡
似尧,其项类皋陶,其肩类子产,然自要以下不及禹三寸。累累若丧家
之狗。'子贡以实告孔子。孔子欣然笑曰:'形状,末也。而谓似丧家之

狗,然哉!然哉!"①两相对照,它们无疑是一个故事的变异,而《韩诗外传》这段描述显然更具有小说味道。

此外卷七所载"楚庄王绝缨"是十分著名的历史故事,其描摹并不如上述几则那般细腻,但情节、场面颇富于戏剧性:

> 楚庄王赐其群臣酒,日暮酒酣,左右皆醉。殿上烛灭,有牵王后衣者。后挖冠缨而绝之,言于王曰:"今烛灭,有牵妾衣者,妾挖其缨而绝之。愿趣火视绝缨者。"王曰:"止!"立出令曰:"与寡人饮,不绝缨者,不为乐也。"于是冠缨无完者,不知王后所绝冠缨者谁。于是王遂与群臣欢饮,乃罢。后吴兴师攻楚,有人常为应行合战者,五陷阵却敌,遂取大军之首而献之。王怪而问之曰:"寡人未尝有异于子,子何为于寡人厚也?"对曰:"臣先殿上绝缨者也。当时宜以肝胆涂地。负日久矣,未有所效。今幸得用,于臣之义,尚可为王破吴而强楚。"

说起来,这个故事与《战国策·齐策》中"孟尝君舍人有与君之夫人相爱者"十分相似:

> 孟尝君舍人有与君之夫人相爱者。或以问孟尝君曰:"为君舍人而内与夫人相爱,亦甚不义矣,君其杀之。"君曰:"睹貌而相悦者,人之情也,其错之勿言也。"居期年,君召爱夫人者而谓之曰:"子与文游久矣,大官未可得,小官公又弗欲。卫君与文布衣交,请具车马皮币,愿君以此从卫君等游。"于卫甚重。齐、卫之交恶,卫君甚欲约天下之兵以攻齐。是人谓卫君曰:"孟尝君不知臣不肖,以臣欺君。且臣闻齐、卫先君,刑马压羊,盟曰:'齐、卫后世无相攻伐,有相攻伐者,令其命如此。'今君约天下之兵以攻齐,是足下倍先君盟约而欺孟尝君也。愿君勿以齐为心。君听臣则可;不听臣,若臣不肖也,臣辄以颈血湔足下衿。"卫君乃止。②

两则故事的雷同性在于都对属下冒犯自己男人的尊严装作不知,不予追究,换来的都是属下的拼死相报。《战国策》中的这则故事属于拟托,已见前述,那么《韩诗外传》中的这则是否是在《战国策》这则故事的启发下所进行的创作,不得而知,应该有此可能。不过两相比较,

---

① 《史记》,第 1921~1922 页,北京:中华书局,1959。
② 《战国策》,第 381~382 页,上海古籍出版社,1985。

"绝缨"一段的情节性更强,更具有现场戏剧效果。

总之,《韩诗外传》保存了一批很可能源于先秦的说体故事,对于我们考察先秦说体有重要价值,而其中有些具有小说特征的说体故事,更为我们梳理中国古代小说发生过程的具体情形,提供了可贵的第一手材料。

二、《说苑》《新序》

1.《说苑》《新序》的编辑

《说苑》《新序》都是西汉后期刘向典校古籍时编著的以说体故事为主要部分的类编著作,而且两书的编辑前后相承,颇相关联。关于此,刘向所作《说苑叙录》有所说明:"所校中书《说苑》《杂事》,及臣向书,民间书,诬(忨,兼)校雠,其事类众多,章句相混,或上下谬乱,难分别次序,除去与《新序》重复者,其余浅薄不中义理,别集为《百家》。后令以类相从,一一条别篇目,更以造新事十万言以上,凡二十篇,七百八十四章,号曰《新苑》,皆可观。"①寻绎这段话的意思,可知朝廷中祕原有《说苑》《杂事》一类杂抄历史故事书,又有刘向本人所藏及从民间收集来的各种同类书,彼此章句互有混杂,内容或有异同,刘向将它们互相参照校雠,重新整理编定,先据《杂事》编成《新序》,又据《说苑》编出《新苑》,而在编《新苑》时,注意剔除了与《新序》重复的部分,又剔除了自认为"浅薄不中义理"的部分,将它们另外编成一部《百家》,剩下的部分,加上刘向"更以造新事十万言以上"的部分,合在一起,分门别类,定出篇目,共计二十篇,七百八十四章。

《新苑》无疑是《新说苑》的简称。今本《说苑》二十卷,应该正是刘向所编定的《新苑》二十篇,只不过当时虽称《新苑》后来仍以《说苑》称之罢了。

《新序》主要据《杂事》编定,可从《新序》篇目看出。《汉书·刘向传》称刘向"采传记行事,著《新序》《说苑》凡五十篇,奏之,以助观览",除去《说苑》二十篇,《新序》应为三十篇,《隋书·经籍志》即记为三十卷。今本仅剩十卷,其中就有五卷是以"杂事"名篇。

---

① 《全上古三代秦汉三国六朝文》第一册,第 603～604 页,石家庄:河北教育出版社,1997。

总之,《说苑》《新序》都属于杂抄故事的类书性质。

2.《新序》中的"说体"故事及类小说

《新序》中的故事十之七八能在此前不少子书、史书中见到,都属于关于历史人物事迹和经历的记述,诸如:

"晋大夫祁奚能举善""楚庄王既讨陈灵公之贼""郑人游于乡校""公子重耳出亡于晋,里凫须窃其宝货而逃""申包胥赴于秦乞师""齐太史书崔杼弑其君""宋人有得玉者献诸司城子罕""晋献公欲伐虞虢""烛之武退秦师"等,已见《左传》。

"甘茂与秦王约息壤""江乙以虎假虎威对楚王问""庄辛谏楚襄王""靖郭君欲城薛""郭隗以千金市骨说燕王纳士""司马错与张子争论于惠王之前""黄歇上书于秦昭王""秦、赵战于长平""虞卿驳楼缓""魏请为从(纵)"已见《战国策》。

"晋平公欲伐齐,使范昭往观焉""齐有彗星,齐侯使祝禳之""齐景公饮酒而乐释衣冠自鼓缶""晏子之晋,见披裘负刍息于途者""崔杼弑庄公,令士大夫盟"等,已见《晏子春秋》。

"梁惠王曰寡人好色",已见《孟子》。

"尧治天下,伯成子高立为诸侯""原宪居鲁""子列子穷容貌"等,已见《庄子》。

"孙卿与临武君议兵于赵孝成王前""秦昭王问孙卿曰儒无益于人国"等,已见《荀子》。

"魏庞恭与太子质于邯郸""扁鹊见桓侯曰君有疾在腠理""荆人卞和得玉璞而献之荆厉王""齐攻鲁求岑鼎"等,已见《韩非子》。

"魏武侯谋事而当""魏文侯与士大夫坐问寡人何如君""鲁君使宓子贱为单父宰""有司请事于齐桓公,桓公曰以告仲父""魏文侯弟曰季成""晋文公将伐邺""桓公与管仲、鲍叔、宁戚饮酒""宋景公时,荧惑在心""汤见祝网者置四面""周文王作灵台及为池沼,掘地得死人之骨""宁戚欲干齐桓公""齐桓公见小臣稷""卫灵公以天寒凿池""卫懿公有臣曰弘演"等,已见《吕氏春秋》。

"宋闵公臣长万以勇力闻",已见《公羊传》。

"樊姬论贤臣""周舍事赵简子""赵之中牟叛,赵襄子率师伐之""郑伯肉袒迎庄王""桓公田至于麦丘""颜渊侍鲁定公于台""楚人有善相人""田饶事鲁哀公而不见察""楚丘先生披裘带索往见孟尝君""楚昭王有士曰石奢""申徒狄非其世""鲍焦衣弊肤见""卞庄子好勇"等，已见《韩诗外传》。

"梁君出猎，见白雁群"，已见陆贾《新语》。

"孙叔敖婴儿时斩两头蛇""晋文公出猎，前驱曰前有大蛇""梁之边亭与楚之边亭皆种瓜""梁尝有疑狱""楚惠王食寒菹而得蛭"等，已见贾谊《新书》。

"邹忌以鼓琴见齐宣王""延陵季子带宝剑以过徐君""赵氏孤儿""沛公与项籍俱受令于楚怀王""汉王既用滕公、萧何之言，擢拜韩信为上将军""赵地乱，武臣、张耳、陈余定赵地""郦食其号郦生，说汉王""汉三年，项羽急围汉王荥阳""汉五年，追击项王阳夏南""汉六年正月封功臣""高皇帝五年齐人娄敬戍陇西""留侯张子房保太子""汉十一年九江黥布反""悼惠王入朝"等，已见《史记》。

"齐大饥，黔敖为食于路"，已见《礼记》。

此外，"孔子在州里，笃行孝道""卫灵公之时，蘧伯玉贤而不用""哀公问孔子曰寡人生乎深宫之中""哀公问于孔子曰东益宅不祥信有之乎""孔子北之山戎氏，有妇人哭于路"等，亦见《孔子家语》。《孔子家语》虽被认为是汉魏王肃所编纂，但其中的材料大多其来有自，《新序》中的这几则应该也都有其所本。

除此之外，所剩十之二三，诸如"赵简子上羊肠之阪""中行寅将亡，乃召其太祝""秦欲伐楚，使使者往观楚之宝器""晋平公畜西河，中流而叹""晋平公闲居，师旷侍坐""武王胜殷，得二虏而问""晋文公出田逐兽，砀入大泽""晋文公逐麋而失之""魏文侯出游，见路人反裘而负刍""齐桓公与鲁庄公为柯之盟""昔者，齐桓公出游于野""晋文公田于虢""晋平公过九原而叹曰""宋玉因其友以见于楚襄王""宋玉事楚襄王而不见察""魏王将起中天台""魏文侯见箕季其墙坏而不筑""土尹池为荆使于宋，司城子罕止而觞之""邹穆公有令食凫鹰必以秕""晋献公太子之至灵台，蛇绕左轮"等等，同样是历史人物故事，应该大多也是从各种子书、史书抄撮而来，只不过这些书今已不见，《新序》的价值之一就在于保存了这些说体故事。

更值得注意的是，其中有的故事还颇具小说特征。

　　《杂事第一》中的"赵简子上羊肠之阪"①妙在无论是人物的行为还是说辞都不同寻常和出人意外，从而产生戏剧性冲突和引人入胜的效果：

　　　　赵简子上羊肠之阪，群臣皆偏袒推车，而虎会独担戟行歌不推车。简子曰："寡人上阪，群臣皆推车，会独担戟行歌不推车，是会为人臣侮其主。为人臣侮其主，其罪何若？"虎会对曰："为人臣而侮其主者，死而又死。"简子曰："何谓死而又死？"虎会曰："身死，妻子又死，若是谓死而又死。君既已闻为人臣而侮其主之罪矣，君亦闻为人君而侮其臣者乎？"简子曰："为人君而侮其臣者何若？"虎会对曰："为人君而侮其臣者，智者不为谋，辩者不为使，勇者不为斗。智者不为谋则社稷危，辩者不为使则使不通，勇者不为斗则边境侵。"简子曰："善。"乃罢群臣不推车，为士大夫置酒，与群臣饮，以虎会为上客。

众臣都在替主子推车，唯独虎会袖手旁观，一个"独"字便显出人物的与众不同，也惹得赵简子恼怒问罪；而虎会的回答像是故意火上浇油，原来他分明知道为人臣者得罪其主子犯的是死罪，而且是"死而又死"。不过，让赵简子更没有想到的是接下来虎会居然反问，你知道为人君者得罪臣属会是什么结果？就这样，虎会以这种奇特的方式让赵简子意识到尊重臣属的重要，故事也因这种奇特而使读者增加了阅读的兴味。

　　《杂事第四》"齐桓公出游于野"一段，也妙在人物言辞的出人意外，而结尾处管仲一语中的，更是顿生奇效：

　　　　昔者齐桓公出游于野，见亡国故城郭氏之墟，问于野人曰："是为何墟？"野人曰："是为郭氏之墟。"桓公曰："郭氏者曷为墟？"野人曰："郭氏者善善而恶恶。"桓公曰："善善而恶恶，人之善行也。其所以为墟者何也？"野人曰："善善而不能行，恶恶而不能去，是以为墟也。"桓公归，以语管仲。曰："其人为谁？"桓公曰："不知也。"管仲曰："君亦一郭氏也。"于是桓公招野人而赏焉。

说到郭氏为墟的原因，野人居然回答"善善而恶恶"，即以善为善，以恶

---

　　① 本章所引《新序》，均见《新序详注》（赵仲邑注），北京：中华书局 1997 年版，本章下引《新序》文字不再出注。

为恶,这的确有悖常理,自然勾起了桓公的好奇,也勾起了读者的好奇;野人的进一步解释便回到了常理,虽然以善为善,但只停留在口头上,却不能真正奖掖善人,虽然以恶为恶,也只停留在意识中,而不能真正制裁恶人,当然免不了亡国亡邦的下场。有意思的是,当桓公将这段经历告诉管仲后,被管仲问了个哑口无言,因为他也没有想到要善善而行之,对于如此有见识的野人,居然没有问对方的名姓,更没有打算有什么奖掖。难怪管仲会说"君亦一郭氏也"。这是一句点题之笔,桓公和读者恍然大悟,原来郭氏的故事只是用来作为桓公的喻体出现的。这差不多可算是故事套故事,构思颇为奇巧。

《刺奢第六》"魏王将起中天台"妙在人物抓住"中天"一词大做文章,正话反说,因此也颇具戏剧效果:

> 魏王将起中天台。令曰:"敢谏者死。"许绾负畚操锸入,曰:"闻大王将起中天台,臣愿加一力。"王曰:"子何力有加?"绾曰:"虽无力,能商台。"王曰:"若何?"曰:"臣闻天与地相去万五千里,今王因而半之,当起七千五百里之台。高既如是,其趾须方八千里。尽王之地,不足以为台趾。古者尧舜建诸侯,地方五千里。王必起此台,先以兵伐诸侯,尽有其地,犹不足,又伐四夷,得方八千里,乃足以为台趾。材木之积,人徒之众,仓廪之储,数以万亿。度八千里以外,当定农亩之地,足以奉给王之台者,台具以备,乃可以作。"魏王默然无以应,乃罢起台。

大王你不是要搭建"中天台"吗,那么就该名副其实,的确要有距天一半的高度,台高七千五百里,地基就需方八千里,那就得先伐诸侯,征四夷,另外还要准备材料、人力、钱粮等等,这样一劝,魏王哪还敢再动搭台的心思? 这段描写虽大多都是在记言,但因所言诙谐幽默,从而同样给人阅读的快感。

《杂事第一》"秦欲伐楚,使使者往观楚之宝器"一篇,巧用"宝器"的双关本身就颇有戏,对"宝器"的陈列又做了铺排夸饰描写,从而平添了几分艺术魅力:

> 秦欲伐楚,使使者往观楚之宝器。楚王闻之,召令尹子西而问焉,曰:"秦欲观楚之宝器,吾和氏之璧,随侯之珠,可以示诸?"令尹子西对曰:"不知也。"召昭奚恤问焉,昭奚恤对曰:"此欲观吾

国之得失而图之，不在宝器在贤臣，珠宝玩好之物，非宝重者。"王遂使昭奚恤应之。

昭奚恤发精兵三百人，陈于西门之内。为东面之坛一，为南面之坛四，为西面之坛一。秦使者至，昭奚恤曰："君，客也，请就上位东面。"令尹子西南面，太宗子敖次之，叶公子高次之，司马子反次之，昭奚恤自居西面之坛，称曰："客欲观楚国之宝器，楚国之所宝者贤臣也。理百姓，实仓廪，使民各得其所，令尹子西在此。奉珪璧，使诸侯，解忿悁之难，交两国之欢，使无兵革之忧，太宗子敖在此。守封疆，谨境界，不侵邻国，邻国亦不见侵，叶公子高在此。理师旅，整兵戎，以当强敌，提枹鼓以动百万之众，所使皆趋汤火，蹈白刃，出万死不顾一生之难，司马子反在此。怀霸王之余议，摄治乱之遗风，昭奚恤在此，唯大国之所观。"秦使者慢然无以对，昭奚恤遂揖而去。秦使者反，言于秦君曰："楚多贤臣，未可谋也。"遂不伐楚。

秦国派使者前来楚国观宝器，实是要查看虚实，准备进犯。而说到"宝器"，可以是"和氏之璧，随侯之珠"之类的珠宝玩好之物，也可以是良将贤臣等国之栋梁，楚大臣昭奚恤恰恰是抓住了这一点，在秦国使者面前一字排开，让楚国贤臣纷纷亮相，气势非凡，这就是我们楚国的"宝器"，你们要看就看个够。这场面这阵势震得秦使无言以对，乖乖返秦汇报，"楚多贤臣，未可谋也"。

说起来，这几篇也都属于历史故事，赵简子、齐桓公、昭奚恤、令尹子西、叶公子高、司马子反等都是历史上重要的君王和大臣，而它们之所以接近小说，其共同点在于比较巧妙地描写出人物言行的不同寻常，以及由此产生的戏剧性冲突和效果。

3.《说苑》中的"说体"故事及类小说

较之以《杂事》为底本编辑整理而成的《新序》，以冠以"说"字的《说苑》为底本编辑整理而成的《新说苑》（即今本《说苑》）更多带有先秦"小说"短小、类杂、事琐的特征，原本可以有大量文学性小说存在，然而由于刘向讽喻教化的编辑主旨，将那些他认为浅薄不合义理的篇目剔除，另外编了一部《百家》，结果今见《说苑》保存的类小说并不比《新序》多太多。而《百家》今已不存，这不能不说是一个很大的遗憾。

《说苑》体例颇杂,其中有议论,有对话,有记言,有故事。在所记述的故事中,同样有一批已经见于此前子书、史书,属于抄撮而成。诸如:

"楚昭王有疾,卜之曰河为祟""楚昭王之时,有云如飞鸟""邾文公卜徙于绎""晋襄公薨,嗣君少""晋灵公暴,赵宣子骤谏""宋华元杀羊食士""赵宣孟见翳桑下有卧饿人不能动""齐懿公之为公子也,与邴歜之父争田""楚人献鼋于郑灵公""晋荆战于邲,晋师败绩,荀林父将归请死""吴人入荆,召陈怀公""楚庄王举兵伐宋,宋告急""楚王使人戏秦使曰子来亦卜之乎""齐欲妻郑太子忽,太子忽辞""子胥将之吴,辞其友申包胥""郑简公使公孙成子来聘于晋,平公有疾""晋平公筑虒祁之室,石有言者""太子商臣怨令尹子上"已见《左传》;

"中行穆子围鼓,鼓人有以城反者""鲁襄公朝荆""叔向之弟羊舌虎善乐达""赵宣子之车干行,韩献子戮其仆""周幽王二年,西周三川皆震""吴伐越,隳会稽,得骨专车""仲尼在陈,有隼集于陈侯之廷而死""季桓子穿井得土缶""虢公梦在庙"已见《国语》;

"孟尝君将西入秦""秦王以五百里地易鄢陵""智伯从韩、魏之兵以攻赵""安陵缠以颜色美壮,得幸于楚共王"已见《战国策》;

"齐景公游于菱,闻晏子卒""晏子没十有七年,景公饮诸大夫酒""晏子侍于景公,朝寒请进热食""景公饮酒,陈桓子曰请浮晏子""晏子方食,君之使者至""公探爵鷇,鷇弱故反之""北郭骚踵见晏子""晏子治东阿三年""景公有马,其圉人杀之""景公好弋,使烛雏主鸟而亡之""景公正昼被发乘六马,御妇人出正闱""景公饮酒,移于晏子家""晏子使吴""景公使晏子使于楚""楚人为小门于大门之侧而延晏子""齐景公尝赏赐及后宫""齐景公为露寝之台""景公畋于梧丘""齐景公登射,晏子修礼而待""晏子饮景公酒,日暮,公呼具火"已见《晏子春秋》;

"庄周贫者,往贷粟于魏""孔子观于吕梁"已见《庄子》;

"孔子为鲁司寇,七日而诛少正卯"已见《荀子》;

"乐羊为魏将,以攻中山""赵襄子见围于晋阳""吴起为魏将,攻中山""齐桓公问管仲曰国何患""桓公立仲父""中行文子出亡至边""智伯请地于魏宣子""楚庄王有茅门者法曰""子羔为卫政,刖人之足""齐桓公北征孤竹""鲁人身善织屦,妻善织缟""叔向之杀苌弘也""楚公子

午使于秦,秦囚之,其弟献三百金于叔向""郑桓公将欲袭郐,先问郐之辨智果敢之士""楚庄王伐陈,吴救之"已见《韩非子》;

"殷太戊时,有桑谷生于庭""中牟鄙人宁越苦耕之劳""楚庄王猎于云梦,射科雉得之,申公子倍攻而夺之""魏文侯攻中山,乐羊将""秦缪公尝出,而亡其骏马""魏文侯见段干木""荆文王得如黄之狗""齐景公有臣曰诸御鞅""齐桓公与管仲谋伐莒""晋太史屠余见晋国之乱""越饥,勾践惧""楚共王出猎而遗其弓"已见《吕氏春秋》;

"司城子罕相宋""魏文侯且置相,召李克而问焉""楚伐陈,陈西门燔""楚有士申鸣者,在家而养其父""楚庄王赐群臣酒,日暮酒酣,灯烛灭""齐桓公设庭燎""魏文侯从中山奔命安邑""孔子之郯,遭程子于涂""吴王欲伐荆,曰敢有谏者死""子行游中路闻哭者声""魏文侯封太子击于中山""齐人王满生见周公""成王时有三苗贯桑而生""扁鹊过赵王,王太子暴疾而死""齐宣王谓田过"已见《韩诗外传》;

"孝景时,吴楚反,袁盎以太常使吴""智伯与赵襄子战于晋阳下而死""留侯张良之大父开地相韩昭侯、宣惠王、襄哀王""鲍叔死,管仲举上衽而哭之""屠岸贾者,始有宠于灵公""楚魏将以伐齐,齐王使人召淳于髡""高祖使陆贾赐尉佗印,为南越王""吴王寿梦有四子""孔子之宋,匡简子将杀阳虎"已见《史记》。

此外,"曾子芸瓜而误斩其根""孔子之楚,有渔者献鱼甚强""孔子弟子有孔蔑者""孔子见季康子,康子未说""孔子之周,观于太庙""孔子见罗者""赵简子杀泽鸣、犊犨,使人聘孔子""孔子与齐景公坐,周使来言庙燔""鲁公索氏将祭而亡其牲""孔子北游,东上农山""孔子遭难陈、蔡之境,绝粮""孔子将行,无盖""楚昭王渡江,有物大如斗""孔子晨立堂上,闻哭者声音甚悲""子贡问孔子死人有知无知""延陵季子适齐""子夏三年之丧毕""孔子卦得贲""鲁有俭者,瓦鬲煮食"亦见《孔子家语》,正如前面在梳理《新序》故事时所提,《孔子家语》虽出自汉魏王肃之手,但材料多为秦汉之际所传,《说苑》中的这些故事自也有其来源。

除此之外,《说苑》中还有百余则说体故事,诸如"韩武子田,传来告曰晋公薨""赵简主从晋阳之邯郸,中路而止""伯禽与康叔封朝于成王""宋襄公兹父为桓公太子""晋献公立骊姬为夫人,狐突称疾不出"

"楚平王使奋扬杀太子建""杞梁华舟同车侍于庄公而行至莒""越甲至齐，雍门子狄请死之""楚人将与吴人战，楚兵寡而吴兵众，楚将军子囊请死""宋康公攻阿，屠单父""齐崔杼弑庄公，邢蒯瞆使晋而反""燕昭王使乐毅伐齐，王歜布衣义不背齐""左儒友于杜伯，皆臣周宣王""东海有孝妇""孟简子相梁并卫，有罪而走齐""晋文公出亡，周流天下，舟之侨去虞而从""晋逐栾盈之族，命其家臣有敢从者死，辛俞从之""魏文侯与田子方语，有两僮子侍于君前""齐桓公出猎，逐鹿而走入山谷之中""田忌去齐奔楚，楚王郊迎至舍""齐景公游于海上而乐之""晋平公好乐，多其赋敛，咎犯以乐见""秦始皇帝取皇太后迁之于萯阳宫，齐客茅焦往上谒""楚庄王筑层台，耕者诸御己往进谏""晋平公使叔向聘于吴，吴人拭舟以逆之""赵简子举兵而攻齐，令敢谏者死，被甲之士公卢大笑之""孙叔敖为楚令尹，老父衣麤衣冠白冠来吊""鲁恭士机泛行年七十其恭益甚""赵使人谓魏王曰为我杀范痤吾请献七十里之地""齐宣王出猎于社山，社山父老十三人相与劳王""东郭民有祖朝者上书晋献公""客谓梁王曰惠子之言事也善譬""魏文侯与大夫饮酒，使公乘不仁为觞政""庄辛言鄂君子晳泛舟新波之事""雍门子周以琴见乎孟尝君""蘧伯玉使至楚，逢公子晳濮水之上""赵王方鼓瑟而遣使者之楚，诫之曰必如吾言""楚使使聘于齐，齐王飨之梧宫""魏文侯使舍人毋择献鹄于齐侯""汤欲伐桀，伊尹请阻乏贡职以观其动""武王伐纣，过隧斩岸，过水折舟""晋文公与荆人战于城濮，及赏，先雍季而后咎犯""赵简子使成何、涉他与卫灵公盟于鄟泽""楚成王赘属诸侯，使鲁君为仆""齐景公以其子妻阖庐""安陵缠以颜色美壮，得幸于楚共王""智伯欲袭卫，故遗之乘马""智伯欲袭卫，乃佯亡其太子颜""赵简子使人以明白之乘六，先以一璧，为遗于卫""郑桓公东会封于郑，暮舍于宋东之逆旅""晋文公伐卫，曰今日必得大垣，公子虑俛而笑之""楚文王伐邓，使王子革王子灵共捃菜""楚令尹子文之族有干法者""晋平公出畋，见乳虎伏而不动""赵简子问翟封荼""哀公射而中稷，其口疾不肉食""韩褐子济于河，津人告之祭""子路鼓瑟有北鄙之声"等等，不见于今见子书、史书，就所述故事涉及的人物及发生的时间看，除"孝昭皇帝时，北军监御史为奸"等为汉代史事外，大多也是先秦历史故事，应该也是抄撮性质，《说苑》的价值同样在于保存了这些故事，而其篇目则远远超过《新序》。

在这百余则说体故事中,也有一部分比较而言更多具有文学性小说的特征。

有的故事以描述人物对话为主要内容,因其模仿具体逼真,而呈现为颇为生动和颇富情趣的生活片段。如"韩武子田"①:

> 韩武子田,兽已聚矣,田车合矣,传来告曰:"晋公薨。"武子谓栾怀子曰:"子亦知吾好田猎也,兽已聚矣,田车合矣,吾可以卒猎而后吊乎?"怀子对曰:"范氏之亡也,多辅而少拂,今臣于君辅也;罷于君拂也,君胡不问于罷也?"武子曰:"盈,而欲拂我乎? 而拂我矣,何必罷哉?"遂辍田。

(《君道》)

醉心于狩猎的韩武子当一切准备就绪之时,却接到晋公驾崩的报告,按理说他应该立马返朝,却禁不住想"卒猎而后吊"。在旁的栾怀子当然不能同意这种做法,却又不便明说,于是回答说自己是辅佐之臣,而非忤逆之臣,但范氏亡就亡在"多辅而少拂",所以这个时候你不该问我,而应该去问喜欢提出不同意见的大臣。韩武子一听就明白了,你这家伙想反对就直接反对算了,何必一定要拿拂臣罷来说事? 这段对话的过程很有意思,两人的态度、心理都在这微妙的一问一答中透露出来。

"楚使使聘于齐"则描绘出两国大臣互相斗嘴的场面:

> 楚使使聘于齐,齐王飨之梧宫。使者曰:"大哉梧乎!"王曰:"江海之鱼吞舟,大国之树必巨,使何怪焉?"使者曰:"昔燕攻齐,遵雒路,渡济桥,焚雍门,击齐左而虚其右,王歜绝颈而死于杜山,公孙差格死于龙门,饮马乎淄、渑,定获乎琅邪,王与太后奔于莒,逃于城阳之山,当此之时,则梧之大何如乎?"王曰:"陈先生对之。"陈子曰:"臣不如刀勃。"王曰:"刀先生应之。"刀勃曰:"使者问梧之年耶? 昔者,荆平王为无道加诸申氏,杀子胥父与其兄。子胥被发乞食于吴,阖庐以为将相。三年,将吴兵复仇乎楚,战胜乎柏举,级头百万,囊瓦奔郑,王保于随。引师入郢,军云行乎郢

---

① 本章所引《说苑》,均见《说苑校证》(向宗鲁校证),北京:中华书局 1987 年版,本章下引《说苑》文字不再出注。

之都。子胥亲射宫门，掘平王冢，笞其坟，数以其罪。曰：'吾先人无罪而子杀之！'士卒人加百焉，然后止。当若此时，梧可以为其杙矣。"

（《奉使》）

楚使赞美齐国梧宫中梧桐树的高大，齐王却来了一句"大国之树必大"，这就难怪楚使要故意挖苦齐国，当年你们这"大国"被燕国打得落花流水、死的死、逃的逃之时，这棵梧桐树的大小是多少？面对如此拐弯抹角的嘲讽，齐王让大臣来回应，刀勃以其人之道还治其人之身：你不是想知道这棵梧桐树的大小吗？当年你们楚国滥杀无辜，逼得伍子胥逃命吴国，三年后杀回楚国报杀父杀兄之仇，掘平王墓，鞭挞其坟，那个时候，这棵梧桐树正好可以拿来当击打物用了。说起来，这段对话虽然也有关涉邦国尊严的问题，但更多的是在互相较劲，比较鲜活地呈现出当时的外事交往，让人读来颇有兴味。

"客谓梁王曰惠子之言事也善譬"一篇也是颇有趣味的对话片段：

客谓梁王曰："惠子之言事也善譬，王使无譬，则不能言矣。"王曰："诺。"明日见，谓惠子曰："愿先生言事则直言耳，无譬也。"惠子曰："今有人于此而不知弹者，曰：'弹之状何若？'应曰：'弹之状如弹。'则谕乎？"王曰："未谕也。""于是，更应曰：'弹之状如弓而以竹为弦。'则知乎？"王曰："可知矣。"惠子曰："夫说者，固以其所知谕其所不知，而使人知之。今王曰无譬则不可矣。"王曰："善。"

（《善说》）

梁王受人挑唆，规定惠子说事不许再用比喻，惠子马上反问梁王，假如有人不知弹弓形状，你却回答说弹弓的形状就像弹弓，这不等于没有回答？但如果你告诉他弹弓的形状像弯弓而用竹子拉起来，他不就明白了？所以要想使人知晓，就得用人们已知的来形容人们不知的，你不让打比方怎么成？惠子的这段说辞妙就妙在实际上又是在用比方说事，结果就让梁王明白了禁用比方是不成的。

"常枞有疾，老子往问焉"一篇值得称道的则是对人物对话的模仿相当生动：

常枞有疾，老子往问焉，曰："先生疾甚矣，无遗教可以语诸弟子者乎?"常拟曰:"子虽不问,吾将语子。"常拟曰:"过故乡而下车,子知之乎?"老子曰:"过故乡而下车,非谓其不忘故耶?"常拟曰:"嘻,是已。"常拟曰:"过乔木而趋,子知之乎?"老子曰:"过乔木而趋,非谓其敬老耶?"常拟曰:"嘻,是已。"张其口而示老子曰:"吾舌存乎?"老子曰:"然。""吾齿存乎?"老子曰:"亡。"常拟曰:"子知之乎?"老子曰:"夫舌之存也,岂非以其柔耶?齿之亡也,岂非以其刚耶?"常拟曰:"嘻,是已。天下之事已尽矣,无以复语子哉!"

(《敬慎》)

原本是老子请先生给自己留下教诲,结果是先生问,老子答,每当老子回答完毕,先生都来一句"嘻,是已",可见先生对弟子十分满意,也符合老人的说话语气。尤其是接下来描写先生张口对着老子问"舌存否""齿存否",更是将当时的情景合盘托出。我们知道,关于老子的生平早在太史公那里就模糊不清,这里却冒出一个常拟作为老子的先生,无疑带有相当大的虚构成分,所谓舌存以其柔,齿亡以其刚,也显然是根据老子尚柔的思想编派而成,而这一创作,却为我们留下了一段很生动的对话场景。

还有的故事以情节的有趣、巧妙、戏剧性冲突甚至富于传奇色彩而颇具文学性小说的特征。

"经师鼓琴"属于情节颇为有趣者:

师经鼓琴,魏文侯起舞,赋曰:"使我言而无见违。"师经援琴而撞文侯,不中,中旒,溃之。文侯顾谓左右曰:"为人臣而撞其君,其罪如何?"左右曰:"罪当烹。"提师经下堂一等,师经曰:"臣可一言而死乎?"文侯曰:"可。"师经曰:"昔尧舜之为君也,唯恐言而人不违;桀纣之为君也,唯恐言而人违之。臣撞桀纣,非撞吾君也。"文侯曰:"释之,是寡人之过也,悬琴于城门,以为寡人符,不补旒,以为寡人戒。"

(《君道》)

听到魏文侯一句"使我言而无见违",琴师居然挥起琴来击打文侯,当然是罪该万死。但琴师自有他的道理,我打的是桀纣,而不是魏文侯,因为桀纣就"唯恐言而人违之"。就这样,情节发生了戏剧性变化,魏文侯非但没有杀琴师,还将这把琴悬挂在了城门上。

"下蔡威公闭门而哭"属于构思颇为巧妙者:

> 下蔡威公闭门而哭,三日三夜,泣尽而继以血。旁邻窥墙而问之曰:"子何故而哭悲若此乎?"对曰:"吾国且亡。"曰:"何以知也?"应之曰:"吾闻病之将死也,不可为良医;国之将亡也,不可为计谋。吾数谏吾君,吾君不用,是以知国之将亡也。"于是窥墙者闻其言,则举宗而去之于楚。居数年,楚王果举兵伐蔡。窥墙者为司马,将兵而往,束虏甚众。问曰:"得无有昆弟故人乎?"见威公缚在房中,问曰:"若何以至于此?"应曰:"吾何以不至于此? 且吾闻之也,言之者行之役也,行之者言之主也。汝能行我言,汝为主,我为役,吾亦何以不至于此哉?"窥墙者乃言之于楚王,遂解其缚,与俱之楚。故曰:"能言者未必能行,能行者未必能言。"

(《权谋》)

下蔡威公预感到蔡国将亡,在那里嚎啕大哭,被旁邻听到。有意思的是,几年后楚国灭蔡,旁邻已经成为楚国司马,而下蔡威公却在被俘的人群中,成为楚的阶下囚,还是这位旁邻作为老关系来解救他。怎么会这样? 能说的未必能做,威公只说不做,旁邻不说话,做的比谁都快,自然结果不一样了。

著名的"东海孝妇"则属于剧情颇为曲折离奇者:

> 东海有孝妇,无子,少寡,养其姑甚谨,其姑欲嫁之,终不肯。其姑告邻之人曰:"孝妇养我甚谨,我哀其无子,守寡日久,我老,久累丁壮奈何?"其后,母自经死,母女告吏曰:"孝妇杀我母。"吏捕孝妇,孝妇辞不杀姑,吏欲毒治,孝妇自诬服,具狱以上府。于公以为养姑十年以孝闻,此不杀姑也。太守不听。数争不能得,于是于公辞疾去吏,太守竟杀孝妇。郡中枯旱三年。后太守至,卜求其故,于公曰:"孝妇不当死,前太守强杀之,咎当在此。"于是杀牛祭孝妇冢,太守以下自至焉,天立大雨,岁丰熟。郡中以此益敬重于公。

(《贵德》)

这则故事的戏剧性就在于婆婆明明是因为不愿再拖累媳妇而自杀,孝妇却被小姑告成了杀人犯,屈打成招;于公已经从孝妇"养姑十年"的表现中看出了问题，却无奈碰上个一意孤行的昏太守，不得已托病辞职；于是冤案就这样发生了。更富于戏剧性的是，孝妇死后郡中竟然三年大旱，新来的太守不明就里，还是于公予以点破，这应该是老天为孝妇抱打不平，果然，待太守一行人等至孝妇冢谢罪之后，立马大雨倾盆，年岁丰熟。情节至此，不能不说其中有想象渲染的成分，这也使故事更加富有了文学性小说的意味。

似这般感天动地的故事，还有著名的"孟姜女哭倒长城"，故事的原型也始见于此。孟姜女即齐国大臣杞梁之妻，杞梁在参与齐庄公伐莒的战役中格斗至死，其妻为此悲痛欲绝。说起来，这次战役《左传》已有记述，称杞梁与华周先期潜入莒郊，遭遇莒子，拒绝重赂，战死疆场，其尸体被用来与齐行成。齐侯返回途中在城外遇到杞梁之妻，于是打算就此对杞梁进行吊唁，但杞梁妻拒绝在郊外哭悼，因为这不符合对于大夫一级的死者吊唁的礼仪，于是齐侯亲往杞梁之室隆重吊唁。杞梁妻因此有了善哭其夫的名声，《孟子·告子下》即称"华周、杞梁善哭其夫"。而到了《说苑》这里，这种"善哭"变成了"城为之阤，而隅为之崩"（《立节》），于是有了后来哭倒长城的传说。

上面两则，更多的是描述夸张而至神奇，而说到传奇色彩，"哀公射而中稷""齐桓公北征孤竹"两篇则更几乎可当微型志怪小说来读了：

> 哀公射而中稷，其口疾，不肉食。祠稷而善，卜之巫官，巫官变曰："稷负五种，托株而从天下，未至于地而株绝，猎谷之老人张袚以受之。何不告祀之？"公从之，而疾去。
>
> （《辨物》）

> 齐桓公北征孤竹，未至卑耳溪中十里，阒然而止，瞠然而视，有顷，奉矢未敢发也，喟然叹曰："事其不济乎！有人长尺，冠冕，大人物具焉，左袪衣，走马前者。"管仲曰："事必济，此人知道之神也。走马前者导也，左袪衣者，前有水也，从左方渡。"行十里，果有水曰辽水。表之，从左方渡至踝，从右方渡至膝。已渡，事果济。桓公再拜管仲马前曰："仲父之圣至如是，寡人得罪久矣。"管仲曰："夷吾闻之，圣人先知无形，今已有形乃知之，是夷吾善承教，非圣也。"
>
> （《辨物》）

哀公不小心射中庄稼,立马得了口疮,于是去祭祀稷神,并向巫官打听让稷神消气的办法,巫官告诉他当年稷神托着五谷稷苗从天而降,没想到还没落地苗株断绝,多亏猎谷老人张祗帮着接住,他可是有恩于稷神的人,你何不去祭祀祭祀他,让他帮帮忙?这一招果然奏效,哀公的口疾真的好了。齐桓公北征孤竹国,途中突然僵在那里,因为他看到了一个奇怪的影子走在马的前面,管仲知其为引路之神,并读懂了其"左祛衣"的指教,于是从左边渡水,一举成功。前者妙在猎谷老人成了稷神的恩人,后者神在管仲慧眼独识神人的旨意,较上古神话都平添了更多人间的气息。

此外,《说苑》中有几则同时也见于《孔子家语》的关于孔门事迹的记述,显然有对其加以神化的倾向,从而也呈现出传奇色彩。"孔子与齐景公坐""楚昭王渡江""孔子晨立堂上"几则就是如此:

> 孔子与齐景公坐,左右白曰:"周使来,言周庙燔。"齐景公出问曰:"何庙也?"孔子曰:"是釐王庙也。"景公曰:"何以知之?"孔子曰:"《诗》云:'皇皇上帝,其命不忒。天之与人,必报有德。'祸亦如之。夫釐王变文武之制而作玄黄,宫室與马奢侈,不可振也。故天殃其庙,是以知之。"景公曰:"天何不殃其身?"曰:"天以文王之故也。若殃其身,文王之祀无乃绝乎?故殃其庙,以章其过也。"左右入报曰:"周釐王庙也。"景公大惊,起,再拜曰:"善哉!圣人之智,岂不大乎!"

(《权谋》)

> 楚昭王渡江,有物大如斗,直触王舟,止于舟中。昭王大怪之,使聘问孔子。孔子曰:"此名萍实,令剖而食之。惟霸者能获之,此吉祥也。"其后齐有飞鸟,一足,来下,止于殿前,舒翅而跳。齐侯大怪之,又使聘问孔子。孔子曰:"此名商羊,急告民,趣治沟渠,天将大雨。"于是如之,天果大雨,诸国皆水,齐独以安。孔子归,弟子请问,孔子曰:"异时小儿谣曰:'楚王渡江得萍实,大如拳,赤如日,剖而食之,美如蜜。'此楚之应也。儿又有两两相率,屈一足而跳,曰:'天将大雨,商羊起舞'。今齐获之,亦其应也。"

(《辨物》)

孔子晨立堂上,闻哭者声音甚悲,孔子援琴而鼓之,其音同也。孔子出,而弟子有咤者。问:"谁也?"曰:"回也。"孔子曰:"回为何而咤?"回曰:"今者有哭者其音甚悲,非独哭死,又哭生离者。"孔子曰:"何以知之?"回曰:"似完山之鸟。"孔子曰:"何如?"回曰:"完山之鸟生四子,羽翼已成,乃离四海,哀鸣送之,为是往而不复返也。"孔子使人问哭者,哭者曰:"父死家贫,卖子以葬父,将与其别也。"孔子曰:"善哉,圣人也!"

(《辨物》)

得报周庙被焚,未及问明,孔子便知是釐王庙焚,因为釐王的所作所为该遭天谴;只不过顾忌到文王不能绝祀,才没祸及其身而只殃及其庙,话音刚落,左右来报釐王庙焚!楚王渡江遇到怪物,不必目睹,孔子便知此名"萍实";齐有飞鸟一足来下,孔子也知此为商羊,且断定天将大雨,只因曾听到小儿谣谚。这两则都旨在显示天人感应和孔子的神算,应是在汉代谶纬神学影响下新造的说体故事。后面一则不但神在孔子琴声模拟哭者感情竟真切到能让颜回判断出发生了什么事情的程度,更神在颜回能从孔子的琴声中听出似完山之鸟,完山之鸟分飞四方,由此断定哭者感伤生离死别。无论是前两则的神算还是后一则的超绝,都为故事赋予了传奇色彩,而从中也可见作者虚构、夸饰的创作成分。

最后还值得一提的是,《说苑》终究是想通过故事以阐发义理,因此更多具有寓言性质。不过其中有些比喻和寓言,已经演化为以故事的形式出现,"吴王欲伐荆"一篇即是如此:

吴王欲伐荆,告其左右曰:"敢有谏者死。"舍人有少孺子者,欲谏不敢,则怀丸操弹,游于后园,露沾其衣,如是者三旦。吴王曰:"子来,何苦沾衣如此?"对曰:"园中有树,其上有蝉,蝉高居悲鸣饮露,不知螳螂在其后也!螳螂委身曲附欲取蝉,而不知黄雀在其傍也!黄雀延颈欲啄螳螂,而不知弹丸在其下也!此三者皆务欲得其前利,而不顾其后之有患也。"吴王曰:"善哉!"乃罢其兵。

(《正谏》)

《韩诗外传》已经记述到这个故事,"螳螂捕蝉,黄雀在后"是被孙叔敖拿来打比方用的:"楚庄王将兴师伐晋,告士大夫曰:'敢谏者死无赦。'孙叔敖……于是遂进谏曰:'臣园中有榆,其上有蝉……'"而在《说苑》

这里，少孺子怕直谏身死，便携着弹弓三番五次跑到园子里露沾满襟，为的是引起吴王的好奇，以引出园中蝉、螳螂、黄雀、弹弓的话题，于是原本简单的比喻变成了生动有趣的故事。

总之，《说苑》中上述这些具有一定小说特征的故事，为我们考察先秦两汉时期小说发生的情况，提供了重要的补充材料。

三、《风俗通义》

就体例而言，《风俗通义》并不属于以记述说体故事为主要内容的杂说著作。该书编著者东汉应邵在《序言》中阐述该书的主旨时明确指出，汉儒只热心于章句训诂之学，以至于注经解经著作"积如丘山"，但对于"众所共传"的"俗间行语"却"莫能原察"，恐后世"益以迷昧"，所以他要"举尔所知，方以类聚"，为的是要"通于流俗之过谬，而事该之于义理"，故名之为"风俗通义"。也就是说，他广泛搜罗市井民间各种俗说，是要对它们作出辨析、更正和说明，以免以讹传讹。因为在他看来，"为政之要，辨风正俗，最其上也"。

"辨风正俗"在《风俗通义》中的确比比可见。如《正失》中"叶令祠"一则，首先记述了汉代关于该祠的"俗说"①：

  俗说孝明帝时，尚书郎河东王乔，迁为叶令，乔有神术，每月朔常诣台朝，帝怪其来数而无车骑，密令太史候望，言其临至时，常有双凫从东南飞来；因伏伺，见凫举罗，但得一双舄耳。使尚方识视，四年中所赐尚书官属履也。每当朝时，叶门鼓不击自鸣，闻于京师。后天下一玉棺于厅事前，令臣吏试入，终不动摇。乔："天帝独欲召我。"沐浴服饰寝其中，盖便立覆，宿夜葬于城东，土自成坟，县中牛皆流汗吐舌，而人无知者，百姓为立祠，号叶君祠。牧守班禄，皆先谒拜，吏民祈祷，无不如意，若有违犯，立得祸。明帝迎取其鼓，置都亭下，略无音声。但云叶太史候望，在上西门上，遂以占星辰，省察气祥，言此令即仙人王乔者也。

据时人的说法，这位名王乔的叶令曾被拜为尚书郎，奇怪的是每当前来上朝时都不见车马，明帝派人打探，发现"常有双凫从东南来"，待扣

---

① 本章所引《风俗通义》，均见《风俗通义校注》（王利器校注），北京：中华书局 1981 年版，本章下引《风俗通义》文字不再出注。

住双凫打开一看,里面就只有一双官属赐给尚书一级人等的鞋子。更离奇的是,据说某日天上下来一具玉棺,任谁都打不开,进不去,唯有王乔说这是天帝接我来了,果然棺为立开,王乔入葬。对此,应邵首先援引《左传》对"叶令"做了辨析:

> 谨按:《春秋左氏传》:叶公子高,姓沈名诸梁;古者,令曰公,忠于社稷,惠恤万民,方城之外,莫不欣戴。白公胜作乱,杀子西、子期,劫惠王以兵。叶公自叶而入,至于北门,或遇之曰:"君胡不胄?国人望君如望慈父母焉,盗贼之矢若伤君,是绝民望也,若之何不胄?"乃胄而进,又遇一人曰:"何为胄?国人望君如望岁焉,日日以几,若见君面,是得艾也,人知不死,其亦无有奋心,犹将旌君以徇于国,而又掩面,以绝民望,不亦甚乎?"乃免胄而进之,与国人攻白公,白公奔山而逝,生烹石乞,迎反惠王,整肃官司,退而老于叶。及其终也,叶人追思而立祠。功施于民,以劳定国,兼兹二事,固祠典之所先也。此乃春秋之时,何有近孝明乎?

应邵告诉人们,叶公祠的叶公是春秋时楚国人,因为在白公胜作乱时力挽危局,有功于民,所以死后"叶人追思而立祠"。接着,应邵又援引《周书》对王乔进行了辨析:

> 《周书》称:"灵王太子晋,幼有盛德,聪明博达,师旷与言,弗能尚也。晋年十五,顾而问曰:'吾闻大师能知人年之短长也。'师旷对曰:'女色赤白,女声清,女色不寿。'晋曰:'然。吾后三年,将上宾于天,女慎无言,祸将及女。'其后太子果死。"孔子闻之曰:"惜夫杀吾君也。"后世以其自豫知其死,传称王子乔仙。或人问仙,扬雄以为:"虑牺、神农、黄帝、尧、舜殒落,文王葬毕,孔子葬鲁城之北,独不爱其死乎?知非人之所能也。生乎生乎,吾恐名生而实死也。"

真正的王子乔乃周灵王太子,只因当年预言自己将不久于人世,于是被传说为成仙。孔子感叹太子被杀,说明他并未成仙。应邵还援引扬雄的说法,圣人们难道不愿长生不死吗,但还不是都命丧黄泉,这乃是人类不可抗拒的结局,所以,所谓成仙,不过是死去的另一种说法罢了。

就这样,应邵记录下了汉代人将叶令祠与仙人王乔串连在一起的传说,同时也将叶公祠和仙人王乔的来历梳理了一遍。

此外,应邵有时还让事实说话,通过记述似怪非怪的事件本身来对俗说加以辨析。如针对"世间多有伐木血出以为怪者"的情况,应邵讲述了桂阳太守张叔高伐树的故事:

> 桂阳太守江夏张辽叔高,去鄳陵令,家居买田,田中有大树十余围,扶疏盖数亩地,播不生谷,遣客伐之,六七血出,客惊怖,归具事白叔高。叔高大怒曰:"老树汁出,此何等血?"因自严行,复斫之,血大流洒,叔高使先斫其枝,上有一空处,白头公可长四五尺,忽出往赴叔高,叔高乃逆格之,凡杀四头,左右皆怖伏地,而叔高恬如也。徐熟视,非人非兽也,遂伐其树。

(《怪神》)

叔高没有惧怕从树中流出的血液,对于迎面扑来的白头公也毅然挥刀相向,最终砍掉了那棵神异的大树。接下来,应邵交待结局称:"其年司空辟高为侍御史兖州刺史,以二千石之尊,过乡里,荐祝祖考;白日绣衣,荣羡如此,其祸安居?《春秋国语》曰:'木石之怪夔魍魉。'物恶能害人乎?"张叔高砍了怪树,非但没有遭殃,反而得了升迁,谁说怪物能祸害人类?

因此,《风俗通义》并不会着意渲染俗说,更不会创作新的趣说,它只是为了辨析、解释和说明而首先简要记述到了当时的俗说。不过,正是透过这个窗口,让我们看到了汉代产生的或仍在流传、演绎的"说体"故事。

需要说明的是,就像上面提到的"叶公祠""伐木血出",《风俗通义》记述到当时流传的许多仙话和志怪故事,成为研究仙话、志怪小说发生的重要文本,关于此,我们拟留待述及仙话、志怪小说的章节再做讨论。这里值得注意的是,与《韩诗外传》《新序》《说苑》中几乎全部抄撮先秦说体故事和大多属于历史故事不同,《风俗通义》讲述了许多新的汉代人物的家庭纠葛和日常生活逸事;其中有些故事,虽由于主旨在于辨析的关系尚缺乏接近小说的叙事手段和笔法,但就题材而言,已经是构成文学性小说的生动素材。

俗话说"无巧不成书",《风俗通义》中有的故事之所以堪称已构成小说素材,就在于这个"巧"字,其中记述到不少母子、父子、夫妻、兄弟分离后又巧遇的故事。

"九江太守武陵陈子威"一则有可能是母子相遇：

> 九江太守武陵陈子威，生不识母，常自悲感；游学京师，还于陵谷中，见一老母，年六十余，因就问："母姓为何?"曰："陈家女李氏。""何故独行?"曰："我孤独，欲依亲家。"子威再拜长跪自白曰："子威少失慈母，姓陈，舅氏亦李，又母与亡亲同年，会遇于此，乃天意也。"因载归家，供养以为母。

（《怨礼》）

这里之所以说"有可能"，因为最终也没有挑明老母究竟是不是陈子威的亲生母亲，但无论是年龄、夫姓、舅氏姓，种种迹象都太接近了，这不能不引起人们的遐想。

"河南平阴庞俭"则是父子相遇：

> 河南平阴庞俭，本魏郡邺人，遭仓卒之世，亡失其父，时俭三岁，弟才襁抱耳，流转客居庐里中，凿井，得钱千余万，遂温富。俭作府吏，躬亲家事，行求老苍头谨信属任者，年六十余，直二万钱，使主牛马耕种。有宾婚大会，母在堂上，酒酣，陈乐歌笑。奴在灶下助厨，窃言："堂上老母，我妇也。"客罢，婢语次，说："老奴无状，为妄语，所说不可道也。"穷诘其由，母谓婢试问其形状，奴曰："家居邺时，在富乐里宛西，妇艾氏女，字阿横，大儿字阿痴，小儿曰越子，时为县吏，为人所略卖。阿横右足下有黑子，右腋下赤志如半枡。"母曰："是汝公也。"因下堂相对啼泣："儿妇前，为汝公拜。"即洗浴身，见衣被，遂为夫妇如初。

（《佚文·情遇》）

府吏庞俭聘来的家奴，竟是三岁时走失的父亲，他自然不可能认得；虽时隔几十年，但作丈夫的总依稀认得自己的妻子，所以老奴会在灶下嘀咕那堂上老母应该是我的老婆。庞俭母亲一经问对，马上将儿子叫来认父。所以，这是父子巧遇，同时也是夫妻相认。

"百里奚为秦相"一则更纯粹是极富戏剧性的夫妻相遇：

> 百里奚为秦相，堂上作乐，所赁澣妇，自言知音，呼之，搏髀援琴，抚弦而歌者三。其一曰："百里奚，五羊皮，忆别时，烹伏雌，炊扊扅，今日富贵忘我为。"其二曰："百里奚，初娶我时五羊皮，临当

别时烹乳鸡,今适富贵忘我为。"其三曰:"百里奚,百里奚,母已死,葬南貊,坟以瓦,覆以柴,舂黄藜,搤伏鸡,西入秦,五羖皮,今日富贵捐我为。"问之,乃其故妻,还为夫妇也。

(《佚文·情遇》)

从这段情节看,夫妻不像是巧遇,百里奚妻应该是专程找上门来的,只不过她以洗衣妇的身份混进了秦相府,又自报奋勇,通过自弹自唱,骂百里奚富贵相忘,这才引起对方的注意,终于夫妻团聚。这种情节,应该已经很接近小说创作。

"陈留太守泰山吴文章"一则,讲的是兄弟巧遇,奇的是这种巧遇竟然是缘于血缘感应:

> 陈留太守泰山吴文章,少孤,遭忧衰之世,与兄伯武相失,别二十年,后相会下邳市中,争计共斗,伯武殴文章,文章欲报击之,心中凄怆,手不能举,大自怪也,因投杖于地,观者咸笑之;更相借问,乃亲兄也,相持涕泣。观者复曰:"兄校弟,不得报兄。"

(《佚文·情遇》)

阔别二十多年的亲兄弟,早已相见不相识,却在一场争执中相遇,为兄的打了为弟,为弟的刚要还击,却心生酸楚,举不起手来,气恼得投杖于地,惹得围观者开怀大笑。待互相询问,原来俩人是亲兄弟。围观者又有了新解释,兄可以打弟,弟不可以打兄,所以弟才举不起手来呀!

这些巧遇,如果展开描写,应该都可以成为引人入胜的小说作品,它们在让人们为这种"巧"而感到兴味的同时,也为我们呈现出时人的生命遭际和悲欢离合。

《风俗通义》中还有一些故事展示的是人际关系中的世态炎凉和矛盾冲突,是十分富于戏剧性效果的小说素材。

"司徒中山祝伯休"一则讲述的是伯休得温病后冷暖不同的特殊遭遇:

> 司徒中山祝恬字伯休,公车征,道得温病,过友人邺令谢著,著距不通,因载病去。至汲,积六七日,止客舍中,诸生曰:"今君所苦沈结,困无医师,闻汲令好事,欲往语之。"恬曰:"谢著,我旧友也,尚不相见视,汲令初不相知,语之何益? 死生命也,医药曷为?"诸生事急,坐相守吉凶,莫见收举,便至寺门口白。时令汝南

应融义高,闻之惊愕,即严便出,径诣床蓐,手拉摸,对之垂涕,曰:
"伯休不世英才,当为国家干辅。人何有生相知者,默止客舍,不
为人所知,邂逅不自贞哉?家上有尊老,下有弱小,愿相随俱入解
传。"伯休辞让,融遂不听,归取衣车,厚其荐蓐,躬自御之,手为丸
药,口尝馆粥,身自分热,三四日间,加甚劣极,便制衣棺器送终之
具。后稍加损,又谓伯休:"吉凶不讳,忧怖交心,间粗作备具。"相
对悲喜,宿止传中。数十日,伯休强健,入舍后,室家酣宴,乃别。
伯休到拜侍中尚书仆射令、豫章太守、大将军从事中郎。义高为
庐江太守。八年,遭母丧,停柩官舍,章百余上,得听行服,未阕,
而恬拜司隶,荐融自代,历典五郡,名冠远近。著去邨,浅薄流闻,
不为公府所取。

(《穷通》)

比较而言,这段故事在《风俗通义》中算是描写相当曲折、富于戏剧性
变化的一则。祝伯休在被征召的途中染上温病,投奔友人郏令谢著,
却被拒之门外。拖着病身来到汲县的伯休因对人情的失望而不肯再
求助于汲县县令,偏偏汲令应义高在寺庙门口听到了诸生的告白,马
上跑去照顾病人,病情加重后还为其准备送终之具。没想到后来发生
奇迹性变化,伯休居然病愈,并被拜官,步步高升。接下来的事情是可
想而知的,好心的汲令义高将得到报答,绝情的郏令谢著遭人唾弃。
应邵通过这则故事想告诉人们的或许也正是这一点吧。

"陈留有富室翁""沛郡有富家公"两则呈现的又都是复杂的家庭
纠纷:

陈留有富室翁,年九十无子,取田家女为妾,一交接,即气绝;
后生得男,其女诬其淫佚有儿,曰:"我父死时年尊,何一夕便有
子?"争财数年不能决。丞相邴吉出殿上决狱,云:"吾闻老翁子不
耐寒,又无影,可共试之。"时八月,取同岁小儿,俱解衣裸之,此儿
独言寒;复令并行日中,独无影。大小叹息,因以财与儿。

(《佚文·折当》)

沛郡有富家公,资二千余万,小妇子年裁数岁,顷失其母,又
无亲近,其大妇女甚不贤;公病困,思念恶辈争其财,儿判不全,因
呼族人为遗令云:"悉以财属女,但遗一剑与儿,年十五,以还付

之。"其后儿大,姊不肯与剑,男乃诣郡自言求剑。谨案:时太守大司空何武也,得其辞,因录女及翠,省其手书,顾谓掾史曰:"女性强梁,翠复贪鄙,其父畏贼害其儿,又计小儿正得此财,不能全护,故且俾与女,内实寄之耳,不当以剑与之乎?夫剑者,亦所以决断也;限年十五者,度其子智力足以自活,此小翠必不复还其剑,当闻县官,县官或能证察,得以见伸展也。凡庸何能思虑强远如是哉!"悉夺取财以与子,曰:"弊女恶翠温饱十五岁,亦以幸矣。"于是论者乃服,谓武原情度事得其理。

(《佚文·折当》)

这两则故事都是作为断案事件记载下来的。前者是陈留的富家翁九十多岁居然让小妾怀上个老生儿子,只可惜当即毙命。为争财产,其女诬告小妾是与别人乱搞怀上儿子,丞相邴吉不知从哪听来的方子,居然用是否寒冷和无影,验出这孩子的确是老翁的种。后者是沛郡的富家公,小老婆生儿才几年他就不幸去世,临终之前,他最担心的就是这小儿子会被大老婆所生之女剥夺得一无所有,于是心生一计,将全部财产悉数给了女儿,只留一把剑给小儿子,并嘱咐待儿十五岁时交付之。事有凑巧,后来小儿与老姐打官司求剑时恰恰遇到的是明察善断的大司空何武,他悟出了富家公留剑的用意,就是要赖县官出面助小儿一臂之力。这场官司最终也以喜剧收场。

"女子何侍为许远妻"也是一则断案记录,不过这回案件涉及的是夫妻吵架赌气,其中的缘由看起来让人忍俊不禁:

南郡谳:"女子何侍为许远妻,侍父何阳,素酗酒,从远假求,不悉如意,阳数骂詈,远谓侍:'汝公复骂者,吾必揣之。'侍曰:'共作夫妻,奈何相辱,揣我公者,搏若母矣。'其后阳复骂,远遂揣之。侍因上堂搏姑耳三下。司徒鲍宣决事曰:'夫妇所以养姑者也,今翠自辱其父,非姑所使;君子之于凡庸,尚不迁怒,况所尊重乎?当减死论。'"

《佚文·折当》

岳父动辄来家里无理取闹,破口打骂,女婿实在忍无可忍,对老婆说下次再骂人,我可就要动手了;老婆也不是好惹的,说你如果敢打我爸,我就去打你妈。事情还真的发生了,这女子居然上堂煽了婆婆三个耳光。说起来,这里面最无辜的就是婆婆,用司徒鲍宣的话来说,做女婿的去打岳父,并不是他妈指使的,当媳妇的怎么能迁怒于婆婆呢?

此外,《风俗通义》中还有些故事,记述了生活中一些颇为有趣的事件,属于具有一定观赏性的小说素材。

"临淮有一人持缣到市"一则趣在断案的巧妙:

> 临淮有一人,持一匹缣到市卖之,道遇雨而披戴,后人求共庇荫,因与一头之地;雨霁,当别,因共争斗,各云:"我缣。"诣府自言,太守丞相薛宣勃实,两人莫肯首服,宣曰:"缣直数百钱耳,何足纷纷,自致县。"呼骑吏中断缣,各与半;使追听之。后人曰:"受恩。"前撮之。缣主称冤不已。宣曰:"然,固知当尔也。"因结责之,具服,俾悉还本主。

> 《佚文·折当》

临淮人好心将布匹借一头给一个路人披戴挡雨,谁知好心不得好报,反而被他反咬一口,硬说这布匹是他的,以至于闹到官府,一对一相争,实难裁断。太守丞相薛宣说这匹布值不了多少钱,没必要再提交到县上去,干脆一刀两段,一人一半得了。不过不要以为这位真是个和稀泥的,他没忘了让人跟踪观察两人在动刀断布时的反应,果然,一个称谢,一个喊冤。这样结果就出来了,称谢的无疑是赚了便宜的,喊冤的肯定是布匹的本主了。

"太原周党伯况"一则趣在要复仇反而让仇家养伤:

> 太原周党伯况,少为乡佐发党过于人中辱之。党学《春秋》长安,闻报仇之义,辍讲下辞归报仇,到与乡佐相闻,期斗日,乡佐多从兵往,使乡佐先拔刀,然后相击。佐欲直,令兵击之,党被创,困乏,佐服其义勇,箯舆养之;数日苏兴,乃知非其家,即径归。

> (《过誉》)

"陈国张伯喈"一则趣在因兄弟俩长相酷似,弟媳两次将夫兄误认为夫:

> 陈国张伯喈,弟仲喈妇炊于灶下,至井上,谓伯喈曰:"我今日妆宁好不?"伯喈曰:"我伯喈也。"妇大惭愧。其夕时,伯喈到更衣,妇复牵伯喈曰:"今旦大误,谓伯喈为卿。"答曰:"我故伯喈也。"

> (《佚文·折当》)

"齐人有女"一则趣在齐女的"两袒"：

> 俗说：齐人有女，二人求之，东家子丑而富，西家子好而贫，父母疑不能决，问其女："定所欲适，难指斥言者，偏袒令我知之。"女便两袒，怪问其故，云："欲东家食，西家宿。"

（《佚文·阴教》）

还有著名的"杯弓蛇影"有趣在主簿杜宣的"见怪惊布以自伤"：

> 予之祖父郴，为汲令，以夏至日诣见主簿杜宣，赐酒，时北壁上有悬赤弩，照于杯，形如蛇，宣畏恶之，然不敢不饮，其日，便得胸腹痛切，妨损饮食，大用羸露，攻治万端，不为愈。后郴因事过至宣家，窥视，问其变故，云："畏此蛇，蛇入腹中。"郴还听事，思惟良久，顾见悬弩，必是也。则使门下史将铃下侍徐扶辇载宣，于故处设酒，杯中故复有蛇，因谓宣："此壁上弩影耳，非有他怪。"宣遂解，甚夷怪，由是瘳平。

（《怪神》）

上述这些有趣的故事，也可见种种人情世故，人生百态，并用生动的形象、情节，让人们在观赏的同时获得一定的启示。

总之，《风俗通义》中有一些新的说体故事，就涉及的生活内容而言，较先秦说体故事更加丰富，更加具有小说意味，是值得我们注意和总结的。

第二节　汉代杂史著作与历史小说创作的雏形

杂史著作，是据真实发生的历史事件演绎而成的文本，称其"杂"，是与那些主要依据史官记录而成的正史著作相区别，其"杂"就"杂"在不排斥来自各种渠道的"世言""俗说"，其中不乏"小说家言"的夸诞、渲染，因此已经含有历史小说创作的某些因素。今见汉代杂史著作，有描述战国末年荆轲刺秦王事件的《燕丹子》，还有描述春秋末年吴越相争事件的《越绝书》和《吴越春秋》，它们即可视为历史小说创作的雏形。

一、《燕丹子》

《燕丹子》是一部生动描述战国末年荆轲刺秦王事件始末的杂史

著作,撰者及具体撰著时间都不甚明了。就今见史料来看,《汉书·艺文志》没有著录,最早引用到该书的是北魏郦道元《水经注》卷十一"易水"注,最早著录该书的是《隋书·经籍志·小说家》,因此一般将此书的成书时段定在东汉中叶至魏晋之间,但也有据有关史料考证它成书于秦汉之际者。① 对此,笔者在《史记》一章中已经指出,不管今见《燕丹子》是否东汉之后最终写定,它的原始文本早在《史记》撰写之前已经流传。②

关于荆轲刺秦王的记述,《战国策·燕策》"燕太子丹质秦亡归"已知是据《史记》所补,③所以就目前所能看到的同类文本而言,只有《史记·刺客列传》与《燕丹子》两种。鉴于《燕丹子》中的有些描写,包括开始燕丹子亡归和末尾荆轲刺秦王的结局,都为太史公所提及,现在已经很难准确指认究竟是今本《燕丹子》在《史记》基础上演绎而成,还是《史记》本于《燕丹子》而又有所删改。但有一点可以肯定,《史记》属于史传文学,《燕丹子》则是包含了许多小说家言的杂史。两者比较,正可见其不同的追求。

《燕丹子》开篇即是对燕丹子自秦逃归传奇经历的渲染④:

> 燕太子丹质于秦,秦王遇之无礼,不得意,欲求归。秦王不听,谬言曰令乌白头、马生角,乃可许耳。丹仰天叹,乌即白头,马生角。秦王不得已而遣之,为机发之桥,欲陷丹。丹过之,桥为不发。夜到关,关门未开。丹为鸡鸣,众鸡皆鸣,遂得逃归。深怨于秦,求欲复之。奉养勇士,无所不至。

(《卷上》)

"乌白头"这个"版本",确属"俗说",《风俗通义》中就有记述:"燕太子丹仰叹,天为雨粟,乌白头,马生角,厨中木象生肉足,井上株木跳度渎。俗说:燕太子丹为质于秦,始皇执欲杀之,言能致此瑞者,可得生

---

① 清人孙星衍《〈燕丹子〉序》认为此书多古字古义,且长于叙事,娴于辞令,应是先秦古书,并称:"司马贞《索隐》引刘向云:'丹,燕王喜之太子。'则刘向《七略》有此书,不可以《艺文志》不载而疑其后出。"今有文章专论《燕丹子》成书于秦末,见孙晶《〈燕丹子〉成书时代及其文体考》,载《古籍整理研究学刊》2001年第2期。

②③ 详见本书第六章《〈史记〉纪传体与人物传记小说》。

④ 本章所引《燕丹子》,均见《燕丹子》,北京:中华书局1985年版,本章下引《燕丹子》文字不再出注。

活,丹有神灵,天为感应,于是遣使归国。"而这恰恰是太史公所不取的,对此,"太史公曰"有明确的表态:"世言荆轲,其称太子丹之命,'天雨粟,马生角'也,太过。"因此,《史记·刺客列传》没有予以采纳,只是提到燕太子丹"亡归":

> 燕太子丹者,故尝质于赵,而秦王政生于赵,其少时与丹欢。及政立为秦王,而丹质于秦。秦王之遇燕太子丹不善,故丹怨而亡归。[①]

至于《燕丹子》所述秦王所设的"机发之桥"偏偏在燕丹子经过时失灵,也极像是俗说演绎,就像"乌白头"一样,为的是要显示天意神旨,而"丹为鸡鸣,众鸡皆鸣"的情节,过于近似孟尝君养士故事中"鸡鸣狗盗之徒"的作为,则应该是撰者仿作而成了。

此后描述燕太子丹款待荆轲,《燕丹子》更是极尽夸张渲染之能事:

> ……后日与轲之东宫,临池而观。轲拾瓦投龟,太子令人奉盘金。轲用抵,抵尽复进。轲曰:"非为太子爱金也,但臂痛耳。"后复共乘千里马。轲曰:"闻千里马肝美。"太子即杀马进肝。暨樊将军得罪于秦,秦求之急,乃来归太子。太子为置酒华阳之台。酒中,太子出美人能琴者。轲曰:"好手琴者!"太子即进之。轲曰:"但爱其手耳。"太子即断其手,盛以玉盘奉之。
>
> （《卷下》）

"奉盘金"你可以一掷千金,可见我不惜金银但惜士;"杀马进肝"你可以尽享美味,可见我不惜骏马但贵士;更有甚者,断美人手奉之你可以尽管看个够,可见我不惜美人但爱士。应该说,这样的情节已经有些超出常情,尤其是断美人手,更是不近人情,它们很可能是故事讲述者为突显太子丹对荆轲的厚望而夸大其词,强化效果。《史记·刺客列传》就不见此类过分的情节,虽也强调太子对荆轲百依百顺,但其描述要平实一些:

> 于是尊荆卿为上卿,舍上舍。太子日造门下,供太牢具,异物间进,车骑美女恣荆轲所欲,以顺适其意。[②]

[①]《史记》,第2528页,北京:中华书局,1959。
[②]《史记》,第2531页,北京:中华书局,1959。

《史记·刺客列传》力求尊重史实,《燕丹子》喜欢发挥"小说家言"的想象,在对故事最终结局的描述中更是可见一斑。"世言"荆轲投出的匕首击中了秦王,甚至传说秦王病伤三月而死,其实并不符合史实,对此,太史公据现场目击者的陈述对当时的情形作了真切的描述:

荆轲奉樊於期头函,而秦舞阳奉地图柙,以次进。至陛,秦舞阳色变振恐,群臣怪之。荆轲顾笑舞阳,前谢曰:"北蕃蛮夷之鄙人,未尝见天子,故振慴。愿大王少假借之,使得毕使于前。"秦王谓轲曰:"取舞阳所持地图。"轲既取图奏之,秦王发图,图穷而匕首见。因左手把秦王之袖,而右手持匕首揕之。未至身,秦王惊,自引而起,袖绝。拔剑,剑长,操其室。时惶急,剑坚,故不可立拔。荆轲逐秦王,秦王环柱而走。群臣皆愕,卒起不意,尽失其度。而秦法,群臣侍殿上者不得持尺寸之兵;诸郎中执兵皆陈殿下,非有诏召不得上。方急时,不及召下兵,以故荆轲乃逐秦王。而卒惶急,无以击轲,而以手共搏之。是时侍医夏无且以其所奉药囊提荆轲也。秦王方环柱走,卒惶急,不知所为,左右乃曰:"王负剑!"负剑,遂拔以击荆轲,断其左股。荆轲废,乃引其匕首以擿秦王,不中,中桐柱。秦王复击轲,轲被八创。轲自知事不就,倚柱而笑,箕踞以骂曰:"事所以不成者,以欲生劫之,必得约契以报太子也。"于是左右既前杀轲,秦王不怡者良久。已而论功,赏群臣及当坐者各有差,而赐夏无且黄金二百溢,曰:"无且爱我,乃以药囊提荆轲也。"①

关于这段描述,太史公明确表示是与当事人夏无且熟识的董仲舒亲口讲给自己听的:"始公孙季功、董生与夏无且游,具知其事,为余道之如是。"②然而,荆轲刺秦王的场面在《燕丹子》笔下则完全被艺术化了:

轲奉於期首,武阳奉地图。钟鼓并发,群臣皆呼万岁。武阳大恐,两足不能相过,面如死灰色。秦王怪之。轲顾武阳,前谢曰:"北蕃蛮夷之鄙人,未见天子。愿陛下少假借之,使得毕事于前。"秦王曰:"轲起,督亢图进之。"秦王发图,图穷而匕首出。轲左手把秦王袖,右手揕其胸,数之曰:"足下负燕日久,贪暴海内,

①《史记》,第2534～2535页,北京:中华书局,1959。
②《史记》,第2538页,北京:中华书局,1959。

不知厌足。於期无罪而夷其族。轲将海内报仇。今燕王母病,与
轲促期,从吾计则生,不从则死。"秦王曰:"今日之事,从子计耳!
乞听琴声而死。"召姬人鼓琴,琴声曰:"罗縠单衣,可掣而绝。八
尺屏风,可超而越。鹿卢之剑,可负而拔。"轲不解音。秦王从琴
声负剑拔之,于是奋袖超屏风而走,轲拔匕首擿之,决秦王,刃入
铜柱,火出。秦王还断轲两手。轲因倚柱而笑,箕踞而骂,曰:"吾
坐轻易,为竖子所欺。燕国之不报,我事之不立哉!"

(《卷下》)

在这里,荆轲已经"左手把秦王袖,右手揕其胸",并义正辞严,历数其
罪,没承想狡黠的秦王表面服软,"乞听琴声而死"。不可思议的是荆
轲居然让他"召姬人鼓琴",更令人称奇的是姬人竟能通过琴声教给秦
王如何脱身。曾经高歌"风萧萧兮易水寒,壮士一去兮不复还"的荆轲
偏偏此时"不解音",结果让秦王遵从姬人的指教,"负剑拔之","奋袖
超屏风而走",荆轲投出的匕首也十分有力,划过秦王,刺入铜柱,冒出
火花。不过,对照《刺客列传》的实录,《燕丹子》这里显然纯属虚构,而
这种虚构,增添了故事的艺术韵味。

二、《越绝书》

《越绝书》一名《越绝记》,《隋书·经籍志》题子贡撰,《崇文总目》
称或曰伍子胥作。《四库全书总目》采纳明杨慎《丹铅录》等的意见,根
据原书《末叙》以廋词隐其姓名的原则,判定"以去为姓,得衣乃成"是
"袁"字,"厥名有米,复之以庚"是"康"字,"禹来东征,死葬其疆"是会
稽人,"文词属定,自于邦贤"是同郡人,"以口为姓,承之以天"是"吴"
字,"楚相屈原,与之同名"是"平"字,合将起来,《越绝书》就是会稽袁
康作,同郡吴平校定;但也有学者认为两人不见于任何史料记载,应该
属于子虚乌有式的人物。①

《越绝书》是一部文章汇编性质的著作,因其不见《汉书·艺文志》
著录,一般而言,最终成书应该不会在东汉之前。就该书本身考察,其
中文章文体不一,文风不一,内容或有重复,不会是一人所作,其间或

---

① 《四库全书总目》,第583页,北京:中华书局,1965。

有子贡、伍子胥的篇章文字,更有各种不同来源的作品,袁康、吴平或许是全书最终的编纂者和定稿者。对此,该书卷一《越绝外传本事第一》说得很清楚:"问曰:'或经或传,或内或外,何谓?'曰:'经者,论其事,传者,道其意,外者,非一人所作,颇相覆载。或非其事,引类以托意。说之者见夫子删《诗》、《书》,就经《易》,亦知小艺之复重。又各辩士所述,不可断绝。小道不通,偏有所期。明说者不专,故删定复重,以为中外篇。'"也就是说,《越绝书》有经文有释文,有内传有外传,外传就"非一人所作",经、传一为正文,一为注文,显然也非一人所作。

正如《越绝书》书名所标示的,该书收录、编纂的文章都与春秋时期的越国历史有关,尤其是与吴越争霸那段此起彼伏的风云变化有关,所收文章文体不限,有记事文,有注释文,有的似赋体,有的因事议论,还有地理志,人物志等等,均单篇独立,驳杂不一。如卷一《越绝荆平王内传第二》是一篇伍子胥复仇记;卷二《越绝外传记吴地传第三》是一篇吴国吴邦历史地理志;卷三《越绝吴内传第四》所收文章不一,第一篇是针对伍子胥复仇导致吴楚战争史事的阐释文,内容与卷一《荆平王内传第二》有重复,第二篇是即事议论文,所议之事为范蠡对越王勾践急于伐吴的劝谏,第三篇又是针对越败吴于就李、吴王阖庐卒之事的阐释,第四篇散记历代君王之事,旁征博引,旨在佐证越王勾践伐吴之道义,其意不在叙事;卷四《越绝计倪内经第五》是一篇越王与计倪的问对篇,是计倪治国思想的记录;卷五《越绝请籴内传第六》是一篇越王勾践灭吴记,重点在越用"请籴于吴"之计引发吴国内部君臣矛盾,吴杀子胥,为越灭吴创造了条件;卷六《越绝外传纪策考第七》中各篇均单篇独立,分别收录了子胥对吴王阖庐问、子胥报渔者还师、子胥为吴王夫差释梦、子胥范蠡各言其志、子胥复仇缘由、太宰嚭奔吴害子胥、范蠡大夫种因子胥去吴之越等故事,除去最后一篇,前几篇合起来可以算是伍子胥小传;卷七《越绝外传记范伯第八》专记范蠡故事,其中范蠡与大夫种相约去楚之吴部分与上卷相关内容重复,只是视角不同;《越绝内传陈成恒第九》专记子贡游说齐、吴、越、晋四国之事,结果是"子贡一出,存鲁,乱齐,破吴,强晋而霸越";卷八《越绝外传记地传第十》专记越地,附带与越地有关的历史及传说;卷九《越绝外传计倪第十一》分两部分,第一部分为"计倪对越王问",与卷四《越绝计倪内经》题材相同,具体问对有别;第二部分因事议论,感叹"子胥贤者,尚有就李之耻";卷十《越绝外传记吴王占梦第十二》集中记述公孙圣为吴王占梦遇害故事;卷十一《越绝外传记宝剑第十三》是一篇专记越王宝剑传奇的赋体故事;卷十二《越绝内经九术第十四》专记大夫种为越王勾践伐吴献计九术故事;《越绝外传记军气第十五》又是一篇专论行军之气的议论说理文;卷十三《越绝外传枕中第十六》属于问对体,通篇为范蠡对越王问,"越王曰'善',以丹书帛,置之枕中,以为邦宝";卷十四《越绝外传春申君第十七》专记楚考烈王春申君被其臣李园欺骗故事,与吴越之事有关的是春申君最后被封于吴;卷十五《越绝德序外传记第十八》收录的全部是即事议论篇,提及的事件包括"蠡善虑患,勾践能行"、吴越之事中"邦之将亡,恶闻忠臣之气"、大夫种、范蠡的不同命运、子胥死后传为水仙等等,最后是对全书各篇的总结。

可见,《越绝书》收录了与吴越争霸有关的各类文章,并非都是纪传体历史散文,全书也不是按照历史的线索展开叙述。不过,值得注意的是,该书有些篇章,特别是外传部分,收录了一些不见于他书记述的说体故事,它们或传自民间,或在史实基础上演绎,具有较浓厚的文学性小说特征,是我们考察说体发展的重要文本。

首先,较之一般历史叙述,《越绝书》中有些说体故事增加了许多更加具体的情节和细节。如著名的伍子胥复仇故事,关于伍子胥自楚逃往吴国途中的经历,《史记》提到了江边遇渔父和中道乞食,但还比较平实:"……伍胥惧,乃与胜俱奔吴。到昭关,昭关欲执之。伍胥遂与胜独身步走,几不得脱。追者在后。至江,江上有一渔父乘船,知伍胥之急,乃渡伍胥。伍胥既渡,解其剑曰:'此剑直百金,以与父。'父曰:'楚国之法,得伍胥者赐粟五万石,爵执珪,岂徒百金剑邪!'不受。伍胥未至吴而疾,止中道,乞食。至于吴,吴王僚方用事,公子光为将。伍胥乃因公子光以求见吴王。"《越绝荆平王内传第二》则增加了渔者唱歌、发箪饭甚至自刎的情节①:

> 子胥……于是乃南奔吴。至江上,见渔者,曰:"来,渡我。"渔者知其非常人也,欲往渡之,恐人知之,歌而往过之,曰:"日昭昭,

---

① 本章所引《越绝书》,均见《越绝书校注》,北京:国家图书馆出版社 2009 年版,本章下引《越绝书》文字不再出注。

侵以施,与子期甫芦之碕。"子胥即从渔者之芦碕。日入,渔者复歌往,曰:"心中目施,子可渡河,何为不出?"船到即载,入船而伏。半江,而仰谓渔者曰:"子之姓为谁?还,得报子之厚德。"渔者曰:"纵荆邦之贼者,我也,报荆邦之仇者,子也。两而不仁,何相问姓名为?"子胥即解其剑,以与渔者,曰:"吾先人之剑,直百金,请以与子也。"渔者曰:"吾闻荆平王有令曰:'得伍子胥者,购之千金。'今吾不欲得荆平王之千金,何以百金之剑为?"渔者渡于于斧之津,乃发其箪饭,清其壶浆而食,曰:"亟食而去,毋令追者及于也。"子胥曰:"诺。"子胥食已而去,顾谓渔者曰:"掩尔壶浆,无令之露。"渔者曰:"诺。"子胥行,即覆船,挟匕首自刻而死江水之中,明无泄也。

此外,还添加了击绵女发箪饭最终也投水自尽的情节:

子胥遂行。至溧阳界中,见一女子击絮于濑水之中,子胥曰:"岂可得托食乎?"女子曰:"诺。"即发箪饭,清其壶浆而食之。子胥食已而去,谓女子曰:"掩尔壶浆,毋令之露。"女子曰:"诺。"子胥行五步,还顾女子,自纵于濑水之中而死。

为表明绝不泄露消息的态度,渔者、击绵女皆自杀身亡,这种情节无疑有夸张演绎成分,应该属于文学创作,而其中对于细节的描写,诸如渔者用歌声引导伍子胥潜入芦苇之中,又用歌声将其唤出等等,已经具有小说描写的味道。

子胥至吴被任用,也被演绎得颇具戏剧性:

子胥遂行。至吴。徒跣被发,乞于吴市。三日,市正疑之,而道于阖庐曰:"市中有非常人,徒跣被发,乞于吴市三日矣。"阖庐曰:"吾闻荆平王杀其臣伍子奢而非其罪,其子子胥勇且智,彼必经诸侯之邦可以报其父仇者。"王者使召子胥。入,吴王下阶迎而唁,数之曰:"吾知子非恒人也,何素穷如此?"子胥跪而垂泣曰:"胥父无罪而平王杀之,而并其子尚。子胥遁逃出走,唯大王可以归骸骨者,惟大王哀之。"吴王曰:"诺。"上殿与语,三日三夜,语无复者。王乃号令邦中:"无贵贱长少,有不听子胥之教者,犹不听寡人也,罪至死,不赦。"

《史记》只提到"伍胥乃因公子光以求见吴王",这里却描述出一段子胥至吴行乞被市正发现、吴王阖庐闻讯后断定此必伍子奢之子欲报父仇者的近乎小说的奇遇情节。

更为有趣的是，子胥与渔者的命中相遇，还出现了续集。《越绝外传纪策考第七》有这样一段描写：

> 吴使子胥救蔡，诛疆楚，笞平王墓，久而不去，意欲报楚。楚乃购之千金，众人莫能止之。有野人谓子胥曰："止！吾是于斧掩壶浆之子，发箪饭于船中者。"子胥乃知是渔者也，引兵而还。

这时距渔者搭救子胥后自刭而尽已经事过多年，子胥已经借助于吴报了杀父之仇，但迟迟不肯离去，还要对楚实施报复。当众人都无法制止其行径时，一个凡夫俗子却一言退兵，只因为他说自己是"于斧掩壶浆之子"！

其次，更值得注意的是，《越绝书》中有些说体故事已经超出历史记事实录的范畴，十分富于传奇色彩，显然具有虚构想象的成分。如《越绝外传记吴王占梦第十二》记吴王夫差将伐齐之时，"昼卧"做了一梦，"梦入章明之宫。入门，见两锜炊而不蒸；见两黑犬嗥以北，嗥以南；见两铧倚吾宫堂；见流水汤汤，越吾宫墙；见前园横索生树桐；见后房锻者扶挟鼓小震"，太宰嚭恭维称是吉梦："善哉！大王兴师伐齐。夫章明者，伐齐克，天下显明也。见两锜炊而不蒸者，大王圣气有余也。见两黑犬嗥以北，嗥以南，四夷已服，朝诸侯也。两铧倚吾宫堂，夹田夫也。见流水汤汤，越吾宫墙，献物已至，财有余也。见前园横索生树桐，乐府吹巧也。见后房锻者扶挟鼓小震者，宫女鼓乐也。"吴王很开心，为了进一步确认这个吉祥，在王孙骆的推荐下，又请东掖门亭长公孙圣占之。当公孙圣从王孙骆手中接到梦记后一看，"伏地而泣，有顷不起"，其妻不明白去见人主干嘛要如此"流涕不止"，公孙圣预感到自己陷入了两难的境地，因为他知道这明明就是一个凶梦，如果"谀心而言"，将"师道不明"；而如果"正言直谏"，则会"身死无功"。最终他还是选择了后者，"伏地而书，既成篇，即与妻把臂而决，涕泣如雨。上车不顾，遂至姑胥之台，谒见吴王"，并且如实释梦：

> 夫章者，战不胜，走偟偟；明者，去昭昭，就冥冥。见两锜炊而不蒸者，王且不得火食。见两黑犬嗥以北，嗥以南者，大王身死，魂魄惑也。见两铧倚吾宫堂者，越人入吴邦，伐宗庙，掘社稷也。

见流水汤汤,越吾宫墙者,大王宫堂虚也。前园横索生树桐者,桐不为器用,但为甬,当与人俱葬。后房锻者鼓小震者,大息也。王毋自行,使臣下可矣。

果不出公孙圣所料,"吴王忿圣言不祥,乃使其身自受其殃。王乃使力士石番,以铁杖击圣,中断之为两头。"公孙圣临死前发话:"苍天知冤乎! 直言正谏,身死无功。令吾家无葬我,提我山中,后世为声响。"吴王使人提于秦余杭之山,恨恨地说:"虎狼食其肉,野火烧其骨,东风至,飞扬汝灰,汝更能为声哉!"

神奇的是,接下来一切均如公孙圣所断,吴伐齐后转而伐晋,"晋知其兵革之罢倦,粮食尽索,兴师击之,大败吴师。涉江,流血浮尸者,不可胜数。吴王不忍,率其余兵,相将至秦余杭之山。饥饿,足行乏粮,视瞻不明。据地饮水,持笼稻而餐之。顾谓左右曰:'此何名?'群臣对曰:'是笼稻也。'吴王曰:'悲哉! 此公孙圣所言,王且不得火食。'"

更为神奇的是,当吴王率残余经过余杭山时,公孙圣果然显灵了:

太宰嚭曰:"秦余杭山西阪闲燕,可以休息,大王亟餐而去,尚有十数里耳。"吴王曰:"吾尝戮公孙圣于斯山,子试为寡人前呼之,即尚在耶,当有声响。"太宰嚭即上山三呼,圣三应。吴王大怖,足行属腐,面如死灰色,曰:"公孙圣令寡人得邦,诚世世相事。"

公孙圣说会"后世为声响",果然三呼三应。吴王这回相信了公孙圣的话,不过他再祈祷公孙圣的保佑已经晚了,"言未毕,越王追至。兵三围吴",吴王最终"伏剑而死",用公孙圣的话来说就是"大息也"。

富于传奇色彩,更典型的是《越绝外传记宝剑第十三》中相剑者薛烛对越王勾践讲述的欧冶所铸湛卢之剑的故事:

当造此剑之时,赤堇之山,破而出锡;若耶之溪,涸而出铜;雨师扫洒,雷公击橐;蛟龙捧炉,天帝装炭;太一下观,天精下之。欧冶乃因天之精神,悉其伎巧,造为大刑三、小刑二:一曰湛卢,二曰纯钧,三曰胜邪,四曰鱼肠,五曰巨阙。吴王阖庐之时,得其胜邪、鱼肠、湛卢。阖庐无道,子女死,杀生以送之。湛卢之剑,去之如水,行秦过楚,楚王卧而寤,得吴王湛卢之剑,将首魁漂而存焉。

　　秦王闻而求之，不得，兴师击楚，曰："与我湛卢之剑，还师去汝。'
楚王不与。

因吴王阖庐为"无道"，"杀生以送死"，湛庐之剑居然自行穿山越岭，游
江过川，自吴国跑到了楚国，这种想象应该说还是相当大胆的。

　　三、《吴越春秋》

　　与《越绝书》的题材十分近似，《吴越春秋》也是一部集中展示吴越
争霸那段耐人寻味的历史变迁的散文著作，而且，就取材而言，除采自
《左传》《国语》《史记》等历史著作中的相关记述之外，还有不少直接取
材于《越绝书》。不过，较之《越绝书》，《吴越春秋》有自己值得称道的
特点，二者并不能互相替代。

　　如前所述，《越绝书》虽可能最终成书于东汉前期袁康、吴平之手，
但它是一部文章汇编性质的著作，各篇文章单篇独立，不成于一手，
《吴越春秋》则是东汉末年赵晔独立撰写①，其对素材经过了系统的汇
总、梳理、加工和再创作，同时还新增了一些富于想象的轶事传闻，已
经称得上是一部比较成熟的历史题材的文学著作。

　　首先，将散见的各种素材集中起来，经过巧妙的构思使之成为有
机的整体，是《吴越春秋》文学性最重要的标志之一。

　　说起来，就体例而言，《吴越春秋》仍还属于历史著作的范畴。它
是将《左传》的编年体、《国语》的国别体、《史记》的纪传体融为一炉，今
存十卷中，前五卷为吴国史事，后五卷为越国史事，具体到每一卷，以
人物传纪统领，又按年编排，如吴国史事，第一卷为"吴太伯传"，这是
从开国君主吴太伯写起，第二卷题为"吴王寿梦传"，实际上连续写了
吴王寿梦、吴王诸樊、吴王余祭三位吴王所在时的历史，具体分为"寿
梦元年、寿梦二年、寿梦五年、寿梦十六年、寿梦十七年、寿梦二十五
年、诸樊元年、余祭十二年、余祭十三年、余祭十七年"，可见作者是要
写完整的吴国历史，并不是专门写一段吴越较量的故事。因此，这是

---

　　①《隋书·经籍志》著录《吴越春秋》十二卷，题后汉赵晔撰。赵晔事迹见《后汉书·儒林
传》。《旧唐书·经籍志》亦著录云十二卷，《宋书·艺文志》始录为十卷。现存最早刊本为元刊
本，十卷。元徐天佑在大德刊本序中据《经籍志》断言"今存者十卷，殆非全书"。检阅全书，其中
确有重要史实缺失，不会是作者有意删减，可以肯定今存十卷本应是十二卷本在流传过程中亡佚
二卷所致。

历史著作的结构,并非文学著作的构思。

不过,在具体撰写到某一个历史人物的事迹和某一段历史事件时,为了交代清楚来龙去脉和丰富叙事内容,作者遍采群书,大量援用说体故事,并对素材作了不少富于创造性的处理。如《王僚使公子光传第三》中描述伍子胥之父伍举事迹,突出其直言敢谏的特点,分别采用了见于《韩非子》《吕氏春秋》中的"一鸣惊人"故事和见于《国语·楚语》中的"谏游章华台"之事。"一鸣惊人"谏的是楚庄王①:

> 王即位三年,不听国政,沉湎于酒,淫于声色。左手拥秦姬,右手抱越女,身坐钟鼓之间而令曰:"有敢谏者,死!"于是伍举进谏曰:"有一大鸟集楚国之庭,三年不飞亦不鸣。此何鸟也?"于是庄王曰:"此鸟不飞,飞则冲天;不鸣,鸣则惊人。"伍举曰:"不飞不鸣,将为射者所图,弦矢卒发,岂得冲天而惊人乎?"于是庄王弃其秦姬越女,罢钟鼓之乐;用孙叔敖任以国政。遂霸天下,威伏诸侯。

查先秦著作,《韩非子》中是右司马与楚庄王隐,《吕氏春秋》中是成公贾入谏荆庄王,《吴越春秋》这里则安在了伍举身上。"谏游章华台"谏的是楚灵王,《国语》中的确是伍举之举,不过《国语》长篇大论,这里则作了缩写。就这样,采"说体"插入"一鸣惊人"及"谏游章华台"事件,人物变得更加丰满,且增加了内容的丰富性、叙事的故事性和可读性。

再如《阖闾内传第四》写到楚国白喜(伯嚭)也投奔吴国而来,需要交代他逃离楚国的缘由,于是插入了采自《左传》中的伯州犁遭谗害故事。不过,《左传》中是一般叙述,这里则处理为通过子胥答吴王问讲述出来:

> 六月,欲用兵,会楚之白喜来奔。吴王问子胥曰:"白喜何如人也?"子胥曰:"白喜者,楚白州犁之孙。平王诛州犁,喜因出奔,闻臣在吴而来也。"阖闾曰:"州犁何罪?"子胥曰:"白州犁,楚之左尹,号曰郤宛,事平王,平王幸之,常与尽日而语,袭朝而食。费无忌望而妒之,因谓平王曰:'王爱幸宛,一国所知,何不为酒一至宛家,以示群臣于宛之厚?'平王曰:'善,'乃具酒于郤宛之舍。无忌

---

① 本章所引《吴越春秋》,均见《吴越春秋》,南京:江苏古籍出版社 1986 年版,本章下引《吴越春秋》文字不再出注。

教宛曰:'平王甚毅猛而好兵,子必前陈兵堂下、门庭。'宛信其言,因而为之。及平王往而大惊,曰:'宛何等也?'无忌曰:'殆且有篡杀之忧,王急去之! 事未可知。'平王大怒,遂诛郤宛。诸侯闻之,莫不叹息。喜闻臣在吴,故来。请见之。"

这无疑是作者的移花接木。这样处理,就使叙事既充实丰满,又避免了支离散漫,且将故事有机嵌入到伍子胥的悲剧命运故事中,这无疑是一个十分巧妙的构思。

该传中与此异曲同工的还有巧妙将要离为吴王阖庐刺杀王僚之子庆忌之事嵌入子胥故事中。要离焚妻诈信以刺杀王子庆忌事全取《吕氏春秋》,不过《吕氏春秋》中该故事独立成篇,并未提伍子胥:"吴王欲杀王子庆忌而莫之能杀,吴王患之。要离曰:'臣能之。'"(《忠廉》)这里却处理为由子胥将要离推荐给吴王:

二年,吴王前既杀王僚,又忧庆忌之在邻国,恐合诸侯来伐。问子胥曰:"昔专诸之事,于寡人厚矣。今闻公子庆忌有计于诸侯,吾食不甘味,卧不安席,以付于子。"子胥曰:"臣不忠无行,而与大王图王僚于私室之中,今复欲讨其子,恐非皇天之意。"阖闾曰:"昔武王讨纣而后杀武庚,周人无怨色。今若斯议,何乃天乎?"子胥曰:"臣事君王,将遂吴统,又何惧焉? 臣之所厚,其人者,细人也。愿从于谋。"

而且,作者接下来还插入了采自《韩诗外传》中的"要离折辱壮士椒丘䜣"的故事。这一故事在《韩诗外传》中也只是一般叙事,而这里也是通过子胥之口讲述出来的:

吴王曰:"吾之忧也,其敌有万人之力,岂细人之所能谋乎?"子胥曰:"其细人之谋事,而有万人之力也。"王曰:"其为何谁? 子以言之。"子胥曰:"姓要名离。臣昔尝见曾折辱壮士椒丘䜣也。"王曰:"辱之奈何?"子胥曰:"椒丘欣者,东海上人也……"

椒丘䜣是敢于与水神决战、被水神弄瞎了一只眼睛的齐国壮士,不免在人前"言辞不逊,有陵人之气",要离看不下去,当众羞辱他被水神弄残还厚着脸皮活在世上,而且明知椒丘䜣晚上会跑到家里来捅自己,却故意大敞着门等他来,最终椒丘䜣被要离折得心服口服。《韩诗外传》中的这个故事十分富于传奇色彩,显然属于小说家言,《吴越春秋》

这里通过伍子胥之口绘声绘色地描述出来，为作品增添了不少色彩，又没有与整个情节形成游离。

其次，《吴越春秋》对援用的素材并不全是一味照搬，有时会在其基础上展开进一步演绎和描写，因而也就带有某种程度上的创作意味。

如《王僚使公子光传第三》中描写子胥至吴乞食被吴王发掘，基本取自《越绝书》，但将吴市正径直报告给吴王阖庐改为报告给吴王僚，公子光听说后笼络为己用，并增添了相面的细节：

> 子胥之吴，乃被发佯狂，跣足涂面，行乞于市，市人观罔有识者。翌日，吴市吏善相者见之，曰："吾之相人多矣，未尝见斯人也，非异国之亡臣乎？"乃白吴王僚，具陈其状。"王宜召之。"王僚曰："与之俱入。"公子光闻之，私喜曰："吾闻楚杀忠臣伍奢，其子子胥勇而且智，彼必复父之仇来入于吴。"阴欲养之。

这样，就更增加了子胥经历的曲折和传奇色彩。

再如《阖闾内传第四》中描写子胥率吴卒攻入楚国后为父报仇一节，对于其掘坟鞭尸部分也添加了一些内容：

> 吴王入郢，止留。伍胥以不得昭王，乃掘平王之墓，出其尸，鞭之三百，左足践腹，右手抉其目，诮之曰："谁使汝用谗谀之口，杀我父兄，岂不冤哉？"即令阖闾妻昭王夫人，伍胥、孙武、白喜亦妻子常、司马成之妻，以辱楚之君臣也。

伍子胥在楚平王已经死去的情况下仍要泄愤，这在许多典籍中都有提及，应该属于历史事实，但大多提到的只是鞭坟，如《吕氏春秋》说的是"亲射王宫，鞭荆平之坟三百"（《胥时》），《史记》中朱家说的是"夫忌壮士以资敌国，此伍子胥所以鞭荆平王之墓也"（《季布栾布列传》），《说苑》说的是"子胥亲射宫门，掘平王冢，笞其坟，数其罪。曰：'吾先人无罪而子杀之。'士卒人加百焉，然后止"（《奉使》）、《越绝书》说的是"子胥将卒六千，操鞭捶笞平王之墓而数之曰：'昔者吾先人无罪而子杀之，今此报子也'"（《荆平王内传第二》），唯司马迁在《史记·吴太伯世家》和《伍子胥列传》中说的是鞭尸，前者称"子胥、伯嚭鞭平王之尸以报父仇"①，后者称"伍子胥求昭王。既不得，乃掘楚平王墓，出其尸，鞭之三百，然后已"②，这应该属于太史公的创作，以渲染伍子胥复仇的力度。《吴越春秋》这里采用了太史公的说法，且进一步增添了"左足践腹，右手抉其目"的更加狠毒的举动，并让他解恨地挖苦道："谁使汝用谗谀之口，杀我父兄，岂不冤哉？"为伍子胥过火的举动作了人物心理方面的交代。

还有，前面提到《越绝书》中有渔者之子仅出一言便使子胥放弃继续伐楚的故事，《吴越春秋·阖闾内传第四》中也有这么一段，只不过具体放在了伍子胥伐楚过程中引军击郑之时，且比《越绝书》有更加富于情节性和戏剧性的描写：

> 遂引军击郑，郑定公前杀太子建而困迫子胥。自此，郑定公大惧，乃令国中曰："有能还吴军者，吾与分国而治。"渔者之子应募曰："臣能还之。不用尺兵斗粮，得一桡而行歌道中，即还矣。"公乃与渔者之子桡。子胥军将至，当道扣桡而歌曰："芦中人。"如是再。子胥闻之，愕然大惊，曰："何等谓与语，公为何谁矣？"曰："渔父者子。吾国君惧怖，令于国：有能还吴军者，与之分国而治。臣念前人与君相逢于途，今从君乞郑之国。"子胥叹曰："悲哉！吾蒙子前人之恩，自致于此。上天苍苍，岂敢忘也？"于是乃释郑国，还军守楚，求昭王所在日急。

郑定公发令国中，渔者之子才会获悉并应募；当道扣桡高唱"芦中人"，才会有子胥的好奇及与渔者之子的相见，子胥感叹"蒙前人之恩岂敢忘也"，其释郑国之围才有了合理的解释。就这样，这个故事在作者的合理想象中变得更加丰满和可信，并平添了引人入胜的艺术韵味。

此外，《阖闾内传第四》中还有两段涉及女子命运传说的描写，虽都已见《越绝书》，但也都较之更加具体生动。一为阖庐"杀生以送死"之事：

> 吴王有女滕玉，因谋伐楚，与夫人及女会蒸鱼，王前尝半而与女，女怒曰："王食鱼辱我，不忘久生。"乃自杀。阖闾痛之，葬于国西阊门。外凿池积土，文石为椁，题凑为中，金鼎玉杯、银樽珠襦

---

① 《史记》，第 1466、2176 页，北京：中华书局，1959。
② 《史记》，第 2176 页，北京：中华书局，1959。

之宝,皆以送女。乃舞白鹤于吴市中,令万民随而观之,还使男女
与鹤俱入羡门,因发机以掩之。杀生以送死,国人非之。湛卢之
剑,恶阖闾之无道也,乃去而出,水行如楚。

对此,《越绝书》只略有提及:"阖庐子女冢,在闾门外道北……舞鹤吴
市,杀生以送死。"《吴越春秋》这里则具体讲述了阖庐女自杀的缘由、
阖庐的悲痛、墓葬的奢华以及杀生以送死的过程和情状。另一为"望
齐门"的传说:

诸将既从还楚,因更名阊门曰破楚门。复谋伐齐,齐子使女
为质于吴,吴王因为太子波聘齐女。女少思齐,日夜号泣,因乃为
病。阖闾乃起北门,名曰望齐门,令女往游其上。女思不止,病日
益甚,乃至殂落。女曰:"令死者有知,必葬我于虞山之巅,以望齐
国。"阖闾伤之,正如其言,乃葬虞山之巅。

《越绝书》称"齐门",对此只有几句交代:"齐门,阖庐伐齐,大克,取齐
王女为质子,为造齐门,置于水海虚。其台在车道左、水海右。去县七
十里。齐女思其国死,葬虞西山。"比较而言,《吴越春秋》增加了人物
关系、动作、心理和对话描写,使叙事更加富于生活气息。

再次,更值得一提的是,《吴越春秋》还有一些不见于它书的传说
和故事,颇有小说家言的味道,也许来自对民间传闻更广泛的收集,也
许出自作者的想象和虚构。

其中有的属于添加情节和细节。如关于伍子胥的传说,《越绝书》
已经添加有渔者自刎、击绵女自尽的情节,这里《阖闾内传第四》更增
添了几年后子胥投金水中、老姬行哭取金的故事:

子胥等过溧阳濑水之上,乃长太息曰:"吾尝饥于此,乞食于
一女子,女子饲我,遂投水而亡。将欲报以百金,而不知其家。"乃
投金水中而去。

有顷,一老姬行哭而来,人问曰:"何哭之悲?"姬曰:"吾有女
子,守居三十不嫁。往年击绵于此,遇一穷途君子而辄饭之,而恐
事泄,自投于濑水。今闻伍君来,不得其偿,自伤虚死,是故悲
耳。"人曰:"子胥欲报百金,不知其家,投金水中而去矣。"姬遂取
金而归。

正如渔者之恩已经通过为其子退兵予以报答,这里又由老姬取金而去

回报了击绵之女,这种构思,已经有文学叙事有意追求前后呼应的艺术效果的味道。

这种添加,在子胥冤屈而死和越王入臣于吴的重点章节的描写中尤为明显。《夫差内传第五》中添加了吴王幻觉之事:

> 吴王还,乃让子胥……伍子胥攘臂大怒,释剑而对曰:"……王若觉寤,吴国世世存焉;若不觉寤,吴国之命斯促矣。员不忍称疾辟易,乃见王之为擒。员诚前死,挂吾目于门,以观吴国之丧。"吴王不听,坐于殿上,独见四人向庭相背而倚,王怪而视之。群臣问曰:"王何所见?"王曰:"吾见四人相背而倚,闻人言则四分走矣。"子胥曰:"如王言,将失众矣。"吴王怒曰:"子言不祥!"子胥曰:"非惟不祥,王亦亡矣。"后五日,吴王复坐殿上,望见两人相对,北向人杀南向人。王问群臣:"见乎?"曰:"无所见。"子胥曰:"王何见?"王曰:"前日所见四人,今日又见二人相对,北向人杀南向人。"子胥曰:"臣闻,四人走,叛也;北向杀南向,臣杀君也。"王不应。

吴王眼前出现四人四分而走,又出现二人相对搏杀,这分明属于子虚乌有,但这个情节,进一步预示着吴王不听子胥之劝将要遭到的可怕下场,强化了伍子胥冤死的悲剧色彩。

关于越王勾践兵败夫椒、入宦于吴,《国语》略有提及,《越语上》称"卑事夫差,宦士三百人于吴,其身亲为夫差前马",《越语下》称"令大夫种守于国,与范蠡入宦于吴";《淮南子》记述稍详,《道应训》称"越王勾践与吴战而不胜,国破身亡,困于会稽。忿心张胆,气如涌泉,选练甲卒,赴火若灭。然而请身为臣,妻为妾,亲执戈,为吴兵先马走,果禽之于干遂";《史记·越王勾践世家》提及大夫种以"勾践请为臣,妻为妾"请成于吴,但未对是否入宦事有任何描写;《越绝书》仅提到勾践入吴时的"入辞":"勾践将降,西至浙江,待诏入吴,故有鸡鸣墟。其入辞曰:'亡臣孤勾践,故将士众,入为臣虏。民可得使,地可得有。'吴王许之。"而《吴越春秋·勾践入臣外传第七》则对"越王勾践入宦于吴"作了具体描述,增添了许多细节。

如"范蠡拒吴王之邀":

> 三月,吴王召越王入见,越王伏于前,范蠡立于后。吴王谓范

蠡曰:"寡人闻贞妇不嫁破亡之家,仁贤不官绝灭之国。今越王无道,国已将亡,社稷坏崩,身死世绝,为天下笑。而子及主俱为奴仆,来归于吴,岂不鄙乎? 吾欲赦子之罪,子能改心自新,弃越归吴乎?"范蠡对曰:"臣闻亡国之臣,不敢语政,败军之将,不敢语勇。臣在越不忠不信,今越王不奉大王命号,用兵与大王相持,至今获罪,君臣俱降。蒙大王鸿恩,得君臣相保,愿得入备扫除,出给趋走,臣之愿也。"此时越王伏地流涕,自谓遂失范蠡矣。吴王知范蠡不可得为臣,谓曰:"子既不移其志,吾复置子于石室之中。"范蠡曰:"臣请如命。"吴王起入宫中,越王、范蠡趋入石室。

如"吴王观勾践夫妇养马":

越王服犊鼻,着樵头。夫人衣无缘之裳,施左关之襦。夫斫剉养马,妻给水、除粪、洒扫。三年不愠怒,面无恨色。吴王登远台望见越王及夫人、范蠡坐于马粪之旁,君臣之礼存,夫妇之仪具。王顾谓太宰嚭曰:"彼越王者,一节之人;范蠡,一介之士,虽在穷厄之地,不失君臣之礼。寡人伤之。"太宰嚭曰:"愿大王以圣人之心,哀穷孤之士。"吴王曰:"为子赦之。"后三月,乃择吉日而欲赦之。

这些描写,增加了形象感、画面感,应该是据越王入宦的基本史实加以合理的想象,使得叙事更加血肉丰满,已经进入文学创作的范畴。

其中还有的属于采录奇闻轶事,为叙事增添了神话传奇色彩。如见于《阖闾内传第四》的"莫耶化剑""杀子作钩"故事就惊心动魄:

城郭以成,仓库以具,阖闾复使子胥、屈盖余、烛佣,习术战骑射御之巧,未有所用。请干将铸作名剑二枚。干将者,吴人也,与欧冶子同师,俱能为剑。越前来献三枚,阖闾得而宝之,以故使剑匠作为二枚:一曰干将,二曰莫耶。莫耶,干将之妻也。干将作剑,采五山之铁精,六合之金英。候天伺地,阴阳同光,百神临观,天气下降,而金铁之精不销沦流,于是干将不知其由。莫耶曰:"子以善为剑闻于王,使子作剑,三月不成,其有意乎?"干将曰:"吾不知其理也。"莫耶曰:"夫神物之化,须人而成,今夫子作剑,得无得其人而后成乎?"干将曰:"昔吾师作冶,金铁之类不销,夫妻俱入冶炉中,然后成物。至今后世,即山作冶,麻绖葌服,然后敢铸金于山。今吾作剑不变化者,其若斯耶?"莫耶曰:"师知烁身以成物,吾何难哉!"于是干将妻乃断发剪爪,投于炉中,使童女童男三百人鼓橐装炭,金铁乃濡。遂以成剑,阳曰干将,阴曰莫耶,阳作龟文,阴作漫理。干将匿其阳,出其阴而献之……

阖闾既宝莫耶,复命于国中作金钩。令曰:"能为善钩者,赏之百金。"吴作钩者甚众。而有人贪王之重赏也,杀其二子,以血衅金,遂成二钩,献于阖闾,诣宫门而求赏。王曰:"为钩者众而子独求赏,何以异于众夫子之钩乎?"作钩者曰:"吾之作钩也,贪而杀二子,衅成二钩。"王乃举众钩以示之:"何者是也?"王钩甚多,形体相类,不知其所在。于是钩师向钩而呼二子之名:"吴鸿,扈稽,我在于此,王不知汝之神也。"声绝于口,两钩俱飞着父之胸。吴王大惊,曰:"嗟乎!寡人诚负于子。"乃赏百金。遂服而不离身。

干将、莫邪作为利剑之名并不始于《吴越春秋》,《韩非子》有"援砺砥刀,利犹干将也"之譬,贾谊《吊屈原赋》有"莫邪为顿兮,铅刀为铦"之喻,《说苑》有"干将为利,名闻天下,匠以治木,不如斤斧"之说,《新序》有"故所以尚干将莫邪者,贵其立断也;所以贵骐骥者,为其立至也"之论。但莫邪投身炉中成就丈夫铸成名剑的这一壮烈故事却尚不见于此前著述,关于干将莫邪应该早有传说在吴越之地流传,这才会被人们作为典故所提及,《吴越春秋》的价值就在于保留了这个传说的具体情节和故事。杀二子作钩的情节不免让人惨不忍睹,神奇的是呼二子之名两钩就能扑到父亲的怀中,这种想象真是既出人意料又在情理之中,更加让人唏嘘感叹。

《勾践阴谋外传第九》中的"越女之剑"故事也极富传奇色彩。范蠡当越王请教报吴之谋时,推荐了"出于南林,国人称善"的越之处女,"越王乃使使聘之,问以剑戟之术"。这时,女子遇到了一件离奇怪异之事:

处女将北见于王,道逢一翁,自称曰袁公。问于处女:"吾闻子善剑,愿一见之。"女曰:"妾不敢有所隐,惟公试之。"于是,袁公即杖箖箊竹,竹枝上颉桥未堕地,女即捷末,袁公则飞上树,变为白猿。遂别去。

化为白猿的袁公之神,烘托的是处女之神,因为她的剑法已经经由神人所检验。于是,见到越王后,女子大谈足以"一人当百,百人当万"的"剑之道",结果"越王大悦,即加女号,号曰'越女'"。

此外,关于伍子胥的事迹,《勾践伐吴外传第十》中也有更为神异的描述。如"子胥托梦范蠡文种":

> 吴王大惧,夜遁。越王追奔,攻吴兵,入于江阳松陵,欲入胥门,来至六七里,望吴南城,见伍子胥头巨若车轮,目若耀电,须发四张,射于十里。越军大惧,留兵假道。即日夜半,暴风疾雨,雷奔电激,飞石扬砂,疾于弓弩。越军坏败,松陵却退,兵士僵毙,人众分解,莫能救止。范蠡、文种乃稽颡肉袒,拜谢子胥,愿乞假道。子胥乃与种、蠡梦曰:"吾知越之必入吴矣,故求置吾头于南门,以观汝之破吴也。惟欲以穷夫差。定汝入我之国,吾心又不忍,故为风雨以还汝军。然越之伐吴,自是天也,吾安能止哉?越如欲入,更从东门,我当为汝开道贯城,以通汝路。"于是越军明日更从江出,入海阳于三道之翟水,乃穿东南隅以达,越军遂围吴。

又如"子胥持文种浮海":

> 越王葬种于国之西山,楼船之卒三千余人,造鼎足之羡,或入三峰之下。葬七年,伍子胥从海上穿山胁而持种去,与之俱浮于海。故前潮水潘候者,伍子胥也,后重水者,大夫种也。

越卒攻入吴门之时,遭遇到伍子胥所为风雨的干扰,引来假道、托梦一串情节,这恰恰应了当年子胥临死前发誓会看着吴门被越攻破的预言,这显然是为了照应前文而给出的特别的构思,只不过这个构思乃是仿神话而为之;至于文种屈死后被伍子胥持之入海,变为前浪后浪,则分明更具有民间传说的味道了。

其中还有一些创作和演唱歌曲的情节,为他书所不见。其一为出现在《阖闾内传第四》中的《穷劫之曲》:

> 吴军去后,昭王反国。乐师扈子非荆王信谗佞,杀伍奢、白州犁而寇不绝于境,至乃掘平王墓,戮尸奸喜,以辱楚君臣;又伤昭王困迫,几为天下大鄙,然已愧矣,乃援琴为楚作穷劫之曲,以畅君之迫厄之畅达也。其词曰:"王耶王耶何乖烈,不顾宗庙听谗孽,任用无忌多所杀,诛夷白氏族几灭。二子东奔适吴越,吴王哀

痛助忉怛，垂涕举兵将西伐，伍胥、白喜、孙武决。三战破郢王奔发，留兵纵骑虏荆阙，楚荆骸骨遭发掘，鞭辱腐尸耻难雪！几危宗庙社稷灭，严王何罪国几绝。卿士凄怆民恻恢，吴军虽去怖不歇。愿王更隐抚忠节，勿为谗口能谤褒。"昭王垂涕，深知琴曲之情，扈子遂不复鼓矣。

其二为出现在《勾践入臣外传第七》中的《越王夫人歌》：

越王夫人乃据船哭，顾乌鹊啄江渚之虾，飞去复来，因哭而歌之，曰："仰飞鸟兮乌鸢，凌玄虚兮翩翩。集洲渚兮优恣，啄虾矫翮兮云间，任厥兮往还。妾无罪兮负地，有何辜兮谴天？帆帆独兮西往，孰知返兮何年？心惙惙兮若割，泪泫泫兮双悬。"又哀今曰："彼飞鸟兮鸢乌，已回翔兮翕苏。心在专兮素虾，何居食兮江湖？徊复翔兮游飓，去复返兮于乎！始事君兮去家，终我命兮君都。终来遇兮何幸，离我国兮去吴。妻衣褐兮为婢，夫去冕兮为奴。岁遥遥兮难极，冤悲痛兮心恻。肠千结兮服膺，于乎哀兮忘食。愿我身兮如鸟，身翱翔兮矫翼。去我国兮心摇，情愤惋兮谁识？"

其三为出现在《勾践归国外传第八》中的《采葛之妇歌》：

采葛之妇，伤越王用心之苦，乃作苦之诗，曰："葛不连蔓棻台台，我君心苦命更之。尝胆不苦甘如饴，令我采葛以作丝。女工织兮不敢迟。弱于罗兮轻霏霏，号绤素兮将献之。越王悦兮忘罪除，吴王欢兮飞尺书。增封益地赐羽奇，机杖茵褥诸侯仪。群臣拜舞天颜舒，我王何忧能不移？"

其四是见于《勾践伐吴外传第十》中的《河梁之诗》：

勾践乃使使号令齐、楚、秦、晋皆辅周室，血盟而去。秦桓公不如越王之命，勾践乃选吴越将士西渡河以攻秦。军士苦之，会秦怖惧，逆自引咎，越乃还军。军人悦乐，遂作"河梁之诗"。曰："渡河梁兮渡河梁，举兵所伐攻秦王。孟冬十月多雪霜，隆寒道路诚难当。阵兵未济秦师降，诸侯怖惧皆恐惶。声传海内威远邦，称霸穆桓齐楚庄，天下安宁寿考长。悲去归兮何无梁。"

这些歌曲，大多为七言诗句，不会是春秋末年之作，应该是汉代的创作。只是无法确认它们是作者为人物所撰，还是采用了当地伴随着传说已经流传的仿古之歌。

拥有大量创作歌曲，这也是《吴越春秋》文学性的重要标志。

鉴于以上种种因素，《吴越春秋》已经十分接近经由作者创作的历史小说，或者说应该算是历史小说的雏形了。

第三节　汉代杂传与人物传记小说的萌生

人物传记，始于《史记》中的纪传体写作，但它们都还只是史传文学，不是传记体小说。就在《史记》撰述的前前后后时间里，在民间存在着关于某些历史人物的各种传闻和故事以及对这些故事的记录，它们是先秦"说体"的延续，所以被当时人称作"传""传书""传语"等，所成之书多被目录书列为"杂传"，这些杂传因其传闻性、附会性、增饰性甚至虚构性，初步具有了小说品格，标志了人物传记小说的萌生。可惜的是，这些杂传的原始文本今已不存，我们只能通过它们在文献中留下的信息进行捕捉和考察。

一、《东方朔传》

《东方朔传》是今知最早的一部以人名题书的人物传记著作①，《隋书·经籍志》著录于史部杂传类，无撰者，题"八卷"。《新唐书·艺文志》题"五卷"，《宋史·艺文志》已不见著录，知该书至宋时已有散佚，元代后书已不存。不过，尚有些佚文见载于各种书籍，或题《东方朔传》，或题《东方朔别传》，②虽只是全豹之一斑，终究还算是为我们考察该书留下了信息。

关于《东方朔传》或《东方朔别传》，首先需要厘清的是它与《史记·滑稽列传》《汉书·东方朔传》的关系以及它最终成书的时代。

与司马迁所处年代大致相同、供职于汉武帝朝的东方朔的事迹，

---

① 汲冢书战国著作《穆天子传》虽以人物题书，但出土时原本无题，或已缺题，今本之题系整理者荀勖所加，晋时另有题作《周王游行》或《周王游行记》之本，更符合书的体例和内容。

② "未央宫前殿钟无故自鸣"故事，《世说新语·文学》刘孝标注、《初学记·钟第五》引称《东方朔传》曰"，《北堂书抄·乐部四·钟四》引称《东方朔别传》曰"，知两个书名均指一书。

首见于《史记·滑稽列传》，是后来汉宣帝时的褚少孙增补的，对此，他还作了特别的说明：

> 褚先生曰：臣幸得以经术为郎，而好读外家传语。窃不逊让，复作故事滑稽之语六章，编之于左。可以览观扬意，以示后世好事者读之，以游心骇耳，以附益上方太史公之三章。①

褚先生分明说到，他所补充的包括东方朔事迹在内的六章，乃是从"外家传语"中读来的，这说明，当时已经流传有记录东方朔故事的语书，非正史所记，所以称"外家"，相当于"外传""别传"。因此，有学者认为《东方朔别传》西汉时期已经成书，应该就是"外家传书"之一种。②

但是对照《汉书·东方朔传》，这一结论犹有可疑处。

《汉书》较之《史记》严谨了许多，同时也就平实了许多，但却有一篇颇似小说家言的十分特别的人物传记，这就是《东方朔传》。其中记述了东方朔"高自称誉"、恐吓侏儒、射覆连中、智对郭舍人、割肉反自誉、上寿帝悲时、阻董偃入宣室、戏作《答客难》《非有先生论》等一系列颇具情节和细节的故事片断，其中不乏诙谐滑稽者。值得注意的是，班固在本传的末尾处交待，"凡刘向所录朔书具是矣。世所传他事皆非也"，接下来在"赞曰"中又强调，"刘向言少时数问长老贤人通于事及朔时者，皆曰朔口谐倡辩，不能持论，喜为庸人诵说，故令后世多传闻者"，"朔之诙谐，逢占射覆，其事浮浅，行于众庶，童兒牧竖莫不眩耀。而后世好事者因取奇言怪语附着之朔，故详录焉"③。玩其话语，知当时已经有大量关于东方朔滑稽、善辩、神算等等的传闻故事，这其中有东方朔自己滑稽为文吹牛吹出来的，更有时人附会虚造的，班固正是为了以正视听，对传闻故事作了甄别，详录了其中他认为确属事实者，摒弃了他认为虚妄不实者。

《汉书·东方朔传》有采自《东方朔传》或《东方朔别传》的故事，有材料为证。如其中详述了汉武帝微行扰民、动议起上林苑、东方朔劝谏之事，提到"建元三年，微行始出，北至池阳，西至黄山，南猎长杨，东

---

① 《史记》，第3203页，北京：中华书局，1959。

② 如逯钦立云："窃谓《东方朔别传》（即《东方朔传》）本出西汉，即当时所谓'外家传语'者，班固《汉书》朔《传》即抄而录之。"见《汉魏六朝文学论集》第一编《汉诗别录》辨伪第一，西安：陕西人民出版社，1984。

③ 《汉书》，第2873～2874页，北京：中华书局，1962。

游宜春。微行常用饮酎已。八九月中,与侍中常侍武骑及待诏陇西北地良家子能骑射者期诸殿门,故有'期门'之号自此始。微行以夜漏下十刻乃出,常称平阳侯。"①《太平御览》卷二"刻漏"条引《东方朔别传》曰:"武帝常饮酎,以八月九月中禾稼方盛熟,夜漏下水十刻,微行乃出。"由此类推,《汉书·东方朔传》中其它故事应该也有不少选自《别传》之类的"后世传闻"。

如此看来,虽不能肯定班固之时《东方朔别传》是否完全成书,但其大致规模应该已经形成,严谨如班固者所选的故事已经有够滑稽者,可以推想传闻书中被班固指为"其事浮浅"者该是多么有趣。然而,好读"外家传语"、喜录轶闻故事的褚少孙在《史记·滑稽列传》中所补的东方朔事迹,却只有上书三千奏牍、持余肉而去、作《答客难》、辨驺牙断言远方来归几件,且并不怎么滑稽,假如其时《东方朔别传》全书已成,又为褚少孙所知见,当不会被他漏掉那么多有趣的情节。

总之,《东方朔别传》应该是在汉代关于东方朔的传闻不断增益的基础上形成的,全书既然有八卷之多,褚少孙所见"外家传语"中的故事、班固《汉书·东方朔传》中的故事应该都包含其中,另外更有许多"逢占射覆"等神乎其神的故事包含其中,散见于后代各书中的佚文就颇可窥见一斑。这样,尽管该书的亡佚令人遗憾,但辗转根据上述这些信息,尚可分析该书的性质和特点。

首先可以肯定的一点是,这是一部完整的个人传记著作。该书全部以东方朔为中心,集中描述东方朔的事迹,而且完整展示了东方朔的生平经历。书中记述到了他的出道,也记述到了他的辞世:

> 武帝时,齐人有东方生名朔,以好古传书,爱经术,多所博观外家之语。朔初入长安,至公车上书,凡用三千奏牍。公车令两人共持举其书,仅然能胜之。人主从上方读之,止,辄乙其处,读之二月乃尽。②

> 东方朔字曼倩,平原厌次人也。武帝初即位,征天下举方正贤良文学材力之士……朔初来,上书曰:"臣朔少失父母,长养兄嫂。年十三学书,三冬文史足用。十五学击剑。十六学《诗》、

---

① 《汉书》,第2847页,北京:中华书局,1962。
② 《史记》,第3205页,北京:中华书局,1959。

《书》，诵二十二万言。十九学孙、吴兵法，战阵之具，钲鼓之教，亦诵二十二万言。凡臣朔固已诵四十四万言。又常服子路之言。臣朔年二十二，长九尺三寸，目若悬珠，齿若编贝，勇若孟贲，捷若庆忌，廉若鲍叔，信若尾生。若此，可以为天子大臣矣。臣朔昧死再拜以闻。"朔文辞不逊，高自称誉，上伟之，令待诏公车。①

朔，南阳步广里人。②

至老，朔且死时，谏曰："诗云'营营青蝇，止于蕃。恺悌君子，无信谗言。谗言罔极，交乱四国'。愿陛下远巧佞，退谗言。"帝曰："今顾东方朔多善言?"怪之。居无几何，朔果病死。传曰："鸟之将死，其鸣也哀;人之将死，其言也善。"此之谓也。③

据此知书中所描绘的东方朔乃汉武帝时齐人（平原厌次人），或曰楚人（南阳步广里人），以公车上巨书、高自夸说博得武帝注意，入朝待诏。临终曾一改诙谐滑稽、正话反说的习性，正言劝谏武帝远巧佞，退谗言。

其次，该书大多都是通过具体的情节和细节，塑造了一位博知多智、诙谐滑稽、狂放不羁的人物形象，作品十分富于故事性。尽管该书内容散见于各书的征引，其中许多类书又是分类肢解，但就残存的文本来看，东方朔诙谐幽默、巧于应对、料事如神的特点还是比较集中和突出的，而这些特点又都是由脍炙人口的故事显示出来的。

"恐吓朱儒"的故事本身就十分富于喜剧色彩，也可见东方朔喜为荒唐之举的做派：

久之，朔绐骀朱儒，曰："上以若曹无益于县官，耕田力作固不及人，临众处官不能治民，从军击虏不任兵事，无益于国用，徒索衣食，今欲尽杀若曹。"朱儒大恐，啼泣。朔教曰："上即过，叩头请罪。"居有顷，闻上过，朱儒皆号泣顿首。上问："何为?"对曰："东方朔言上欲尽诛臣等。"上知朔多端，召问朔："何恐朱儒为?"对曰："臣朔生亦言，死亦言。朱儒长三尺余，奉一囊粟，钱二百四十。臣朔长九尺余，亦奉一囊粟，钱二百四十。朱儒饱欲死，臣朔

①《汉书·东方朔传》，第2841页，北京：中华书局，1962。
②《世说新语》，《诸子集成》本，第144页，上海书店出版社，1986。
③《史记》，第3208页，北京：中华书局，1959。

饥欲死。臣言可用,幸异其礼;不可用,罢之,无令但索长安米。"

上大笑,因使待诏金马门,稍得亲近。①

东方朔故意制造事端,对侏儒们恐吓说武帝要全部杀掉你们,招得这些侏儒们都在那里"号泣顿首",这其实是要引起武帝的注意,借机发牢骚,冀得重用,而他也的确达到了目的。

在朝上"自行割肉而去"的故事也颇搞笑:

> 伏日,诏赐从官肉。大官丞日晏下来,朔独拔剑割肉,谓其同官曰:"伏日当蚤归,请受赐。"即怀肉去。大官奏之。朔入,上曰:"昨赐肉,不待诏,以剑割肉而去之,何也?"朔免冠谢。上曰:"先生起,自责也!"朔再拜曰:"朔来! 朔来! 受赐不待诏,何无礼也! 拔剑割肉,一何壮也! 割之不多,又何廉也! 归遗细君,又何仁也!"上笑曰:"使先生自责,乃反自誉!"复赐酒一石,肉百斤,归遗细君。②

只因等得不耐烦,竟不等分肉的大官丞到来,自行拔剑割肉,怀揣着扬长而去,在汉武帝的朝上,这也只有东方朔做得出来;更有趣的是,明明是犯了错,当皇上让他来个自我检讨时,他竟能明贬实褒,逗得皇上哈哈大笑,反而又得了酒肉赏赐。

"答坑深几许"的故事有趣的不在于事件本身,而在于他的答辞:

> 汉武帝喜极天下物,见一坑,遣使者视之,知深几丈。使者还对坑深不知几丈。武帝曰朔多智,使往视之深浅。方朔对曰:"坑深一百十七丈。"武帝曰:"先生何以知之耶?"朔对曰:"臣到以大石投坑中,倾耳而听之,久久乃到,傫傫有声,九九八十一,六六三十六,臣以此知。"③

投块大石,根据其落水的时间长短估摸井的深浅,这本是一种聪明的判断方法,东方朔胡闹的是硬要说出具体尺码,而他计算的根据竟是"久久"谐音"九九","傫傫"谐音"六六",八十一加三十六于是得出了一百十七丈,这就完全是在开玩笑了。

---

① 《汉书·东方朔传》,第 2843 页,北京:中华书局,1962。
② 《汉书·东方朔传》,第 2846 页,北京:中华书局,1962。
③ 《北堂书抄》卷一百六十"地部四石篇一六"引《东方朔别传》,见《唐代四大类书》,第 754～755 页,清华大学出版社,2003。

言语诙谐,巧于应对,这正是东方朔的特长所在。上述几则的情趣就都少不了嘴上功夫。而"巧戏郭舍人"更见出其口辩的本事。当时是在朝中玩"射覆"的游戏,一次是将守宫置于盆下,让人猜是什么,众人都猜不对,东方朔回答"臣以为龙又无角,谓之为蛇又有足,跂跂脉脉善缘壁,是非守宫即蜥蜴",结果"赐帛十匹"。接下来便发生了郭舍人挑衅、东方朔应战的一幕:

> 时有幸倡郭舍人,滑稽不穷,常侍左右,曰:"朔狂,幸中耳,非至数也。臣愿令朔复射,朔中之,臣榜百,不能中,臣赐帛。"乃覆树上寄生,令朔射之。朔曰:"是窭薮也。"舍人曰:"果知朔不能中也。"朔曰:"生肉为脍,干肉为脯;著树为寄生,盆下为窭薮。"上令倡监榜舍人,舍人不胜痛,呼謈。朔笑之曰:"咄!口无毛,声謷謷,尻益高。"舍人恚曰:"朔擅诋欺天子从官,当弃市。"上问朔:"何故诋之?"对曰:"臣非敢诋之,乃与为隐耳。"上曰:"隐云何?"朔曰:"夫口无毛者,狗窦也;声謷謷者,鸟哺鷇也;尻益高者,鹤俯啄也。"舍人不服,因曰:"臣愿复问朔隐语,不知,亦当榜。"即妄为谐语曰:"令壶齟,老柏涂,伊优亚,狋吽牙。何谓也?"朔曰:"令者,命也。壶者,所以盛也。齟者,齿不正也。老者,人所敬也。柏者,鬼之廷也。涂者,渐洳径也。伊优亚者,辞未定也。狋吽牙者,两犬争也。"舍人所问,朔应声辄对,变诈锋出,莫能穷者,左右大惊。上以朔为常侍郎,遂得爱幸。①

东方朔在这里表现的是随机应变,出口成章,不但故意好像猜错,变个说法又猜对,变着法的捉弄郭舍人,更是在郭舍人胡乱诌出隐语的情况下对答如流,真真是让对方抓不住一丝把柄。

传闻中的东方朔还预言屡中,神算神断,超乎寻常。上述"射覆连中"就显示了神断。他如"钟鸣断山崩":

> 孝武皇帝时,未央宫前殿钟无故自鸣,三日三夜不止。诏问太史待诏王朔,朔言恐有兵气。更问东方朔,朔曰:"臣闻铜者山之子,山者铜之母,以阴阳气类言之,子母相感,山恐有崩弛者,故钟先鸣。《易》曰:'鸣鹤在阴,其子和之。'精之至也。其应在后五

---

① 《汉书·东方朔传》,第2844~2845页,北京:中华书局,1962。

日内。"居三日,南郡太守上书言山崩,延袤二十余里。①

这个故事特意将太史待诏王朔的误判拿来对比,越发显出东方朔的不凡。钟无故自鸣,成为山崩的先兆,这里面或许有一定的自然感应原理,但东方朔所谓"子母相感"的解说,还是更带有"小说家言"的味道,山崩果然是在他预言的日子中发生,更可见其神乎其神。

关于东方朔的神断,还有两则广被征引的故事,一为"怪哉",一为"鹊鸣":

> 孝武皇帝时行上甘泉,至长陵平阪上,弛道中有虫,而赤如生肺状,头目齿鼻尽具。上令朔视之。还曰:"怪哉。"上曰:"谓何也?"曰:"秦始皇拘系无道,悲哀无所告诉,仰天而叹曰'怪哉',感动皇天。此愤气之所生也,故名之曰'怪哉'。是地必秦之狱处也。"丞相按图,果秦狱也。② ……上问朔何以知之,朔曰:"夫积忧者,得酒而解。"乃取虫置酒中,立消。赐朔帛百匹。后属车上盛酒,为此也。③

> 孝武皇帝时闲居无事,燕坐未央前殿,天新雨止。当此时东方朔执戟在殿阶旁,屈指独语,上从殿上见朔,呼问之:"生所独语者何也?"朔对曰:"殿后柏树上有鹊立枯枝上,东向而鸣也。"④ ……上遣视,如朔言。⑤ ……朔曰:"以人事言之,从东方来鹊,尾长,傍风则倾,背风则蹙,必当顺风而立,是以东向鸣也。"⑥

新雨后判断有鹊立在殿后柏树上东向而鸣,显示的是东方朔善于推理的功夫,"鹊鸣"是可以听得见的,"东向"则是根据鹊的体形、当时的风向等推导出来的,神的是确如其所言。而秦狱所在地上怨气化作"怪

---

① 《世说新语·文学》刘孝标注引《东方朔传》,见《世说新语》(《诸子集成》本),第62页,上海书店,1986。

② 《北堂书抄》卷四五刑法下狱十一"愤气生虫"条引《东方朔别传》,见《唐代四大类书》,第164页,北京:清华大学出版社,2003。

③ 《艺文类聚》卷七二"食部·酒"引《东方朔别传》,见《唐代四大类书》,第1226页,北京:清华大学出版社,2003。

④ 《初学记》卷三十鹊第六"东向雨晴"条引《东方朔传》,见《唐代四大类书》,第1920页,北京:清华大学出版社,2003。

⑤ 《初学记》卷二十八柏第十四"鹊立,鸢栖"条引《东方朔传》,见《唐代四大类书》,第1889页,北京:清华大学出版社,2003。

⑥ 《初学记》卷三十鹊第六"巢知背岁,立必顺风"条引《东方朔传》,见《唐代四大类书》,第1920页,北京:清华大学出版社,2003。

哉"小虫,触酒而消,这个故事则带有神话想象的色彩了。

所以,第三,《东方朔传》有虚构创作成分,已经超出史传文学范畴,可以算作传纪体小说的雏形了。

虚构表现之一是有些故事显见得是从别的故事改装移植而来,或将他人之事加在东方朔身上,人物塑造已颇有些典型化的意味。如"巧谏因鹿杀人"之事:

> 武帝时,有杀上林鹿者,下有司收杀之。朔时在旁曰:"是故当死者三。陛下以鹿杀人,一当死;天下闻陛下重鹿贱人,二当死;匈奴有急,须鹿触之,三当死。"①

这个故事与《晏子春秋·内篇谏上》"景公所爱马死欲诛圉人晏子谏"几乎如出一辙:

> 景公使圉人养所爱马,暴死,公怒,令人操刀解养马者。是时晏子侍前……曰:"此不知其罪而死,臣为君数之,使自知其罪,然后属之狱。"公曰:"可。"晏子数之曰:"尔罪有三:公使汝养马而杀之,当死罪一也;又杀公之所最善马,当死罪二也;使公以一马之故而杀人,百姓闻之必怨吾君,诸侯闻之必轻吾国,汝一杀公马,使怨积于百姓,兵弱于邻国,当死罪三也。今以属狱。"公喟然叹曰:"夫子释之! 夫子释之! 勿伤吾仁也。"②

发生的事情都是人致兽死而要被杀,谏者劝说的办法都是正话反说,数罪都是三项,东方朔故事的编者分明是将晏子故事借用过来了。

又如《西京杂记》记有一条东方朔解救武帝乳母的故事,《世说新语·规箴》也予以收录,文字略有出入:

> 武帝欲杀乳母,乳母告急于东方朔。朔曰:"帝忍而愎。旁人言之,益死之速耳。汝临去,但屡顾我,我当设奇以激之。"乳母如言。朔在帝侧曰:"汝宜速去。帝今已大,岂念汝乳哺时恩邪?"帝怆然,遂舍之。③

> 汉武帝乳母尝于外犯事,帝欲申宪,乳母求救东方朔。朔曰:

---

① 《艺文类聚》卷九五《兽部下·鹿》引《东方朔传》,《唐代四大类书》,第 1368 页,北京:清华大学出版社,2003。

② 《晏子春秋校注》,《诸子集成》本,第 34~36 页,上海书店出版社,1986。

③ 《西京杂记》,第 9 页,北京:中华书局,1985。

"此非唇舌所争,尔必望济者,将去时但当屡顾帝,慎勿言! 此或可万一冀耳。"乳母既至,朔亦侍侧,因谓曰:"汝痴耳! 帝岂复忆汝乳哺时恩邪?"帝虽才雄心忍,亦深有情恋,乃凄然愍之,即敕免罪。①

两书虽都没有注明引自《东方朔传》或《东方朔别传》,但也属于东方朔的传闻是肯定的,而《史记·滑稽列传》所记,救武帝乳母的是郭舍人:

武帝少时,东武侯母常养帝,帝壮时,号之曰"大乳母"。……乳母家子孙奴从者横暴长安中,当道掣顿人车马,夺人衣服。闻于中,不忍致之法。有司请徙乳母家室,处之于边。奏可。乳母当入至前,面见辞。乳母先见郭舍人,为下泣。舍人曰:"即入见辞去,疾步数还顾。"乳母如其言,谢去,疾步数还顾。郭舍人疾言骂之曰:"咄! 老女子! 何不疾行! 陛下已壮矣,宁尚须汝乳而活邪? 尚何还顾!"于是人主怜焉悲之,乃下诏止无徙乳母,罚谪谮之者。②

可见经年累月,关于东方朔的故事越传越多,"东方朔"已经成为智者和诙谐滑稽者的符号。

虚构表现之二是东方朔的故事已经由演绎、夸张进而走向神化,东方朔已经由历史人物、传说人物进而演化成为具有虚幻色彩的艺术形象。关于他是岁星化身的说法就显然是编造出来的:

朔未死时,谓同舍郎曰:"天下人无能知朔,知朔者唯太王公耳。"朔卒后,武帝得此语,即召太王公问之曰:"尔知东方朔乎?"公对曰:"不知。""公何所能。"曰:"颇善星历。"帝问:"诸星皆具在否?"曰:"诸星具,独不见岁星十八年,今复见耳。"帝仰天叹曰:"东方朔生在朕旁十八年,而不知是岁星哉。"惨然不乐。③

东方朔在武帝身边的这十八年,天上不见了一颗星,岁星;东方朔辞世而去之后,又能见到这颗星了,武帝由此仰天而叹,原来天神就在身边,自己竟浑然不觉呀! 不能不说,这个故事相当富于想象力,读来还

---

① 《世说新语·规箴》,《诸子集成》本,第 144~145 页,上海书店出版社,1986。
② 《史记》,第 3204 页,北京:中华书局,1959。
③ 《太平广记·东方朔》引《朔别传》,见《太平广记》第一册,第 87 页,天津古籍出版社,1994。

是十分脍炙人口的。

二、《列女传》

《列女传》严格讲仍属于"杂说"体,并非记述人物生平经历的传记体作品,只因其以人物名篇,以人物品行分类,而非以事构篇,且题为"传记"之"传",故将其划在"杂传"类。

《列女传》分《母仪传》《贤明传》《仁智传》《贞顺传》《节义传》《辩通传》《孽嬖传》七卷,每传十五小传,共计一百零五篇女子传记,乃刘向父子校书时所编,对此,刘向有明确的交代:"臣向与黄门侍郎歆所校《列女传》,种类相从为七篇,以著祸福荣辱之效,是非得失之分,画之屏风四堵。"①刘向用"校"字,知与刘向典校其他图书一样,《列女传》也应是在固有散见原作的基础上汇集、整理、编纂的。而从其"以著祸福荣辱之效,是非得失之分"的说法及其所定的篇目看,《列女传》应该经过了刘向的选择和改编,有编撰的主旨和用心。班固甚至认为书是刘向亲自从各书中采摘材料编撰而成:"向以为王教由内及外,自近者始。故采《诗》《书》所载贤妃贞妇,兴国显家可法则,及孽嬖乱亡者,序次为《列女传》凡八篇②,以戒天子。"(《汉书·刘向传》)从《列女传》中的有些篇目看,班固的这种说法并非无据,如《母仪传》中的"弃母姜嫄"篇曰"弃母姜嫄者,邰侯之女也。当尧之时,行见巨人迹,好而履之,归而有娠,浸以益大,心怪恶之,卜筮禋祀,以求无子,终生子。以为不祥而弃之隘巷,牛羊避而不践。乃送之平林之中,后伐平林者咸荐之覆之。乃取置寒冰之上,飞鸟伛翼之。姜嫄以为异,乃收以归。因命曰弃",显然依据了《诗经·大雅·生民》中的诗句:"厥初生民,时维姜嫄。生民如何? 克禋克祀,以弗无子。履帝武敏歆,攸介攸止,载震载夙。载生载育,时维后稷。""诞弥厥月,先生如达。不拆不副,无菑无害,以赫厥灵。上帝不宁,不康禋祀,居然生子。""诞置之隘巷,牛羊腓字之。诞置之平林,会伐平林。诞置之寒冰,鸟覆翼之。鸟乃去矣,后稷呱矣。"这决定了《列女传》无论是在选材方面还是述说方面都有较强的理性色彩。而且,刘向还提到"画之屏风四堵",那么该书的

---

① 徐坚《初学记》引《七略别录》)。
② 《七略别录》称"七篇",此言"八篇",实是包括传七篇,颂一篇。

每篇传文似乎都是配图的文字,对于篇幅自然要有一定的限制,也决定了不会展开做十分细腻的描写。

尽管如此,《列女传》对于显示人物传记小说的萌生,仍有值得注意的篇目,毕竟除了采自《诗》《书》等经典和正史材料,该书还有不少广泛汇集、采集各种说体故事的部分,其中有些篇或有些部分,颇近小说特征,或颇具小说创作的意味。

《节义传》中的"鲁秋洁妇"一篇就十分富于戏剧性。有道是"无巧不成书",该故事讲述的是秋胡娶妻五日,宦陈五年,归家路上想讨好的采桑女偏偏就是当年娶进门如今已经不相识的新媳妇。盼了五年、守了五年的夫君竟然是如此不可靠的人,秋胡妻绝望的感受可想而知,"遂去而东走,投河而死"。"投河而死"虽未免有点夸张,却也带有汉代文化的鲜明色彩。其实,"秋胡戏妻"的故事在汉代十分流行,汉代乐府《相和歌》中有《秋胡行》的曲名,虽然歌词不存,但分明应该是先有说唱秋胡故事,才会有《秋胡行》原创曲的产生;这个故事如此富于情节性,戏剧性,也带有讲唱文学的特点(详后)。《秋胡行》当是以秋胡为主线,而《列女传》这里侧重在凸显秋胡妻的贞洁,故题为或称之为"鲁秋洁妇"。

《辩通传》中的《楚野辩女》又是描写了一位能言善辩的女子形象①:

> 楚野辩女者,昭氏之妻也。郑简公使大夫聘于荆,至于狭路,有一妇人乘车,与大夫遇,毂击而折大夫车轴,大夫怒,将执而鞭之,妇人曰:"妾闻君子不迁怒,不贰过。今于狭路之中,妾已极矣,而子大夫之仆不肯少引,是以败子大夫之车,而反执妾,岂不迁怒哉!既不怒仆,而反怒妾,岂不贰过哉!《周书》曰:'毋侮鳏寡,而畏高明。'今子列大夫而不为之表,而迁怒贰过,释仆执妾,轻其微弱,岂可谓不侮鳏寡乎!吾鞭则鞭耳,惜子大夫之丧善也!"大夫惭而无以应,遂释之,而问之,对曰:"妾楚野之鄙人也。"大夫曰:"盍从我于郑乎?"对曰:"既有狂夫,昭氏在内矣。"遂去。

狭路相逢,车毂相击,发生口角,甚至差点挥鞭相向,这本来就是一场

---

① 本章所引《列女传》,均见《列女传译注》(张涛译注),山东大学出版社 1990 年版,本章下引《列女传》文字不再出注。

不小的冲突,更富戏剧性的是这位女子自称"楚野之鄙人",却口若悬河,引经据典,出口成章,使堂堂郑国大夫"惭而无以应",这不能不引起这位大夫的兴趣。而当郑大夫提出载之归郑的过分要求时,辩女毫不客气,用"既有狂夫"让对方乖乖退身。这一幕会让人自然想起喜剧意味极浓的乐府诗《陌上桑》和诗中那位美丽而快人快语的秦罗敷。就这一点来看,这个故事也颇有通过虚构情节塑造人物的味道。

《列女传》中还有几篇写的是国君夫人的奇缘故事,因其所涉国君都是历史上有名有姓的真实人物,不敢说故事全属虚构,但就其戏剧性和奇异性来看,即便有些历史的影子,也肯定经过了"小说家言"式的描述和演绎。

《赵津女娟》讲的是赵津吏女与赵简子"不打不相识"的缘分:

> 赵津女娟者,赵河津吏之女,赵简子之夫人也。初,简子南击楚,与津吏期。简子至,津吏醉卧,不能渡,简子怒,欲杀之。娟惧,持楫而走。简子曰:"女子走何为?"对曰:"津吏息女。妾父闻主君来渡,不测之水,恐风波之起,水神动骇,故祷祠九江三淮之神,供具备礼,御釐受福,不胜巫祝杯酌余沥,醉至于此。君欲杀之,妾愿以鄙躯易父之死。"简子曰:"非女之罪也。"娟曰:"主君欲因其醉而杀之,妾恐其身之不知痛,而心不知罪也。若不知罪杀之,是杀不辜也。愿醒而杀之,使知其罪。"简子曰:"善。"遂释不诛。简子将渡,用楫者少一人,娟攘卷摻楫而请曰:"妾愿备员持楫。"简子曰:"不谷将行,选士大夫斋戒沐浴,义不与妇人同舟而渡也。"娟对曰:"妾闻昔者汤伐夏,左骖牝骊,右骖牝靡,而遂放桀。武王伐殷,左骖牝骐,右骖牝骧,而遂克纣,至于华山之阳。主君不欲渡则已,与妾同舟,又何伤乎?"简子悦,遂与渡,中流,为简子发《河激》之歌,其辞曰:"升彼阿兮面观清,水扬波兮沓冥冥,祷求福兮醉不醒,诛将加兮妾心惊,罚既释兮渎乃清,妾持楫兮操其维,蛟龙助兮主将归,呼来櫂兮行勿疑。"简子大悦曰:"昔者不谷梦娶妻,岂此女乎?"将使人祝祓以为夫人。娟乃再拜而辞曰:"夫妇人之礼,非媒不嫁。严亲在内,不敢闻命。"遂辞而去。简子归,乃纳币于父母,而立以为夫人。

《辩通传》

原本是父亲犯了死罪拼力相救,情急中敢说敢为,既找理由让赵简子放弃了处罚父亲的决定,又在主动请缨用楫中表现出一个女子的口才和勇气,更用一曲动人的《河激之歌》,打动了赵简子的心。这真是"祸兮福所倚",一个河津吏之女竟然成了国君夫人。

《齐锺离春》说的是丑女俘获国王之心的东方"灰姑娘"童话:

> 锺离春者,齐无盐邑之女,宣王之正后也。其为人极丑无双,白头深目,长指大节,卬鼻结喉,肥项少发,折腰出胸,皮肤若漆。行年四十,无所容入,炫嫁不售,流弃莫执。于是乃拂拭短褐,自诣宣王,谓谒者曰:"妾,齐之不售女也。闻君王之圣德,愿备后宫之扫除,顿首司马门外,唯王幸许之。"谒者以闻。宣王方置酒于渐台,左右闻之,莫不掩口大笑,曰:"此天下强颜女子也,岂不异哉!"于是宣王乃召见之,谓曰:"昔者先王为寡人娶妃匹,皆已备有列位矣。今夫人不容于乡里布衣,而干万乘之主,亦有何奇能哉?"锺离春对曰:"无有。特窃慕大王之美义耳。"王曰:"虽然,何善?"良久曰:"窃尝善隐。"宣王曰:"隐,固寡人之所愿也,试一行之。"言未卒,忽然不见。宣王大惊,立发《隐书》而读之,退而推之,又未能得。明日又更召而问之,不以隐对,但扬目衔齿,举手拊膝,曰:"殆哉!殆哉!"如此者四。宣王曰:"愿遂闻命。"锺离春对曰:"今大王之君国也,西有衡秦之患,南有强楚之仇,外有二国之难。内聚奸臣,众人不附。春秋四十,壮男不立,不务众子而务众妇,尊所好,忽所恃。一旦山陵崩弛,社稷不定,此一殆也。渐台五重,黄金白玉,琅玕笼疏,翡翠珠玑,幕络连饰,万民罢极,此二殆也。贤者匿于山林,谄谀强于左右,邪伪立于本朝,谏者不得通入,此三殆也。饮酒沈湎,以夜继昼,女乐俳优,纵横大笑。外不修诸侯之礼,内不秉国家之治,此四殆也。故曰殆哉殆哉。"于是宣王喟然而叹曰:"痛乎无盐君之言!乃今一闻。"于是拆渐台,罢女乐,退谄谀,去雕琢,选兵马,实府库,四辟公门,招进直言,延及侧陋。卜择吉日,立太子,进慈母,拜无盐君为后。而齐国大安者,丑女之力也。

《辩通传》

这个"灰姑娘"不是一般的"灰",年过四十,"极丑无双",令人瞠目的是,就是这么一个"齐之不售女",也就是嫁不出去的剩女,居然径直走进齐王的殿堂,要求侧列后宫,难怪"左右闻之,莫不掩口大笑",奇怪天下怎么还有这么厚颜无耻的人。这种悖理,反而激起了齐宣王的好奇心,这一见一问不得了,原来丑女并非等闲之辈,既"善隐",又能辩,且句句中的,一针见血,让宣王猛然警醒,齐国因此大安,丑女也因此登上了正后的宝座。

《楚处庄侄》讲的又是少女救国变夫人的佳话:

> 楚处庄侄者,楚顷襄王之夫人,县邑之女也。初,顷襄王好台榭,出入不时,行年四十,不立太子,谏者蔽塞,屈原放逐,国既殆矣。秦欲袭其国,乃使张仪间之,使其左右谓王曰:"南游于唐,五百里有乐焉。"王将往。是时庄侄年十二,谓其母曰:"王好淫乐,出入不时。春秋既盛,不立太子。今秦又使人重赂左右,以惑我王,使游五百里之外,以观其势。王已出,奸臣必倚敌国而发谋,王必不得反国。侄愿往谏之。"其母曰:"汝,婴儿也,安知谏?"不遣。侄乃逃。以缇竿为帜,侄持帜伏南郊道旁,王车至,侄举其帜,王见之而止,使人往问之。使者报曰:"有一女童伏于帜下,愿有谒于王。"王曰:"召之。"侄至,王曰:"女何为者也?"侄对曰:"妾县邑之女也,欲言隐事于王,恐雍阏蔽塞而不得见,闻大王出游五百里,因以帜见。"王曰:"子何以戒寡人?"侄对曰:"大鱼失水,有龙无尾。墙欲内崩,而王不视。"王曰:"不知也。"侄对曰:"大鱼失水者,王离国五百里也,乐之于前,不思祸之起于后也。有龙无尾者,年既四十,无太子也。国无强辅,必且殆也。墙欲内崩而王不视者,祸乱且成而王不改也。"王曰:"何谓也?"侄曰:"王好台榭,不恤众庶,出入不时,耳目不聪明。春秋四十不立太子,国无强辅,外内崩坏。强秦使人内间王左右,使王不改,日以滋甚,今祸且构。王游于五百里之外,王必遂往,国非王之国也。"王曰:"何也?"侄曰:"王之致此三难也,以五患。"王曰:"何谓五患?"侄曰:"宫室相望,城郭阔达,一患也。宫垣衣绣,民人无褐,二患也。奢侈无度,国且虚竭,三患也。百姓饥饿,马有余秣,四患也。邪臣在侧,贤者不达,五患也。王有五患,故及三难。"王曰:"善。"命后车载之,立还反国,门已闭,反者已定,王乃发鄢郢之师以击之,仅

能胜之。乃立侄为夫人,位在郑子袖之右,为王陈节俭爱民之事,楚国复强。

《辩通传》

一个十二岁的小姑娘,看着顷襄王让楚国陷入濒临灭亡的境地,忧心如焚,要挺身而出前去劝谏,这本身就有些不同寻常;而她在母亲反对的情况下,偷偷从家里逃出去,"持帜伏南郊道旁",待王车路过,"举其帜"横道相拦,更是极富戏剧性的一幕;无独有偶,这位少女的办法也是用"隐",她的本事也是见识非凡,口若悬河,最终也是救王于险遭危难之时。结果是这位少女也被立为夫人,楚国因此"复强"。

上述这三则国君夫人的故事,情节曲折,描写夸张,风格诙谐,与《列女传》中其他篇章有较大差异,不能不说别有来源。《赵津女娟》中出现了女娟"为简子发《河激之歌》"的情节,唱词一一在目;《齐锺离春》《楚处庄侄》都有用"隐"的手段,哑语、隐语的样子、语词详有描述,前者很像说唱文学的底本,后者又像是《隐书》之类中的篇目,对这些段子的援引,让人们看到了汉代讲说故事的存在和水平。

第八章
怪话、仙话与志怪小说的发生

神话之后,中国古代叙事转向历史,而蕴含在历史散文、诸子散文、史传文学中的"说体"则以类似神话那种具体描述形象和故事的方式转而述说人间佳话,由此不断孕育着文学性小说的渐趋长成。与此同时,这些散文著作所包含的叙事作品中又有怪话、仙话等各种"话",其实可视为特殊的"说体",也在不断滋长,形成了小说发生过程中的另一条线索。

怪话、仙话并不属于一类"话",其相通处是两者都具有虚幻想象内容,而虚幻本身就近乎虚构,从而与以虚构为主要特征的小说创作存在天然的关系。怪话、仙话所语之"怪"、之"仙",都超出了现实所能有的范畴,所以,它们与后世偏于虚幻想象的志怪小说,有着更为密切的源流关系。

第一节　先秦两汉子书、史书中的"怪话"

本节所说的"怪话",与上古神话,与史书中关于卜筮、占梦、参谶等带有神怪传奇色彩的记述,有联系,颇相近似,甚至有时界限模糊,但确有不同,已经形成特有的一类。上古神话是原始人类将自然现象人格化,呈现的形式是直接在讲人的故事或神的故事;卜筮、占梦、参谶,显示的是人对神意的捕捉,讲的还是人的故事。"怪话"则特指人变神、人变鬼、物成精、兽变人等等有情节的怪异幻变故事,情节本身的非现实性决定了其讲述必然存在有意的想象和虚构。其与后世志怪小说创作的区别在于这种想象、虚构往往是在相信鬼魂、怪变的观念驱使下展开,旨在通过编织具体情节以渲染、充实鬼魂怪异观念,而志怪小说则是有意利用这种情节进行艺术构思,借以曲折再现人类生活、反映人的命运和强化审美观赏效果。

"怪话"出现于神话时代之后,鬼魂神灵信仰尚未消失,又更多关注现实人生,于是借编织情节故事以显示、充实或制造鬼魂神灵对人现实生活的影响。先秦两汉的子书、史书都有一些"怪话"记载,其中有些已经颇有"志怪"小说的味道,由此可见魏晋六朝志怪小说的发达自有其渊源缘起。

一、先秦子书、史书中的"怪话"

据现有材料可知,先秦时代的子书、史书中已经出现颇具情节的"怪话"故事。

《国语·郑语》"史伯为桓公论兴衰"一节,论及周室将衰时,提及幽王宠后褒姒的来历,其中就出现了怪变情节:

> 公曰:"周其弊乎?"(史伯)对曰:"……宣王之时有童谣曰:'檿弧箕服,实亡周国。'于是宣王闻之,有夫妇鬻是器者,王使执而戮之。府之小妾生女而非王子也,惧而弃之。此人也,收以奔褒。天之命此久矣,其又何可为乎?《训语》有之曰:'夏之衰也,褒人之神化为二龙,以同于王庭,而言曰:"余褒之二君也。"夏后卜杀之与安之与止之,莫吉。卜请其漦而藏之,吉。乃布币焉而策告之,龙亡而漦在,椟而藏之,传郊之。'及殷、周,莫之发也。及厉王之末,发而观之,漦流于庭,不可除也。王使妇人不帏而噪之,化为玄鼋,以入于王府。府之童妾未既龀而遭之,既笄而孕,当宣王时而生。不夫而育,故惧而弃之。为弧服者方戮在路,夫妇哀其夜号也,而取之以逸,逃于褒。褒人褒姁有狱,而以为入于

王，王遂置之，而嬖是女也，使至于为后而生伯服……"①

这是一段相当曲折、怪异而近乎史诗的传奇故事。宣王为避免周国败亡的命运，将出售"檿弧箕服"的一对夫妇"执而戮之"，因为有童谣提及这种东西就是妖孽之源；正是因为"方戮在路"，这对夫妇碰到了被王府小妾抛弃的女婴，带着她逃至褒国；后来幽王伐褒，褒君将已经出落成美女的当年的女婴献给幽王以赔罪，这个被幽王收下、宠幸并立为后的女子就是褒姒。这几乎就像是俄狄浦斯逃不掉杀父娶母魔咒的再版，有意逃避却偏偏因逃避而撞上，越发显示了天命不可违。而所谓怪变正与这个女婴的出现辗转相关。当年夏衰之时褒之二君化身为二龙在夏的宫廷交配，夏后将它们流出的口水收藏在匣子里。其后历经殷、周，都未曾打开，直至厉王末世"发而观之"，结果口水流了一地，"化为玄鼋，以入于王府"，被府中童妾撞上，未婚而孕，生出的就是前面提及的被抛弃的女婴，也就是后来的褒姒。原来褒姒是二龙口水化来的。其中褒君变为龙、口水化玄鼋、玄鼋化褒姒，一次次怪变让人目不暇接，叹为观止。

《左传·僖公十年》中"狐突遇太子申生"一段，更演绎出已故太子活生生现形于世的情节：

> 秋，狐突适下国，遇太子。太子使登，仆，而告之曰："夷吾无礼，余得请于帝矣，将以晋畀秦，秦将祀余。"对曰："臣闻之：'神不歆非类，民不祀非族。'君祀无乃殄乎？且民何罪？失刑、乏祀，君其图之！"君曰："诺。吾将复请。七日，新城西偏将有巫者而见我焉。"许之，遂不见。及期而往，告之曰："帝许我罚有罪矣，敝于韩。"②

六年前，即僖公四年，晋太子申生因骊姬谗害自杀身死，公子重耳、夷吾流亡他国，骊姬之子奚齐立为太子。一年前，即僖公九年，晋献公卒，奚齐即位，接着发生了晋大夫里克杀奚齐、夷吾贿赂秦国得以返晋立为晋侯、又背惠食言等一系列事件。这时，便出现了晋大夫狐突遇太子申生的一幕。这其实是秦晋韩之战的前奏。太子申生现身，说因为夷吾太过无礼，他已经求得天帝同意，要将晋送给秦，由秦来祭祀

①《国语》，第515～519页，上海古籍出版社，1988。
②《春秋左传正义》，《十三经注疏》本，第1801～1802页，北京：中华书局，1980。

他,在狐突的劝说下,申生改变主意,又重新去求天帝,七天后附在巫祝身上传话说天帝已经答应只罚有罪,让晋国在韩地吃个败仗,得些教训。果然,后来应验了申生的说法,秦晋在韩地发生战事,晋大败而归。说起来,像其他战争篇目一样,这里也是预言战争的胜负,但不同的是,这里出现了申生鬼魂现世、人鬼幻化、阴间人世转换等等的具体描述,且声情并茂,已经具备志怪小说的基本轮廓。

《左传·昭公七年》的"伯有闹鬼",似不如申生现形的故事典型,但其中的有些描述可显示"怪话"形成的条件和土壤。

襄公三十年,郑大夫伯有在作乱中被驷氏攻击而死,驷带、公孙段参与了谋杀。八年后,也就是昭公七年,发生了伯有闹鬼的事件:

> 郑人相惊以伯有,曰:"伯有至矣!"则皆走,不知所往。铸刑书之岁二月,或梦伯有介而行,曰:"壬子,余将杀带也。明年壬寅,余又将杀段也。"及壬子,驷带卒,国人益惧。齐、燕平之月,壬寅,公孙段卒,国人愈惧。其明月,子产立公孙泄及良止以抚之,乃止。子大叔问其故。子产曰:"鬼有所归,乃不为厉,吾为之归也。"①

有人惊呼"伯有至矣",人们闻此便四处奔跑,伯有是不是真的现形,文中没有真切的描写。但人们之所以相信这种传闻,并因此惊恐万状,是因为去年二月有人梦见伯有全副武装走在路上,告诉此人下月壬子这一天要杀掉驷带,次年壬寅这一天要杀掉公孙段。结果到了三月壬子这一天,驷带果死,第二年正月壬寅这一天,公孙段也如期而死。这下郑人不得安宁了。就在闹鬼的下个月,子产立伯有之子为大夫,为的是安抚伯有,让他安生,免得他总是扰乱人心。很显然,人们相信鬼魂的存在,相信鬼魂会现形人世,在这种观念驱使下,稍加想象便能活灵活现编出鬼怪故事。

此外,《左传·哀公七年》"公孙强亡曹"一段,没有直接的人鬼变幻情节,但多年前众人谋亡曹时"请待公孙强"的声音,却极像是阴曹地府透露出的消息:

> 宋人围曹……初,曹人或梦众君子立于社宫,而谋亡曹。曹

---

① 《春秋左传正义》,《十三经注疏》本,第2049～2050页,北京:中华书局,1980。

叔振铎请待公孙强，许之。旦而求之，曹无之。戒其子曰："我死，
尔闻公孙强为政，必去之。"及曹伯阳即位，好田弋。曹鄙人公孙
强好弋，获白雁，献之，且言田弋之说，说之。因访政事，大说之。
有宠，使为司城以听政。梦者之子乃行。强言霸说于曹伯，曹伯
从之，乃背晋而奸宋。宋人伐之，晋人不救……。①

曹叔振铎对众人说等公孙强来"亡曹"的情景出现在一个曹人的梦中，
而此时公孙强还是谁都不知晓的鄙人一个，所以梦者根本找不到这个
人。但他记住了这个名字，于是嘱咐儿子以后如果听说公孙强执政，
就抓紧逃出曹国。梦者死后，果然不出梦境所示，公孙强以田弋取悦
了新即位的曹伯阳，终至曹背晋奸宋，"八年，春，宋公伐曹……遂灭
曹，执曹伯阳及司城强以归，杀之"。一个默默无闻的家伙，多年前就
入了另册，被点名道姓指派去亡曹，这种情节不能不让人感觉神秘诡
异，公孙强是人是鬼便值得怀疑。

　　汲冢书中有《古文周书》，今已佚，《文选·思玄赋》注引有其中一
段，记载的是一件十分奇怪的事：

　　　　周穆王姜后昼寝而孕，越姬嬖，窃而育之，毙以玄鸟二七，涂
　　以麂血，置诸姜后，遽以告王。王恐，发书而占之，曰："蜉蝣之羽，
　　飞集于户。鸿之戾止，弟弗克理。重灵降诛，尚复其所。"问左史
　　氏，史豹曰："虫飞集户，是曰失所。惟彼小人，弗克以育君子。"史
　　良曰："是谓关阙亲，将留其身，归于母氏，而后获宁。册而藏之，
　　厥休将振。"王与令尹册而藏之于椟。居三月，越姬死，七日而复，
　　言其情曰："先君怒予甚，曰：'尔夷隶也，胡窃君之子不归母氏？
　　将置而大戮，及王子于治。'"②

周穆王王后怀孕生子，却被越姬换成涂上麂血的死燕子，生出如此怪
物，穆王当然惊恐，而左史据占书却一再暗示"失所""复所"。神奇的
是，三个月后，越姬莫名其妙地死了，更让人不可思议的是，过了七天，
她又回来了，主动坦白偷走王子、用死燕子顶替的"狸猫换太子"的罪
恶，还将到阴间后先君训斥自己"窃君之子"的情景描述了一番。就这
段描写来说，无论越姬换王子的举动，穆王令左史释占的过程，还是越

---

　①《春秋左传正义》，《十三经注疏》本，第2163页，北京：中华书局，1980。
　②《文选》，第215页，北京：中华书局，1977。

姬死去、活来坦白、叙述的情景,都还是对现世人间的呈现,但越姬明明死去,却又回来交代事情的原委,这个返回的越姬,应该已经是鬼魂现身,而在越姬的口述中,阴间历历在目,也初具志怪故事的轮廓了。

《吕氏春秋·疑似》中"奇鬼效人"一段,则简直就像是一篇志怪小说了:

> 梁北有黎丘部,有奇鬼焉,喜效人之子侄昆弟之状,邑丈人有之市而醉归者。黎丘之鬼效其子之状,扶而道苦之。丈人归,酒醒,而诮其子曰:"吾为汝父也,岂谓不慈哉?我醉,汝道苦我,何故?"其子泣而触地曰:"孽矣!无此事也。昔也往责于东邑,人可问也。"其父信之,曰:"嘻!是必夫奇鬼也!我固尝闻之矣。"明日端复饮于市,欲遇而刺杀之。明旦之市而醉,其真子恐其父之不能反也,遂适迎之。丈人望其真子,拔剑而刺之。①

梁北黎丘的这个鬼魂不但活生生化身人形,还喜欢恶作剧,总是变成别人家的儿子、侄子制造事端,这回趁丈人醉归,变成他儿子一路上作践老爹,待老爹到家酒醒后大骂其子,当儿子的丈二和尚摸不着头脑,他分明到东邑收债去了,那曾跟老爹同行过?而这个故事最富于戏剧性的是,当第二天丈人要刺杀模仿自己儿子的奇鬼时,真儿子怕老爹再吃亏,前来迎候,丈人又将真儿子当成了奇鬼,一剑刺进了儿子的胸膛。这真是"假作真时真亦假",鬼故事呈现的是人生的教训。

以上书中所记,都是人鬼故事,而《庄子·外物》中出现了物怪情节:

> 宋元君夜半而梦人被发窥阿门,曰:"予自宰路之渊,予为清江使河伯之所,渔者余且得予。"元君觉,使人占之,曰:"此神龟也。"君曰:"渔者有余且乎?"左右曰:"有。"君曰:"令余且会朝。"明日,余且朝。君曰:"渔何得?"对曰:"且之网得白龟焉,箕圆五尺。"君曰:"献若之龟。"龟至,君再欲杀之,再欲活之。心疑,卜之。曰:"杀龟以卜吉。"乃刳龟,七十二钻而无遗筴。②

梦中来窥宋元君之门的分明是披着头发的一个人,报告的却是他被余且网去了。待宋元君找到余且,果然是他"网得白龟";后来白龟被杀。

---

① 《吕氏春秋》,《诸子集成》本,第289~290页,上海书店出版社,1986。
② 《庄子集解》,《诸子集成》本,第178页,上海书店出版社,1986。

用来占卜，神算无比。说起来，《庄子》喜用寓言，满篇中触目可见动物、植物、山水云气开口说话的描写，也经常出现人与它们直接对话的情节，不同的是，那些会开口说话的动物、植物本身没有变身人形，也没有魂、体分离，而这个故事中的神龟被渔者余且网去，其魂魄却化为人形跑到宋元君那里告状去了。这种人、怪之变，也是典型的志怪结构。

综上可见，人鬼幻化、人怪幻化，先秦时期的史书、子书中已经有其雏形出现了。

二、两汉史传杂说中的"怪话"

进入汉代之后，"怪话"在情节的真切、具体方面有了进一步发展，有些已经十分逼近"志怪"小说，只是还没有出现收录志怪故事的专书，它们仍散见于各种史传杂说著作中。

《史记》中有几处描写就分明出现了较前更加复杂、具体的人鬼、妖怪幻化的情节。

《秦始皇本纪》中有一段"沉璧回归"的诡异情节，那个送璧的人实在不寻常：

> 秋，使者从关东夜过华阴平舒道，有人持璧遮使者曰："为吾遗滈池君。"因言曰："今年祖龙死。"使者问其故，因忽不见，置其璧去。使者奉璧具以闻。始皇默然良久，曰："山鬼固不过知一岁事也。"退言曰："祖龙者，人之先也。"使御府视璧，乃二十八年行渡江所沉璧也。①

有人送块璧来并不离奇，说句"今年祖龙死"的胡话，也不是什么稀罕事，问题是当始皇拿璧让御府的人看时，这竟是二十八年前始皇渡江时沉到水里去的那块璧。这样说来，那个送璧之人岂不就是水宫的使者，他所说的"今年祖龙死"岂不就是"录鬼簿"中的声音？

《高祖本纪》关于汉高祖刘邦，有许多有意神化帝王的叙述和描写，诸如其母"梦与神遇"感蛟龙而生他，醉卧、"其上常有龙"，秦始皇帝常曰"东南有天子气"，无论藏匿哪里吕后都能找到他，因为"所居上

---

① 《史记》，第259页，北京：中华书局，1959。

常有云气"等等,这都并不奇怪;值得一提的是其中有一段"高祖斩蛇"的情节,已经进一步将这种神化衍生出怪变故事:

> 高祖被酒,夜径泽中,令一人行前。行前者还报曰:"前有大蛇当径,愿还。"高祖醉,曰:"壮士行,何畏!"乃前,拔剑击斩蛇。蛇遂分为两,径开。行数里,醉,因卧。后人来至蛇所,有一老妪夜哭。人问何哭,妪曰:"人杀吾子,故哭之。"人曰:"妪子何为见杀?"妪曰:"吾子,白帝子也,化为蛇,当道,今为赤帝子斩之,故哭。"人乃以妪为不诚,欲告之,妪因忽不见。①

称高祖为赤帝子,这仍是神化帝王的构思。不过,白帝子能化蛇当道,被杀,其母又化为老妪哭其子,神变怪,怪变人,这种灵怪化身变形的情节,已经很接近志怪小说了。

更值得注意的是《赵世家》中关于"赵简子疾,五日不知人"的一段长篇描述。面对五天五夜都不省人事的赵简子,名医扁鹊不急不躁,讲了一段秦穆公的陈年往事。当年秦穆公也像赵简子这样突然发病,死人一般,七天之后又奇迹般苏醒,告诉人们到了"帝所"那里的情景。而天帝告诉他晋国接下来会发生的事,即"将大乱,五世不安;其后将霸,未老而死;霸者之子且令而国男女无别",后来都一一兑现。所以扁鹊断言赵简子不出三日就会醒过来,醒来后一定有话说。果然,两天半后赵简子醒来,并向人们描述了这些天的经历:

> 我之帝所甚乐,与百神游于钧天,广乐九奏万舞,不类三代之乐,其声动人心。有一熊欲来援我,帝命我射之,中熊,熊死。又有一罴来,我又射之,中罴,罴死。帝甚喜,赐我二笥,皆有副。吾见儿在帝侧,帝属我一翟犬,曰:"及而子之壮也,以赐之。"帝告我"晋国且世衰,七世而亡,嬴姓将大败周人于范魁之西,而亦不能有也。今余思虞舜之勋,适余将以其胄女孟姚配而七世之孙。"②

这段关于天庭的描述十分具体、生动,有歌舞射猎的场面,有儿戏犬吠的动静,有赏赐、交代的声音。尽管如此,这些都还可以说是神话演绎,神话想象,而下面的情节则显然有怪话的味道了:

---

① 《史记》,第 347 页,北京:中华书局,1959。
② 《史记》,第 1787 页,北京:中华书局,1959。

　　他日，简子出，有人当道，辟之不去，从者怒，将刃之。当道者曰："吾欲有谒于主君。"从者以闻。简子召之，曰："嘻，吾有所见子晰也。"当道者曰："屏左右，愿有谒。"简子屏人。当道者曰："主君之疾，臣在帝侧。"简子曰："然，有之。子之见我，我何为？"当道者曰："帝令主君射熊与罴，皆死？"简子曰："是，且何也？"当道者曰："晋国且有大难，主君首之。帝令主君灭二卿，夫熊与罴皆其祖也。"简子曰："帝赐我二笥皆有副，何也？"当道者曰："主君之子将克二国于翟，皆子姓也。"简子曰："吾见儿在帝侧，帝属我一翟犬，曰'及而子之长以赐之'，夫儿何谓以赐翟犬？"当道者曰："儿，主君之子也。翟犬者，代之先也。主君之子且必有代。及主君之后嗣，且有革政而胡服，并二国于翟。"简子问其姓而延之以官。当道者曰："臣野人，致帝命耳。"遂不见。简子书藏之府。①

赵简子出行，有个人居然挡道不让走，非要面见不可。端详着这个分明在哪儿见过的人，没想到对方竟是前些日子到天庭时就在现场的人。说起来，安排这个神秘人的出场照例是要更加明晰地预言晋国乃至赵家未来几代将要发生的事件，下面的描写也的确一一给以照应，立赵毋恤为太子，灭范、中行氏，赵毋恤即位为赵襄子后灭代而有之，后来又有七世孙赵武灵王胡服骑射，更有他取梦中所见鼓琴女正是孟姚的艳遇佳话等等，不过，这个神秘人物原本是天庭中人，此时却变身为一村野鄙人，这种幻变，正是怪话故事的基本特征。

　　还有，在下文这些叙述中，当述及赵氏被知伯逼迫退保晋阳时，还插有一段更为奇幻的情节：

　　　　原过从，后，至于王泽，见三人，自带以上可见，自带以下不可见。与原过竹二节，莫通。曰："为我以是遗赵毋恤。"原过既至，以告襄子。襄子齐三日，亲自剖竹，有朱书曰："赵毋恤，余霍泰山山阳侯天使也。三月丙戌，余将使女反灭知氏。女亦立我百邑，余将赐女林胡之地。至于后世，且有伉王，赤黑，龙面而鸟噣，鬓麋髭䰄，大膺大胸，修下而冯，左衽界乘，奄有河宗，至于休溷诸貉，南伐晋别，北灭黑姑。"襄子再拜，受三神之令。②

────────────────

① 《史记》，第 1788 页，北京：中华书局，1959。
② 《史记》，第 1794～1795 页，北京：中华书局，1959。

这次真的是神灵现身,诡异的是他们的影像,能看到上半身,看不到下半身,但的确是化身为人不假,因为他们递给原过两节竹筒,并开口请原过替它们转交给赵毋恤。而竹筒中的朱书说明了他们的身份,原来是山神的使者。

关于赵简子的史事,《左传》《吕氏春秋》都有记述,而且并不回避传奇、虚幻色彩,《左传·昭公三十一年》有"赵简子梦童子裸而转以歌"的情节,《吕氏春秋·长攻》有"赵简子病,召太子而告之曰'我死已葬,服衰而上夏屋之山以望'"的描述,然而,并没有赵简子居"帝所"、天使传旨意、山神予朱书等人神转形的志怪内容。《史记》中这一长篇志怪传奇故事,应该是本于秦汉时期不断增益的传闻版本,由此可见怪话创作进入秦汉之后的长足发展。

进入东汉之后,怪话变得更多了,且更加富于情节性、戏剧性,《吴越春秋》中就夹杂了许多怪变故事。

"二子作钩"怪在二子变金钩并能听到父亲呼唤自己的名字:

> 阖闾既宝莫耶,复命于国中作金钩。令曰:"能为善钩者,赏之百金。"吴作钩者甚众。而有人贪王之重赏也,杀其二子,以血衅金,遂成二钩,献于阖闾,诣宫门而求赏。王曰:"为钩者众而子独求赏,何以异于众夫子之钩乎?"作钩者曰:"吾之作钩也,贪而杀二子,衅成二钩。"王乃举众钩以示之:"何者是也?"王钩甚多,形体相类,不知其所在。于是钩师向钩而呼二子之名:"吴鸿,扈稽,我在于此,王不知汝之神也。"声绝于口,两钩俱飞着父之胸。吴王大惊,曰:"嗟乎!寡人诚负于子。"乃赏百金。①

"袁公试剑"奇在被越王召见问以剑戟之术的处女道逢老翁、老翁自谓袁公、袁公与处女试剑后变白猿攀树飞去:

> 处女将北见于王,道逢一翁,自称曰袁公。问于处女:"吾闻子善剑,愿一见之。"女曰:"妾不敢有所隐,惟公试之。"于是袁公即杖箖箊竹,竹枝上颉桥末堕地,女即捷末,袁公则飞上树,变为白猿。遂别去。②

"子胥托梦"神在死去几年的伍子胥仍能兴起"暴风疾雨,雷奔电

---

① 《吴越春秋》,第27页,南京:江苏古籍出版社,1986。
② 《吴越春秋》,第126页,南京:江苏古籍出版社,1986。

激，飞石扬砂"，待范蠡、文种"稽颡肉袒，拜谢子胥，愿乞假道"后方得入吴：

> 越王追奔，攻吴兵，入于江阳松陵，欲入胥门，来至六七里，望吴南城，见伍子胥头巨若车轮，目若耀电，须发四张，射于十里。越军大惧，留兵假道。即日夜半，暴风疾雨，雷奔电激，飞石扬砂，疾于弓弩。越军坏败，松陵却退，兵士僵毙，人众分解，莫能救止。范蠡、文种乃稽颡肉袒，拜谢子胥，愿乞假道。子胥乃与种、蠡梦曰："吾知越之必入吴矣，故求置吾头于南门，以观汝之破吴也。惟欲以穷夫差。定汝入我之国，吾心又不忍，故为风雨以还汝军。然越之伐吴，自是天也，吾安能止哉？越如欲入，更从东门，我当为汝开道贯城，以通汝路。"于是越军明日更从江出，入海阳于三道之翟水，乃穿东南隅以达，越军遂围吴。①

成于汉末的《风俗通义》已经收集、讲述出种种几与魏晋志怪小说没有多少差别的怪话传说了。

其中增加最多的是狗怪、鼠怪、狐怪、树怪等物怪故事。

陈国张汉直"死而复见"的蹊跷事就是让狗怪或鼠怪给闹的：

> 陈国张汉直，到南阳从京兆尹延叔坚读《左氏传》，行后数月，鬼物持其女弟言："我病死丧在陌上，常苦饥寒。操一量不借，挂屋后楮上，傅子方送我五百钱，在北墉中，皆亡取之。又买李幼一头牛，本券在书箧中。"往求索之，悉如其言。妇尚不知有此，妹新从壻（婿）家来，非其所及。家人哀伤，益以为审。父母诸弟，衰绖到来迎丧，去精舍数里，遇汉直与诸生十余人相随，汉直顾见其家，怪其如此。家见汉直，谓其鬼也，惝惘良久。汉直乃前为父拜，说其本末，且悲且喜。②

汉直离家去京兆尹学《左传》数月，突然有一天已经出嫁的妹妹从婆家回到娘家来了，而且像是哥哥的鬼魂附身，用哥哥的语气对家人说，我已病死在路上，正为饥寒所苦，希望家人能去安顿。接着，她（他）还交代了一些家务事，诸如那把称斤两的称并没有借出去，挂在屋后的楮树上，傅子方送的五百钱忘了带走，搁在北墙中，买李幼家牛的本券放

---

① 《吴越春秋》，第142～143页，南京：江苏古籍出版社，1986。
② 《风俗通义校注》（王利器校注），第409页，北京：中华书局，1981。

在书箱里。这些事连他老婆都不知道,妹妹刚从婆家来,更是无从知晓,待去查证,果然一如所说,那么这些话应该真的是汉直说的。这不能不使家人对汉直的死信以为真,于是举家穿着孝服赶去迎丧,没想到半路上碰到汉直与一群人一起走着,还以为见到鬼了。汉直一个大活人好好的,那么附在妹妹身上的,只能是喜搞恶作剧的物怪了。该篇后面作者称"时有汉直为狗鼠之所为",人们传闻这个物怪不是狗怪就是鼠怪。

上述这个传闻,狗怪、鼠怪在两可之间,因为它们附着在人身上比较隐蔽,而南阳来季德"停尸坐床"的怪话,狗怪最后现了形:

> 司空南阳来季德停丧在殡,忽然坐祭床上,颜色服饰,声气熟是也,孙儿妇女,以次教诫,事有条贯,鞭挞奴婢,皆得其过,饮食饱满,辞诀而去,家人大哀剥断绝,如是三四,家益厌苦。其后饮醉形坏,但得老狗,便朴杀之,推问里头沽酒家狗。①

来季德明明停尸在殡,却又动辄跑回来端坐在祭床上,教训家人,打骂奴婢,有模有样,吃饱喝足,扬长而去,一次两次可以,三次四次就让人受不了了。后来有一次季德醉倒在地,没想到这竟是一条老狗!

西平郅伯夷"夜宿亭楼"的奇遇,更是上演了一场人怪大战:

> 北部督邮西平郅伯夷……日晡时到亭,敕前导人,录事掾白:"今尚早,可至前亭。"曰:"欲作文书,便留。"吏卒惶怖,言当解去,传云:"督邮欲于楼上观望,亟扫除。"须臾便上,未冥楼镫,阶下复有火,敕:"我思道,不可见火,灭去。"吏知必有变,当用赴照,但藏置壶中耳。既冥,整服坐诵《六甲》《孝经》《易本讫》,卧有顷,更转东首,絮中结两足愤冠之,密拔剑解带,夜时,有正黑者四五尺,稍高,走至柱屋,因覆伯夷,伯夷持被掩足,跳脱几失,再三,徐以剑带系魅脚,呼下火上,照视老狸正赤,略无衣毛,持下烧杀,明旦发楼屋,得所髡人结百余,因从此绝。②

此前这亭楼必是屡屡出事,所以当郅伯夷执意要灭掉灯火上去诵经时,亭吏预感到要出事,偷偷将灯火藏在铜壶里。郅伯夷诵罢躺下,将剑带解开放在旁边。入夜,果然有个黑影扑了过来,郅伯夷忙扯被子

---

① 《风俗通义校注》(王利器校注),第416~417页,北京:中华书局,1981。
② 《风俗通义校注》(王利器校注),第427~428页,北京:中华书局,1981。

捂脚,鞋子差点就要被那怪物拽下去了。就这样挣脱再三,郅伯夷摸过剑带拴住怪物的脚,大呼点火,亭吏及时赶到,一照,原来是一条纯红的老狐狸!

《风俗通义》中也有人鬼故事,而且更加像是一篇志怪小说:

> 汝南汝阳西门亭有鬼魅,宾客宿止,有死亡,其厉厌者,皆亡发失精,寻问其故,云:"先时颇已有怪物,其后,郡侍奉掾宜禄郑奇来,去亭六七里,有一端正妇人,乞得寄载,奇初难之,然后上车,入亭,趋至楼下,吏卒檄,白:'楼不可上。'奇曰:'我不恶也。'时亦昏冥,遂上楼,与妇人栖宿,未明发去。亭卒上楼扫除,见死妇,大惊,走白亭长。亭长击鼓会诸庐吏,共集诊之,乃亭西北八里吴氏妇新亡,以夜临殡,火灭,火至失之;家即持去。奇发行数里,腹痛,到南顿利阳亭加剧,物故,楼遂无敢复上。"[1]

汝阳西门亭闹鬼闹的已经没人再敢上去,郑奇路遇妇人就是闹鬼传闻中的一段。一个端正妇人半道上拦车,希望搭载一程,郑奇不好一再拒绝,于是与她一同来到了这恐怖的西门亭,万万不该的是他又与这妇人栖宿了一个晚上。第二天大清早客人离去,亭卒上楼打扫,发现一具女尸横在那里。经查认,此乃八里之外吴家新死的媳妇,停尸在殡却没了踪影。原来与郑奇同车同行同栖同宿的只是一个鬼魂而已。可怜郑奇被女鬼吸尽了精气,刚走到下一个驿亭便没了性命。

上述先秦两汉时期的史传杂说中的这些怪话,都还属于传说性质,人们大多是当真实而奇特的事情在讲述、在记述,还不是有意进行志怪小说的创作,不过,它们的确已经有很丰富的情节,有颇为巧妙的构思和想象,从而为志怪小说的创作奠定了丰厚的基础。

第二节　《穆天子传》与仙话的关系

一、《穆天子传》的名题问题

西晋出土的战国"汲冢书"中,与小说有关的除了《汲冢琐语》,还

---

① 《风俗通义校注》(王利器校注),第 425 页,北京:中华书局,1981。

有一部《穆天子传》越来越受到研究者的关注。顾名思义,这应该是一篇穆天子的生平传记,然而,通读全文会发现该书只写巡游"不及他事",所以明代就有人对书题提出质疑:"何以'传'也?"①

其实,正如"琐语"究竟是当时名题还是整理者所题还在两可之间一样,《穆天子传》也有个名题问题,不过,它的所谓名题问题不在于书的原题是否称《穆天子传》,而是原题是否称《周王游行》,因为"《穆天子传》"已知是后人所题。唐代所撰的《晋书·束皙传》称汲冢所出书中有"《穆天子传》五篇,言周穆王游行四海,见帝台、西王母",而东晋人王隐所撰的《晋书·束皙传》称这批竹书中有"《周王游行》五卷,说周穆王游行天下之事,今谓之《穆天子传》"(孔颖达《春秋左传集解后序疏》引),再明白不过地表明了"《穆天子传》"乃后人给出的名题,当时出土时即有的或最初整理者给出的书题是《周王游行》。此外,晁公武《郡斋读书志》卷十九传记类云"《穆天子传》六卷……郭璞注本谓之《周王游行记》",也进一步说明该书出土后最初的确称《周王游行》。

比较而言,"《周王游行》"更符合《穆天子传》一书的内容和体例。两个题目都显示这部书以周王即周穆王为记事的中心人物,不过,整部书所记述的都只是周穆王游历之事,卷一开篇便是"饮天子山之上",卷五结尾一句是"天子入于南郑",其间逐季、逐月、逐日,记述了某四五年间周穆王几番出行四方的起止行程、所经之地、所遇之人、所历之事,有的巡游经春历夏,有的只有数天,都一一给以记述,而中间回到宫中的时段,其生活起居便不在记述范围之内,因此,这确是一部专题性的记游之书,而不是周穆王的生平传记。

二、《穆天子传》是不是一部先秦小说

《穆天子传》是以记述历史人物事迹的面貌出现的,且逐月逐日,似史官随身作记,正所谓"君举必书"是也。所以,自其出土被整理问世之日起,经晋入唐,直至宋元,都一直被视为历史著作。《隋书·经籍志》《旧唐书·经籍志》《新唐书·艺文志》以及宋陈振孙的《直斋书录解题》,均将其列在"史部"中的"起居注"类,《宋史·艺文志》将其列

---

① 唐琳:《穆天子传叙》,载《快阁丛书·穆天子传》卷首。

在"史部"中的"别史"类,宋晁公武《郡斋读书志》、宋王尧臣等《崇文总目》将其列在"史部"中的"传记"类,虽对其具体文体的把握有出入,但都是将其当作史书来看待的。

至清代编定《四库全书》时,则称其"夸言寡实"而退置于"小说"类,对此,《四库全书总目》还特别作了说明:"案《穆天子传》旧皆入起居注类,徒以编年纪月,叙述西游之事,体近乎起居注耳。实则恍惚无征,又非《逸周书》之比。以为古书存之可也,以为信史而录之,则史体杂,史例破矣。今退置于小说家,义求其当,无庸以变古为嫌也。"①

近现代以来,更有学者从方方面面展开具体考证,提出《穆天子传》乃战国人的伪托。如早在上世纪二三十年代卫聚贤在其《穆天子传研究》②一文中,从《穆天子传》所记与《归藏》《左传》《国语》及《竹书纪年》等书所记穆王西征事不符、用夏正记日、称穆王之谥、以洛阳为周都的观念、文法较繁、介词用"于"字、数目中无"又"字、行佛教礼、金属器物等十个方面进行综合论证,得出《穆天子传》绝非西周穆王时实录的结论。同时,又将该书与《史记》《列子》的有关内容相比较,并从《穆天子传》用字非秦汉字的角度进一步得出《穆天子传》成书于战国的认识。20世纪90年代有学者又从西周甲骨文中无穆王西征的材料,西周青铜铭文无穆王西征的记载,《诗经》、《尚书》和《易经》中均无穆王西征的记载,《左传·昭公十二年》、《国语·周语》、《逸周书·祭公解》对穆王西征的记载均为晚出等方面对《穆天子传》西周说予以质疑,并提出了《穆天子传》晚出的几则补充证据:其一,西周青铜铭文没有以孟、仲、季配月令者。其二,以宗周称洛邑为周室东迁以后事。其三,《穆天子传》中"犬戎"为晚出之称谓。其四,《穆天子传》所载西王母形象较《山海经》为晚出。其五,《穆天子传》中的周穆王与文献记载中的周穆王互相矛盾。其六,《穆天子传》中一些量词及计数方法不见于西周青铜铭文及早期文献。其七,《穆天子传》中穆王与西王母唱和诗的文体辞语,显系模仿《诗经》而作。③ 21世纪又有学者一连列举十

---

① 《四库全书总目》,第1205页,北京:中华书局,1965。
② 初载于《中山大学语言历史研究所周刊百期纪念号》1923年,9卷100期,后收入《古史研究》第二集,上海:商务印书馆,1934。
③ 李崇新:《〈穆天子传〉成书时代考》,载《西北史地》1994年第4期。

八证,论证《穆天子传》晚出,乃战国方士所造书,其中值得注意的有"觥"常为罚酒之器,春秋时尚不用于两君相见之礼,何况西周?战国以前臣拜君必稽首,《穆天子传》臣拜君稽首、顿首、空首混同无别;周代行礼迎送宾客乐有"九夏"之名,《穆天子传》天子凡八奏"广乐","广乐"乃《庄子》《山海经》中提到的都广、少广之乐,西周时的穆王何以舍华夏之正声而奏起神仙之乐?周人衣服有二带:大带、革带,未见贝带,赵武灵王胡服骑射才有贝带之制,周穆王何来贝带赏赐?《穆天子传》称"天子大服冕祎"以祭河,而在周代祎(一作翚)衣是王后之服;《穆天子传》提到"天子与井(邢)公博",而春秋以前载在礼典的游戏是投壶,《左传》全书即无一言及博弈;《穆天子传》提到"至于群玉之山,容成氏之所守",容成氏之名初见于《庄子·胠箧》,西周穆王何以走入寓言里的国度?①

当然,也有学者力证《穆天子传》为西周穆王时期史官的实录。如20世纪30年代顾实在其《读穆传十论》中列举"八不类",论该书非战国人所能为。② 日本学者小林涿治也曾著有《穆天子传考》一文,称"此书未被秦汉以后儒家之润色,尚能保存其真面目于今日,比《尚书》、《春秋》根本史料之价值为尤高"。又考定西王母之邦在天山之东端巴里坤,即今镇西府附近。中国学者刘厚滋抽取其中地理考证部分的内容,译成中文,以《〈穆天子传〉地名考》为题予以刊发。③ 近些年更有学者结合考古成果进行论证,如针对有人认为西周时中西交通未开,因此该书所反映的只能是战国情况的论点,举出妇好墓中大量软玉应是从新疆昆仑山采集运输过来,由此可证当时已经有"玉石之路";针对有人认为《穆天子传》描写西周与周边关系过于美好的情况,指出考之于昭、穆时铜器铭文及其它文献,东征南伐的记录屡见不鲜,而西北却少有战事;针对有人指出穆王之穆是死谥,举《长由盉》不仅生称穆王三,且无重文号,不会是"穆穆"形容词,由此可知穆王确为生时之称而非死后之谥;针对有人提出当时是否称"天子"的质疑,指出就铜器铭文看,成王、武王时未见有"天子",康、昭时器偶有出现,穆王时期开始

① 常金仓:《〈穆天子传〉的时代和文献性质》,载《社会科学战线》2006年第6期。
② 《穆天子传西征讲疏》,上海:商务印书馆.1934年。
③ 《禹贡》半月刊.第7卷第6,7期合刊,1937年。

普遍使用,诸如《刺鼎》"天子万年"、《长甶盉》"敢对扬天子不杯休"、《静簋》"对扬天子不显休"、《小臣静簋》"扬天子休"、《彖伯成簋》"对扬天子不显休"、《卫簋》"敢对扬天子不显休"等等,因此,《穆天子传》通篇行文称"天子",与《逸周书·祭公解》中祭公言必称"天子"一样,实属一时风气。① 应该说,无论结论如何,其中所提到的一些材料对于澄清历史事实还是很有价值的。尽管如此,要想完全否定质疑者提出的种种证据恐怕是很困难的。

综上,笔者认为《穆天子传》一书的写作不太可能完成于西周,但像有学者所称穆王西征之事完全是后人所造,恐也未必。毕竟《左传·昭公十二年》《国语·周语》《逸周书·祭公解》《竹书纪年》都提及穆王西征。如果认为这些著作均为晚出,乃传闻所生,那么《楚辞·天问》同样也提到此事,所谓"穆王巧梅,夫何为周流? 环理天下,夫何索求",就应该值得考量了。并不如有学者所说屈原是受了北方影响而作《天问》,恰恰相反,《天问》中有大量北方著作所没有提及的远古和夏商周史事传说信息,所问穆王周流之事也不必是读了《穆天子传》才会提及的。这样看来,最大的可能是《穆天子传》的作者在有关传闻和记述的基础上假托、模拟、演绎出一篇史官记事体的穆王游记。

战国时的作者却做出一篇西周中期穆王出游的记录,那么它就不属于实录、不属于历史记述而属于一种创作了,于是它的史料价值受到质疑,却得到了越来越多的文学史家的青睐,更有学者将其视为中国古代小说的开山之作。如马振方即以"大气磅礴开山祖"为题,撰文论述《穆天子传》的小说品格及小说史地位。文章不同意有些学者将其定位为神话或传说,因为该书通篇都是"拟实性文字",无神怪色彩;"若长的记叙文字,却没有什么故事性,只以起居注的形式按日记述穆王所到之地及大同小异的献赐活动,笔墨粗简,而于时日干支、行经地域及部族、献赐物品及数目记述甚详,六千余字中仅干支纪日就多达一百四十个。这样的内容根本无法以口相传"。文章指出,"《穆传》的基础素材主要是穆王西巡的民间传说,也保存了驾八骏之乘、以造父为御、会见西王母、高奔戎搏虎等传说内容,但篇幅很少。作者在对这

① 刘蓉:《论〈穆天子传〉的史料价值》,载《文史哲》2003 年第 5 期。

个传说的再创造中,以大量穆王巡行的日常活动稀释并溶解了传说的故事性,使作品成了穆王西征的'一部排日的游记'(顾颉刚语),从根本上改变了素材原生态的传说性质,从而获得书面叙事文学的小说品格"。也就是说,该书不适合口传,却是一部地道的书面小说。文章十分肯定地认为,"《穆传》不仅合于包罗广杂的古小说观念,也属近世文体学的小说范畴。试想,一位战国时期的作者,用其拥有的历史的、地理的、自然与社会的知识、经验,将有关数百年前穆王巡游的本事传说改造成为貌似后世帝王起居注的"排日的游记"——只能阅读不能口传的虚构性的书面叙事文学,这是多么巨大、新奇的造作! 作者模仿当时'君举必书'的史官之笔杜撰出穆王数年巡游中百数十日的行程、地望、境况、作为,构成一部似真非真、以假乱真的穆王春秋——编年史体(实际就是以第三人称作叙述的日记体)作品,这又是何等大胆、自觉的创作意识! 这种既非神话也非传说的虚构性拟实的叙事散文,即使出现在今世文坛,也只能认它为小说,而且还属于那种易得评家青睐的体式别致、不编故事、写出了现实自然状态的散文化小说。惜其出世太早,在被史学界错爱十数世纪之后一旦抛撇,文学界看它反觉眼生,不敢冒认作小说之祖。但这只是暂时现象,其确凿的小说品格终将使它归于祖位"①。

《穆天子传》不属于说体,并非对民间传说的记述和模仿,而是书面散文作品,这一点可以肯定;该书如果确如学者们所考定,是战国时人所作,却又是一篇以假乱真的起居注式的穆王游行记录,其虚拟创作的迹象也是显然的;就《庄子》《战国策》来看,战国中后期假托之风渐起,虚构并不鲜见,《穆天子传》也采用此法,并不是不可能的;正因为是虚构,又是书面作品,该书与小说创作、特别是历史小说创作,在根本上有相通之处,因此而被称为小说,也不是不可以的。

不过,正如《庄子》中的"托言型寓言"、《战国策》中的拟托文,比《穆天子传》更能虚拟情境,造托问答,但却不好直接将它们定为小说,因为前者造为寓言的用意在于说理,后者拟托创作的动机在于演练舌技,都不在供人欣赏;《穆天子传》通过虚构为人们呈现出天子出游、与

---

① 马振方:《大气磅礴开山祖:〈穆天子传〉的小说品格及小说史地位》,载《北京大学学报》2003 年第 1 期。

周边各邦族交往的生活场面,有供人观赏的功能,但造出这么一篇简古、枯燥、流水账式的文字,无论如何也不像是有吸引人们审美阅读的用意。关于该书创作的动机,顾颉刚认为,这是赵人把武灵王胡服骑射、开拓西北的事业和理想,托之于穆王①;常金仓认为,这是战国方士们为了坚定人们求仙长寿的信念编造出的接遇仙人终致长寿的故事②。说法不一,尚难定夺,但可以肯定的一点是,此时恐还不会有意为小说。

三、《穆天子传》与"神话""仙话"的关系

就外在形式和述写而言,《穆天子传》是纪实性的,也是现实性的,但它既无多少人物对话,也没有什么曲折有致的情节故事,读来实在不像是一篇史传文学,更不像是历史小说。近现代以来,文学史家大多将其视为神话传说。鲁迅《中国小说史略》是在"神话与传说"部分提到它的,有的小说史论著也称《穆传》与《山海经》是"两部汉以前的以神话为内容的书"③,还有的说《穆天子传》"属于搜奇志怪的系统"④,"是最完整的一部古代神话传说"⑤。

其实,《穆天子传》中完全没有神话中那般神力奇谲、呼风唤雨的描写,却极像是一篇十分平实的人事记录,最多不过有"驰驱千里"之类略为夸张一些的表述。而人们之所以会将该书与神话传说、搜奇志怪联系起来,乃是因为其所取材的有些部分来自神话传说中的人名、物名和地名。

其中最值得一提的是该书的中心情节穆王见西王母⑥:

> 吉日甲子,天子宾于西王母。乃执白圭玄璧以见西王母,好献锦组百纯,□组三百纯,西王母再拜受之□。乙丑,天子觞西王母于瑶池之上,西王母为天子谣曰:"白云在天,山陵(陵)自出。

---

① 顾颉刚:《穆天子传及其著作时代》,载《文史哲》1951 年第 2 期。

② 常金仓:《〈穆天子传〉的时代和文献性质》,载《社会科学战线》2006 年第 6 期。

③ 石昌渝:《中国小说源流论》,北京:生活·读书·新知三联书店,1994。

④ 孟瑶:《中国小说史》,台北:传记文学出版社,1980。

⑤ 吴志达:《中国文言小说史》,济南:齐鲁书社,1994。

⑥ 本节所引《穆天子传》,均见《穆天子传》(郭璞注),中华书局 1985 年版,本节下引《穆天子传》文字不再出注。

道里悠远,山川间之。将子无死,尚能复来。"天子答之曰:"予归东土,和治诸夏。万民平均,吾顾见汝。比及三年,将复而野。"西王母又为天子吟曰:"徂彼西土,爰居其野。虎豹为群,于鹊与处。嘉命不迁,我惟帝女。彼何世民,又将去子。吹笙鼓簧,中心翔翔。世民之子,唯天之望。"(卷三)

西王母是《山海经》中的大神,奇形怪状,管鬼管物,所谓"其状如人,豹尾虎齿而善啸,蓬发戴胜,是司天之厉及五残"(《西山经》),"西海之南,流沙之滨,赤水之后,黑水之前,有大山,名曰昆仑之丘。……其外有炎火之山,投物辄然。有人戴胜,虎齿,有豹尾,穴处,名曰西王母"(《大荒西经》)。周穆王居然与这样一位大神对饮唱和,这段情节自然也就染上了神话色彩。其实,就《穆天子传》中对这一事件的描写来看,除了西王母歌谣中有"我惟帝女"一句显示出西王母不一般的身份之外,整个过程和场面都十分人间化,这里神话已被历史化了。

此外,《穆天子传》卷二还记述了穆王"升于昆仑之丘""铭迹于县圃之上"的经历:

戊午,□之人居虑献酒百□于天子。天子巳饮而行,遂宿于昆仑之阿、赤水之阳。爰有鹯鸟之山,天子三日舍于鹯鸟之山□。吉日辛酉,天子升于昆仑之丘,以观黄帝之宫而封□隆之葬,以诏后世。……

季夏丁卯,天子北升于舂山之上,以望四野。曰:"舂山是唯天下之高山也。"孳木华不畏雪,天子于是取孳木华之实,持归种之。曰:"舂山之泽,清水出泉,温和无风,飞鸟百兽之所饮食,先王所谓县圃。"……乃为铭迹于县圃之上,以诏后世。

"昆仑之丘"、"县圃"都是神话传说中的丘名、山名。关于"昆仑之丘"或"昆仑之虚",《山海经·西山经》称"是实惟帝之下都,神陆吾司之。其神状虎身而九尾,人面而虎爪;是神也,司天之九部及帝之囿时",《海内经》称"方八百里,高万仞。上有木禾,长五寻,大五围。而有九井,以玉为槛。面有九门,门有开明兽守之,百神之所在。在八隅之岩,赤水之际,非仁羿莫能上冈之岩",是个百神所在、一般人上不去的去处;"县圃",屈原《离骚》中抒情主人公乘龙御凤登天时到过此地,所谓"朝发轫於苍梧兮,夕余至乎县圃。欲少留此灵琐兮,日忽忽其将暮"，王逸注："县圃，神山，在昆仑之上。《淮南子》曰：昆仑县圃，维绝，乃通天。"今本《淮南子》无此几句，却有更详尽的描述："昆仑之丘，或上倍之，是谓凉风之山，登之而不死。或上倍之，是谓悬圃，登之乃灵，能使风雨。或上倍之，乃维上天，登之乃神。"①原来更在昆仑之上，登之乃灵。穆王居然游走在这方神土，无疑也沾上了灵气和神气。不过，《穆传》是将这些山陵丘地当作实有之地予以记述的，刻句"到此一游"，"以诏后世"，也绝不是神灵之所为。

总之，《穆天子传》与神话的关系，只在于它用到神话中的一些人名和地名，除此之外再不相干，本身的记述是完全拟实性的，确无神怪色彩可言。

比较而言，《穆天子传》与仙话似乎更有些牵扯和瓜葛。这里并不是说它本身已经是仙话，而是说其中穆王见西王母的情节在后来的仙话中被反复移植，复制，以至于西王母在仙话范畴中成为不可或缺的中心人物。

若依常金仓的说法，《穆天子传》就是神仙方士们造出来的穆天子"接遇仙人终至长寿"的故事，那么它无疑就具有了仙话的内核，然而，就作品的描写来看，这种征象并不明显。西王母歌词中提到"将子无死，尚能复来"，说的是希望你能多活几年，今后还能再见到你，并没有明确点出西王母为穆王施法让他长命百岁；穆王是不是延年，有没有益寿，篇中也只字未提，更无渲染。

不过，《穆天子传》的确具备了从神话向仙话转移的因素。仙话与神话、怪话区别的关键就在于人与神的交往、接遇与转化。所谓仙话，既非自然的故事（神话），也非动物的故事（怪话），而是人的神化（成仙）的故事。表现为人与神的关系。其基本情节不外乎神化身为人（仙）以与凡人交往、凡人与化身为人的神（仙）交往、凡人通过修炼或与神接遇从而变身为神（仙）。《穆天子传》中穆王与西王母的交往，就具备了凡人与化身为人身的神人交往的关系结构。穆王始终不具有神性，是个凡间君王，西王母原本具有神性，自称"我惟帝女"，当下又是以凡人的模样出现的，不但与穆王饮酒唱和，还表现出女性特有的

―――――――――

① 《淮南子》，《诸子集成》本，第 57 页，上海书店出版社，1986。

情意绵绵,这种人、神或神、人的变幻,已经具有了仙人的品格。

汉代以后的仙话中,人间君王或帝王与西王母的交往遂成为模式之一。

如《仙传拾遗》中有一篇,直接采纳《穆天子传》中穆王见西王母一段,将其变成了仙话故事:

> ……昭王南巡不还,穆王乃立,时年五十矣。立五十四年,一百四岁。王少好神仙之道,常欲使车辙马迹,遍于天下,以仿黄帝焉。乃乘八骏之马,奔戎,使造父为御,得白狐玄貉,以祭于河宗。导车涉弱水,鱼鳖鼋鼍以为梁。逐登于舂山,又觞西王母于瑶池之上。王母谣曰:"白云在天,道里悠远。山川间之,将子无死,尚能复来。"王答曰:"余归东土,和洽诸夏,万民平均,吾顾见汝。"……又云,西王母降穆王之宫,相与升云而去。①

这篇仙话前面的部分不过是将《穆天子传》祭河伯、见西王母的部分缩写,只不过加上了一句"王少好神仙之道",使整个游历变成了"以仿黄帝焉"。而最后一句"又云"值得注意,在仙话传闻系统中,西王母被传亲临穆王之宫,并与穆王一起升云而去,周穆王传说的仙化终于完成。

《仙传拾遗》中另有一篇关于燕昭王与西王母交往的仙话传闻,西王母就是亲临燕宫的:

> 燕昭王者,哙王之子也。及即位,好神仙之道。……谷将子乘虚而集,告于王曰:"西王母将降,观尔之所修,示尔以灵玄之要。"后一年,王母果至。与王游燧林之下,说炎黄钻火之术。……自是王母三降于燕宫,而昭王徇于攻取,不能遵甘需澄静之旨,王母亦不复至。……②

仙话中西王母与帝王交往被传的最盛、被演绎最多的是西王母降临汉武帝之宫,《汉武故事》中就有生动的描写(详后),西王母由此更加奠定了在仙话系统中的崇高地位。

可见,《穆天子传》虽然本身并不是仙话,但与仙话有着直接的联系。

---

① 《太平广记》卷二引,见《太平广记》第一册,第14～15页,天津古籍出版社,1994。
② 《太平广记》卷二引,见《太平广记》第一册,第16页,天津古籍出版社,1994。

第三节 《史记·封禅书》《列仙传》《汉武故事》
中的仙话故事

仙话,乃是神仙观念产生后,受上古神话传说、先秦记述散文、说体故事等文体影响而形成的以宣扬神仙存在为旨归的文学表达形式。仙话本身还不是小说,但有些仙话已经是在用小说笔法展开叙事,而其必然所具有的虚幻故事与小说虚构有相通之处。

一、《史记·封禅书》

《史记·封禅书》集中记述历代宗教祭祀、鬼神灾祥之事,并不专记仙话,其中有些记述涉及时人关于求仙之事的传闻,王侯显贵对于升仙不死的渴望,神仙方士造神弄仙的骗局,以及其间人们转述的仙话故事,由此可以感受到仙话产生的文化氛围,也可见仙话造说的基本思路。

《封禅书》中关于神仙方士活动的记述始于战国后期齐威、燕昭使人入海求三神山之事①:

> 自威、宣、燕昭使人入海求蓬莱、方丈、瀛洲。此三神山者,其傅(传)在勃海中,去人不远;患且至,则船风引而去。盖尝有至者,诸僊人及不死之药皆在焉。其物禽兽尽白,而黄金银为宫阙。未至,望之如云;及到,三神山反居水下。临之,风辄引去,终莫能至云。世主莫不甘心焉。

据此可知,当时人们盛传海上有蓬莱、方丈、瀛洲三座神山,山上禽兽尽白,金银为阙,宫殿里住着长生不死的神仙之人,仙人手中有不死之药,如果得遇仙人,讨得不死之药,当然也就成仙不死了。此话被传得有鼻子有眼,据说的确有人上去过,而且真真切切遇到过仙人,那上面的情景就是此人描述的。然而,真到派人去寻找,却发现这三座山似

有似无,远远看着云蒸雾罩,到了跟前却又沉入海水之下,贴近时,三山又像是被风牵跑了,总也抵达不了,徒让君主们称羡不已。今天的人们不难发现,这所谓三神山,不过是大自然呈现给人们的海市蜃楼景观,时人却赋予了如此神秘的仙人故事。

到了秦始皇时,更是大规模发动了海上寻仙举动,且身体力行,多次亲临海上以求遇仙:

> 及至秦始皇并天下,至海上,则方士言之不可胜数。始皇自以为至海上而恐不及矣,使人乃赍童男女入海求之。船交海中,皆以风为解,曰未能至,望见之焉。其明年,始皇复游海上,至琅邪,过恒山,从上党归。后三年,游碣石,考入海方士,从上郡归。后五年,始皇南至湘山,遂登会稽,并海上,冀遇海中三神山之奇药。

秦始皇之外,《封禅书》中涉及的神仙方术之事记述最多的还有汉武帝之时。其中李少君蒙骗武帝玩的把戏已经显露出神仙凡俗化的征象:

> 是时李少君亦以祠灶、谷道、却老方见上,上尊之。少君者,故深泽侯舍人,主方。匿其年及其生长,常自谓七十,能使物,却老。其游以方遍诸侯。无妻子。人闻其能使物及不死,更馈遗之,常余金钱衣食。人皆以为不治生业而饶给,又不知其何所人,愈信,争事之。少君资好方,善为巧发奇中。尝从武安侯饮,坐中有九十余老人,少君乃言与其大父游射处,老人为儿时从其大父,识其处,一坐尽惊。少君见上,上有故铜器,问少君。少君曰:"此器齐桓公十年陈于柏寝。"已而案其刻,果齐桓公器。一宫尽骇,以为少君神,数百岁人也。

李少君看上去不过一凡夫俗子,与平常人了无区别,但他故弄玄虚,让人猜不透他是何方人士及其实际年龄,又有所谓"却老"的方子,这已经给人以莫名的神秘感,尤其是面对一位九十有余的老人,他能说出当年与其祖父游射的去处,武帝有一铜器,他知道这是当年齐桓公放在柏寝中器皿,更是让人不知道他究竟活了几百年。神仙方术的特征在这里表现得至为明显,他们并没有三头六臂,就是一个凡人身,却能延年益寿,甚至成仙不死。

从李少君口中，果然生出耸人听闻的仙方和他本人的海上奇遇：

> 少君言上曰："祠灶则致物，致物而丹沙可化为黄金，黄金成以为饮食器则益寿，益寿而海中蓬莱仙者乃可见，见之以封禅则不死，黄帝是也。臣尝游海上，见安期生，安期生食巨枣，大如瓜。安期生仙者，通蓬莱中，合则见人，不合则隐。"

齐威燕昭时只传有人见过住在三神山上的仙人，谁见过，见到的仙人姓甚名谁，什么情况，都还没有落实，这里李少君干脆自称海上遇到仙人安期生，还说这仙人到底不一般，吃的枣像瓜一样大。当然，他没有忘记缀上一句"合则见人，不合则隐"，你们见不到，那是因为你修炼还不到家，不关我事！

不过，"居久之，李少君病死。天子以为化去不死，而使黄锤史宽舒受其方"。不死的神话终究只是造出的仙话，是人就都固有一死，李少君也免不了终老病死的结局。可是神仙方士的鼓噪已经深入人心，武帝相信他已经仙化而去了。

后来，又有一位齐人公孙卿，拿着一札写有黄帝得宝鼎成仙之事的书策求见武帝，称书策得之申公，并转述了申公所讲的黄帝升仙故事：

> 卿因嬖人奏之。上大说，乃召问卿。对曰："受此书申公，申公已死。"上曰："申公何人也？"卿曰："申公，齐人。与安期生通，受黄帝言，无书，独有此鼎书。曰'汉兴复当黄帝之时'。曰'汉之圣者在高祖之孙且曾孙也。宝鼎出而与神通，封禅。封禅七十二王，唯黄帝得上泰山封'。申公曰：'汉主亦当上封，上封能仙登天矣。黄帝时万诸侯，而神灵之封居七千。天下名山八，而三在蛮夷，五在中国。中国华山、首山、太室、泰山、东莱，此五山黄帝之所常游，与神会。黄帝且战且学仙。患百姓非其道者，乃断斩非鬼神者。百余岁然后得与神通。黄帝郊雍上帝，宿三月。鬼臾区号大鸿，死葬雍，故鸿冢是也。其后黄帝接万灵明廷。明廷者，甘泉也。所谓寒门者，谷口也。黄帝采首山铜，铸鼎于荆山下。鼎既成，有龙垂胡髯下迎黄帝。黄帝上骑，群臣后宫从上者七十余人，龙乃上去。余小臣不得上，乃悉持龙髯，龙髯拔，堕，堕黄帝之弓。百姓仰望黄帝既上天，乃抱其弓与胡髯号，故后世因名其处

曰鼎湖,其弓曰乌号。'"

这里所讲的仙话较前已经更加富于情节性,且呈现出神话与仙话贯通的迹象。黄帝原本在神话系统中已然是天神,而这里将黄帝还原为人间帝王,经过游名山,与神会,铸宝鼎,终于求仙成功,骑着前来迎接他的天龙仙化而去,登上了天庭。这番说辞绘声绘色,让武帝垂涎三尺,不禁长叹曰:"嗟乎! 吾诚得如黄帝,吾视去妻子如脱屣耳。"有意思的是来年祭祀黄帝冢,武帝想起了那让他好生羡慕的升仙故事,奇怪地问:"吾闻黄帝不死,今有冢,何也?"不过他身边还真有聪明人,巧对曰:"黄帝已仙上天,群臣葬其衣冠。"

从《封禅书》的记述可以看出,战国秦汉以降,随着神仙方术之说的兴起和发展,特别是人君、帝王的热衷以及由此引来的方士们的鼓噪,各种仙话应运而生,越传越奇,这种文化刺激了人们的想象力和编造故事的能力,其中有些颇富于情节的仙话和传说,几乎已经可以与志怪传奇小说媲美了。

二、《列仙传》

较之《史记·封禅书》只是涉及到有关神仙方术的传闻,《列仙传》则属于专门、集中记载仙话的著作,上自神农时雨师赤松子,下至汉成帝时的仙人玄俗,一连记述了七十一位仙人的奇闻,体例近于《列女传》,以极短的篇幅记述诸位仙人的主要事迹,文后缀以四言赞语。该书旧题刘向撰,但《汉书·艺文志》只著录刘向《说苑》《新序》《列女传》等,却未见《列仙传》。晋葛洪《神仙传序》始称该书为刘向所作,《隋书·经籍志》最早著录此书,题刘向撰,并称"刘向典校经籍,始作《列仙》《列士》《列女》之传,皆因其志尚,率尔而作,不在正史"。宋陈振孙《直斋书录解题》认为此书不类汉代文字,必非刘向所作,颇得今人认同,且有将该书断为魏晋方士所作而托名刘向者①。其实,较之后来的《神仙传》,《列仙传》的文字要简朴得多,说它不类汉代没有根据;就像说它是刘向作不知何据,断它为魏晋方士所作也只是臆断之词。就其所记人物截至西汉成帝来看,刘向作不是不可能,即便不是刘向作,也

---

① 《汉魏六朝小说选》,郑州:中州书画社,1982。

应该是汉魏间所作,起码其中的仙话都应是汉代所传。

《列仙传》中有些篇目显示了固有历史人物或传说人物被仙化的情况,从中可见其造仙的构思痕迹。

老子、关尹交往的事迹始见于《史记·老子韩非列传》,老子出关时,关尹喜让老子留下了《道德经》上下篇,仅此而已。只不过关于老子究竟是春秋末年的老聃、老莱子还是战国中期的周太史儋,人们已经说不清楚,这便为造仙者留下了缺口。于是,《列仙传》中,老子"好养精气","二百余年时称为隐君子";关尹喜当"老子西游"之时,"先见其气,知有真人当过,物色而遮之,果得老子","后与老子俱游流沙,化胡,服苣胜实,莫知其所终":两个人都变成了仙人真人。

务光的事迹见于《庄子·让王》,是传说中商汤时宁死也不欲得天下的隐士、高士,最终负石自沉而死。《列仙传》提到了他"负石自沉于蓼水",但接着又说他"已而自匿。后四百余岁,至武丁时,复见。武丁欲以为相,不从。逼不以礼,遂投浮梁山,后游尚父山"。能活四五百年还不止,不是仙人又是什么?

介子推的事迹见于《左传》《史记》,随晋公子重耳流亡,返国后不求赏赐,与母偕隐,或称逃至山上,晋文公烧山也未被逼出。到了《列仙传》这里,介子推被说成是被仙人唤去,三十年后还有人在东海边见他在卖扇子。

东方朔的事迹首见于《史记》,《汉书》中有更为详尽的专门的传记,在已佚的《东方朔传》中,其形象已经被神秘化,比较而言,《列仙传》关于东方朔的记述过于简单。不过,说到东方朔之死,该传称"风飘之而去",特别是又缀上一句"后见于会稽,卖药五湖",他又以凡人身出现了,于是,东方朔身上被吹入更多的仙气,成了仙话故事中重要的角色。

固有人物的仙化容易产生名人效应,但毕竟受到较大的局限,于是在《列仙传》中,我们看到了更多名不见经传的人物粉墨登场,其仙游故事更加丰富多彩,有些略有情节的传记已经具有一定的故事性、戏剧性,有些构思颇为奇巧,从中约略可见志怪小说的味道。

《谷春》一篇将神仙方术所谓死后化去、长命不衰的仙化观念演绎

得十分具体、形象,富于情节①:

> 谷春者,栎阳人也,成帝时为郎。病死,而尸不冷。家发丧行
> 服,犹不敢下钉。三年,更着冠帻,坐县门上,邑中人大惊。家人
> 迎之,不肯随归。发棺有衣无尸。留门上三宿,去之长安,止横门
> 上。人知追迎之,复去之太白山。立祠于山上,时来,至其祠中止
> 宿焉。

"发棺有衣无尸",这是仙话十分惯用的说法,这一篇的具体化表现为
开始便强调因其尸不冷,家人不敢下钉,这就为尸身的仙化离去留下
了缺口。而且,三年后有人看到谷春坐在县门上,但不肯回家,这才让
家人想到去发棺。

《瑕丘仲》一篇仙人更是混迹于民间,还不愿意被人识破:

> 瑕丘仲者,宁人也。卖药于宁百余年,人以为寿矣。地动舍
> 坏,仲及里中数十家屋临水,皆败。仲死,民人取仲尸,弃水中,收
> 其药卖之。仲披裘而从,诣之取药。弃仲者惧,叩头求哀,仲曰:
> "恨汝使人知我耳,吾去矣。"后为夫余胡王驿使,复来至宁。北方
> 人谓之谪仙人焉。

以卖药身份混迹于凡间并不稀奇,此乃仙人最常见的模式,这里出戏
的是因为地震,临水的数十家房屋垮塌,瑕丘仲未免于难,而当有人把
他的尸体丢到水里后拿他的药去卖时,他又追着跑来要取他的药。这
下吓坏了丢他的人,他却说可恨的是你让我不得不暴露了身份! 而这
个仙人还有一个响亮的别号:"谪仙人"。

《犊子》一篇仙人不但谈起了恋爱,还被偷窥到牵牛耳飞跑的一
幕:

> 犊子者,邺人也。少在黑山,采松子、茯苓,饵而服之,且数百
> 年。时壮时老,时好时丑,时人乃知其仙人也。常过酤酒阳都家。
> 阳都女者,市中酤酒家女,眉生而连,耳细而长,众以为异,皆言此
> 天人也。会犊子牵一黄犊来过,都女悦之,遂留相奉侍。都女随
> 犊子出,取桃李,一宿而返,皆连兜甘美。邑中随伺,逐之出门,共
> 牵犊耳而走,人不能追也。且还复在市中数十年,乃去见潘山下,

---

① 本节所引《列仙传》,均见《列仙传神仙传注译》,天津:百花文艺出版社 1996 年版,本节下
引《列仙传》文字不再出注。

冬卖桃李云。

所谓"犊子"，恐怕就是牛郎的意思，此人连个名姓都未留；但传记一开始就交代他已经活了数百年，时而年老时而年轻，时而丑陋时而英俊，这是个仙人很容易辨识。颇存悬念的是酤酒家女，生有异相，偏偏看中牵牛郎，随犊子到远山中去取桃李，一宿即能跑个来回，让人颇生好奇。于是有人偷偷相跟，想不到他俩竟一边牵着牛的一只耳朵飞将而去，根本追不上。那么这酒家女，尤其是这牛犊，应该也都是仙人无疑了。

《服闾》一篇更有意思，帮着仙人担瓜的服闾也沾了仙气，不过中间因品行不端受到过仙人的处罚：

> 服闾者，不知何所人也，常止莒，往来海边诸祠中。有三仙人于祠中博赌瓜，雇闾，令担黄白瓜数十头，教令瞑目。及觉，乃在方丈山，在蓬莱山南，后往来莒，取方丈山上珍宝珠玉卖之久矣。一旦，髡头着赭衣，貌更老，人问之，言坐取庙中物云。后数年，貌更壮好，鬓发如往日时矣。

三位仙人赌博，以瓜下赌注，这可不是个小数目，便雇了服闾帮忙到方丈山上去担瓜。原本是叫他闭着眼睛进山的，估计是他并没有照着做，这才会有后来屡屡偷跑到那座仙山上去取珍宝珠玉拿来卖。于是有一天，他突然变得苍老无比，还被剃了头，穿了赭衣，说是偷了庙中物，应该是托辞。当然，他毕竟已经得仙，数年后改好了就又恢复了往日的容颜。

《列仙传》中的仙人传记中，还有的事迹与神话、怪话交错，有着相互影响、渗透和融合的迹象。

《木羽》一篇中木羽成仙与其母助产接生的一个小儿有关，这小儿就很难说是神灵还是仙人：

> 木羽者，巨鹿南和平乡人也。母贫贱，主助产。尝探产妇，儿生便开目，视母大笑，其母大怖。夜梦见大冠赤帻者守儿，言"此司命君也。当报汝恩，使汝子木羽得仙。"母阴信识之。母后生儿，字之为木羽。所探儿生年十五，夜有车马来迎去。遂过母家，呼"木羽木羽，为御来"！遂俱去。后二十余年，鹳雀旦衔二尺鱼，著母户上。母匿不道，而卖其鱼。三十年乃没去。母至百年乃

终。

小婴儿刚出生就张开眼睛冲着母大笑,这情景真够让人"大怖"的,不过夜梦有人说这小儿是司命君,到时会让你儿得仙,这倒也不错。司命是神话中的角色,这里托生为一个小儿,长到十五岁时"夜有车马来迎去",已经是颇有仙人味道,又能使人得仙,神与仙的确已经难舍难分。

《修羊公》一篇则是仙怪混合:

> 修羊公者,魏人也。在华阴山上石室中,有悬石榻,卧其上,石尽穿陷。略不食,时取黄精食之。后以道干景帝,帝礼之,使止王邸中。数岁道不可得。有诏问:"修羊公能何日发?"语未讫,床上化为白羊,题其胁曰:"修羊公谢天子。"后置石羊于灵台上。羊后复去,不知所在。

躺在石凳上能让石头穿陷,修羊公自非等闲之辈。而当景帝多年都没从他那儿得道而不耐烦地赶他走时,话音未落,修羊公已经"化为白羊",还在身上题了几个字:"修羊公谢天子。"较之人去无踪,较之"有衣无尸",修羊公这里留了一个石羊做替身,不能不说有怪话的色彩。

还有一篇《陶安公》,其情节与《史记·封禅书》中传说的龙垂须下迎黄帝的故事十分雷同,只不过先来报信的朱雀居然开口说了话,于是颇有了怪话色彩:

> 陶安公者,六安铸冶师也,数行火。火一旦散,上行,紫色冲天。安公伏冶下求哀。须史,朱雀止冶上曰:"安公安公,治与天通。七月七日,迎汝以赤龙。"至期,赤龙到。大雨,而安公骑之东南,上一城邑,数万人众共送视之,皆与辞决云。

《子英》一篇又是长了翅膀的鲤鱼前来迎接,并能开口说话:

> 子英者,舒乡人也,善入水捕鱼。得赤鲤,爱其色好,持归著池中,数以米谷食之。一年长丈余,遂生角,有翅翼。子英怪异,拜谢之。鱼言:"我来迎汝。汝上背,与汝俱升天。"即大雨。子英上其鱼背,腾升而去。岁岁来归故舍,食饮,见妻子,鱼复来迎之。如此七十年。故吴中门户皆作神鱼,遂立子英祠。

此外,《列仙传》中还有《王子乔》《箫史》两篇,可谓仙话中的名篇,其中的人物和情节已经成为后代歌诗词曲常用的典故:

　　王子乔者，周灵王太子晋也。好吹笙，作凤凰鸣。游伊洛之间，道士浮丘公接以上嵩高山三十余年。后求之于山上，见桓良曰："告我家，七月七日待我于缑氏山巅。"至时，果乘白鹤驻山头，望之不得到。举手谢时人，数日而去。亦立祠于缑氏山下，及嵩高首焉。

　　箫史者，秦穆公时人也。善吹箫，能致孔雀白鹤于庭。穆公有女，字弄玉，好之，公遂以女妻焉。日教弄玉作凤鸣，居数年，吹似凤声，凤凰来止其屋。公为作凤台，夫妇止其上，不下数年。一旦，皆随凤凰飞去。故秦人为作凤女祠于雍宫中，时有箫声而已。

这两则仙话有很多相似之处。其一，主人公都是先秦时有身份的人物，一为周灵王太子，一为秦穆公女婿；其二，都善作凤凰鸣，只不过一吹笙，一吹箫；其三，最终都驾乘大鸟飞去，一为"乘白鹤"，一为"随凤凰"；其四，都涉及到亲情关系，只不过前者是伫立山头与家人作别的场景，后者则是与妻子携手飞去的画面。这两篇仙话的故事情节感人，情调浪漫，于是引来多少辞人墨客青睐流连。

《列仙传》中还有一篇《邛子》，说的是蜀人邛子追犬子误入仙境，颇似《桃花源记》的先声：

　　邛子者，自言蜀人也，好放犬子。时有犬走入山穴，邛子随入。十余宿，行度数百里，上出山头。上有台殿宫府，青松树森然，仙吏侍卫甚严。见故妇主洗鱼，与邛子符一函并药，便使还与成都令乔君。乔君发函，有鱼子也。著池中，养之一年，皆为龙形。复送符还山上，犬色更赤，有长翰常随邛子。往来百余年，遂留止山上，时下来护其宗族。蜀人立祠于穴口，常有鼓吹传呼声。西南数千里，共奉祠焉。

邛子从山穴入，自山头出，便是别样的天地，而已故夫人居然在那里主洗鱼，那么这里显然是另一个世界了。从此邛子往来于凡间与仙地，自己也染上了仙气，留在山上成了仙人。

　　可见，为了让人们相信神仙的存在、求仙的可能、得仙后生命的延续，造仙话者已经不再是宽泛地讲谁人活了几百年，而是造设了许多奇遇、变幻、逼真的情节，这需要虚构故事的能力，《列仙传》中有些篇目就较富于这种想象力和创造力。

三、《汉武故事》

《汉武故事》著录于《隋书·经籍志》，未题撰者。《宋史·艺文志》始题汉班固撰。宋晁公武《郡斋读书志》既谓"世言班固撰"，又称"唐张东子书《洞冥记》后云：'《汉武故事》，王俭造。'"王俭，南朝宋齐间人。《汉武故事》就传闻来说，应该出自汉人之手，而就其细腻、繁富的描写看，经魏晋以后人润色的可能性很大。

《汉武故事》并不是集中记述仙话的作品，而是关于汉武帝平生交往、经历种种事件的描述，其中有根据历史记载写成的部分，也有采自民间传闻的内容，诸如"金屋藏娇"等等生动的故事就都被写在里面。也正因为采集、收录比较广泛，其中也包含了关于汉武帝及其近臣东方朔的种种仙话传说，而且作者将其描述的已经十分生动具体，与志怪小说几无区别，由此可见仙话的发展及其向志怪小说演化的痕迹。

正如自《穆天子传》记述了穆天子见西王母，人间帝王、君王接遇仙人西王母成为仙话中一个典型的模式，《汉武故事》中关于汉武帝的仙话传说也集中在迎候西王母降临一节。其中这个会面的前奏就很不寻常①：

> 东郡送一短人，长七寸，衣冠具足。上疑其山精，常令在案上行，召东方朔问。朔至，呼短人曰："巨灵，汝何忽叛来，阿母还未？"短人不对，因指朔谓上曰："王母种桃，三千年一作子，此儿不良，已三过偷之矣。遂失王母意，故被谪来此。"上大惊，始知朔非世中人。短人谓上曰："王母使臣来，陛下求道之法：唯有清净，不宜躁扰。复五年，与帝会。"言终不见。

东郡送来一个可以放在案板上行走的小人精，东方朔一见居然问他你怎么从阿母身边跑到这里来，阿母回去没有。这小人根本不睬他，却指着他对武帝说，这家伙不是个好东西，王母种的桃，三千年才结一次果，这家伙居然三番五次去偷吃，他这是失了王母的欢心才被贬到这里来的。这原本是在说东方朔的坏话，但却让武帝知晓了东方朔的来

---

① 本节所引《汉武故事》，均见《鲁迅古小说研究著作四种·古小说钩沉》，济南：齐鲁书社1997年版，本节下引《汉武故事》文字不再出注。

历,原来,这是一个下凡的仙人。当然,这只是一段小插曲,小人精的使命是来告知武帝,你要清净求道,五年后王母会来与你相会。

终于,五年后七月七日这一天,西王母降临了:

> 是夜漏七刻,空中无云,隐如雷声,竟天紫色。有顷,王母至,乘紫车,玉女夹驭,载七胜,履玄琼凤文之舄,青气如云,有二青鸟如鸟,夹侍母旁。下车,上迎拜,延母坐,请不死之药。母曰:"太上之药,有中华紫蜜、云山朱蜜、玉液金浆,其次药有五云之浆、风实云子、玄霜绛雪,上握兰园之金精,下摘圆丘之紫柰;帝滞情不遣,欲心尚多,不死之药,未可致也。"因出桃七枚,母自啖二枚,与帝五枚。帝留核着前。王母问曰:"用此何为?"上曰:"此桃美,欲种之。"母笑曰:"此桃三千年一著子,非下土所植也。"留至五更,谈语世事,而不肯言鬼神,肃然便去。东方朔于朱鸟牖中窥母,母谓帝曰:"此儿好作罪过,疏妄无赖,久被斥退,不得还天;然原心无恶,寻当得还。帝善遇之。"母既去,上惆怅良久。

这里,西王母作为大仙的身份至为明晰,手中有不死之药,种的桃子三千年结一次果,而她的降临,也极具神秘色彩和排场,隐隐作雷声的紫色车子划过天界,整个天空姹紫嫣红,有玉女为驭,有青鸟陪伴,王母本人的装束也雍容华贵,其谈吐则优雅和蔼。与之比较,武帝变得颇为可爱,一见面就迫不及待地请求不死之药,桃子甜美,便留下桃核"欲种之"。这段描写,虽属仙话,但已经十分富于生活情趣。

第四节 怪话、仙话与魏晋六朝志怪小说的产生

正因为先秦两汉时期已经有大量怪话、仙话的积累,魏晋六朝时期神仙志怪小说才渐趋长成并得以催生。通过考察不难发现,在魏晋志怪小说的收集和创作中,有的是直接采怪话、仙话以录之,有的是据固有怪话、仙怪演绎之,更多的是据怪话、仙话的情节、结构模式新创之,在怪话、仙话和志怪小说之间,的确存在着十分明显的源流承续关系。

一、采怪话、仙话以录之，或据怪话、仙话演绎之

魏晋六朝时期，出现了大量专门搜奇猎异的集子，诸如《列异传》《博物志》《搜神记》《搜神后记》《齐谐记》《续齐谐记》《幽明录》《述异记》等等，仅从书名即可看出其所收录和创制的作品述异志怪的倾向。此时，作者和收录者仍还没有"有意为小说"，但这种专门收录和续写，已经具有区别于正史撰写、区别于应用文写作的自觉意识，从而使得这些被专门收录和创制的明显属于虚构的情节故事具有了文艺性小说的品格。

搜奇猎异，此前出现的所有怪话、仙话，只要是符合此时人们观赏趣味的，便都在收录的范围之内。因此，有相当一批怪话、仙话被采录，本身就成为志怪小说的一部分。即以晋干宝的《搜神记》为例，其中就收录了大量产生自先秦两汉时期的怪话和仙话。如卷一收录的《园客》，讲述济阴人园客以五色香草食蚕、后来与神女俱仙去的故事，已见《列仙传》；卷十六收录的《郑奇》，讲述郡侍奉掾宜禄郑奇路遇一端正妇人搭乘便车、后来才被发现此妇人已是死妇的故事；卷十七收录的《张汉直》，讲述狗怪作祟使家人误以为张汉直已死的故事；卷十八收录的《郅伯夷》，讲述北部督邮郅伯夷夜半于亭上捉狐怪的故事，它们都已见《风俗通义》。诸如此类，不一而足，此不赘述。

除了以上这种全文照搬式的收录，还有的是在固有怪话、仙话基础上作了进一步的演绎，这演绎者也许是志怪集子的收录者，也许是收录之时已经被演绎，不管哪种情况，都可见志怪小说对怪话、仙话的吸收和借鉴。

本书第二章提到《吕氏春秋·疑似》中载有一则"奇鬼效人"的怪话故事，先是邑丈人把奇鬼当成了儿子，后来又把儿子当成了奇鬼，已经让鬼闹的真假难辨。《搜神记》中的《秦巨伯》，几乎就是这一篇的复制，但人物、情节、过程都有不同程度的改变：

> 琅琊秦巨伯，年六十，尝夜行，饮酒，道经蓬山庙，忽见其两孙
> 迎之；扶持百余步，便捉伯颈着地，骂："老奴！汝某日捶我，我今
> 当杀汝。"伯思，惟某时信捶此孙。伯乃佯死，乃置伯去。伯归家，
> 欲治两孙，两孙惊愕，叩头言："为子孙宁可有此？恐是鬼魅，乞更

试之。"伯意悟,数日,乃诈醉,行此庙间,复见两孙来扶持伯。伯
乃急持,鬼动作不得;达家,乃是两人也。伯着火炙之,腹背俱焦
坼,出着庭中,夜皆亡去。伯恨不得杀之,后月余,又佯酒醉,夜
行,怀刃以去,家不知也,极夜不还,其孙恐又为此鬼所困,乃俱往
迎伯,伯竟刺杀之。①

《疑似》篇中奇鬼仿效的是儿子,这里是两孙;前者只说"道苦之",这里
写出了两孙儿捉巨伯颈着地并欲杀之的所作所为;前者大家明白了可
能是鬼作怪后,直接就发生了邑丈人要刺杀奇鬼、儿子前去迎候反而
发生了错位误杀之事,后者中间增加了一段巨伯将鬼捉回、确证了的
确是鬼在扮演两孙、但又让鬼给跑掉了的情节,这才生出必欲刺杀之
的决心。两相比较,后者更加曲折有致。

《搜神记》中另有一篇《吴兴田夫》,故事也起因于人鬼的混淆,但
后来的情节已经有了很大的增益:

晋时,吴兴一人有二男,田中作时尝见父来骂詈赶打之。童
以告母。母问其父。父大惊,知是鬼魅。便令儿研之。鬼便寂不
复往。父忧,恐儿为鬼所困,便自往看。儿谓是鬼,便杀而埋之。
鬼便遂归,作其父形,且语其家,二儿已杀妖矣。儿暮归,共相庆
贺;积年不觉。后有一法师过其家,语二儿云:"君尊侯有大邪
气。"儿以白父,父大怒。儿出以语师,令速去。师遂作声入,父即
成大老狸,入床下,遂擒杀之。向所杀者,乃真父也。改殡治服。
一儿遂自杀,一儿忿懊,亦死。②

与前面两则奇鬼扮作晚辈对长辈无礼有别,这里又是奇鬼扮作父亲对
孩儿大打出手,事后只要一对证,自然真相大白,人们便想到了是恶鬼
所为。于是父亲教儿子再见到模仿自己的鬼时就将他砍倒。谁曾想
鬼安静了,父亲不放心儿子前去探看,反被儿子砍死了。而这篇小说
更为曲折、离奇的是真父亲被砍死了,鬼所扮的假父亲进了家门,还谎
称那鬼已经被砍死了,而母子竟然浑然不觉。后来被法师揭穿,儿子
为砍死父亲痛心疾首,一个自杀而死,一个懊恼而亡。这个悲剧结局
留给人们的是回味和思考。而究其本,"奇鬼效人"的故事也是这一构

---

① 《搜神记》,第 198 页,北京:中华书局,1979。
② 《搜神记》,第 221 页,北京:中华书局,1979。

思的源泉。

二、据怪话、仙话模式创作之

魏晋六朝志怪小说与怪话、仙话联系更多的是表现在据其已经形成的模式进行新的创作,具体又可分为多种情况。

(一) 人鬼魂魄现形肉身以与人交往

怪话中有一种十分普遍的模式是传说已故之人又以活生生的样子现形肉身以与人交往,《左传》中太子申生的出现、汲冢《古文周书》中赵姬的认罪即是,这在魏晋六朝志怪小说中也是常见的模式,且就与人交往的类型来说,出现了更加丰富的情节内容。

一种情况是鬼与人相恋婚配。如《列异传》中的《谈生》写的是谈生夜半读书,一女子主动来就,两人结为夫妻并生有一儿,后来发现此女乃睢阳王家已死的女儿。《搜神记》中《辛道度》写的是辛道度游学途中见一大宅,被一婢女召入,见到秦女,该女自称秦闵王女,"亡来已二十三年",愿与辛道度为夫妇之事。辛道度从大宅出来后才发现此地原为一大冢。后来他凭着此女赠送的金枕得到秦妃的承认,被封为驸马都尉,成了秦王的女婿。《卢充》写的是卢充被一獐引入一高门瓦屋,据称此乃少府府,要遵前辈嘱托招卢充为小女婿,卢充与少府女成婚,离开后方知此女乃是亡人,府乃崔少府墓。三年后卢充又遇到该女乘犊车前来相见,并将一小儿交到他的手上。《吴女紫玉传》写的是吴王女紫玉因不被允许与相爱的人在一起而气绝身亡,三年后当爱人韩重求学返回在其墓前哭诉时,她从墓中走了出来,邀爱人在墓中行夫妇之礼,并赠以明珠,当爱人因此被诬为发冢、再次在她墓前诉说时,她又出现在父母面前为爱人分说。

另一种情况是人与鬼斗智斗勇。如《列异传》中《宗定伯捉鬼》写的是宗定伯"夜行遇鬼",遂自称新鬼,与鬼结伴而行,一路上几番打消鬼的怀疑,并打探出鬼畏忌人唾,于是当把鬼摔在地上变成一羊后马上唾之,令其无法再变,并将其卖了千五百钱。《搜神后记》中《偷食鬼》写的是刘家苦于一穿白布裤的鬼常来偷食,不信邪的吉翼子跑到刘家问偷食鬼何在,欲大骂之,反被偷食鬼从房梁上扔下一条妇女的内裤砸在头上,后来人们在一碗粥中掺上毒药,故意像是吃剩下的留在那里,被偷食鬼吃下,大吐不止,从此才没了动静。《幽冥录》中的《某广捉鬼》写的是某广早先看上深山老公之女求婚未成,后来老公病死,其女上县买棺,请求某广代为守尸,某广至女家见众鬼一起在捧弄公尸,知老公乃此鬼所害,于是捉住其中老鬼,要求还魂,老公因此死而复生。

还有的人鬼交往折射出种种人性内容和社会现象。《搜神记》中《苏娥》写的是交州刺史何敞暮宿鹄奔亭,一从楼上下来自称苏娥的女子向他诉说了两年前与婢女到邻县卖布路过此地被亭长谋财害命的遭遇,何敞发冢,果如其言,于是惩办了杀人凶手。情节是鬼魂现形喊冤告状,荒诞离奇,涉及的却是贪婪、罪恶与惩恶,十分现实。《胡母班》写的是胡母班在泰山之侧树间被一人带入阴曹地府,泰山府君吩咐他传书给女婿河伯,他返回后复命,在阴间见到父亲让他替自己向府君求情,希望得到好些的待遇,获得享有儿孙祭品后又因思念晚辈而拖他们进阴间等等,人世间的人情冷暖被搬到了鬼的世界。《搜神后记》中《李除》写的是夜半时分已经停尸的李除忽然坐起,夺下妻子手上的金钏抓在手中才又死去。待天明时李除居然缓过气来,原来他在通往阴间的路上见有人向带队的小吏"行货"便得放归,于是跑回来拿了妻子的金钏去交给小吏,这才又回到了阳间。原来阴曹地府也行贿受贿!

(二)物怪变身人形以与人交往

怪话中龟、蛇、狗、狐等动物变身人形与人交往的传说也很普遍,《庄子》中白龟化身披发人向宋元君告状、《史记》中高祖斩蛇后蛇母化身老妪哭诉等即是,这在志怪小说中也广为吸纳,且演绎出更加离奇、怪异、生动、感人的故事。《搜神记》中《张茂先》写的是一斑狐不听华表劝阻,变作书生跑到晋惠帝司空张茂先那里逞才使能,因容貌才智完美过度而被怀疑,司空以猛犬嗅之不见所动,于是烧千年神木华表才让这千年老精现了原形,可怜那被连累的华表临烧前也变作青衣小儿"发声而泣"。《宋大贤》写的是宋大贤入住一"人不可止,止则有祸"的亭楼,夜半果遇一"形貌可恶"的家伙向他瞪眼磨牙,见他"鼓琴如故",那家伙又跑出去取一死人头来,见他满不在乎说要拿这玩意当枕头,那家伙转一圈儿回来又要玩"手搏",待将此家伙捉住杀之,才发现原来是个老狐狸。《搜神后记》中《白水素女》写的是一躬耕劳作尚未娶妻的青年于邑下得一大螺取归"贮瓮中",后来每天回家便发现有"饭饮汤火",邻居们还笑他私底下娶了老婆,为辨真相,青年日中偷回家中,见一少女从瓮中出来至灶下燃火,原来是田螺变美女暗中相助。《黄白二蛇》写的是一猎人于山中茅舍遇一黄衣白带者前来求助,称明日与仇家相斗,白带者是自己,黄带者是仇家,希望到时伸出援手。第二日猎人果见黄白二蛇相互缠绕。待猎人射死黄蛇后昨日之人又来辞谢。后来猎人未听白蛇之劝,一年猎获大丰后,过了几年又来射猎,被化身为三个黑衣人的黄蛇之子毒咬而死。《续齐谐记》中《黄雀报恩》写的是杨宝年九岁时救活一黄雀,后来夜半读书,一黄衣童子前来答谢说自己是西王母使者,日前为鸱枭所害,多亏搭救,并赠玉环四枚,祝杨宝子孙洁白,位登三公。《述异记》中《金鸡石》写的是有人乘船从金鸡石旁经过,有一"通身黄衣"者担两笼黄瓜请求搭船,上船后又讨要酒食,待他下船时船主向黄衣人讨要根黄瓜,他非但不给,还往盘中唾口吐沫。船主开始十分气愤,只见那黄衣人上崖后径直走进只有那只金黄色的神鸡才能钻进去的洞,方知此人就是那只金鸡,待端起盘子一看,那口吐沫都变成了黄金。

(三)阴曹地府冥间的现实生活

怪话中,人死后去到的另一个世界往往祛病而复苏、鬼而现形的人描述得十分真切,以烘托和确信鬼魂的存在,汲冢《古文周书》中从冥间返回的赵姬认罪时的陈述、《赵世家》中赵襄子昏迷七日苏醒后的描摹即是,这在志怪小说中被充分借鉴,对阴曹地府鬼魂活动的描述成为生动描写人物形象、巧妙反映现实生活的艺术手段。《幽明录》中《换脚》写的是某大族士人暴病而亡,司命算算还不到日子,要打发他回去,可他患了脚病无法走动,阴间的鬼们聚在一起唉声叹气,十分犯愁,总不该为这点事让他冤留在这里。还是司命聪明,想到刚刚有一胡人前来报到,那人到了死期,而他的脚是好好的,何不让两人换换脚。就这样,士人拖着胡人的脚回到阳间。可恶的是这胡人的脚太难看,让士人羞于见人,反觉生不如死!《陈庆孙》写的是有一鬼自称天神,向陈庆孙索要黑牛,并称不给就于某日杀你儿。到那日,儿果死。接着此鬼又称若不给就于某日杀你妻,到那日,妻又死。鬼又称若不给就于某日杀掉你，陈庆孙仍不给，到那日却未死。这时小鬼前来请罪，原来他是偷看了司命的录鬼簿，预先得知了陈庆孙妻儿的死期才跑来行诈索食的。《新鬼》写的是"形疲瘦顿"的新死鬼在阴间遇到了二十年前死去的友人，见他如此肥健，便打探觅食之法，友鬼告诉他"为人作怪，人必大怖，当与卿食"。谁知现形磨旁，便被人命令推磨，现形碓上，便被人命令舂谷，累得筋疲力尽，却没讨到吃食，于是埋怨友鬼。友鬼说你到的这两家一个信佛，一个信道，当然不为所动，你去寻常百姓家，保你无所不得。果然，他到一家院中抱着狗空中行，惊怖的人们杀狗祭祀，新鬼终于唬得一顿美餐。

（四）天神、仙女化身凡人与人交往

仙话中天神、仙人化身凡人与人交往是典型结构，西王母降临来见燕昭王、汉武帝等即是。志怪小说也吸纳了这种模式，演绎出种种更加美丽动人的人神故事。如《博物志》中《浮槎》写的是有人乘仙舟浮槎在天河中走了十余日来到一处，见一丈夫"牵牛渚次饮之"，询问此是何处，牵牛人让他回去问严君平。后来严君平告诉此人某年月日有客星犯牵牛星，算算正是此人到天河之时。原来牵牛星变成了牵牛郎。《搜神记》中《董永妻》写的是为安葬父亲卖身为奴的董永路遇一女子主动请求做他的妻子，以十日而织百匹缣的代价为董永偿还了债务，可惜刚从债主家出来便与董永依依惜别，原来她是"天之织女"，只因董永至孝才被天帝派来相助。《天上玉女》写的是弦超先梦神女来就，后来果有一自言七十、视之十五六的女子前来，自称天上玉女，被遣下嫁，两人遂私下结为夫妻。七八年后事有泄露，天女求去，五年后两人又重逢。从此每年三月三、五月五、七月七、九月九、旦、十五，是两人相会的日子。《幽明录》中《河伯婿》写的是一人在回家途中因炎热入水枕石小憩，被唤上车驶进一门上题有"河伯"二字的城郭，又被要求与河伯女结为夫妻，临别时妻子与钱十万，药方三卷，并称十年当相迎。此人归家后不肯别婚，出家做了道人，所得药方"皆致神验"。《续齐谐记》中《清溪小姑》写的是东宫扶侍赵文韶秋夜思归倚门吟唱，忽有一青衣婢女前来通报，说我家小姐也就是隔壁王家娘子听到你的歌声很是动心，所以派我前来达意。文韶便邀请女子前来。两人相见后互相唱答，情投意合，"遂相仵燕寝"，临别时女子"脱金簪以赠文

韶"，"文韶亦答以银碗、白琉璃匕各一枚"。第二天文韶"偶至清溪庙歇"，看到神座上有银碗，屏风后有琉璃匕，庙中唯女姑神像，青衣婢立在前。原来是神庙中的女神像化身为美女与他来了一段风流韵事！

（五）人得道化仙，或与仙人交往

人得道化仙，或与仙人交往沾上仙气，这是仙话最普遍的情节模式，《神仙传》等仙话专集中有更进一步的深化和演化。志怪小说也受到影响，有的作品就也构思出成仙、遇仙、进入仙境的故事情节。如《搜神后记》中《丁令威》写的是丁令威化鹤成仙，集城门华表柱，自称"去家千年今始归"。《袁相根硕》写的是袁相、根硕两人狩猎至深山，随着一群羊来到一地，两女子迎入小屋，遂为室家。后来二人思归，女子惜别，以一腕囊相赠，嘱咐不要打开。两人回家后一日出门，家人打开，中有小青鸟飞去。其后两人于田中耕作，家人照例去送午饭，见他们在田中不动，走近一看，只是个外壳留在那里，真人已不知了去向。《幽明录》中《刘晨阮肇》写的是刘晨、阮肇二人入天台山取谷皮迷不得返，快要饿死，望见前面有一桃树便各吃数枚，后来又遇到两位仙女直呼其名，于是与之交往，被留半年，待终于返家后，所见面目全非，原来凡间已过七世。

三、对怪话、仙话的突破和超越

上述几种情况，虽未超出怪话、仙话已有的模式，但具体情节、描写已经较前有很大的发展。除此之外，还有一些篇目，更是无法归于这些固有模式中的任何一种，已经出现了某些新的结构。

如《搜神记》中的《王道平》，写的是王道平与同村女子文榆相恋，"誓为夫妇"，无奈王道平因征伐九年不归，文榆被逼别嫁，郁郁而死。三年后王道平到文榆墓上倾诉和呼唤，女子便从墓中走了出来，不但将别后苦情一一道来，还告诉道平可以开棺让她复活，终结夫妻。接下来是文榆真的活了过来，两人真的成了夫妻，文榆的前夫闻知后与王道平打官司，最终是王道平胜诉。两个相爱的人终成眷属，还都活了一百三十岁。在这个情节结构中，女子魂魄从墓中出来，这属于鬼魂化身为人形与人交往，是怪话已有模式，而其再生，则属于新的构思。这种再生与仙话的不同之处在于女子再生为凡人，过的是现实生活，而仙话的所谓不死、仙去，则是去到另一个世界，仙界，实际上是死去的另一种说法。

《幽明录》中《卖胡粉女》与上一篇是同样的结构，也是人死入棺，后来又复活过起凡间的生活。如果说更加新颖的部分，则是大大加重了对情感交往中心理、举止等细腻的描写。该篇写的是一富家子迷上了一位卖胡粉的女子，无由达情，便天天跑去买胡粉，久而久之，女子好奇地问你买这么多胡粉做什么，男子才道出爱慕之情。女子深为感动，以身相许。女子私下去到男子家中约会时，男子兴奋过度，"欢踊遂死"。女子不知所措，偷跑回店里。家人惊异男子之死，殡敛时翻箱发现百余袋胡粉，遂将死因锁定在胡粉上，于是挨家去找同样徽记的胡粉店，很快便查到了这个女子。女子以实相告，家人不信，告到官上。女子说事已至此我还要什么命，只求让我到男子棺前看看尸身，尽哀而已。于是女子抚尸恸哭，曰"不幸致此，若死魂而灵，复何恨哉"。这时奇迹发生了，"男豁然更生，具说情状，遂为夫妇，子孙繁茂"。故事已经十分曲折有致，且带有点后代公案小说的味道了。

《幽明录》中另一篇《庞阿》则是全新的结构，写的是女子生魂变为人形与人交往，这在此前怪话、仙话故事中都还没有明显出现过。庞阿生的仪表堂堂，同郡有一石姓女子曾经在内室偷偷看到他，"心悦之"。没过多久，庞阿就见到此女前来找他。庞阿的妻子嫉妒至极，遂让婢女将这个女子捆起来送回石家，没想到中途却没了人影。婢女到石家说道此事，女子父亲大惊，女儿根本没出门，怎么会有这等事！庞阿妻气不过，一次趁女子又到丈夫房中，亲自捆了送去石家，这回见到女儿，为父的更加吃惊，因为他刚从房中出来，女儿就在里面与母共坐。待他让仆人去唤女儿，眼前这个女子又不见了。这下为父的起了疑心，让为母去询问女儿，女儿承认庞阿来家时曾偷窥过他，自此便常常梦到去找他，但只要一到他家，就会被他老婆捆住。原来，人们见到的这个主动跑到庞家投怀送抱的女子，竟是石家女的生魂。

《幽明录》中的《柏枕》，也写出了超越凡间的另一个世界，但它既不同于怪话中人死为鬼进入冥间，也不同于仙话中得道化仙进入仙界，而是一个凡人从裂开的缝隙钻进柏木枕后一次大起大落的人生体验，先是住了高楼，娶了千金，生了四男二女，做了秘书郎、黄门郎，于是乐不思蜀,忘了根本,但从此便变得诸事不顺。这时此人被柏枕的主人庙祝唤了出来。枕中经历这么多年,出来后发现不过弹指一挥间。该篇在后代影响极大,唐沈既济的《枕中记》、李公佐的《南柯太守传》、明汤显祖的《邯郸记》和《南柯记》、清蒲松龄《聊斋志异》中的《续黄粱》等,无不以此为本事。究其源,怪话、仙话关于另一个世界的虚造,无疑在构思方面给予了极大的启发。

《搜神后记》中的《徐元方女》,基本上还是一篇怪话故事,但有两点不同于一般的怪话模式。其一是鬼魂并没有真的现身人形,而是托梦给人。托梦者是前广州太守徐元方已故的女儿,梦见该女的是现任广州太守的儿子名叫马了。女鬼称自己为鬼所枉杀,听说只要有依马子,做马子的妻子,就可以复活,所以希望马子能搭救她。其二是不像一般怪话直接写出人死复生,而是写出了一步步长出人形的具体过程。梦中马子答应了女鬼的请求,并与之定了复活之期。到了这一天,马子发现床前地上有头发,便令人扫去,但越扫头发越多,才想起此前做的梦,于是屏蔽左右,等待女子从地底下冒出来。"渐渐额出,次头面出,又次肩项形体顿出",这种描写是此前怪话所不曾见过的。

《搜神后记》中另一篇《阿香》,原本也是一篇女鬼现身人形的怪话故事,说的是一周姓人外出,未到村子已日暮时分。这时一年可十六七的女子从道边新草小屋出来邀他寄宿,并为他"燃火作食"。第二天出来乘马启程回看昨日所宿处,"止见一新冢",可见这女子不过是鬼的变形。这篇故事的新奇之处是,就在女子燃火作食之后不久,只听外面有小儿唤"阿香"声,并称"官唤汝推雷车",女子乃向周姓人辞行,说"今有事当去",夜里便来了大雷雨。那么,这女鬼又像是天神的化身了。

综上所述,魏晋六朝志怪小说正是在对先秦两汉怪话、仙话汇集、模仿、借鉴、超越和突破中产生和发展的。

第九章
汉代故事赋与讲诵文学、话本小说

以往关于小说发生研究，似较少注意赋体作品。说起来，赋体与小说有相通之处，其中最突出的一点是有意虚构，司马相如《子虚赋》《上林赋》给文中人物取名子虚、乌有、亡是公，是虚构的宣言；东方朔《答客难》假托人物问答、扬雄《逐贫赋》与贫穷对话，显然是滑稽为文。然而，这种体物赋、论体赋终究是以描摹、议论为主，铺排描写，长篇辞说，淡化情节，没有故事，难以让人与小说联系起来。近年，文献出土让学界注意到汉代以讲故事为主旨的俗赋的存在。而故事赋与中国古代小说发生是否有关，则是值得探讨的内容了。

第一节　出土文献与汉代故事赋问题的提出

一、《神乌傅（赋）》的出土

20 世纪 90 年代，江苏东海县尹湾汉墓出土了一篇基本完整的汉代赋作——《神乌傅（赋）》（以下均作《神乌赋》）。这不仅是古代文学较为完整的作品的一次出土，而且是传世汉赋中少见的一篇故事赋的发现，它引起人们的注意是十分自然的。

出土《神乌赋》的尹湾汉墓为 6 号墓,该墓共出土二十三方木牍和一百三十三支竹简,大多为东海郡吏名籍、账簿,以及占卜历谱等日用文字,《神乌傅(赋)》夹杂其中,书于二十支宽简上。据该墓所出永始四年(前 13 年)武库兵车器集簿、元延元年(前 12 年)历谱、元延三年(前 10 年)五月历谱、元延二年(前 11 年)历谱等标有纪年的简牍大致判断,该墓下葬时间为西汉末年汉成帝时代。那么,《神乌赋》的撰写时间至迟亦当在西汉后期之前。

《神乌赋》是一篇比较纯粹的以拟人化手法讲述禽鸟故事的叙述体赋作。兹先录出作品,为方便起见,有些异体字、通假字或古体字均改用今字代替,全文如下:

惟此三月,春气始阳,众鸟皆昌,蛰虫彷徨。螺(?)蜚(飞)之类,乌最可贵。其性好仁,反哺于亲。行义淑茂,颇得人道。今岁不祥,一乌被殃。何命不寿,拘丽此咎。

欲循南山,畏惧猴猿。去危就安,自托府官。高树轮囷,枝格相连。府君之德,洋溢(溢)不测。仁恩孔隆,泽及昆虫。莫敢抠去,因巢而处。为狸狌得,围树以棘。道作宫持,雄行求材。雌往索菆,材见盗取。未得远去,道与相遇。见我不利(?),忽然如故。□□发忿,追而呼之:"咄!盗还来!吾自取材,于彼深菜。趾行(胻)□腊,毛羽堕落。子不作身,但行盗人。虽就宫持,岂不怠哉?"盗鸟不服,反怒作色:"□□泊(?)涌(?),家(?)姓自□。今子相意,甚泰不事。"亡乌曰:"吾闻君子,不行贪鄙。天地纲纪,各有分理。今子自已,尚可为士。夫惑知反(返),失路不远。悔过迁臧,至今不晚。"盗鸟喷然怒曰:"甚哉!子之不仁。吾闻君子,不意不□。今□□□,毋□□得辱。"亡乌沸(怫)然而大怒,张目扬眉,喷(奋?)翼申(伸)颈,襄(攘?)而大……,乃详(?)车薄。女(汝)不亟走,尚敢鼓(?)□。"遂相拂伤,亡乌被创。随(堕)起击耳(?),闻不能起。贼□捕取,系之于柱(?)。幸得免去,至其故处。绝系有余,纮树欋楝。自解不能,卒上傅之。不□他拱(?),缚之愈固。其雄惕而惊,扶翼伸颈,比(?)天而鸣:"仓═ 天═(苍天苍天)! 视彼不仁。方生产之时,何与其口?"顾谓其雌曰:"命也夫!

吉凶浮沏,愿与女(汝)俱。"雌曰:"佐＝子＝(佐子佐子)!"涕泣侯(?)下:"何□豆家(?),□□□巳(?)。□子(?)□□,我(?)□不□。死生有期,各不同时。今虽随我,将何益哉?见危授命,妾志所待(持)。以死伤生,圣人禁之。疾行去矣,更索贤妇。毋听后母,愁苦孤子。诗[云]＝'云＝(云云)青蝇,止于杆。几自(?)君子,毋信谗言。'惧惶向论,不得极言。"遂缚两翼,投于污则(厕?)。肢躬折伤,卒以死亡。□其雄大哀,㐨蹢徘徊。徜徉其旁,涕泣纵横。长炊(?)泰(太)息,忧懑唬呼,毋所告诉。盗反得免,亡乌被患。遂弃故处,高翔而去。

《传》曰:"众鸟丽于罗网,凤凰孤而高翔。鱼鳖得于笓笱,蛟龙蛰而深藏。良马仆于衡下,骐骥为之徐行。"鸟兽且相忧,何况人乎?哀哉哀哉!穷通其䇷(?)。诚写悬(?)以意傅(赋)之。曾子曰:"乌(鸟)之将死,其唯(鸣)哀。"此之谓也。

神乌傅(赋)①

这是一则颇具悲剧色彩的拟人故事。一对雌雄乌雀为避祸求安,飞来府官构筑新巢,双双投入紧张的劳作,"雄行求材","雌往索菆"。谁想辛苦得来的材料却被盗鸟掠去,雌乌回来时与盗鸟相遇。雌乌百般劝阻,却毫无结果,不得已与盗鸟相拼,结果被对方抓得遍体鳞伤,生命危在旦夕。雄乌回来见状后悲痛欲绝,誓与雌乌同生死。雌乌劝雄乌另择佳偶,好好生活下去,好好抚养他们的子女,不要让孤子在后母那里受屈。为了不拖累雄乌,雌乌自缚两翼,投入污厕。雄乌涕泪纵横,却投诉无门,只得离开了这个伤心的地方。

《神乌赋》释文发表后,很快就有学者注意到这篇赋作,并从各个角度对它展开了研究和讨论。其中比较值得注意的话题是它在探讨汉赋文体方面的价值和意义。

裴锡圭在《神乌赋初探》一文中充分肯定它作为故事赋在汉赋文体方面的开创意义,指出"它具有独特的风格,在现存的汉赋里连一篇同类作品也找不出来"②。"此赋讲述一个完整的鸟的故事,在目前所能看到的以讲述故事为特色的所谓俗赋中是时代最早的一篇。而且

①《〈神乌傅(赋)〉简牍释文》,载《文物》1996年第8期。
②载《文物》1997年第1期。

即使放在诗赋之类作品的较大范围中来看,仍然可能是讲述故事的最早一例。"

对此,曲德来提出异议,指出从以讲故事为特色来看,不能说这篇赋是汉赋中仅有的。西汉后期,较为通俗的故事赋已经出现,如扬雄《逐贫赋》、东汉张衡《髑髅赋》、王延寿《梦赋》等。说"在现存的汉赋里连一篇同类作品也找不出来",未免有些绝对①。赵敏俐也指出"关于汉代说故事的白话赋,现存文献中也有类似者,如扬雄的《逐贫赋》、张衡的《髑髅赋》等,《神乌赋》的发现无疑为我们研究这类文体的发展提供了更好的线索"②。

说起来,以拟人化手法讲述故事,《神乌赋》与《逐贫赋》《髑髅赋》等的确有相似之处,甚至早在西汉初期,贾谊的《鵩鸟赋》就已经是这种体式。然而,笔者以为,《神乌赋》与这些赋又有着根本的不同。《鵩鸟赋》《逐贫赋》《髑髅赋》虽然也是以拟人化手法虚拟故事,但作者的主旨是言志而非叙事,只不过与那些直抒胸臆的作品不同,这些赋的言志采用了与虚拟物对话这种曲折的表达方法。贾谊借与鵩鸟对话,表达的是自己贬至长沙后低沉的情绪和祸福同门的自我宽慰;扬雄借与贫穷对话,表达了自己守志固穷的决心;张衡化用《庄子》中庄周与髑髅对话的情节,借与庄周对话,阐发了大化自然的道家思想。总之,这些赋的故事性并不强,它们都更是偏于主观的,偏于表现的。《神乌赋》则不然,它是一篇比较纯粹的故事赋,自始至终是在讲述雌雄二乌的遭遇,尽管故事最后有"鸟兽且相忧,何况人乎"的点题之笔,但这是对人生境况的一种反映和感叹,并不表现作者个人的情感、志向、思想等主观内容。也就是说,这篇赋的艺术是偏于客观的,偏于再现的。从这个意义上讲,《神乌赋》的发现,的确让我们注意到了汉赋中另有故事赋存在这样一个传世汉赋所不曾提供的文学信息。

二、韩朋故事残简与《韩朋赋》

说到汉代故事赋,裘锡圭关于汉代韩朋故事残简的发现也颇值得

---

①《由〈神乌傅(赋)〉论及有关文学史的几个问题》,见《出土文献与中国古代文学研究》,第213～222页,北京广播学院出版社,2000。

②《20世纪出土文献与中国文学研究》,见《出土文献与中国古代文学研究》,第32～63页,北京广播学院出版社,2000。

一提。

晋干宝《搜神记》中有一则著名的爱情悲剧故事，即《韩凭妻》。故事大意是宋康王舍人韩凭娶妻何氏，甚美，宋康王夺为己有。韩凭怨愤，宋康王便把韩凭沦为城旦。韩凭妻偷传给韩凭一封书信，用隐语表达了对韩凭的思念和以死相报的心思。此信被人搜出释读，韩凭先行自杀。韩凭妻偷偷腐蚀了衣袖，在与康王登台赏景之时，突然从台上跳下，左右欲加制止，终因衣袖断裂而未果。她在衣带上留下遗言，希望能与韩凭合葬。康王恼怒，故意让两冢相望，并称你们夫妇相爱不已，若能使冢合，就悉听尊便。一夜之间，果有大梓木生于二冢之端，两树屈体相就，根交于下，枝错于上，又有鸳鸯，雌雄各一，栖于树上，朝夕不去，交颈悲鸣。①

《太平广记》卷四六三所录唐末刘恂《岭表录异》引《搜神记》"凭"作"朋"，下注"一作凭"。敦煌莫高窟所出唐代通俗文学作品中有《韩朋赋》一卷，韩氏之名作"朋"。

敦煌本《韩朋赋》长达二千字左右。较《搜神记》多出前半部分。大意是：韩朋少年丧父，独养其母，远仕前娶贤妻奉母，夫妻情投意合。韩朋仕宋，经久不归，其妻念之，致书于韩朋。韩朋得书心悲，意欲归家而无因由，怀书不谨，遗失殿前。宋王得书，甚爱其言，派遣其臣梁伯驰往韩朋家，取韩朋妻入宫。赋的后半与《搜神记》大体相合，但叙事较繁，在细节上颇有出入。②

容肇祖于 20 世纪 30 年代曾发表《敦煌本〈韩朋赋〉考》一文，在承认《搜神记》中的《韩凭夫妇》与《韩朋赋》二者"根本出于一个故事"的同时，强调后者并非由前者发展演变而成，当为唐以前民间传说。文章推测《搜神记》之前，韩朋传说即已产生，一直在民间流传。《搜神记》的作者按照他的趣味，以简洁的文笔记录了这个民间传说的梗概，《韩朋赋》则比较朴实、详尽地叙述了这个民间传说，所以《搜神记》没有提到《韩朋赋》前半部分的情节，并非由于它所根据的传说中没有这

---

① 《搜神记》，第 294 页，北京：中华书局，1979。
② 《韩朋赋》见《敦煌变文校注》，第 212～231 页，北京：中华书局，1997。

种情节,而是由于这种情节是《搜神记》所不甚注重的,故未详述。①

裴锡圭在敦煌汉简中发现了一段残简,印证了容肇祖文章的这一论断。②

该简为马圈湾汉代烽燧遗址散残木简中之一简,见中华书局1991年收编的《敦煌汉简》,释文号为496。上下端皆残,正面存二十七字,反面在居中的部位有"百一十二"四字,应是此简在原来所属册书中的编号。正面残留的简文为:

> ……书,而召榦偁问之。榦偁对曰:"臣取妇二日三夜,去之来游,三年不归,妇……"

裴锡圭指出,"榦偁"即韩朋。古书"井榦"、"井幹"或作"井韩","榦"、"韩"相通;《战国策·韩策一》"公仲明(朋)",《战国纵横家书》作"公中偁","偁""朋"相通。因此,该简应该是汉代人所记的韩朋故事的一枚残简。那么,简文中所说之"书",应该就是指韩朋妻写给韩朋的那封书信,召韩朋询问的当是宋王。因此,该简所记涉及的正是《韩朋赋》的前半部分,即不见于《搜神记》的一部分。上文一定有与《韩朋赋》相似的、韩朋妻之家书被韩朋失落而为宋王所得的内容。《韩朋赋》提到"入门三日,意合同居",与简文所说"臣娶妇二日三夜,去之来游"也是基本相合的。

就时间而言,马圈湾所出汉简中的纪年简,最早的是宣帝本始三年(前71)简,最晚的是新莽始建国地皇上戊三年(公元22)简,韩朋故事残简的抄写时代,大概不会超出西汉后期和王莽新朝的范围。比《搜神记》早三百年左右。至于文体,由于只存一支残简,难睹全貌,自然不可妄下断语。但它是讲故事的叙述体是可以肯定的。鉴于许多叙事赋韵散结合的情况,鉴于其后敦煌卷子中有《韩朋赋》的存在,不排除这是一篇故事赋的可能性。

韩朋故事残简的发现,再一次提醒人们,汉代一定有大量类似于话本的讲故事的俗文学作品流传,其中很多应该就是以故事赋的形式存在的。

---

① 原载1935年出版的《庆祝蔡元培先生六十五岁论文集》,后收入《敦煌变文论文录》,第649~682页,上海古籍出版社,1982。
② 《汉简中所见韩朋故事的新资料》,载《复旦学报》1999年第3期。

三、田章故事残简与《晏子赋》

另据裘锡圭《田章简补释》一文介绍,敦煌汉简中还有一枚写有"田章对曰"等文句的断残木简,其故事也见于《搜神记》,其问对内容同样与敦煌卷子中的故事赋有承续关系①。

该残简为斯坦因第三次进行中亚考察时在中国西北所获得,1931年张凤在其所编的《汉晋西陲木简汇编》中首次发表,名之为"田章简",列为51页第11号;1991年中华书局出版由甘肃省文物考古研究所汇编的《敦煌汉简》收入此简,编号为2289号。

张凤对"田章简"的释文为:

> 为君子田章对曰臣闻之天之高万万九千里地之广亦与之等山岳谿谷南起江海裹

裘锡圭对其中"山岳""南""裹"等字的释读有异议,结合与此密切相关的敦煌卷子《晏子赋》和《孔子项托相问书》,对此作了补充考释,最终确定的释文是:

> ……为君子?"田章对曰:"臣闻之:天之高万万九千里,地之广亦与之等。风发谿谷,雨起江海,震……

裘锡圭《田章简补释》一文主要是解决对简文文字的释读问题,而我们从中所注意到的是,这可能又是一条汉代故事赋残存的信息。

据裘文介绍,早先容肇祖在《冯梦龙生平及著作》(载《岭南学报》二卷三期)一文中已经谈到"田章简"。容文指出田章的故事见于敦煌句道兴写本《搜神记》(笔者按,今本《搜神记》无此条),应为汉魏六朝间传说,其故事中有从晏子故事演变而成的内容,如《晏子春秋·外篇第八》有"景公问天下有极大极细晏子对"一篇,其问对内容就见于田章故事。"田章"可能就是见于《晏子春秋》的"弦章"的讹传。而敦煌卷子写本恰恰又有《晏子赋》,其中正有与"田章简"相似的内容,二者当从同一个故事模型而出。

对照敦煌写本《晏子赋》中的相关内容,会发现《晏子赋》与"田章简"的确十分近似,其中就有齐王问晏子天地四极小人君子的语句:

---

① 裘锡圭:《田章简补释》,见中国社会科学院简帛研究中心编《简帛研究》第三辑,南宁:广西教育出版社,1998。

王乃问晏子曰:"汝知天地之纲纪,阴阳之本姓(性),何者为公?何者为母?何者为左?何者为右?何者为夫?何者为妇?何者为表?何者为里?风从何处出?雨从何处来?霜从何处下?露从何处生?天地相去几千万里?何者是君子?何者是小人(原校:此两句原作"何者是小人?何者是君子?")"晏子对曰:"九九八十一,天地之纲纪;八九七十二,阴阳之本性。天为公,地为母,日为夫,月为妇,南为表,北为里,东为左,西为右,风出高山,雨出江海,霜出青天,露出百草,天地相去万万九千九百九十九里。富者是君子,贫者是小人,出语不穷,是名君子。"①

此外,类似的问答还见于敦煌写本《孔子项托相问书》,其中也有关于天地的问答:

夫子问小儿曰:"汝知天高几许?(原校:丙卷"许"作"里")地厚几丈?天有几樑?地有几柱?风从何来?雨从何起?霜出何边?露出何处?"小儿答曰:"天地相却万万九千九百九十九里,其地厚薄,以(与)天等同。风出苍吾(梧),雨出高处(山),霜出于天,露出百草。(原校:甲卷以上四句作"风起于山,雨出江海,霜出河边,露出百草")天亦无樑,地亦无柱,以四方云而乃相扶,故与(以)为柱,有何怪乎?"②

鉴于此,裘文认为,《晏子赋》《相问书》所提问题,大概多数在"田章简"原来所属的田章故事中也提了出来,不过有些问题的内容有出入,提问的次序也有所不同。这样看来,"田章简"中"为君子"显然是"何者为君子"一问的残文,再往前已佚失的上文应该是首先问及天高和地厚,所以田章对曰:"臣闻之,天之高万万九千里,地之广亦与之等。"而在句道兴本《搜神记》田章故事中,向田章提问的是天子,从"田章简""臣闻之"语看,此处问田章的也应是一个君王。

与韩朋故事残简的发现意义相同,"田章简"作为汉代木简,也显示了这种问对故事很可能于汉代即流传颇广,这才会在西北敦煌一带见载于木简。魏晋时期仍在讲诵,《搜神记》采录即是证明。讲诵的过程也是不断丰富、演化的过程,于是到了唐代,在敦煌卷子中,才又有

---

① 《敦煌变文校注》(黄征、张涌泉校注),第370~371页,北京:中华书局,1997。
② 《敦煌变文校注》(黄征、张涌泉校注),第358页,北京:中华书局,1997。

了情节大致相同而内容有所变异的《晏子赋》和《孔子项托相问书》。鉴于与之相近的敦煌本都是赋诵的底本，由此推断"田章简"很可能像《神乌赋》《韩朋赋》一样也是故事赋，应该并不为过。

第二节　说书俑与汉代故事赋的说唱讲诵性猜想

如果联系近年出土的汉代俑，就会明显感到，汉代讲故事艺术极其盛行，进而不难想象，极可能是说唱底本的韵散结合的故事赋，在汉代一定是大量存在过的。

在汉代墓葬出土的人物俑中，常常可见作说书表演状的人物。四川成都曾家包东汉画像砖石墓出土的说书俑，上身袒露，左臂抱鼓，表情幽默丰富，①就是最典型的一件。属西汉中晚期的扬州邗江胡场汉墓出土有说书俑二件，坐状，均喜形于色。一件平顶，大腹，右手向上挥扬，左手力按腹部。一件有髻，髻有簪，大臂弯曲，小臂向上，左臂撑于左腿之上。② 贵州黔西汉墓出土扶耳俑，作跪坐状，右手扶膝，左手扶耳，头微上仰，似做说书姿态。③ 1963 年郫县宋家林出土的东汉说书俑，腿前伸，臀后撅，手持小鼓，眯眼咧嘴，显然是在模仿故事中人物的表情动作。

还值得一提的是济源泗涧沟 8 号汉墓出土的一组表演俑，共七人。发掘简报上称是一组乐舞杂技俑，其中杂技俑一、舞俑二、奏乐俑四和指挥俑一。④ 除被称作是杂技俑的主角之外，舞俑二人仰面而视，作伴舞姿态。奏乐俑四人并列踞坐在杂技俑后面，由左向右依次排开，第一人双手相握放于口部作吹状（不见乐器），第二人和第三人吹排箫，第四人双手敞开作鼓掌状。指挥俑站在奏乐俑中部的后面。笔者认为，被发掘者称为"杂技俑"的人物并非表演杂技，而像是说书表演，因为该俑双足敞开，张口招手，表情丰富，像是在说着什么。

①《四川成都曾家包东汉画像砖石墓》，载《文物》1981 年第 10 期。
②《扬州邗江县胡场汉墓》，载《文物》1980 年第 3 期。
③《贵州黔西县汉墓发掘简报》，载《文物》1972 年第 11 期。
④《济源泗涧沟三座汉墓的发掘》，载《文物》1973 年第 2 期。

　　总之,说话、讲故事显然是汉代百戏表演中的重要项目之一,这才在逼真模仿现实生活的随葬俑中出现了说书俑的形象。

　　值得注意的是,汉代的这些说书者常常自己持有乐器,四川成都曾家包和郫县宋家林出土的说书俑就都持有鼓和鼓锤。这表明,汉代说书、讲故事应该是讲究韵律节奏的,体现在文体上,就应该是韵散结合。鉴于此,完全可以推断,这些说书的底本就是赋。

　　就文本来看,《神乌赋》就具有口头说唱讲诵的形式特征。首先从语句来看,它具有明显的韵散结合、换韵自由的特点。如该赋作的开篇,"惟此三月,春气始阳,众鸟皆昌,蛰虫彷徨。蠕(?)蜚(飞)之类,乌最可贵。其性好仁,反哺于亲。行义淑茂,颇得人道。今岁不祥,一乌被殃。何命不寿,拘丽此咎。""欲循南山,畏惧猴猿。去危就安,自托府官。高树轮囷,枝格相连。"阳、昌、皇为韵,类、贵为韵,仁、亲为韵,茂、道为韵,翔、央为韵,山、猿、安、官为韵。有的句句用韵,有的隔句用韵,韵脚转换灵活而自然。几乎都是四言,也是典型的赋诵语句。最后用《传》曰收束,实为六言韵句:"众鸟丽于罗网,凤凰孤而高翔。鱼鳖得于笓筍,蛟龙蛰而深藏。良马仆于衡下,骐骥为之徐行。"也很适于唱诵。其次从用词用字看,该赋不避俗语,多用拟声,且字多通假,似语音记录。如雌乌见盗乌掠取自己辛苦所聚之材,"追而呼之曰":"咄!盗还来!"雄乌见雌乌伤势严重,"顾谓其雌曰":"命也夫!"都能让人有现场之感。而该赋使用通假、异体字的数量极多,据裘锡圭《神乌赋》释文[1],能确定的通假和异体字就有几十处,如标题中的"傅"就通"赋",赋文中的"执"通"蛰","坊皇"通"彷徨","蜚"通"飞","寂"通"最","姓"通"性","饣甫"同"哺","翔"通"祥","央"通"殃","狗"通"拘","咎"通"疚","猨"通"猿","色"通"危","诧"通"托","纶棍"通"轮囷","支"通"枝","洫"通"溢","狌"通"狌","颇"通"彼","止"通"趾","行"通"胻","随"通"堕","唯"通"虽","刚"通"纲","沸"通"怫","阳"通"扬","麋"通"眉","申"通"伸","仓"通"苍","待"通"持","绳"通"蝇","傪"通"谗","则"通"厕","支"通"肢","非回"通"徘徊","尚羊"通"徜徉","急"通"懘","羊"通"翔","芘"通"笓","交"

---

①《〈神乌赋〉初探》,载《文物》1997年第1期。

通"蛟","臧"通"藏","勒靳"通"骐骥","余"通"徐","兄"通"况","唯"通"鸣"。这是口头讲诵记录才会有的情况。再次从描摹看，多动作、情绪描写，如"盗鸟不服，反怒作色""亡鸟沸（怫）然而大怒，张目扬眉，喷（奋?）翼申（伸）颈""其雄惕而惊，扶翼伸颈，比（?）天而鸣"等等，也很适于讲诵者伴有的手势、表情、变声表演。

鉴于汉代说书俑的大量出土，可以推想，像《神乌赋》这种面对众多听众讲诵的故事赋应该是很多的。如前所述，记述韩朋故事的残简极可能也是一篇故事赋，而该残简背面标有"百一十二"编码，应该是所在书册中的页码，由此可想类似的作品一定不在少数。可惜都没有传世。幸赖考古发现，才使我们注意到了这一现象。

第三节　汉代史书、故事书中的类故事赋

上述出土说明，汉代确应有大量讲故事的俗赋存在，只不过这些故事赋不见于专门的收录。但俗赋所讲述的故事，应当有许多被当时和后来的史书、故事书、小说书采用、记载下来，其中有些因为记载详尽，未作过多删改，尚保留着故事赋的原本状态。《史记》《韩诗外传》《说苑》《新序》《列女传》等典籍，就记载有一些这类故事。它们本身已是故事，而非赋作，但由此可以窥见汉代故事赋存在的状况及其文体特征，这类记载我们可以称之为类故事赋。

《史记·龟策列传》中记载有宋元王与神龟的一段故事。故事称宋元王二年，江神派神龟使于河，到了泉阳，却被渔者豫且得到，置于笼中。于是神龟托梦元王说："我为江使于河，而幕网当吾路。泉阳豫且得我，我不能去。身在患中，莫可告语。王有德义，故来告诉。"元王醒后召博士卫平询问，卫平建议先找来神龟，于是王急使人求之：

> 使者载行，出于泉阳之门。正昼无见，风雨晦冥。云盖其上，五采青黄。雷雨并起，风将而行。入于端门，见于东箱。身如流水，润泽有光。望见元王，延颈而前，三步而止，缩颈而却，复其故处。元王见而怪之，问卫平曰："龟见寡人，延颈而前，以何望也？缩颈而复，是何当也？"卫平对曰："龟在患中，而终昔囚，王有德

义,使人活之。今延颈而前,以当谢也,缩颈而却,欲亟去也。"元
王曰:"善哉! 神至如此乎,不可久留。趣驾送龟,勿令失期。"①
接着是元王与卫平之间集中讨论放掉龟还是杀掉龟的问题,卫平劝王
将龟杀掉用来占卜:

> 于是元王向日而谢,再拜而受。择日斋戒,甲乙最良,乃刑白
> 雉,及与骊羊。以血灌龟,于坛中央。以刀剥之,身全不伤。脯酒
> 礼之,横其腹肠。荆支卜之,必制其创。理达于理,文相错迎。使
> 工占之,所言尽当。②

《龟策列传》不是司马迁所作,褚先生补传自称:"臣往来长安中,
求《龟策列传》不能得,故之太卜官,问掌故文学长老习事者,写取龟策
卜事,编于下方"。

其实,正如上一章所言,这个故事之前已见于《庄子》杂篇《外物》:

> 宋元君夜半而梦人被发窥阿门,曰:"予自宰路之渊,予为清
> 江使河伯之所,渔者余且得予。"元君觉,使人占之曰:"此神龟
> 也。"君曰:"渔者有余且乎?"左右曰:"有。"君曰:"令余且会朝。"
> 明日,余且朝,君曰:"渔何得?"对曰:"且之网得白龟焉,其圆五
> 尺。"君曰:"献若之龟。"龟至,君再欲杀之,再欲活之。心疑,卜
> 之,曰:"杀龟以卜吉。"乃刳龟,七十二钻而无遗筴。仲尼曰:"神
> 龟能见梦于元君,而不能避余且之网;知能七十二钻而无遗筴,不
> 能避刳肠之患,如是则知有所困,神有所不及也……"③

汉初的阜阳汉墓出土有《庄子·杂篇》残简八条④,其中第三至第八条
正是上文的残简,可证这个故事的确见于《庄子》,先秦时期已经存在:

1. 有乎生莫见　　　　　　　2. 乐与正为正乐

3. 宋元君夜梦丈夫衣被=发窥 阿 门　4. 之曰是龟

5. 何得曰得龟往视　　　　　6. □事七十兆而无遗筴故不能

7. 刳肠之患　　　　　　　　8. □有所不知而神有

---

① 《史记》,第 3230 页,北京:中华书局,1959。
② 《史记》,第 3236 页,北京:中华书局,1959。
③ 《庄子集解》《诸子集成》本,第 178 页,上海书店,1986。
④ 韩自强等:《阜阳出土的〈庄子·杂篇〉汉简》《道家文化研究》(第十八辑),第 10 页,北京:
三联书店,2000。

只是不知这个故事是《庄子》之前已有流传，还是就是《庄子》的杜撰。

　　对照两篇文字会发现，《龟策列传》已经铺排演绎出洋洋数千言的文字，而且其中多是四言韵语，如"云盖其上，五采青黄。雷雨并起，风将而行。入于端门，见于东箱。身如流水，润泽有光"，"黄""行""箱""光"押韵；"择日斋戒，甲乙最良，乃刑白雉，及与骊羊。以血灌龟，于坛中央。以刀剥之，身全不伤。脯酒礼之，横其腹肠"，"良""羊""央""伤""肠"亦押韵。由此可以推知，已见于《庄子》的这段神龟故事后来被演绎为一篇用四言韵语写成的赋体文，长期在社会上讲诵，褚先生就是据此补进了《史记》中。对此，古人已经提出此文不似褚先生亲笔，《史记评林》卷128引杨慎语即曰："宋元王杀龟事，连类衍义三千言，皆用韵语，又不似褚先生笔。必先秦战国文所记，亦成一家，不可废也。"只不过没有将这篇文字与赋诵体联系起来。

　　《秋胡戏妻》故事也值得一提。如第七章所述，该故事见于刘向的《列女传》卷五《节义传》，题为《鲁秋洁妇》，大意是秋胡娶妻后离家仕于陈，五年后在归家途中遇见一采桑女，悦之而调戏，被采桑女正辞拒绝，至家后发现采桑女正是其妻洁妇，洁妇为此愤而投河。而这里特别值得注意的是它的叙事性、情节性和行文的声韵：

　　　　洁妇者，鲁秋胡子妻也。既纳之五日，去而宦于陈，五年乃归。未至家，见路旁妇人采桑，秋胡子悦之，下车谓曰："若曝采桑，吾行道远，愿托桑荫下餐，下赍休焉。"妇人采桑不辍，秋胡子谓曰："力田不如逢丰年，力桑不如见国卿。吾有金，愿以与夫人。"妇人曰："嘻！夫采桑力作，纺绩织纴，以供衣食，奉二亲，养夫子。吾不愿金，所愿卿无有外意，妾亦无淫泆之志，收子之赍与笥金。"秋胡子遂去，至家，奉金遗母，使人唤妇至，乃向采桑者也，秋胡子惭。妇曰："子束发修身，辞亲往仕，五年乃还，当所悦驰骤，扬尘疾至。今也乃悦路傍妇人，下子之装，以金予之，是忘母也。忘母不孝，好色淫泆，是污行也，污行不义。夫事亲不孝，则事君不忠。处家不义，则治官不理。孝义并亡，必不遂矣。妾不忍见，子改娶矣，妾亦不嫁。"遂去而东走，投河而死。①

────────────

① 《列女传译注》（张涛译注），第186页，济南：山东大学出版社，1990。

《鲁秋洁妇》一文情节曲折，十分富于戏剧性，全段在体制上以散文为主，而又夹杂了"力田，不如逢丰年"、"今吾有金，愿以与夫人"、"所愿卿无有外意，妾亦无淫佚之志"、"奉金遗母，使人唤妇至"等一些韵语，十分近似讲诵说唱的故事赋。更值得一提的是，汉魏乐府中有《秋胡行》曲目，可惜原歌已佚，《乐府解题》在叙述了秋胡戏妻故事后称"后人哀而赋之，为《秋胡行》"，联系到汉代画像石中诵、歌、乐、舞、戏同台的场景，当时表演秋胡戏妻故事，很可能是有诵有唱甚至有演的，而讲诵本事的部分就应该是故事赋。那么，《鲁秋洁妇》会不会也是采用赋体所讲的故事，后来被刘向选入《列女传》呢？

出土《神乌赋》的尹湾汉墓中还有一编号为 13 号的木牍，正面标题是《君兄缯方缇中物疏》，知是一份随葬物品的清单，其内容，除记有刀、笔、管等文具外，还记录了一些书目，有《记》《六甲阴阳书》《恩泽诏书》《楚相内史对》《乌傅》《列女傅》《弟子职》等。《乌傅》即《神乌赋》。这里值得注意的是还有《列女傅》。可惜只见到书名，没有原文出土。关于《列女傅》，一些学者录作《列女传》（如《尹湾汉墓简牍概述》，《文物》1996 年第 8 期），但对照原件影印本，《列女傅》的"傅"字与"神乌傅"的"傅"写法一样，应该读为《列女傅（赋）》。

我们知道，刘向所编之书多属于收集、整理，《楚辞》《战国策》是如此，《说苑》《新序》也是如此。《列女传》也并不是刘向的创作，而是"采取诗书所载贤妃贞妇"而成的（《汉书》本传）。其中有些故事，或许早在汉初、甚至在战国时期就以韵诵方式流传。尹湾汉简《列女傅（赋）》说不定就是专门讲诵妇女故事的赋作。刘向《列女传》中"秋胡戏妻"之类故事性很强的篇目说不定就来自《列女傅（赋）》。

此外，《韩诗外传》卷一居然记载了一段孔子唆使弟子子贡搭讪阿谷处女的故事：

孔子南游，适楚，至于阿谷之隧，有处子佩瑱而浣者。孔子曰："彼妇人其可与言矣乎！"抽觞以授子贡，曰："善为之辞，以观其语。"子贡曰："吾，北鄙之人也，将南之楚，逢天之暑，思心潭潭，愿乞一饮，以表我心。"妇人对曰："阿谷之隧，隐曲之泛，其水载清载浊，流而趋海，欲饮则饮，何问妇人乎？"受子贡觞，迎流而抱之，奂然而弃之，促流而抱之，奂然而溢之，坐置之沙上，曰："礼固不亲受。"子贡以告。孔子曰:"丘知之矣。"抽琴去其轸,以授子贡,曰:"善为之辞,以观其语。"子贡曰:"向子之言,穆如清风,不悖我语,和畅我心。于此有琴而无轸,愿借子以调其音。"妇人对曰:"吾,野鄙之人也,僻陋而无心,五音不知,安能调琴。"子贡以告。孔子曰:"丘知之矣。"抽绤纮五两,以授子贡,曰:"善为之辞,以观其语。"子贡曰:"吾,北鄙之人也,将南之楚。于此有绤纮五两,吾不敢以当子身,敢置之水浦。"妇人对曰:"客之行,差迟乖人,分其资财,弃之野鄙。吾年甚少,何敢受子,子不早去,今窃有狂夫守之者矣。"诗曰:"南有乔木,不可休思。汉有游女,不可求思。"此之谓也。①

这则故事还见于《列女传》卷六,古类书《北堂书钞》《艺文类聚》《太平御览》也有节文,可见流传之广。其情节不免使人想到了《陌上桑》。故事的真实性恐怕不可靠。《孔丛子》云:"平原君问子高曰:'吾闻子之先君……南游遇乎阿谷,而交辞于漂女,信有之乎?'答曰:'……阿谷之言,起于近世,殆是假其类以行其心者所为也。'"②

这篇故事的前身会不会也是故事赋?没有证据。如上所说,《列女传》中有些可能来自《列女傅(赋)》,该篇既然亦见《列女传》,出自赋的可能性也很大。而且,就内容和艺术综合来看,它打趣孔子,情节幽默,同样结构的情节重复三次,句式整齐押韵,读来朗朗上口,说它是类故事赋,应不为过。

第四节 故事赋、讲诵文学与话本小说

汉代故事赋,仍援用了"赋"字的原始之义,不歌而诵,是面对听众讲诵的,自然会追求故事性,要吸引听众,追求娱乐性和审美效果,不必受史实的限制,这十分近似于后代的"说话""说书"。那么,故事赋,也就相当于说话人的底本,话本小说。所以,故事赋在某种意义上可

---

① 《韩诗外传集释》,第2~4页,北京:中华书局,1980。
② 《孔丛子》,第88~89页,北京:中华书局,1985。

以与话本小说画约等号。

如前所述,敦煌卷子中的讲诵文本《韩朋赋》,并非据《搜神记》中的《韩凭夫妇》演绎而来,乃是延续了汉代世间传诵的韩朋故事,或者就是汉代故事赋《韩朋赋》一直讲诵而来,有《搜神记》之前的韩朋故事残简为证,由此可以推知,唐代讲诵、说话、说唱故事的底本,其中有些与汉代故事赋有着直接的承续关系。

其实,我们说汉代有故事赋,乃讲诵、说唱故事的底本,此后这一文艺形式一直延续,直到唐代敦煌卷子中大量讲诵底本的发现给予了实物证明,关于此,汉代《神乌赋》的出土、敦煌本《燕子赋》的存在,是更为直接的证明。

据《敦煌变文校注》①收录的讲诵故事文本看,就题材而言已见于先秦两汉史传和杂史杂传作品的有《伍子胥变文》《孟姜女变文》《汉将王陵变文》《捉季布变文》《李陵变文》《秋胡变文》《晏子赋》《孔子项托相问书》等。已见魏晋六朝小说的有《王昭君变文》《董永变文》《韩朋赋》等。禽鸟故事赋则有《燕子赋》(一)、《燕子赋》(二),其中《燕子赋》就与《神乌赋》的模式十分近似。

《神乌赋》说的是雌雄二乌筑巢养子却遭盗鸟侵袭的故事,《燕子赋》(一)开篇就是"仲春二月,双燕翱翔。欲造宅舍,夫妻平章";《神乌赋》中二乌迁徙至此筑巢乃是要"去危就安,自托府官",《燕子赋》中夫妻双燕,也是要"但避将军太岁,自然得福无殃";《神乌赋》中雌乌遭遇盗鸟,《燕子赋》中则是出现了一只黄雀,"倚街傍巷,为强凌弱。睹燕不在,入来皎掠";《神乌赋》中二乌辛苦聚集的筑巢材料被盗乌据为己有,《燕子赋》中双燕的巢穴被黄雀占用;《神乌赋》中雌乌与盗鸟搏斗,被对方抓得遍体鳞伤,最后自投污池而死,《燕子赋》中燕子"踏地叫唤'雀儿出来'",黄雀也是"拔拳即差",小燕子们"被打",可怜尸骸"头不能举,眼不能开","夫妻相对,气咽声哀"。不同的只是,《燕子赋》增添了前往凤凰处诉讼的情节。由此不难看出二赋明显的承续关系。

依此类推,《搜神记》中有《董永妻》,敦煌本中有《董永变文》,那么汉代应该已有董永故事传诵,或许就是讲诵形式,或许就是《董永赋》。

---

① 黄征、张涌泉:《敦煌变文校注》,北京:中华书局,1997。

　　《列女传》中有《秋胡戏妻》,《列女传》有些来自《列女传》,汉乐府有《秋胡行》,据此已判断"秋胡戏妻"为类故事赋,魏晋六朝应该也在继续讲诵,敦煌本中才会有《秋胡变文》(《秋胡小说》)。

　　此外,如上所见,敦煌卷子中还有讲诵晏子、伍子胥、孟姜女、王陵、季布、李陵等历史人物和传说人物故事的文本,而这些人物在先秦两汉史传、故事书中均有生动而详尽的描写,那么敦煌卷子中的这些讲诵说唱底本,会不会也是在汉代故事赋相沿传诵的基础上演绎形成的? 汉代故事残简"田章简"与敦煌本《晏子赋》就有明显的承续关系。

　　故事赋与一般"铺采摛文,体物写志"的大赋不同,实就是讲诵故事,只不过因面对听众,比较讲究讲诵的声韵、节奏,面对听众决定了要语言通俗,有故事性、戏剧性,引人入胜,所以催生了近乎小说的讲诵文本。其实在敦煌变文中,故事赋已经不一定冠以"赋"字,就故事、语言等看,《秋胡变文》《董永变文》《韩朋赋》都是讲诵说唱,但有的称赋,有的就不称赋了。

　　将敦煌发现的这批讲诵说唱故事的文本通称为"变文",如《敦煌变文集》《敦煌变文校注》等,乃是因为它们被用于寺庙俗讲的缘故。其实正如有学者指出的,其中有些篇题并未标有"变"或"变文"字样,这批文本具体类型也并不相同,其中有的只说不唱,有的只唱不说,有的说唱结合,有的则是说唱加配图,这才是典型的变文,[①]还有的则以对话为主,近似"参军戏"。而其中那些"只说不唱"的或"说唱结合"的,如《舜子变》《刘家太子传》《叶净能诗》《唐太宗入冥记》《韩朋赋》《燕子赋》(一)《晏子赋》《秋胡小说》《韩擒虎话本》《庐山远公话》、《伍子胥唱词》和《孟姜女唱词》等,与宋代之后在勾栏瓦舍讲诵说唱的话本小说几乎已经没有区别。而且,唐代讲诵故事的场所,除了寺庙,似乎还出现了类似于勾栏瓦舍的"变场"。《酉阳杂俎》前集卷五"怪术"中有这样一条记载:

　　　　虞部郎中陆绍,元和中尝看表兄于定水寺,因为院僧具蜜饵时果,邻院僧亦陆所熟也,遂令左右邀之。良久,僧与一李秀才偕至,乃环坐笑语颇剧。院僧顾弟子煮新茗,巡将匝而不及李秀才。

————————
　　① 李骞:《敦煌变文》,沈阳:春风文艺出版社,1999。

陆不平曰:"茶初未及李秀才,何也?"僧笑曰:"如此秀才,亦要知茶味?"且以余茶饮之。邻院僧曰:"秀才乃术士,座主不可轻言。"其僧又言:"不逞之子弟,何所惮!"秀才忽怒曰:"我与上人素未相识,焉知予不逞之徒也?"僧复大言:"望酒旗、玩变场者,岂有佳者乎?"李乃白座客:"某不免对贵客作造次矣。"因奉手袖中,据两膝,叱其僧曰:"粗行阿师,怎敢辄无礼,挂杖何在? 可击之!"其僧房门后有筇杖子子跳出,连击其僧。①

由于定水寺僧的势力眼,轻视"望酒旗、玩变场者"的李秀才,所以才遭到身怀"密术"的李秀才责打报复。这条材料同时也说明当时城市的"变场",是各阶层市井小民聚集娱乐的场所。它既不被上层光临,又被这些人轻视不齿,因此李秀才被定水寺僧污辱为"望酒旗、玩变场者,岂有佳者乎",由此可见鼎盛繁荣以后的变文演出,在城市中已有了固定演出场所,有了固定的观众,并且它作为群众喜闻乐见的民间艺术表演形式,已进入经常的商业性演出的循环之中。它作为独立的艺术形式已扎根在城市群众之中。② 而依笔者所见,这种不被僧人看好的"变场",所讲内容肯定不会只是佛教变文,还应有甚至主要是娱乐性的俗讲故事,这便与宋元"说话"乃至"话本小说"有了一脉相承的关系。

总之,汉代故事赋作为讲诵说唱故事的一种文体,与敦煌卷子中的讲诵说唱文学,进而与宋元话本小说,有着渊源流变、起承相续的关系脉络,当我们考虑中国古代小说发生问题时,除了需要理清由"说体"转向史传、杂说、杂史、杂传直到魏晋书面小说、唐宋传奇等这一文言小说的发展脉络之外,还应该关注由"说体"本身的口头传说性向职业性口头讲诵说唱故事演化直至发展出话本、章回这一通俗、白话小说的演进轨迹。

---

① 《历代笔记小说小品选刊 酉阳杂俎》,第77~78页,北京:学苑出版社,2001。
② 李骞:《敦煌变文》,第48~49页,沈阳:春秋文艺出版社,1999。

结 语
中国古代小说发生综述

　　先秦两汉,是中国古代小说的发生期。正如一开始在"引言"部分所指出,"发生"是一个过程,所以我们的任务不在于指认小说一定起源于那种文学现象,也不在于确定小说一定诞生于哪个时期,更不在于断定哪部作品是小说,哪部作品不是小说,而是要通过具体考察、挖掘、爬梳,寻绎出中国古代小说孕育、滋长、成熟的过程,在这个过程中哪些文体、哪种现象、哪些作品,为小说的滋生注入了哪些因素,起到了什么作用。

　　于是,我们通过对《山海经》的具体检索揭示了上古神话与小说艺术的天然契合关系,通过考察《说林》《储说》《吕氏春秋》《国语》《晏子》《汲冢琐语》挖掘了先秦"说体"的存在,通过细读文本,总结了《左传》叙事的准小说笔法,通过具体梳理,阐述了《庄子》寓言三种及其与小说的关系,通过考辨分析,研究了《战国策》中与小说虚构有关的拟托文写作,通过形象研究,强调了《史记》"纪传体"对人物传记小说形成的贡献,通过考察《韩诗外传》《说苑》《新序》《风俗通义》《燕丹子》《越绝书》《吴越春秋》《东方朔传》《列女传》,把握了汉代杂说杂史杂传中"说体"的遗存及其演进和发展,通过捡出先秦两汉史书、子书中的"怪话""仙话",梳理了它们与魏晋六朝志怪小说产生的源流关系，通过考证分析出土的《神乌赋》、韩朋故事残简、田章故事残简，展示了汉代故事赋与后代讲诵文学、话本小说的形成关系。

当然，上述考察集中在个案研究和对具体问题的解析上，现在需要在此基础上对中国古代小说的发生给以总体的把握和认识。

首先，就中国古代小说的发源来说，上古神话肯定是最初的源头。然而，由于中国神话经历过历史化的"洗礼"，较早被打散，直至战国秦汉才有著作偶然记录下一些片段，因此，上古神话没有直接演绎出神话小说作品，作为源头，其流是断断续续的，其中一些典故、神名、情节片段偶或成为后世志怪小说创作的素材，其天然形成的夸诞、变幻模式成为后世志怪小说构思的范本。也就是说，中国神话作为小说的源头是隐性的，需要细致爬梳、揭橥才能显示出来。

其次，就中国古代小说发生、发展的基本脉络而言，中国古代小说的两大类别，即文言小说、通俗小说，全部源于"说体"，从这个意义上说，这种文体之被称为"小说"，的确是实至名归。其实，上古神话就是用"说"的，是关于神的"话"。后来"说"的"话"除了神话，还有人话（传说，包括历史故事、现实故事）。对这些话的记述，我们通称为"说体"。

进入春秋战国后，"说体"开始发生分化。

形成书面文本的历史著作吸纳、借鉴说体故事，成为史传文学，《左传》《国语》《史记》之近小说的篇目，就都援用了说体故事，或者采用了说体故事的描述手法；史传文学发展出杂说、杂史、杂传，援用说体或采用说体的创作更为普遍。其中所包含的"怪话""仙话"也是"说"的"话"，只不过是特殊题材的"话"。魏晋六朝志怪志人小说、唐宋传奇小说直至后来的《聊斋志异》等，应该都是沿着吸纳说体进行写作的这条线索发展的，由此形成文言小说一类。

另一方面，说体继续在"说"，有些文本继续在将"口说"的故事记录下来，形成新的说体文本。渐渐地，"说"成了一种职业，至汉代，更发展为娱乐职业，于是有了"说"的底本，故事赋，后来说故事的文本不一定称"赋"，但还是在说故事，"话本"由此产生，将"话本"说的故事（虚构、想象、渲染的故事）变成案头读本，就是话本小说，模仿这种形式直接创作，就是拟话本小说，通俗小说一类一般是延续这条线索发展而来的。

再次,就小说所必备的各种因素、成分、特质的滋生、成长而言,先秦两汉文学总体而言已经显示出小说经过长期孕育和滋养终于可以"呱呱坠地"的趋向,但具体来说诸种文本呈现出的情况有所不同,或者说,各有偏重。

小说笔法与一般记述的区别,其中很重要的一点在于描写。小说需要呈现出形象和画面。而在描写成分的增加方面,在由《左传》到《史记》的史传文学这条线索中发展的比较充分。虽为书面叙史,但因援用了说体和借鉴说体,往往追求描写的细腻、生动,现场感,甚至为此不惜突破史官文法,加入了一定的虚构想象成分,其中有些篇目的有些段落,与后世小说的描写已经没有区别。尤其是《史记》,有些人物传记几乎可以当小说读,其人物描写、刻画水平和戏剧性场面呈现程度已经直逼《水浒传》《三国演义》等章回体历史小说。比较而言,杂史、杂传如《燕丹子》《吴越春秋》等在描写方面有有意虚饰、夸诞的成分,但在对人物性格的把握和描写的细腻、生动方面,并没有超出史传文学的水平。

在情节、故事方面,由于"说体"的被纳入和被借鉴,无论是史书如《左传》《国语》《战国策》《史记》,还是子书如《晏子》《庄子》《韩非子》《吕氏春秋》,还是杂说、杂史、杂传如《韩诗外传》《说苑》《新序》《风俗通义》《越绝书》《吴越春秋》《东方朔传》《列女传》等,都能捡出一些极其生动有趣、曲折有致的故事片段,其中有些部分已经不亚于后世的小说情节,读来使人饶有兴味。只是由于此时尚无有意为小说的意识,这些故事、情节都还只是一些片段,散见于各种史书、子书、杂书中,并不独立成篇,且大多只是扼要的记述,并未展开描写,其对小说发生的作用和价值,就在于为后世有意为小说者准备了丰厚的素材。

小说是叙事的艺术。小说叙事与历史叙事的区别就在于小说可以有打破历史时空的安排和构思。当然,长篇叙事、复杂叙事更钟情于或更需要借助于叙事策略的运用。如上所述,先秦两汉多短篇叙事,或单记一个事件,或单写一个人物,而跨度漫长的记述,如《国语》记述西周春秋、《左传》记述春秋至战国之初、《史记》记述自五帝直至西汉武帝时期,《吴越春秋》记述吴越两国的发展变迁和吴越争霸的历史进程,历史事件和人物事迹也都被分割在不同的编年和不同的人物传记之中,由长篇变成了短篇,由复杂变成了单纯。尽管如此,这个时期的史传文学还是出现了对于叙事艺术的尝试。其中《左传》在叙事手段的运用上就比较多样充分,诸如倒叙、插叙、补叙、预叙、伏笔、照应、双线、曲折等等都有用例,开了中国古典小说叙事追求引人入胜效果的先河。

小说区别于其他叙事描写艺术的最关键处在于虚构创作。在中国古代小说发生阶段,自觉、有意地进行虚构创作,始于战国,《庄子》的托言,《战国策》的拟托,《穆天子传》的仿真,都是有意虚拟,已经形成一种气候,士人们已经具有在脑海中造设情境、构思情节的胆识和能力。但除了《庄子》,还都拘泥于对于历史的拟托和仿制,尚未进入直接虚构人物和情节的小说创作境界。而《庄子》的托言,其中很大一部分也是托言于历史名人,即三言中的所谓"重言",而托言型寓言虚拟的情节主要是对话,是让人物代言宣扬哲学。此外,先秦时的怪话分明也是"子虚乌有",但尚不属于有意进行虚构创作,很大程度上传者、听者、记者还都信以为真。其后汉代的方士为引起帝王兴趣而有意编造仙人故事,即所谓"仙话",算是自觉虚构且有吸引人观赏的目的,与小说创作比较接近。

对素材的处理,包括剪裁整合,"张冠李戴","移花接木",这种对原始真实材料的改装和对生活客观性的违背,也是具备创作意识的一种表现。《吴越春秋》在对材料的整合方面颇可见其功力;《东方朔传》无法见其全豹,但可见的有些故事像是移植而来,东方朔这个形象本身也有箭垛的迹象。

这样,从怪话、仙话的发展及杂史杂传的创作看,汉代进入了较为自觉的创作阶段,只不过大多还没有脱离历史的羁绊。

最后需要强调指出的是,在中国古代小说发生的研究中,汉代故事赋是一个十分值得注意的现象,而这也是以往由于材料匮乏而被忽略的一个现象。其实,迄今而言材料仍然匮乏,但因为《神乌赋》的出土,因为韩朋故事残简、田章故事残简与敦煌卷子中的故事赋明显的承续关系,汉代故事赋的存在已经是个不争的事实,由此再去发掘汉代史传及杂说杂史杂传中这类故事赋的痕迹,会感到传世文献之外,汉代原生态的艺术空间里应该有大量讲诵说唱故事的艺术形式及其底本的存在。这种故事赋就其面对听众讲诵说唱而言,具有审美功能,与文艺性小说创作的宗旨有相通之处。赋诵的题材,有禽鸟故事,有传奇故事,还有大大演绎了的历史故事,已经不受史传的制约,几乎可以视为小说的底本。如果说它们与真正的小说还有区别的话,那就是它们更多的还只停留在口头讲诵阶段,因此少有底本传世,就文艺分类而言,还可将它们归于曲艺,与书面小说的界定仍有差距。这种"说话"后来变成真正的"小说",应该是由拟话本来完成的。

　　总之,先秦两汉时期作为中国古代小说的发生期,已经为小说的成熟在各个方面都做足了准备,只不过这各个方面还未及合流、汇总,其后魏晋六朝志怪志人小说、唐宋传奇、宋元话本、元明清章回小说和文言小说等等,都是在先秦两汉为小说创作所打下的基础上发展、演进的。